Alltagsmoralen

Robert Hettlage • Alfred Bellebaum (Hrsg.)

Alltagsmoralen

Die kulturelle Beeinflussung der fünf Sinne

 Springer VS

Herausgeber
Robert Hettlage
Universität Regensburg
Deutschland

Alfred Bellebaum
Universität Koblenz-Landau
Deutschland

ISBN 978-3-658-02816-9   ISBN 978-3-658-02817-6 (eBook)
DOI 10.1007/978-3-658-02817-6

Die Deutsche Nationalbibliothek verzeichnet diese Publikation in der Deutschen Nationalbibliografie; detaillierte bibliografische Daten sind im Internet über http://dnb.d-nb.de abrufbar.

Springer VS

Lektorat: Dr. Cori Mackrodt, Daniel Hawig

Gedruckt auf säurefreiem und chlorfrei gebleichtem Papier

Springer Fachmedien Wiesbaden ist Teil der Fachverlagsgruppe Springer Science+Business Media
(www.springer.com)

Inhalt

Kurze Wegleitung.
Zur alltagsmoralischen Durchdringung der Sinne

Robert Hettlage und Alfred Bellebaum

Teil A Ethik und Alltagsmoral

Im Alltag wissen wir über vieles so gut Bescheid, dass wir im Allgemeinen richtig „funktionieren" können. Dieses Vorwissen ist aber kein methodisch erarbeitetes und kritisch reflektiertes Wissen über Zusammenhänge oder Gründe und Motive, schon gar nicht über gesellschaftliche Verknüpfungen. Diese wissenschaftliche Vertiefung ist in den meisten Fällen auch nicht nötig, sondern gehört einer anderen Sinnschicht und anderen Handlungskontexten an. Insofern hat der Alltag seine eigene „Logik", seine eigenen Relevanzen und eigene Handlungszwänge.

Zu dieser eigenen Vernünftigkeit gehört auch ein spezifisches Wissen über das, was gut und schlecht, geschuldet und „gesollt" ist. Unsere Begegnungs-Situationen sind allesamt normativ aufgeladen (Erving Goffman). Alle haben z. B. ein intuitives Wissen darüber, was in der Begegnung von Menschen nicht nur höflich, sondern was ausdrücklich verpflichtend ist. Es ist beispielsweise ein *Alltagsimperativ* – und nicht nur eine Kann-Norm-Bekannte zu grüßen, nicht tätlich zu werden etc.. Solche moralischen Regelungen sind wesentliche Stabilisatoren, um vielfältige, alltägliche Situationen bewältigen zu können. Entsprechend streng ist die gesprächsweise („diskursive") Verarbeitung der moralischen Selbstverständlichkeiten und die gemeinsame Sanktion in Form von Entrüstung, Verärgerung oder Verachtung bei Übertretung dieses moralischen Kodex. Es ist Aufgabe dieses Bandes den Alltag nach seinen impliziten ethischen Postulaten zu durchforsten. Dabei geht es überwiegend nicht um die theoretische Begründung der Pflichten (d. h. um Ethik), sondern um alltagsweltliches Erleben, Bewusstsein, Erwartungen und praktisches Handeln (d. h. um Moral).

Teil B   Die Verbindung von Sinnesqualitäten und Alltagsmoral

Dieser Teil befasst sich zunächst mit der Bedeutung der fünf Sinne im Zusammenleben. Dabei fällt auf, dass die fünf Sinne für die normative Steuerung unseres Alltagshandelns von besonderer Bedeutung sind. Zum einen sind sie bevorzugte Anknüpfungspunkte für das Zustandekommen und das Gelingen von Begegnungen. Andererseits sind die Sinne als Vermittler der körperlichen und seelisch-geistigen Vorgänge Träger und Kristallisationspunkte moralischer Verpflichtungen, was sich u. a. an Reinlichkeitsverpflichtungen und ihrer rituellen Steuerung ablesen lässt. Das bleibt dem Alltagshandelnden aber meist verborgen. Der pflichtgemäße, soziale Umgang mit der eigenen Sinnesapparatur gilt als Normalkompetenz („taken for granted").

So gesehen steht der Alltag unter einer doppelten Amnesie: sowohl die Genese der Normen als auch die moralische Anbindung an die Sinne bleiben weitgehend ausgeblendet, was der „gefühlten" Verpflichtung selbst offensichtlich keinen Abbruch tut. So wie das Funktionieren und der Gebrauch der Sinne einfach vorausgesetzt werden, bleibt auch die moralische Imprägnierung der Sinne jenseits der Bewusstseinsschwelle. Diese wird nur überschritten, wenn die Sinne nicht oder partiell nicht funktionieren und/oder wenn der implizite moralische Kodex beim Gebrauch der Sinne offensichtlich verletzt wird. (Beweis ex negativo). Die Augen „sollen" andere Menschen sehen, aber nicht fixieren. Letzteres wird nicht nur als störend, sondern auch als verletzend. erlebt. Um dem vorzubeugen wird Kindern z. B. ein richtiges Blickverhalten frühzeitig antrainiert.

In Teil B wird der „richtige" Gebrauch der Sinne in sozialen Situationen im Detail untersucht. Die Debatte, wie viele Sinne anzunehmen sind, steht nicht im Vordergrund. Sie setzt hier bei den klassischen fünf Sinnen (Sehen, Hören, Riechen, Tasten, Schmecken) an. Die Beiträge konzentrieren sich jeweils auf einzelne dieser Sinne. Ihr situationsgerechter Einsatz, ihre riskante Steuerung, ihr soziales Verletzungspotential, die Korrekturmöglichkeiten etc. werden jeweils mit Blick auf: ihre alltagsmoralische Dimension durchforstet.

Viele Situationen sind so komplex, dass der Einsatz der Sinne koordiniert werden muss. Das färbt auf die alltagsmoralische Eindeutigkeit ab. Trotzdem lassen sich Grundzüge und Geltungsbedingungen des aufmerksamen Gebrauchs der Sinne festlegen, auf der die Selbstverständlichkeiten der Alltagsimperative aufruhen. So haben nicht nur verschiedene Berufsalltage ihre eigenen Sensibilitäten für den moralischen Gebrauch der jeweils besonders strapazierten Sinne. Körpernähe und Körperferne (Tastsinn, Geruchssinn) sind dabei besonders geregelt. Ähnliches gilt für die größeren zivilisatorischen Zusammenhänge der Selbststeuerung (N. Elias). Schon ein kursorischer Blick auf interkulturelle Besonderheiten im Gebrauch der

Sinne macht deutlich, dass „unsere" eingewöhnte Alltagsmoral im Kulturkontakt auf Grenzen stößt und enttäuscht werden kann. Dadurch kann ein eigener Beitrag zur „Kritik der Sinne" erzielt werden.

Teil C   Der anthropologische „Sinn der Sinne"

Abgeschlossen wird der Band durch die Betrachtung des größeren sozialen und kulturellen Rahmens. Der „Sinn der Sinne" setzt, an der kulturhistorischen, anthropologischen und philosophischen Diskussion an, die für die ganze europäische Tradition von der griechischen Antike bis zum modernen Vitalismus, H. Drieschs, von der Phänomenologie bis hin zur biologischen, philosophischen und soziologischen Anthropologie von heute bedeutsam wurde. Auch die modernen, „exakten" Naturwissenschaften (und Teile der Medizin und Psychologie), die sich angeblich von diesem Kanon abgekoppelt haben, sind bei genauerem Hinsehen manchmal nicht ganz frei von Bezügen zu dieser Tradition. Schon die Debatte um die Zahl der Sinne und diejenige um das Verhältnis von äußeren und inneren Sinnen (vgl. Daniel Heller-Roazen 2012) zeigt das.

Immer geht es nämlich nicht nur darum, die Struktureigenschaften der sinnlich-leiblichen Ausstattung des Menschen, sondern auch darum, ihren Wert für die Ordnung der Wirklichkeit (Wirklichkeitswert der Sinnesqualitäten) und folglich ihre anthropologische „Notwendigkeit". zu erfassen. Helmuth Plessners frühe „Hermeneutik der Sinne" (1923) zielt sogar darauf ab, einen Zusammenhang zwischen Sinnesmodalitäten und leiblich-geistiger Einheit, also eine „Strukturverwandtschaft" zwischen Sinnlichkeits- und Geistfunktion zu postulieren. Aus etwas anderer Perspektive wurde das auch von Albert. Wesselski (1934) und Erwin Straus (1936) in die Diskussion geworfen. Ohne Körperempfindung etwa, als möglicher weiterer Sinn, könnten wir uns nur schwer in der Welt bewegen („gehen"). Weil die Sinne gemeinsam funktionieren, können wir Dinge wahrnehmen. (Haptisches) Greifen und vernünftiges Be-greifen, Denken und inneres Reden stehen in einem engen Verhältnis. Reden als „Äußerung" bezieht sich darauf, von anderen verstanden zu werden. Nur über das (bewusste) Zuhören und Zusehen, können wir (deutend) verstehen. Erst durch sinnliche Erfahrung und sinnenbasierte Interaktionen werden höhere, transzendierende Geistfunktionen wie inneres Sehen (Imagination), inneres Hören (Gewissen), Selbstbewusstsein, Selbststeuerung, Ethos der Lebensführung und Inspiration möglich. Damit wird der (proto-)soziologische Zusammenhang zwischen Sinnlichkeit und Sinn, zwischen Sinn und Sinn-Verstehen, also die sinnliche Einbettung des gesellschaftlich-kulturellen Lebens der Menschen, überdeutlich.

Teil A
Ethik und Alltagsmoral

Alltagsmoralen
Die Sinne und das pflichtgemässe Handeln

Robert Hettlage

Es gehört zu den grundlegenden Erfahrungen der Menschen aller Kulturen, dass sie ihr Leben nicht einfach bewusstlos „ableben" bis sie an sein Ende („Ableben") kommen. Alle kulturellen Zeugnisse, die wir besitzen, deuten darauf hin, dass Menschen in vielfältigster Weise über ihr Leben nachdenken, ja ihm sogar eine grundsätzliche Bedeutung und eine Form abgewinnen wollen. Natürlich ist die Suche danach nicht immer gleich intensiv – und es gibt viele Bemühungen, diese ungemütlichen, weil folgenreichen Fragen wieder zu verdrängen. Dennoch bleibt der reflexive Impuls gültig und gilt als zutiefst menschlich.

Max Weber hat diese Neigung, dass Menschen (als „Kulturmenschen") nicht nur leben, sondern ihr Leben bewusst „führen" (sollen) damit umschrieben, dass sie ihre Handlungen und Zwecke einem Prinzip oder Axiom unterstellen, das dafür sorgt, dem Handeln eine vereinheitlichende, erkennbare Form und Kompetenz zu verleihen. So folgte der chinesische Beamte in früheren Zeiten dem Ideal der Gelehrsamkeit, der europäische Adelige dem Prinzip der Standesehre, der Mönch dem Axiom des „Gottesdienstes" usw. Heute ist kompetent, wer sich wirtschaftlich selbst erhalten und seine wirtschaftliche Unabhängigkeit wahren kann, also die dafür als Voraussetzung nötigen Sozial- und Kulturtechniken beherrscht (Ausbildung, Selbstdisziplin, Verlässlichkeit).

Wie immer die einzelnen Lebensentwürfe gestaltet sind, sie stimmen darin überein, dass das jeweilige Leben, subjektiv gesehen, gelingen möge, seien die erstreben Ziele auch noch so unterschiedlich. Das ist die eine Seite der Selbstreflexion. Sie bezieht sich auf das Axiom des „guten Lebens", das seit der Antike einen festen Stellenwert in der Philosophie hat. Seither geht es darum, diese Formel mit Inhalt zu füllen, denn es stellt sich sofort die Frage, was denn das Gute des Lebens ist. Man kann es damit bewenden lassen, dass man sich einzig und allein auf das konzentriert, was die Individuen als gut empfinden und äussern. Alle empirisch verfahrenden Wissenschaften beschreiten diesen Weg. Man kann aber auch weiter fragen, ob es jenseits der empirischen Befunde noch andere, eigens zu rechtfertigende Richtlinien („gute Gründe") gibt, die aus der rein subjektiven Empfindung, also einer schwach begründbaren Legitimation herausführen und einen objektiven und damit generalisierbaren Anspruch formulieren lassen. Es scheint so, dass Menschen – vor allem wenn es um den Umgang mit anderen geht – allgemein gerechtfertigte Verhaltensweisen einfordern. Sie wissen meist sehr gut, ob sich andere gut und richtig, d. h. je nach Situation freundlich, höflich, stilvoll, feinfühlig und zuvorkommend oder eben unhöflich, frech, abweisend, nachlässig und störend benehmen. Sie verfügen offensichtlich über einen fein gerasterten Katalog von Normen und Erwartungen, nach dem das Verhalten als klug, gerecht, mutig und angemessen (um nur die 4 Kardinaltugenden zu nennen) kategorisiert wird. Ob es sich mehr um triviale Alltagsereignisse oder um Fragen handelt, die die ganze Person im Tiefsten z. B. als existentielles Drama oder Aporie betreffen, wir kommen nicht darum herum festzustellen,

1. dass Menschen im Allgemeinen als moralische, verantwortliche und ehrenwerte Personen wahrgenommen werden wollen und ihnen diese Wahrnehmung von grosser Bedeutung ist,
2. dass sie ständig in Konflikt mit Erwartungen kommen, die Andere in konkreter Form als Interaktionspartner oder abstrakt als gesellschaftliche Institutionen und Organisationen (als „generalisierter Anderer") an sie richten und auf die sie irgendwie antworten müssen,
3. dass jede Gesellschaft hierfür bestimmte Raster in Form von Normen vorgibt, nach denen sich die Individuen gegenseitig einschätzen, und an die sie sich halten oder wenigstens halten sollen, ja an denen sie sich häufig ausrichten müssen, wenn sie nicht grosse Nachteile in Kauf nehmen wollen, und
4. dass individuelle Personen deswegen auf die Klärung wichtiger Dimensionen und Kriterien ihres Verhaltens z. B. auf Herkunft und Verpflichtungsgrad dieser Normen verwiesen sind, auch wenn diese Fragen nicht immer oder vielleicht sogar nur selten ausdrücklich reflektiert werden.

A   Ethik und Moral

Die Frage nach dem Soll, dem pflichtgemässen, verantwortlichen Handeln bzw. nach seiner Begründung steht also immer im Raum. Sie „ist in der Struktur des menschlichen Lebens gegeben" (Wolf 1999,19). Sie betrifft unweigerlich die Dimensionen des sinnvollen, guten Lebens. Sozialwissenschaften richten sich vorwiegend auf die Problemkomplexe 1-3, die philosophische Ethik als „Lehre vom rechten Handeln" (Schleiermacher) setzt ihren Schwerpunkt eher auf den Fragebereich (4). Vorab ist aber zwischen Ethik und Moral zu unterscheiden.

- *Moral* (mores) ist der deskriptive Ausdruck für faktische Handlungsmuster (Konventionen, Sitten, Regeln, Prinzipien) von Individuen oder Gruppen. Dabei werden zunächst keine rationalen oder theoretischen Rechtfertigungen angeboten. Im Mittelpunkt steht die soziale Realität leitender Handlungsregulierungen, die in einer Gesellschaft „eingelebt" sind und von den Individuen als „herrschende Moral" verinnerlicht wurden. Eine normative Komponente erhält die Moral (individuell: Sittlichkeit), wenn sie einen Bereich praktischer Urteile (Rechte, Pflichten, Werte) und Handlungen umfasst, die z. B. Achtung für oder Rücksichtnahme auf andere fordern. „Moralisches Handeln ist (dann) dasjenige Handeln, dessen Einhaltung wir von anderen und diese von uns fordern" (Wolf, 1999, 13). Von einem Beobachter kann aber „auf Abstand" registriert werden, was als anständig gilt, was als richtig eingesehen wird, gegen welche Normen man sich zur Wehr setzt und Sanktionen (z. B. moralische Abwertung) auf sich nimmt, kurz: in welche gegebenen Bahnen des „Anständigen" manche Menschen hineingeboren, eintrainiert oder sogar hineingezwungen werden. In diesem Sinn entspricht Moral dem traditionellen Verständnis von *Ethos* als Gewohnheit, Brauch und Sitte.
- *Ethik* als wissenschaftliche Disziplin ist hingegen eine Theorie über jene moralischen Realitäten einer Gesellschaft. Ethik ist die „Reflexionstheorie der Moral" (Luhmann 1989, S.358 ff.). Sie arbeitet die Kriterien aus, wie moralische Urteile und Gefühle, bzw. subjektive Folgebereitschaft für ethische Maximen, zustande kommen und wie sie sich vernünftig rechtfertigen lassen. Sie sagt, wie Normen, Wertungen, Einstellungen und Orientierungen unter Sollensansprüchen zu kritisieren, zu rekonstruieren und zu begründen sind.

Fragen der Ethik sind ein traditionsreicher „Kampfplatz der Philosophie" (Kurt Flach 2008), denn richtiges Leben und richtiges Verstehen scheinen irgendwie zusammenzugehören. Insofern bemüht sich der Ethiker nicht nur um das Thema, was das gute Leben ist (Wolf 1999,12f.) bzw. wie ich mein Leben zu führen habe, damit es gesamthaft gesehen als ein geglücktes betrachtet werden kann (vgl. Aristoteles' Eudämonie- und Tugendlehre), sondern auch und vor allem darum, was der Grund dieses Sollens ist. Darin eingeschlossen sind die Fragen der Evidenz des Verantwortungsbewusstseins (Utz 1970, 35 ff.) sowie diejenige nach dem inneren Beobachter und Richter menschlicher Handlungen, der gemeinhin als Gewissen bezeichnet wird. Das klingt sehr abstrakt und ist es häufig auch. Die zwei funda-

mentalen Überlegungen, nach dem „Was" und dem „Warum" des Sollens münden
aber schnell in konkrete Zielsetzungen ein, wenn man bedenkt, dass jede gesellschaftliche und politische Gestaltung einen ethischen Kern aufweist. Wie sich eine
Gesellschaft oder ein Einzelner konkret verhalten soll und welche Bewertungen
dabei zu treffen sind, lässt sich nicht so einfach beiseiteschieben.

Eine Wissenschaft, die das Sollen auf Gründe zurückführen, also begründen
will, steht – was für unsere Fragestellung von Bedeutung ist – u.a. vor der kaum
zu lösenden Schwierigkeit, wie der Allgemeinheitsanspruch mit der konkreten
Situation und der (vorgegebenen) sozialen Einbettung des Handelns zu verbinden
ist. Nach Hans-Georg *Gadamer* (1963,13 ff) eröffnen sich nur zwei Wege, wie man
dem Dilemma entkommen kann. Beide, der formale und der materiale, sind auch
beschritten worden.

I   Formale vs. materiale Begründungen der Ethik

(1) Prototyp der formalen Begründung der Ethik sind die Überlegungen *I. Kants*.
Wie bei allen Philosophen der Neuzeit tritt bei ihm die Autonomie des Subjekts in
den Vordergrund. Da die Welt nach Kant in eine Sphäre der Erscheinungen und
eine solche des „Ding an sich" zerfällt, wird auch ein empirisches, auf Anschau-
ungen gerichtetes Subjekt und ein intelligibles Subjekt, das die Bedingungen von
Bewusstsein und Erkennen reflektieren kann, unterschieden. Vom empirischen
Subjekt ist nicht viel zu erwarten, denn es ist aus zu „krummem Holze geschnitzt",
so dass man es nicht gerade biegen kann. Jede faktische Willensbestimmung im
Bereich der Erscheinungen ist der Erfahrungswelt verhaftet, wo nie mit Sicherheit
eine unbedingt gute Handlung angetroffen werden kann. Wenn es also einen sittlich
guten Willen geben soll, dann muss er aus den Beschränkungen der Sinnenwesen
(durch Neigungen und Interessen) befreit sein. Deswegen rekurriert *Kant* auf jene
andere Ebene, die intelligible Ordnung, der wir eben auch angehören, aber nicht als
Sinnen-, sondern als Vernunftwesen. Hier ist das unbedingte, allgemein verbindliche
Sollen (die Pflicht an sich), auf der allein sich eine Ethik „rational" begründen lässt,
„zu Hause". Da beide Sphären der Wirklichkeit dualistisch auseinandergezogen
werden, gelingt es *Kant*, das Ethische „an sich" heraus zu präparieren, das von allen
falschen Beimischungen „der Welt" freigehalten werden kann (Kant 1956,S.89).
Hier nur kann freie Selbstgesetzgebung mit Vernunft theoretisch zusammenge-
bracht und „Vernunft als Freiheit denkmöglich gemacht" (werden) … Als sittliche
Autonomie besagt sie die Selbstbindung des Subjekts an das Gesetz vernünftiger
Selbstbestimmung" (Böckle 1977,51).

Kants kategorischer Imperativ („Handle so, dass die Maxime deines Handelns jederzeit Grundlage eines allgemeinen Gesetzes werden könnte") will genau dies. Er zielt darauf ab, die Verbindlichkeit des Sollens, die Erkenntnis der allgemeinen, imperativen und rigorosen „Form" des Sittlichen einzufordern, die auch auf das praktische Handeln prägend durchschlägt. „Der Sinn des Kantischen Formalismus besteht also darin, die Reinheit der sittlichen Vernunftentscheidung gegen alle Trübungen durch die Gesichtspunkte der Neigung und des Interesses – im naiven wie im philosophischen Bewusstsein – zu sichern" (Gadamer 1963: 15).

Formal ist *Kants* Ethik deshalb, weil sie generelle Imperative formuliert, die der Freiheit des Handelnden bei der Übersetzung von (formalen) ethischen Normen in moralische Gebote eine grosse Verantwortung aufbürdet (Lay 1989,37). Ob das Auseinanderziehen einer Reflexionsebene von einer Handlungsebene, also von „gesetzesprüfender Vernunft" und praktischer Entscheidung in ihrer empirischen Abhängigkeit tragfähig und alltagstauglich ist, wird immer wieder bestritten.

(2) G.W.F. *Hegel* (1970, S.430 ff.) moniert, dass sich die bedingten, „krummen" Inhalte nicht überzeugend aus den formalen Prinzipien herleiten lassen, wenn man nicht in eine Tautologie verfallen will. Der Kampf zwischen Pflicht und Neigung scheint vielen nicht der relevanteste Aspekt einer Ethik zu sein. Wichtiger ist manchen Kritikern, dass das Insistieren auf dem autonomen Subjekt die reale Welt der Sinnenwesen ihrer leiblichen Einbettung beraubt. Vernunft und Sinnlichkeit, aber auch individuelle Autonomie und gesellschaftliche Bindung würden auseinandergerissen.

Dieser Entzweiung will *Hegel* durch die Idee des Absoluten (Ganzes, Wahres) und seine dialektische Selbstbewegung „aufheben". Denn dieses ideale Ganze wird nicht in eine dem Bewusstsein äusserliche Sphäre (z. B. die (platonische) Welt der Ideen) verlagert, sondern umfasst als „Geist" nicht nur alles Endliche, sondern auch alle Gegensätze: diejenigen zwischen Subjekt und Objekt, zwischen Sinnes- und Reflexionsebene, zwischen Statik und Dynamik etc. Der Geist ist immer in Bewegung; er verkörpert sich in ganz unterschiedlichen Formen und schafft durch seine dialektische Wirkungsweise aus den Gegensätzen ganz neue Synthesen, in denen die alten Antithesen, z. B. diejenige von individuellem Bewusstsein und objektiver Erkenntnis sowie zwischen Ich und Wir, dahin fallen. Im Verlauf dieser Weltbewegung – d. h. des Ganzen und Wahren zu sich selbst – erreicht das Individuum zwangsläufig ein höheres gesellschaftliches Bewusstsein, in dem die Verschiedenheit von Personen im doppelten Wortsinn „aufgehoben" ist.

Das Bewegungsgesetz hat eine Schlagseite zum gesellschaftlichen oder universalen Gesamtsystem. In ihm werden die Spannungen zwar individuell nicht beseitigt, aber auf einer jeweils höheren Ebene des Wir gegenstandslos. Denn Ontologie,

Moral, Theologie und Geschichte fallen notwendigerweise nicht mehr auseinander, sondern werden identisch. Deswegen kann *Hegel* sogar auf die Erarbeitung einer Ethik, die individuellen Konflikten Rechnung trägt, verzichten. Denn die Implikation seiner Theorie ist, dass das Wesen der Sittlichkeit in der tradierten „Sitte" bzw. in den Institutionen Familie, Gesellschaft und Staat „verkörpert" ist. Hier wird das Gewissen geweckt und im Diskurs verfeinert. In diese Ordnungen wird man hineingeboren und hineingewoben. Selbstbestimmung ist also immer nur in diesem vorgegebenen Bedingungsrahmen möglich. Der prüfende Blick auf sich selbst (und andere) kann des jeweils anderen Blicks nicht entraten. Selbstprüfung und Fremdprüfung schliessen sich nicht aus, bedingen sich sogar. So gesehen ist das „einsame Subjekt" kein hinreichender Ansatzpunkt einer Ethik. Die Soziologie wird nicht müde, gerade diese empirische Verhaftung des Subjekts zum Gegenstand ihrer Analysen zu machen.

Der Linkshegelianer *Karl Marx* hatte bekanntlich versucht, Hegel „vom Kopf auf die Füsse zu stellen". Die vorgegebenen sozialen Rahmen sind es für ihn, die für „das krumme Holz" verantwortlich sind. Erst wenn die wichtigsten Entfremdungen und Widersprüche der Gesellschaft institutionell ausgemerzt seien, würde die Spannung von Ich und Wir aufgehoben. Eine kapitalistisch organisierte Gesellschaft stehe dem so grundsätzlich entgegen, dass erst nach ihrer revolutionären Beseitigung ein ethischer Neuanfang gewagt werden könne.

(3) Von einer anderen Seite setzt sich die materiale Wertethik von *Max Scheler und Nicolai Hartmann* mit Kants formalem Pflichtbegriff und dem Konflikt von Sollen und Wollen auseinander. Ansatzpunkt sind für sie die Inhalte der Sittlichkeit. Diese werden als Werte bezeichnet. Sie gehören zur Grundausstattung der Menschen. Werte gelten absolut („an sich") und sind nicht weiter reduzierbar. Sie werden von Menschen beurteilt und angestrebt und werden als übergreifende, lebens- und handlungsleitende Richtlinien verstanden. Entschieden wird beim konkreten sittlichen Handeln nach der Werthöhe oder anderen Gründen (z. B. der Dringlichkeit der Objekte). Selbst rigorose Wertrelativisten wie *Fr. Nietzsche*, der die abendländischen, d. h. christlichen Werte „umwerten" will, sieht sich gezwungen, das Leben als höchsten, unbedingten, absoluten Wert anzuerkennen.

Ethik ist für *Max Scheler* vor allem Wertforschung. Werte sind nichts Formales, sondern etwas Inhaltlich- Intentionales. Die Wertinhalte haben den Vorrang vor dem formalen Sollen, denn es herrscht ein materiales Wertapriori vor. Es erschliesst sich durch das Wertgefühl. Das ist aber nach *Scheler* kein intellektueller, sondern ein gefühlsmässig-intuitiver Akt. „Wertfühlen" ist als Operation von Wahrnehmen und Denken grundsätzlich verschieden. Auf der Emotion gründen sich das Wertbewusstsein und das Werten. Denn die Wertsphären des Heiligen, der

ästhetischen-, der Vital- und der Nützlichkeitswerte sind inhaltliche, allgemeingül-
tige, selbständige Entitäten oder Wesenheiten, die dem Menschen gefühlsmässig
gegeben sind. Sie lösen sich also nicht in einem rein subjektiven Gefühl auf (vgl.
psychologische Werttheorien). Werterkenntnis ist in einem eingeschränkten Sinn
doch wohl Seinserkenntnis.

Werte sind nicht ohne Sein, das Sein ist nicht ohne Werte analysierbar. Diese
Position wird von den Neokantianern u. a. von *Max Weber* bekanntlich vehement
bestritten. Werte beziehen sich nach *Scheler* auf materiale Qualitäten von Objekten,
die aber an sich keine Gesetze oder Gebote darstellen, sondern erst in der Handlung
zu solchen werden. Es gibt auch sittlich Wertvolles, das nicht Gegenstand eines
Strebens sein und nicht geboten werden kann (z. B. die Pflicht zu lieben).

Ob dieses Soll über das reine Wertfühlen gewährleistet sein kann oder ob dem
Fühlen nicht auch eine verstandesmässige Operation beigestellt ist, wird von den
Aristotelikern in die Diskussion geworfen. Ausserdem lassen sich nach ihrer Mei-
nung gelebte Überzeugungen nicht leicht überspielen.

(4) Ausgangspunkt der ethischen Reflexion bei *Aristoteles* ist die Erfahrung, dass
wir in einen gesellschaftlichen Bedingungskontext hineinwachsen. Diese (materiale)
Lebenspraxis bedingt neben einer Verinnerlichung der Sitten und Gewohnheiten
der Polis auch die „immanente Vernünftigkeit", diese gemeinsame Praxis zu för-
dern und zu steigern.

Aristoteles argumentiert aber nicht primär von einem Wertkonzept her, sondern
setzt bei den Gütern (und ihren Zwecken) und bei den Tugenden an. Wichtiger
Baustein für die Lebensführung des einzelnen ist dessen Kompetenz, äussere und
innere Güter zur Befriedigung von Bedürfnissen und Wünschen zu ordnen und zu
erstreben. Dazu gehören bestimmte Anstrengungen. Wie dienlich die anzustrebende
Wirklichkeit für unsere Bedürfnisse ist, lehrt die Erfahrung. Wie geeignet das han-
delnde Subjekt für diese Tätigkeiten ist, wird durch das Wissen und den Charakter
(ethos) bestimmt. Jeweils geht es darum, nach Kräften „tüchtig" zu agieren, also
beispielsweise „nicht bloss zu sehen, sondern scharf zu sehen" (Charpa 1991:85).

Tugend ist als Disposition („hexis", Haltung) jedoch keine reine Wissenskategorie.
Sie hängt eher davon ab, wie ein jeder durch Erziehung und Lebensweise geprägt
ist und wie er sich durch Übung selbst in eine treffliche, angemessene Form bringt.
Das sittliche Wissen richtet sich auf das „Tunliche". Das, was zu tun ist, ist mit der
konkreten Situation verbunden, stellt diese aber zugleich in den Rahmen dessen, was
man allgemein für richtig hält. Das geschieht nicht durch reine logische Ableitung
(Subsumtion) mit Hilfe der Urteilskraft, sondern vorwiegend durch die seelische
Disposition der Menschen, ihre Ziele auch beharrlich genug zu verfolgen. Die Affekte
sind hierbei kein verlässlicher Wegweiser. Tugenden (als Habitus) verhindern die

gefühlsgeleitete Willkürlichkeit, sich schwankend so oder anders zu entscheiden. Denn charakterliche Haltungen sind Voraussetzung und Folge davon, dass man sich im Richtigen selbstverständlich eingerichtet hat. Das praktische Handeln zielt auf beides, „das Rechte" und das Nützliche (als ein Ausdruck von Richtigkeit). Nur darf man das Nützliche nicht in seinen Zwecksetzungen verengen. Das Kriterium liegt hauptsächlich in uns selbst: sofern wir uns *als Menschen* benehmen, die richtig „geformt" sind. Darin spiegelt sich zwangsläufig nicht nur unser Bewusstsein, sondern unser ganzes gesellschaftliches Sein mit seinen Umständen und Möglichkeiten. Im sozialen Standort verdichten sich die „Selbstverwirklichung", die Tugend und die wünschenswertesten Lebensform. Aus diesem Horizont des Gesellschaftlich-Politischen kann sich sittliches Handeln gar nicht befreien.

Es geht *Aristoteles* folglich nicht um den reinen, allgemeinen Begriff der Klugheit, Tapferkeit etc., auch nicht um Apriori geltende Wertekataloge, sondern um das, was „hier und jetzt" zu tun ist, ohne die allgemeinen Seinsbestimmungen aus den Augen zu verlieren. Es ist das, was einerseits unter einem untrüglichen Richtigkeitsbewusstsein steht und andererseits *situativ angemessen, gut und recht* ist und sich (deshalb) gehört. Es ist ein Wissen und ein Können zugleich.

In diesem Zusammenhang erhält die Lehre von der „Mitte" (mesotes) ihren Stellenwert. Sie meint weder einen Mittelweg zwischen Extremen (d. h. Untugenden) noch einen Durchschnittswert, sondern die Selbstbeherrschung und die Mässigung der Affekte. *Aristoteles* wendet sich dabei gegen jeden Rigorismus und warnt davor, sich zu stark auf schematische Richtigkeitsformeln und allgemeine Ableitungen zu verlassen. Denn angesichts der Mannigfaltigkeit der Praxis, kann ethische Theorie nur „basale" Erkenntnisse bereitstellen.

„Klug" im Sinn der phronesis handelt man nur, wenn man die allgemeinen Erwägungen in der konkreten Wirklichkeit des praktischen Handelns mit dem geschulten Gespür auf das vernünftigerweise zu Leistende beziehen kann. Erst in der faktischen Moral, im praktisch gewordenen Guten, beweist sich der Mensch als einer, der nicht nur um das Richtige weiss, sondern es auch selbstverständlich ausführt. Wenn er es auch gegen Widerstände tut, halten wir ihn für einen tapferen Charakter (Zivilcourage). Das richtige Wie in den jeweiligen Situationen festzulegen, ist – von glücklichen Umständen abgesehen – Aufgabe der persönlichen Tüchtigkeit, genannt Tugend. Sie dient der Vorbereitung und ist Teil eines geglückten Lebens.

Aristoteles legt dabei sogar mehr Wert auf das Sein (in der Polis) als auf das richtige Bewusstsein, denn ersteres bringt uns stärker hervor als das, was wir über uns zu wissen glauben. Dieses „gekonnte Wissen" knüpft an den Erfahrungsschatz der Kollektivität an. (Vgl. zu dieser konkreten Rationalität *Thomas von Aquins* Begriff der consuetudo, STh,I-II,97,3).

Im besten Fall ist der Wissensschatz dem weisen Gesetzgeber eigen (vgl. Platons Denkfigur des Philosophenkönigs). Gemeint ist allerdings nicht der theoretisch Interessierte, der über das Gute und Rechte im Allgemeinen nachdenkt. Denn dieser ist „auf diesen praktischen Logos genauso verwiesen wie jeder andere, der seine Vorstellungen von dem, was gut und recht ist, in die Tat umsetzen soll. Ausdrücklich erkennt es Aristoteles als den Fehler der Leute, sich aufs Theoretisieren zu verlegen, und statt zu tun, was recht ist, darüber zu philosophieren" (Gadamer 1963,20, nach Nik. Ethik, Buch II, Kap.3). Denn Ethik, mit ihrem systematischen Zweifel, fängt da an, wo Ethos und Moral aufhören (Hauskeller, 1997, I, S.11).

Wie sehr die intuitiven Einsichten über das sittliche Leben, an die Struktur des Alltagswissens anknüpfen, macht *Gadamer* daran klar, dass Erziehung, Lob und Tadel, Sympathie und Solidarität das Ethos des Menschen schon vorab formen, noch bevor er durch Vernunfterwägungen ansprechbar ist. Das gemeinsame Leben leitet in vortheoretischer Art das durchschnittliche Normbewusstsein eines jeden an (Gadamer 1963,22). *Aristoteles* bestreitet natürlich nicht, dass es ein von Natur aus Richtiges gibt, dem im Prinzip zu folgen ist. Nur wird er nicht müde darauf hinzuweisen, dass die Abhängigkeiten eines jeden von seiner Zeit, von den konkreten gesellschaftlichen Bedingungen in Familie, Gesellschaft und Staat, sein Ethos mit unterschiedlichen Inhalten füllt. Hier den richtigen Weg zu finden, bedarf eines gezielten und geschärften Selbst-Trainings. Man muss gewissermassen routiniert und automatisiert erfassen lernen, wie man *hier und jetzt gerecht* sein muss. Dabei hilft, dass man in eine konkrete Gesellschaft hineingeboren ist, deren Regelgerüst (als Grundkonsens) bereits vorgefunden wird und den Mitgliedern selbstverständlich geworden ist. Kein Einzelner und keine Gesellschaft kann ohne einen solchen Traditionsbestand in Form von Bräuchen, Konventionen, Sitten (d. h. Ethos oder mores) leben. Ein allzu grosses „Wissen auf Abstand" tut der moralischen Entscheidungssituation des Menschen im Alltag gar nicht gut. Die Theorie des Soll, kann, so auch *Kant,* das Pflichtbewusstsein des „einfachen Herzens und geraden Sinns" nie übertreffen.

Dabei bleibt auch für denjenigen, der nicht dem engen Zirkel der „Virtuosen" des Pflichtbewusstseins (Weber 1976, S.328) gehört, ein unauflösbarer Rest an Unsicherheit bestehen. Die Verbindung von allgemeinem Anspruch und konkreter Applikation macht aber den Unterschied zu jeder rein nominalistischen Situationsethik aus, die entweder alles der konkreten Entscheidung überlässt oder sich allein auf den guten Willen (Wahrhaftigkeit) zurückzieht. Diese Zusammenhänge werden zum Verständnis der Alltagsmoral noch von Bedeutung sein.

II   Gesellschaftlicher Alltag und Alltagsmoral

Aus dem bisher Gesagten wird andeutungsweise schon klar, dass das Wissen von generellen Regulativen, so wichtig es ist, nur bedingt tauglich ist, um verlässlich Auskunft zu geben, was konkret zu tun ist. Als unbefriedigend wird erlebt, dass die Reflexionsallgemeinheit sich an der konkreten Lage, in der das Gewissen „gerecht und billig" handeln muss, bricht. *Sören Kierkegaard* (1987,S.258ff,278ff.)hat dieses Unbehagen gegenüber einer solchen Ethik mit dem Terminus „Wissen auf Abstand" auf den Punkt gebracht. Deswegen wird von den Sozialwissenschaftlern gefordert, sich von den metaphysischen Annahmen ab- und der existentiellen, situativen Wirklichkeitserfahrung zuzuwenden (Röd 1992, S. 202). Zwar kann man wenigstens *Aristoteles* nicht vorwerfen, er wäre für das Gewicht der konkreten sozialen Entscheidungssituation unsensibel gewesen, dennoch lässt sich heute mehr über die Situation als solche sagen, nämlich über die aussermenschliche Umwelt, über die Mittel, von denen der Mensch Gebrauch macht und vor allem über die *Haltungen der anderen* an der Situation beteiligten Personen. Denn „die Situation verändert in höchstmerkwürdiger Weise das Gebaren des Menschen, auch wenn er sich ganz wahr und persönlich verhalten möchte" (Von Wiese 1947:81). Dem versucht die seit den 1970er Jahren intensiv bearbeiteten „Soziologie des Alltags" Rechnung zu tragen. Allerdings wird das Konzept uneinheitlich verwendet.

1   Alltag und Alltagswissen

Es empfiehlt sich, zwischen einem allgemeinen und einem spezifisch phänomeno-logischen Begriff des Alltags zu unterscheiden:

Im allgemeinen Verständnis steht der Alltag als Gegenbegriff gegen das Aussergewöhnliche und nicht routinierte, oft ritualisierte Sozialleben der Menschen. Er beschreibt das, was jeden Tag ganz habitualisiert, implizit, kleinteilig und ohne „ausdrücklichen Vollzug der Situationsdefinition" (Bahrdt 1996, 145) geschieht. Elias hat darauf aufmerksam gemacht, dass damit meist der Arbeitsalltag und das überschaubare Privatleben des „kleinen Mannes" (1978, 22), der Vielen, gemeint ist, das sich gegen das Aussergewöhnliche, Einmalige, „Grosse", Neue, Spektakuläre von Sonderereignissen abhebt, und auf das man sich ausdrücklich „ einen Reim" machen muss.. Alltägliches Handeln gilt insofern als „naiv" und weitgehend unreflektiert als es weit verbreitet und wenig formalisiert ist. Das Alltägliche steht jedoch unter manchen latenten Zwängen, vor allem, weil es keinen Aufschub duldet. Das Leben muss gelebt werden und kann, auch durch aussergewöhnliche Ereignisse, nicht angehalten werden (Bahrdt 1996, 145). In dieser allgemeinen Form hat der Alltag in die soziologischen Forschung, abgesehen von einer spezifischen Wendung zur Subkultur, wenig Eingang gefunden.

Anders verhält es sich mit dem *spezifischen Alltagsbegriff,* wie ihn vor allem die phänomenologisch ausgerichtete Soziologie verwendet. Für sie ist es sogar typisch für die Krise der modernen Sozialwissenschaften, dass sie sich der Analyse des sozio-historischen Alltags der Menschen so wenig und so eingeschränkt gewidmet haben (vgl. Husserl 1962,Luckmann 1980,29). Die Phänomenologen und „Interaktionisten" wie *Schütz, Luckmann, Berger, Mead, Goffman, Garfinkel* u. a. stimmen dem genannten Alltagsbegriff insoweit zu, als auch sie den Routinecharakter betonen. Ansonsten wollen sie aber den Alltag als jenen Handlungsbereich aufwerten, in dem „die fundamentalen sozialen Orientierungen ausgebildet werden" (Meuser 1995, 30). Die Tatsache des „Vorverständigtseins" (Luhmann 1986, 81 ff.) über die grundlegende, auch moralische, Grammatik des Zusammenlebens greift viel tiefer als die traditionelle Ethik meist zur Kenntnis nimmt. Dass der Laie hier möglicherweise kompetenter ist als der Fachmann, hat schon Nikolaus Cusanus gewusst (in jüngster Zeit wieder Bourdieu 1976, 209).

a Alltagspragmatik

Für den Alltagshandelnden ist die Welt zunächst hinzunehmen, wie sie ist. Sie ist ihnen „fraglos" gegeben, da sie sich angesichts der Nöte der Daseinsvorsorge gar nicht leisten können, der Wirklichkeit mit Frage-Vorbehalt zu begegnen. Die grundlegenden (philosophischen) Zweifel sind der Tendenz nach eingeklammert: das bedeutet nichts anderes, als dass die Aussenwelt, die Welt der Mitmenschen und die Kulturwelt vorgegeben sind. Natürlich können diese Aspekte alle problematisch werden und in die Krise geraten, aber diese wird zunächst nicht denkerisch antizipiert, sondern soweit möglich („bis auf weiteres") aufgeschoben.

Dominant bleiben die vom „praktischen Verstehen" zusammengehaltenen Verhaltensroutinen (Reckwitz 2003:S.289). Dieser spezifische Erkenntnisstil des kleinräumigen Pragmatismus" (Bahrdt, 1996,148) wird also durch sogenannte Idealisierungen geprägt. Sie stehen den Glaubenssystemen näher als der Wissenschaft (obwohl auch diese ihre spezifischen „beliefs" kennt). Demnach wird unterstellt,

1. dass das bislang Gültige auch künftig Bestand hat (Idealisierung des „und so weiter"),
2. dass man das, was man bisher zu Wege gebracht hat, auch in Zukunft wird vollbringen können (Idealisierung des „ich kann immer wieder"),
3. dass die Standpunkte zwischen mir und dem anderen vertauschbar sind (Generalthese der wechselseitigen Perspektive) und
4. dass wir uns so begegnen können, als hätten wir identische Erfahrungen (Kongruenz der Relevanzsysteme).

Auch wenn die Einwirkungen auf die Welt jeweils subjektiv verschieden sind, werden durch die genannte „natürliche Einstellung" die Unterschiede eingeebnet. Trotz aller sozialen Besonderheiten im Leben der einzelnen formiert sich durch Sozialisation dieser natürlichen Weltbegegnung eine gemeinsame Sozialwelt. Dabei greift man laut *Schütz (1974, S.*111 ff. *Schütz, Luckmann* (2003) u.a. auf Bezugsschemata („Wissensvorräte") zurück, die es erlauben, die Wirklichkeit raum-zeitlich und sozial zu gliedern (Vor-, Mit-, Folgewelt). Vor allem dienen dazu aber habitualisierte Wissensformen (Fertigkeiten, Gebrauchswissen, Rezeptwissen), die in verschiedenen Situationen „unreflektiert" griffbereit sind. Der Alltag steht unter dem latenten Zwang, möglichst bruchlos weiterlaufen zu müssen. Er duldet keinen Aufschub und keine Unterbrechung, wie sie den aussergewöhnlichen Ereignissen, z. B. den Katastrophen eigen ist. Aber auch diese musterartigen Problemlösungen gelten nur „bis auf weiteres". Es kann durchaus neues Wissen in den alten Bestand (der thematischen und Motivrelevanz) integriert werden.

Hans Paul Bahrdt hat darauf hingewiesen, dass diese Beschreibung der alltäglichen Erkenntnishaltung eine typologische ist, die nicht übertrieben werden darf. Alltag und Wissenschaft, Traum, Schlaf, Spiel und Phantasie sind wohl unterschiedliche „Sinnprovinzen" mit je eigenen Aufmerksamkeiten, aber in der Realität sind die Übergänge gerade wegen der kaum vermeidbaren Zweifel und Unklarheiten oft fliessend. Auch der Alltag kennt seine Krisen und Wendepunkte der Wahrnehmung und Deutung. Man muss nicht erst auf Katastrophen warten, bis unser vorgegebenes Orientierungswissen ungültig wird. Schnell stellt sich die Frage ein, „was hier eigentlich vor sich geht" (what is going on? Goffman). Und da sind schnelle, neue Entscheidungen zu treffen Die Schemata büssen ihre Stabilität ein und erweisen sich als nur vorläufige Wegmarkierungen. Wird dann die „natürliche Einstellung" aufgehoben, nähert sich der Alltag der theoretischen Einstellung (Schütz, Luckmann, 2003,629, 631 ff.; Bahrdt 1996, S.145).

Für die moralische Betrachtung sind weitere Aspekte der Alltagssoziologie von Bedeutung, nämlich Intersubjektivität, Körperlichkeit und Moralisierung.

b Intersubjektivität

Der Alltag ist interaktiv angelegt. Die Anderen sind immer schon präsent. Alle stehen dabei unter einem unabweisbaren Selbstdarstellungs- oder Kundgabezwang. Wir können im Beisein von anderen eben nicht „nicht-kommunizieren" (Watzlawick, u. a. 1974, S.50ff.).Zwar brauchen wir Privatheit, können aber auf Dauer nicht privat und autonom leben. Hinzu kommen immer die Mitmenschen, die aus unserer Kundgabe Schlüsse ziehen, ob wir uns nach ihrer Meinung richtig verhalten. Wir sind in die Einflusssphären Anderer eingebunden und können unsere Individualität, Würde und Eigenverantwortung nur in Abstimmung mit und unter der Überwachung durch die Anderen entfalten. „Wo niemand ist, der einen ansieht, stellt man nichts dar. Über die Selbstdarstellung versucht man im „An-sehen" der anderen im bestmöglichen Lichte zu erscheinen und entsprechende Rollen zu spielen. Es liegt uns bekanntlich sehr viel daran, wie uns die anderen sehen und was sie von uns halten, so viel, dass jede Menge Privatheit aufgegeben und/oder umorientiert wird" (Reichholf ,2014,957). Goffman hat dafür das Bild vom Schauspieler auf der Bühne geprägt (1983,S. 1ff,19ff.).

Das Verhältnis von Privatheit und Öffentlichkeit, Selbständigkeit und Integration ist nicht starr festgelegt. Es muss je nach Situation neu bestimmt und „ diskursiv ausgehandelt" werden. In Begegnungen verlangen „die" Anderen (ebenso wie Ego) jedenfalls, dass ihre Anwesenheit wahrgenommen und symbolisch unterstrichen wird. Das kann durch Gesten, Blicke, Körperhaltungen etc. geschehen. Häufig ist der Alltag aber ein sprachlich vermittelter, also erzählter Alltag (Ehlich 1980,S.18). Er hat seine gemeinsamen Erzählanlässe, Muster und (oft trivialen) Inhalte. Verständigung mit anderen kann aber auch neues gemeinsames Wissen erzeugen, das den Alltag nicht nur reproduziert, sondern auch aktiv verändert (Ehlich 1980, 19 f.). Das alles ist gemeint, wenn vom Verhandlungscharakter sozialer Situationen die Rede ist. Für die soziale Geltung von Moral ist das nicht ohne Bedeutung, denn viele angeblich triviale Gespräche bestehen darin, die moralische Qualität eigener und fremder Handlungen zu rekapitulieren, zu erörtern und ihnen künftigen Handlungswert zu verleihen.

c Körperalltag und die Sinne

Seit *Scheler* und *Merleau-Ponty* gibt es keinen Zweifel mehr darüber, dass Körper und Leib unbedingt auseinanderzuhalten sind. Körperlichkeit bezeichnet das äusserliche, funktionsfähige, instrumentelle Organganze, über das man verfügt, das man „hat", während die innerlich erfahrene Leiblichkeit den Weg und das Tor zur (sozialen) Welt beschreibt. Leib „hat" man nicht wie ein Ding. Leib „ist" man im Lebensvollzug. Die Wirklichkeit wird nur relevant, wenn sie uns „leibhaftig", als „inkarnierter Sinn" aufscheint. Es gibt in unserer Wirklichkeit nichts, auch keine Idee, die "je ohne Leib wäre" (Merleau-Ponty 1973, S. 191,194 ff.). *Bühl* hat, *Schütz* und *Merleau-Ponty* folgend, die ganzheitliche Bedeutung des Leibes in fünf Aspekten zusammengefasst:

1. Der Leib ist Mittelpunkt unseres Koordinatensystems. Nichts wird ohne den Leib erfahren. Er zentriert mein Bewusstsein und ist Ausdruck der Geistigkeit des Körpers. Durch ihn können wir uns in den Anderen und seine Erfahrungen hineinversetzen, vor allem, dass er sich – wie ich selbst– im Zentrum der („seiner") Welt fühlt. Er ist Leib „für sich".

2. Der Leib ist vor allem durch die Sinneswahrnehmung und die Koordination der Organe der Spielraum meiner Tätigkeit, auch meines Denkens, denn dadurch erschliessen und vermitteln sich Aussen- und Innenerfahrung. Der Leib ist die Gesamtheit der Bedeutungsbeziehungen zur Welt (Zwischenleiblichkeit). Die Sinne spielen dabei eine zentrale Rolle.

3. Der Leib ist Ausdrucksfeld meiner selbst, aber auch der Filter gegen die Überfülle der äusseren Eindrücke und gegen die Anderen. Je grösser die Mannigfaltigkeit der Eindrücke, desto höhere Sinnesleistungen sind nötig. Meist sind wir sensorisch defensiv ausgerichtet. Wir bedienen uns dabei einer selektiven Aufmerksamkeit und bevorzugen die „lebensnahen" (proxemischen) Erfahrungs- und Deutungswelten (Thurn 1980,50 f.). Meist wird aus dem Fremden das Bekannte herausgefiltert. Optische, auditive, geschmackliche, olfaktorische etc. Veränderungen bekannter Situationen lösen schnell Erstaunen, Unbehagen oder Alarm aus.

4. Leib, Sinne, Wahrnehmungen und Alltagswissen sind enger miteinander verkoppelt als uns meist bewusst ist. Dass wir im Alltag mit den leibgebundenen Sinnen auch denken, macht Bühl u. a. folgendermassen klar. „Das Wie der Wahrnehmung hängt… von seiner und meiner spezifischen Leibkonstitution ab, ob wir gleichen oder verschiedenen Geschlechts sind, wie gross die Altersdifferenz zwischen uns ist, ob wir uns sozusagen riechen können… ob seine Stimme mich anspricht usw."(Bühl, 2002,203). Dadurch, dass die anderen in ihrer Leiblichkeit auf mich „Eindruck" machen, erfahre ich auch mich mit meinen Ausdrucksmöglichkeiten, mit meinen Körpereigenheiten, mit meiner Stimme, meinem Gesicht, meiner Gestik usw. in Form eines stummen, unformulierten Wissens.

5. So verwundert es nicht, dass alle Begegnung und alle Kommunikation leiblichsinnenhaft geprägt sind (Leib durch den Anderen für mich). Ich bin, besonders wenn andere gegenwärtig sind, über meinen Leib immer „in Situation". Das geht so weit, dass sogar meine Sinneswahrnehmungen durch die anderen mit geregelt sind. Bestimmte Wahrnehmungen sind zugelassen oder sogar gefordert, andere tabuisiert. Die intensive gegenseitige Verschränkung führt dazu, dass Innen und Aussen, Selbst- und Fremdsteuerung, schwer zu trennen sind. Diese „doppelte Sinnesempfindung" dass wir die Anderen berühren und zugleich von ihnen berührt werden (Merleau-Ponty 1966, 94 f.), bringt die moralische Spannung mit sich, einerseits die Autonomie des Subjekts (bzw. der Vernunft) zu postulieren, andererseits dem „Gewebe der Welt" und der sozialen Situation so verhaftet zu sein, dass der „Kultur-Leib" über die Grenzen der jeweiligen Kultur kaum hinausreicht. Diese Spannung des Subjekts und seines Gewissens gegenüber einer (im Mikro- und Makrobereich) „gegebenen" sittlichen Ordnung, in der es immer schon steht, bleibt niemandem erspart. Der Ruf der Wirklichkeit ist

situativ nie völlig eindeutig (Endres 1963, 36). Umso mehr müssen wir im Alltag
wissen, was jeweils der Fall ist.

2   Alltagswissen und Alltagsmoral

Eine rein deterministische und mechanistische Sicht des Menschen befriedigt
jedoch nicht, denn sie verschliesst sich der menschlichen Erfahrung, dass wir
Subjekte sind, Entscheidungen treffen, also zwischen alternativen Handlungsver-
läufen wählen und diese bewerten. Individuen bewegen sich nicht nur, sondern
sie „handeln", d. h. sie richten sich an jemanden, verhandeln mit ihm, versuchen
zu überzeugen u. a. m. Sie sind nicht nur durch äussere Kräfte getrieben. Sie sind
nicht nur hilflose Beobachter eines äusserlichen Geschehens, sondern kontrollieren
offenbar ihr Tun an sozialen Regeln, sei es als Beobachter, Gesprächspartner oder
Kritiker. Sie können von diesen Normen auch abweichen und dafür Sanktionen
in Kauf nehmen. Umgekehrt sind nicht alle Regeln das Ergebnis freier Wahl, aber
viele sind kontrollierbar und kritisierbar, also das Ergebnis „deliberativen" Handelns und nicht einer reinen, reduktionistischen Stimulus-Response-Bewegung.

Handeln im eigentlichen Sinn des Wortes verlangt eine Haltung oder „Charakter", eine Entscheidung zwischen Ja und Nein, zwischen Soll und Nicht-Soll. Sie
bezieht sich auf den moralischen Aspekt der menschlichen Person (Burke 1961,
40f.). Das gilt für aussergewöhnliche Situationen ebenso wie für die alltäglichen
Kommunikationen, nur dass letztere ihr Regelwissen (den Grund des Sollens) oft
nicht explizit, sondern nur stillschweigend als selbstverständliche, übliche „Anständigkeit" (vgl. Polanyi: tacit knowledge, implicit rules 1958) und unter dem
Imperativ der Alltagspragmatik anwenden.

Jedenfalls impliziert die Notwendigkeit des Handelns an sich auch die Notwendigkeit des moralischen Handelns (Mead 1980,361). *Goffman* stimmt mit dieser
Auffassung völlig überein, dass wir in einer „moralischen Welt" leben. Auch für
ihn ist alles Handeln, auch und gerade in der alltäglichen Interaktion(sordnung),
moralisch durch und durch imprägniert, selbst dann, wenn man als Selbst-Darsteller
„nur" einen guten Eindruck machen will (Goffman 1985, 229f.). Beispielhaft dafür
ist die Scham. Man schämt sich oder ist verlegen, wenn und weil man den selbst
gesetzten oder von aussen kommenden moralischen Ansprüchen nicht genügt
hat. Scham ist Ausdruck unseres moralischer Kompasses, der sich keiner Worte
bedient und ihrer nicht bedarf (Scheff 2006, S.67). Denn überall, wo Gesellschaft
ist, muss sie ihre Mitglieder als verantwortliche, „self-regulating participants in
social encounters" mobilisieren (Goffman 1967, S. 44). Dies setzen wir in unseren
Begegnungen sogar als sozialen Rahmen schon voraus (Goffman 1977, S.36 ff.).
Er macht Handlungen im Alltag überhaupt verstehbar und verleiht ihnen Sinn.

Die Bindung an moralische Normen gehört zum Individuum und über die Rollenerwartungen auch zur Gesellschaft. Zu diesen kleinen und grossen moralischen Selbstverständlichkeiten nochmals *G.H.Mead*: „Statt von moralischer Ordnung können wir auch von einer sozialen Ordnung sprechen, denn Moralität hat etwas zu tun mit den Beziehungen intelligenter Wesen zueinander. Diese festgelegte moralische oder soziale Ordnung ist eine Welt, wie sie sein sollte und sein wird.... Sie hat stets impliziert, dass der Prozess des Universums, in dem wir leben, in einem realen Sinn mit der vortrefflichsten Ordnung der menschlichen Gesellschaft verwandt ist und diese begünstigt" (Mead 1980a, S.371f.). Wo wir den Sinn der Ordnungsklammern erkennen, betrachten wir sie als selbstverständlich und nicht als Zwang. Wer den Sinn der goldenen Regel, andere so zu behandeln wie wir es für uns selbst wünschen würden, erkannt bzw. verinnerlicht hat, hält sich aus innerem Antrieb an die wichtigsten Normen. Er gibt sich die Regeln in diesem Sinn autonom. Sie machen ihn sogar frei, sofern die Kompetenz zu moralischen Urteilskraft – ausgedrückt in der „Vorbehaltschance"- nicht völlig ausser Kurs gesetzt ist (Lübbe 1980, S.174, 233).

„Im alltäglichen Ich-sagen spricht sich das Dasein als In-der-Welt-Sein aus". Zugleich werden wir dabei mit der „existenzialen Sorge" konfrontiert, noch „nicht es selbst, sondern im Man-selbst verloren" zu sein (Heidegger 1967,S. 317). Es entspricht aber dem alltäglichen Klugheitsgebot (der situativen phronesis) sich dieser Sorge (um Gewissen und Schuld) vor dem unabweisbaren Hintergrund einer Daseinsbewältigung mit anderen zu stellen. Sie steht unter mehreren Verpflichtungen:

(1) Der pragmatische Druck

Als erstes steht das Leben unter dem verpflichtenden Deutungs- und Herstellungskontext des alltäglichen Gelingens von Kontakten und Interaktionsketten. Sie sind zunächst die wichtigste gemeinsame Relevanz. Wir alle müssen uns auf funktionstüchtige, vorhersehbare Ordnungen stützen können. Wir brauchen, trotz aller Heteronomie des Wissens, trotz aller Pluralität und trotz aller Geheimnisartigkeit der jenseits von uns hergestellten Wissenskategorien, „bedingungslos" die Möglichkeit von Sinnbildung. Meist denkt man dabei an Recht und Religion. *Peter L. Berger* (1973, S.22) zeigt aber, dass wir angesichts der möglichen Zerbrechlichkeit des Alltags uns schon auf der Ebene der mikrosozialen Interaktionen vor dem jederzeit möglichen Chaos durch Herstellung und Bestätigung von Normalität („Nomisierung") schützen müssen (ebenso der bei Waldenfels betonte „Normalisierungsdruck" 1998:16). Man kann auch in *Goffmans* Terminologie von sozialen (Orientierungs-)Rahmen sprechen Dazu gehört zwingend der instrumentelle Deutungskontext des Funktionstüchtigen, des Üblichen, der Routine, des Geltenden und auch des Gesollten (im Gegensatz zum andersartigen, „fremden", abweichenden und nicht-tolerierbaren Abnormalitätsrahmen). Der primäre Rahmen umfasst nicht nur die Unterstellung gültiger moralischer Regeln und der prinzipiellen Verantwortlichkeit der Beteiligten, sondern auch der allgemeinen Disponibilität der Personen, der Zugänglichkeit, Kontaktbereitschaft und Empathie in der Kooperation (vgl. Kohlbergs „just community", 1975). Diese Mikromoral gehört zum Bestand des sozialen Unbewussten. Seine vor- oder vielleicht halbbewusste Wirkung ist deshalb „funktional bedeutsam", weil sie sich gerade dadurch dem pragmatischen Druck des Alltagshandelns fügt. Insofern ist sie eine Art „entmoralisierte Moral" (Reese-Schäfer 2013). Sie wird uns erst voll bewusst, wenn wir auf verstörende Weise die Durchbrechung der erwarteten Ordnung erfahren. Keiner hat das in seinen verschiedenen Studien zur „Interaktionsordnung" eingehender untersucht als *Erving Goffman*.

(2) (Sich) Erkennen, Erkannt- und Anerkannt werden:

Goffman geht in seinen Werken von der Erkenntnis aus, dass all unsere sozialen Begegnungen risikoreich sind, Eigentlich müssten alle von den jeweiligen anderen alles wissen, damit sie die Situation richtig einschätzen können. Vollständige Information gibt es aber nicht, so dass man sich ersatzweise auf Hinweise, Andeutungen, Gesten, Symbole, Glaubenssätze usw., d.h. auf den Anschein verlassen muss. Die Eindrücke, die die Menschen aussenden, werden als implizite Behauptungen und Versprechungen gewertet, die unter der Hand einen moralischen Charakter annehmen. Wir stellen uns dar und erwarten dabei, dass die Anderen meinen Selbstentwurf respektieren und die von mir „weggegebenen" Informationen („signs given-off") nicht gegen mich verwenden. Umgekehrt wollen meine Kommunikationspartner mit dem gleichen Respekt vor ihrem „heiligen Selbst" behandelt werden (Goffman 1971, 10 ff). Beide Seiten unterstellen zunächst – kontrafaktisch – dass es nicht zu manipulativen und täuschenden Darstellungen kommt. Die Notwendigkeit, sozial erwünschte Bilder zu produzieren und sich dabei dramatischer Techniken zu bedienen, öffnet aber gerade die Tür für vielfältige Formen der Realitätsverzerrung.

Dennoch muss als Kommunikationsapriori immer wieder unterstellt werden, dass sich die Individuen im sozialen Austausch regelkonform verhalten: Sie müssen aufmerksam sein, Takt üben, höflich sein, Selbstachtung, Ehre und Würde zeigen, jedem die Chance geben, sein Gesicht zu wahren, das Eindrucksmanagement und die damit verbundenen Gefühle nicht unterlaufen, sondern beachten und „bis auf weiteres" gelten lassen, kurz: die Individuen müssen sich gegenseitig vor einer jederzeit möglichen Zerstörung des „organisch-dramatischen Ensembles" schützen . *Goffman* nennt das die rituelle Ordnung (1967, S..44). Sie beruht auf der moralisch konnotierten Erwartung, dass Ordnung „wie üblich" eingehalten wird und die Alltagsroutinen als Ordnungsgaranten wirken. „Falsche Bewegungen" wie Anzeichen von Langeweile etwa wirken befremdlich oder gar beleidigend. Das zerstört u. a. die gemeinsame Definition der Wirklichkeit. M. a. W. ist jeder gezwungen, in angemessener Weise an der Situation teilzunehmen und dies durch Zeichen wie Nicken, Augenkontakt, Körperhaltung (involvement obligations, 1971, S.125ff.) mitzuteilen. Wer sich einer Verletzung dieser Norm schuldig gemacht hat, muss Anstrengungen unternehmen, um den gemeinsamen Deutungshorizont wieder herzustellen (Entschuldigung als Heilungsversuch).

Der Alltag ist eben eine „normal-problematische" Verkettung von Situationen, die von den Menschen unablässig Leistungen der zeremoniellen Selbstdarstellung, der Selbstkontrolle und der Gesittung abverlangt, (und sei es, dass der Arbeitskonsens sich mit einer Scheinnormalität und Scheinakzeptanz begnügt (Goffman, 1970 152; 1981, 320). Deswegen sind Begegnungen laut Goffman Spielsituationen vergleichbar, wobei des darum geht, die Züge des anderen rechtzeitig zu verstehen, die Verstellungen zu durchdringen, gleichzeitig aber sich selbst „bedeckt" zu halten, um möglichst wenig Angriffsflächen für Verwundungen des eigenen „face" zu bieten. Diesem vorsichtigen Umgang miteinander dienen soziale „Verkehrsregeln", die – meist unbewusst, stillschweigend und rituell – ein Gleichgewicht zwischen höflicher Nähe (Beachtung, Engagement, „involvement fields" (Goffman 1963, 38f.)) und respektvoller Distanz (z. B. Tischsitten, Ausrufe, Abschiedsrituale) ausloten. Die Verletzung dieser Balance stellt uns vor grosse Probleme des Erschreckens, der Verlegenheit, des sozialen Scheiterns und peinlichen Unwohlseins.

Die Angst vor dem Scheitern von Begegnungen, legt uns nahe, lieber auf die wenigstens vorläufige Erhaltung der „Normalsituation" zu bauen. So wird eine normative und moralische Ordnung festgeschrieben. Diese Ordnung ist aber nicht ein für allemal gegeben, sondern muss unter den Kommunikationsmitgliedern immer wieder von neuen analysiert und stabilisiert werden („negotiated order"). Was gutes Benehmen ist, beweist sich darin, dass man die Dialektik zwischen Nähe und Distanz ausloten und situationsgemäss bestimmen kann. Einerseits muss man sich als zugängig und kommunikativ (mit den entsprechenden Signalen der Aufmerksamkeit) erweisen, andererseits müssen die Grenzen des Selbst, schon wegen dessen Verletzlichkeit bewahrt werden. Dazu gehören u. a. Körper-, Frage- und Blickdistanz, also eine gewisse Zurückhaltung, die man früher „Contenance" nannte. Dem dienen einige Interpretationsschemata (Rahmen), in denen die Hintergrund-Annahmen des Alltäglichen, das gelernte Vorwissen und die Plausibilitäten gegenüber einer sozialen Situation und der entsprechende moralische Druck eingelagert sind (Goffman 1985, 233). Davon ausgehend hat. *Ina M. Greverus* (1995, S.219) dies den kulturellen Trias aus Sich Erkennen, Erkannt werden und Anerkannt werden genannt.

Diese Identitätsformel lässt sich an folgendem Schema plausibel machen:

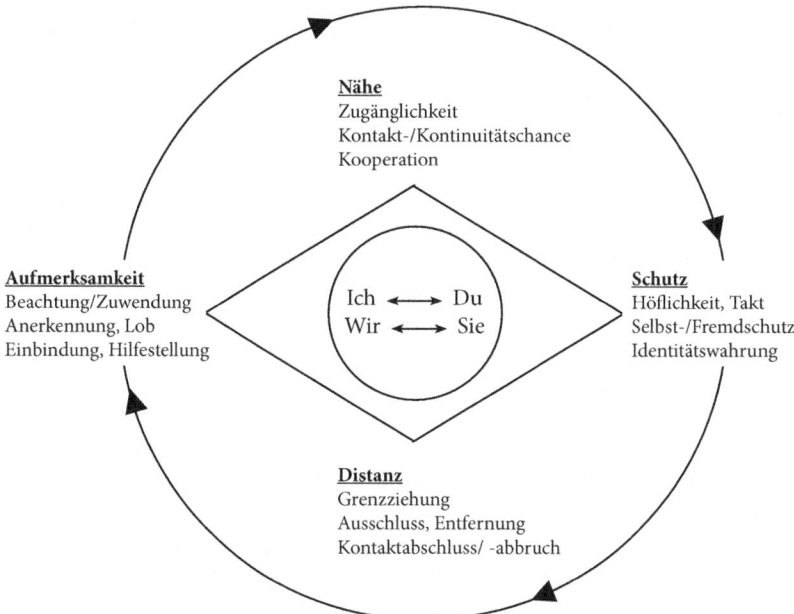

(3) Die Verpflichtung und Kontrolle der Sinne

In dieses sozialmoralische Dreigestirn sind unsere Sinne direkt eingebunden. Die Balance zwischen Ich und Du (Wir, Sie) (Elias 1987, S.209ff.) wird im Alltag nicht unwesentlich über die Sinne erzielt. Wir erkennen andere über die Sinne und uns selbst über deren Spiegelung. Und wir erwarten gegenseitige Anerkennungszeichen unserer jeweils unverletzbaren Würde. Auf der mikrosoziologischen Ebene sind die Sinne die Hüter der Begegnung („Polis" im vor-rechtlichen Sinn):

1. Das *Auge* erlaubt die Erweiterung des Gesichtsfeldes, kann aber auch rechtzeitig vor Gefährdungen warnen. Menschen interagieren unter ständiger Augenkontrolle. Dabei kann einer blitzartig den leib-seelischen Habitus seines Gegenübers erfassen, und damit eine vorläufige Normalität signalisieren oder die Kontaktnahme erschweren.

2. Ähnliches gilt für das *Gehör*, das sich zur Steuerung des Verhaltens vorzugsweise an Geräuschen orientiert, die es bereits kennt. Das reicht vom Klang der
   Stimme (Räuspern, Schnäuzen) bis zum Hallen von Schritten. Im Beisein von
   anderen haben Verdauungsgeräusche durchaus Beschämungscharakter. „Im
   Alltag herrscht das akustische (i. e. S.). Grundgesetz von der Vorliebe für den
   eigenen und der Abneigung gegen den fremden Krach . Lauten, die nicht von
   ihm selbst oder aus seiner engsten Heimwelt stammen, begegnet er mit Intole-
   ranz" (Thurn 1980, S.54). Vielfach wird Lärm mit Rücksichtnahme oder einem
   Mangel davon verbunden.
3. Ähnliches gilt für das *Geruchsvermögen*. Da man sich seinem eigenen Geruch
   gegenüber wohlwollend verhält, ist eine besondere Kontrolle nötig, im Alltag
   die Empfindlichkeiten anderer nicht hervorzurufen. Deswegen werden Gerüche
   häufig übertüncht.(Parfüm, Sprühdosen, geruchstötende Reinigungsmittel).
   Dahinter verbirgt sich die latente Sorge, von seinen Nächsten gerochen zu werden
   (und die einen deswegen „nicht riechen" können).
4. Auch beim *Tastsinn* ist das Gleichgewicht zwischen Individualdistanzen (und
   sogar kollektiven Distanzgebaren) angesprochen. Unter Unvertrauten besteht
   eine „natürliche" Berührungsangst, so dass besondere Ritualisierungen bei der
   körperlichen Annäherung eingebaut sind. Takt z. B. nährt sich in hohem Ausmass
   aus Berührungsverboten. Man kann nicht mit jedermann auf „Tuchfühlung"
   gehen. Das wäre respektlos und moralisch disqualifizierend. Das Regelsystem des Takts macht den Beteiligten klar, welche Arten und Intensitäten der
   Körperberührung in spezifischen Situationen erlaubt sind (Thurn 1980, 56).
   Prozesse der „Informalisierung" des Verhaltens (Wouters 1977, 279 ff.) wirken
   neben allen Erleichterungen auch verunsichernd, weil sie vielerlei „Fehlgriffen"
   Vorschub leisten.
5. Unsere Alltagskultur prägt schliesslich auch unsere *Geschmacksvorstellungen*.
   Sie haben einerseits mit der Geniessbarkeit von Gütern zu tun. Nicht alles gilt als
   essbar. Anderseits muss man, wenn etwas schmeckt, vorsichtiges Benehmen und
   Höflichkeit zeigen. Die Verletzung solcher Muss-Normen lässt für gewöhnlich
   einen Rückschluss auf einen zivilisatorischen Mangel, fehlende Erziehung oder
   umgekehrt auf „höfische Gesittung" zu (Elias 1983). Nicht zuletzt deshalb wird
   manches Benehmen eine Frage des „guten Geschmacks". Geschmacksverirrun-
   gen werden mit Missfallen sanktioniert. Damit ist weniger die Ästhetik als die
   Alltagsmoral gemeint,

Die Sinne drücken immer ein System beweglicher Weltaneignung aus, das zu
einer eigenen Körpersprache mit genuinen Ausdrucksformen, aber auch sozialen
Ähnlichkeiten gerinnt. Dies umso mehr als die Sinne synästhetisch „vielstimmig",

sich gegenseitig korrigierend oder unterstützend, zusammenwirken. Wer isst, will auch sehen, was er isst. Wer hört und greift, führt gewöhnlich auch das Auge in die Richtung der Greifhandlung und des Gehörten. Man hört, sieht, riecht und fühlt die anderen als Ganzes. Je komplexer die Welt, desto mehr ist man auf das Interdependenzsystem der Sinne und ihre Höherentwicklung angewiesen (Plessner 1970,198).

B   Die alltagsmoralischen Pflichten der Sinne

Wenn es zutrifft, dass die Menschen im allgemeinen von der Bewältigung ihres Alltags in Beschlag genommen werden und wenig Raum für Experimente besitzen, dann gilt das auch für den Einsatz ihrer Sinne. Nur selten können sie sich von den kulturellen Vorgaben befreien, die sie zeit ihres Lebens eintrainiert haben. Das gilt auch für deren alltagsmoralische Prägung. Einige Beispiele zu den 5 Sinnen mögen hier zur Illustration dieser sensorischen Alltagspflichten genügen.

I   Die moralischen Pflichten der Augen

Die meisten Menschen sind „Augenmenschen". Alles, was sich bewegt, besonders das, was sich nicht den Erwartungen entsprechend bewegt, zieht den Blick der Menschen an. Das Auge muss neugierig sein, nicht allein um die Überlebenschancen zu wahren, sondern auch um die Interaktionschancen zum Erfolg zu bringen. In Sekundenschnelle können soziale Situationen erfasst und eingeordnet werden Die kleinste Bewegung im Gesicht (Mundwinkel, Augenzwinkern, Stirnrunzeln), in der Körperhaltung (Hand, Brustkorb, Schulter, Gang etc.) gibt Anlass zur Deutung, zum Alarm oder zur Entspannung „ bis auf weiteres". Kinder lernen das sehr früh von ihren Eltern, Freunden, Betreuungspersonen, Lehrern, Polizisten usw. Die Art der Signale und die Aufmerksamkeit darauf ist kulturell sicher spezifisch ausgeprägt, die Tatsache, dass schon einfachste Signale (Gesten) bedeutungsvoll sind, deutet jedoch auf ein generelles Erziehungsprogramm hin.

Das Auge – oder im Zusammenhang mit dem Gesicht und der Körperhaltung besser: der Blick – ist ein höchst flexibles Ausdruckinstrument. Es kann neugierig, gierig, erregt, arrogant, hochmütig, ablehnend, verachtend, zornig oder herrschsüchtig blicken, also die alltagspragmatisch „angemessene" Ich-Du-Balance zwischen Nähe oder Distanz, Schutzbedürfnis und sozialer Öffnung verfehlen. Der Blick kann aber auch freundliche, gütige, verständnisvolle, mitleidende, zugewandte und einladende Signale aussenden. Die Risiken angesichts komplexer Kommunikationsprobleme, eine sozial verträgliche Haltung zu verfehlen und beträchtliche Irritationen auszulösen, sind daher nicht von der Hand zu weisen. Höchste Vorsicht ist deswegen ratsam. Manchmal muss man etwas sehen, um nicht zu beleidigen. Manchmal muss man den Blick verhüllen, wenn Verletzungsmöglichkeiten offensichtlich werden. Deswegen wird den zwangsläufig neugierigen Kindern schon von klein auf beigebracht, dass man andere Menschen nicht anstarren darf. „Warum eigentlich?" fragen die Kinder. Weil es sich einfach nicht gehört, lautet die bündige Antwort. Man soll eben andere nicht in für sie ungemütliche Situationen bringen, wäre als Erklärung nachzutragen. So moralisch einfach mag Erziehungspraxis manchmal sein.

1   Wahrnehmungspflichten

Dieser „behütete Blick" ist auch in anderen Situationen nötig. Menschen suchen gegenseitige Anerkennung und Respekt über Blickkontakt. Zwei Beispiele können das illustrieren:

Wer in einem Mietshaus oder Kondominium lebt, und das trifft in einer verstädterten, auf engem Raum zusammenlebenden Gesellschaft auf viele Menschen zu, begegnet fast täglich manchen Hausgenossen, die er näher kennt. „Näher" heisst, dass man einige von ihnen schon mehrfach gesehen hat und weiss, dass man mit ihnen zusammenwohnt. Mit anderen hingegen haben sich engere Beziehungen eingestellt, mit wieder anderen ist man hingegen „gut bekannt" oder sogar vertraut. Wer nun am Morgen seinen Briefkasten leert und auf solche Mitbewohner trifft, hat eine soziale Abschätzung vorzunehmen, welche Art von Blick- und Grussverhalten er an den Tag legen muss. Ist es nur eine „Sehbekanntschaft", genügt ein kurzer Blick und ein Zeichen des Erkennens. Würde dies verweigert, entstünde daraus beim Gegenüber die berechtigte Frage, was hier eigentlich los sei: nur Unachtsamkeit oder gar Verärgerung und absichtsvolles „Schneiden". Oder muss man sich sogar den Vorwurf gefallen lassen, dass man „sich für etwas Besseres" hält und den Anderen nicht mehr kennen will?

Ist man mit dem Mitbewohner hingegen besser bekannt, sind die rituellen Verpflichtungen sogar wesentlich höher. Hier genügt ein blosses Wiedererkennen, etwa durch ein kurzes Nicken, nicht mehr. Aus dem Erkennen folgt die Pflicht der wenigstens kurzzeitigen Verknüpfung. Der Beziehungsstatus muss angemessen zum Ausdruck gebracht werden durch Gesten der Freude, Überraschung und Öffnung, durch die Hingabe von Zeit, durch „small talk", Interessensbekundung, Nachfragen etc. Wer vertraute Personen keines Blickes würdigt, hat die Beziehung mit ihnen eingebüsst oder wenigstens in Gefahr gebracht.

Auf der anderen Seite steht das Phänomen des Stils und der Mode. Identität muss sichtbar gemacht werden, um mit anderen überhaupt in Beziehung treten zu können

(Krappmann 1969, S.32ff.). Mode hilft bei dieser Bemühung. Menschen wollen wahrgenommen, aber auch bewundert werden für die Art und Weise, wie sie sich herausputzen, sich einen bestimmten äusseren Anstrich geben. Sie wollen gefallen (oder provozieren), zumindest gesehen werden. Dafür muss man sie erst einmal in ihrer wenn auch nur ephemeren Abweichung wahrnehmen. (König, 102). Den Blick des anderen auf sich ziehen, gehört zum Grundmuster der Selbstdarstellung, sei es durch gescheite Rede, durch die Formung der Stimme, durch Schweigen oder Agieren. „ Unter diesem Gesichtspunkt spielt die Kleidung eine besondere Rolle, denn sie ist im Wortsinn ein Begegnungsfeld zwischen dem Blick der anderen und meinem Willen. Sie ermöglicht mir, mich im Verhältnis zu diesen anderen zu bestimmen: ich möchte allen gleichen oder nur bestimmten Menschen, anderen nicht oder aber niemandem.. Kurz: ich wähle meine Kleidung nach Massgabe der anderen, und sei es nur, um ihnen mitzuteilen, dass sie mir gleichgültig sind ... Der alte Scherz, wonach der Mensch aus drei Teilen bestehe, der Seele, dem Körper und den Kleidern, hat schon seinen Sinn" (Todorov 1998, 96).

Gerade deshalb gehört es zum guten Stil, zur Höflichkeit oder es ist sogar elegant, wenn man etwa Frauen, die sich und ihre Umgebung zu irgendeiner Gelegenheit „zurecht-gemacht" haben, Aufmerksamkeit schenkt und diese auch gebührend zum Ausdruck bringt: eine neue Frisur, ein schönes Kleid, ein eleganter Schuh, ein geschmückter Tisch. Wer das nicht tut und „nichts" sieht, gilt als ungehobelt und ohne Schliff. Er verletzt nicht nur eine Kann-Regel, sondern eine soziale Soll-Norm.

Wird dieses Arrangement ausdrücklich zugunsten oder zu Ehren einer bestimmten Person erstellt, hat diese sogar eine erhöhte Pflicht, dies „ausdrücklich" zu sehen, zu bewundern und mit Dank entgegenzunehmen. Meist handelt es sich um ausser-alltägliche Ereignisse wie Geburtstage, Jubiläen etc. Wer da nichts sieht und spürt, der verärgert die Anderen und vernichtet deren Aufmerksamkeit. Es sind aber auch alltägliche Anlässe vorstellbar. Wer nicht sieht, erkennt nicht. Wer nicht gesehen wird, *ist* nicht (in sozialer Hinsicht). „Völlig unbeachtet zu sein, macht uns glauben, wir seien aus der Liste der Lebenden gestrichen, und das schnürt uns die Kehle zu" (Todorov 1998, S.102). Wenn eine Frau einem Mann gefallen will, von diesem aber gar nicht wahrgenommen wird, schlägt deren anfängliche Zuneigung leicht in das krasse Gegenteil um. Es zeigt nur, wie sehr aufmerksame Augen in die (moralische) Pflicht genommen werden.

2   Wahrnehmungsgrenzen (Distanz)

Dennoch hat der Alltag auch in den scheinbar einfachen Handlungen durchaus seine Komplikationen. Das zeigt sich beispielsweise beim erotisch Blick. Dass wir unseren Blick des Wohlgefallens auf den körperlichen Vorzügen unserer weiblichen Gesprächspartnerinnen nicht allzu offensichtlich und lange ruhen lassen, gehört heute, – zumal in Zeiten feministisch inspirierter Benimmkontrolle – zu den Regeln des gesitteten Umgangs in öffentlichen Räumen und bei gewöhnlichen privaten Begegnungen. (Nicht geleugnet wird damit natürlich, dass es ganz andere Arten von Begegnung und Privatheit gibt). Historisch gesehen war das nicht immer so. Dreht man die Uhr der zivilisatorischen Affektkontrolle um mehrere Jahrhunderte zurück, dann war der wollüstige Blick noch nicht moralisch gezähmt. Im Gegenteil. Adlige Männer in der noch nicht individualisierten Gesellschaft des 13. Jahrhunderts legen gemäss den verfügbaren literarischen Quellen ihrem Schautrieb, ihren erotischen Blicken und eroberungsbereiten Triebwünschen im Hinblick den körperlichem Besitz weiblicher Sexualobjekte noch keine Zügel an. „Ihr Blick ist entkleidend, aggressiv, fast vergewaltigend und fügt sich ein in eine Persönlichkeitsstruktur von Kriegeradligen, deren soziale und physische Existenz auf der Mobilisierbarkeit aggressiver Potentiale beruht" (Schröter 1997,53). Die weibliche Blick- und Liebesinitiative verstösst hingegen schon damals gegen den guten Ton. „Der Mann begehrt, die Frau gewährt"; sie muss aber damit vorsichtig und strategisch umgehen, um ihren Ruf und ihre Heiratschancen zu wahren. Hier wirkt die Fremdkontrolle durch Eltern und abgeschottete Frauensphären. Erst ganz allmählich setzen sich auch eine zivilisatorische „Disziplin des Auges" und „eine Art mimischer Schleier" auch bei den Männern durch (Schröter 1997, 62). Die externen Aufsichtsinstanzen der Augenkontrolle werden nach innen in die Selbstkontrolle, die Zucht und das moralische Alltagswissen um den richtigen, gesitteten, verschleierten Blick verlegt.

Eine andere Facette beleuchtet folgender Fall: Drei Mitarbeiter unterschiedlichen Alters und Ranges logieren auf Geschäftsreise in einem Hotel und treffen sich dort zum Frühstück. Die Atmosphäre ist entspannt. Der Mittlere bestellt ein Frühstücksei und erzählt nebenbei, wie sehr man dabei aufpassen müsse, sich beim Eieressen nicht zu verflecken. Er würde sein Ei deswegen nicht mit dem Messer aufschlagen, sondern ihm mit dem Löffel die Spitze aufklopfen und diese dann sachte abheben. Das Ei wird gebracht. Der Erzähler öffnet es vorsichtig nach seiner geschilderten Art, aber der Inhalt springt ihm explosionsartig entgegen und hängt ihm an der Krawatte. Er ist verdutzt und sprachlos. Die beiden anderen Kollegen erstarren für einen kurzen Moment, machen eine betretene Miene und haben den Impuls, das Ereignis taktvoll zu übersehen. Da fängt plötzlich der Älteste und Ranghöchste unter ihnen ein schallendes Gelächter an, in das nach kurzem Zögern auch der Jüngste und dann der Betroffene selbst einfallen, Letzterer geht dann in sein Zimmer zurück und legt eine andere Krawatte an.

Hier war ein komplexerer Heilungsprozess im Gang, als man beim Takt üblicherweise unterstellt. Anfänglich stand auch hier die Disziplinierung des Auges im Vordergrund. Da das kleine Missgeschick jedoch mit der vorausgegangenen, wohl etwas belehrenden Erzählung des Betroffenen verbunden war, transformierte sich das Risiko des Gesichtsverlusts („Face"), das durch (ostentatives) Wegblicken hätte minimiert werden können. Vielmehr wurde die Eier-Story nun komisch. Das allgemeine Lachen entzog ihr, trotz einer leicht spürbaren Schadenfreude, den Boden der persönlichen Verletzung. Das Lachen machte eine lustige Geschichte daraus, die der Selbstdarstellung des Betroffenen nicht abträglich war. All das zeigt nur, wie – je nach Situation – feine Nuancen das Gesamtbild und die sozialen Verhaltensanforderungen der Teilnehmer verändern. Je nach Erzählstil des Betroffenen, je nach Art der persönlichen Beziehungen, Statuskämpfe, etc. hätte auch die kaum verhüllte Schadenfreude, die Blossstellung oder die Suche nach anderen als den schliesslich gewählten Auswegen aus der Verlegenheit überwiegen können.

Manchmal muss man an der Fiktion, etwas Peinliches nicht gesehen zu haben, strikt festhalten. Nehmen wir den Fall, dass sie einer (bekannten) Person bei einem Waldspaziergang begegnen, die gerade ihre Notdurft verrichtet. Sie sind beide von der Konfrontation überrascht und können ihr nicht mehr ausweichen. Grosse Peinlichkeit herrscht auf beiden Seiten. Beide wissen sozusagen nicht, wo sie hinschauen sollen und wählen instinktiv den Ausweg der gegenseitigen Negierung. Denn da, wo der Körper ausgezogen ist, bleiben die Augen angezogen (Goffman). Der Spaziergänger flieht aus der Situation und versucht sie, wie Kinder es oft tun, dadurch ungeschehen zu machen. Der Grad der Vertrautheit zwischen beiden Personen müsste schon sehr hoch sein, um die Peinlichkeit durch eine andere Heilungstechnik, z, B. durch einen lustigen Spruch, aus den Angeln heben zu können. Wer hier seine Augen nicht unter Kontrolle hat, und unvorsichtig oder dreist handelt, ist dabei, seine soziale Integrität völlig zu verspielen.

II   Die Pflichten des Tastsinns – Kontakt, Berührung, Nähe und Distanz

Die menschliche Haut ist die Oberfläche, mit der die Menschen fühlend mit der Welt verbunden sind. Zunächst denkt man dabei an die Hände, übersieht aber leicht, dass die Füsse tagsüber fast ständig in Bodenhaftung mit der Welt stehen und sehr sensibel auf Unebenheiten reagieren. Wer in den Füssen kein Gefühl mehr hat, kann sich in der Welt nur schwer bewegen. Kopf, Nacken, Schulter, Rücken, Brust, Schenkel, Arme, alle sind im aktiven Sinn tastend auf die äussere Realität bezogen. Wenn wir erschrecken, stellen sich sogar die Kopfhaare „zu Berge". Einerseits müssen wir uns von der Welt berühren lassen, und wen im übertragenen Sinn nichts berührt, der ist vermutlich ein Autist. Andererseits tasten wir uns auf unbekanntem Terrain voran. Zu Hause tasten wir im Dunkeln nach dem Lichtschalter. Wir berühren (küssen?) den Partner, wenn wir von ihm berührt sind. Wir umarmen Freunde bei der Begrüssung oder verabschieden uns per Handschlag. Wir wissen um die kulturelle Ausdrucksvielfalt von Berührung. Manche bevorzugen Körperdistanz und kennen den Handschlag nicht. Manche haben, auch im übertragenen Sinn, Berührungs-Ängste. Wieder andere wollen solche Distanzierung gar nicht erst aufkommen lassen und bevorzugen „high touch". Daran wird deutlich, dass der Tastsinn wie andere Sinne auch, im Fadenkreuz von Nähe und Distanz, Öffnung und Abschliessung steht.

1 Berührungsgebote

Blicke können berühren. Traurige Blicke können zu Mitleid rühren. Auch körperliche Berührung kann ein Signal der Vertrautheit sein. Hautkontakte sind dann nicht nur erlaubt, sondern auch erwünscht, manchmal sogar geboten. Kinder küssen die Grosstante, die sie kaum kennen. Dabei gibt es grosse Differenzierungen des Gebotenen. Heute ist es im internationalen Jet Set üblich, Wangenküsschen als Zugehörigkeitssignal auszutauschen. In der Schweiz küsst man sich unter Bekannten drei Mal. In Deutschland ist man weniger freigebig. In China sind Begrüssungsküsse fremd und unerhört.

Vor einem Jahrhundert noch war es bei Einladungen in bürgerlichen und adligen Kreisen üblich, dass Männer den Damen als Zeichen der Ehrerbietung die Hand küssten. Auch gegenüber Unbekannten war diese Form der Galanterie möglich, wenn nicht gar geschuldet. Diese Sitte ist heute weitgehend überholt, mit dem Nachteil, dass man unbekannte Damen nicht auf die Wange küssen kann. Mundküsse sind nur für Personen hoher Vertrautheit reserviert (Verliebte, Ehepaare und Lebenspartner). Je nach Beziehungsstatus verändern sich die kulturellen Anforderungen.

Auch die *erlaubte Nähe von Körper zu Körper* ist streng geregelt und muss situationsspezifisch gelernt werden. Je nach Kultur werden unterschiedliche Empfindlichkeiten und Schutzbedürfnisse für zu nahes und für zu distanziertes Gebaren vermittelt. Süd- und Nordamerikaner z. B. folgen hier anderen Regeln. Erstere müssen den Gesprächspartnern auch körperlich nahe kommen, Nordamerikaner versuchen die für sie unangenehme „Bedrängung" wieder durch Distanzierung zurechtzurücken, indem sie einen Schritt zurücktreten (vgl. hierzu die Studien der Kinesiologie). Italiener, Ungarn u. a. legen ihren Gesprächspartnern als Zeichen realer oder erwünschter Entspannung (Zustimmung) oder als Signal für gewünschte Kontinuität gerne die Hand auf den Arm oder auf die Schulter („amici, amici"). Das gilt auch gegenüber Frauen, denen man auf diese galante Weise Attraktivität und Bewunderung attestiert. Männer kommen damit dem Wunsch der Frauen entgegen, „als Frauen" wahrgenommen zu werden. Männer können auf diese Weise den ersten Versuch zu einem kleinen Flirt unternehmen.

Auf einer Tagung erzählte eine italienische Kollegin, die lange in Deutschland gelebt hatte und dann nach Italien zurückgekehrt war, dass ihr die deutsche, steife „Korrektheit" sehr unangenehm aufgefallen sei. Niemand habe sie freundschaftlich berührt. In Italien sei das glücklicherweise ganz anders. Umstehende Frauen bestätigten sie in diesem Urteil. Die Männer dieser Runde, alles Deutsche, ergriffen darauf spielerisch die Chance, diese Frauen am Arm und an der Schulter zu fassen. Das war aus der Situation heraus erlaubt und wurde lächelnd entgegengenommen. Auffällig war, dass das Umfassen der Hüfte tabu blieb. Hier wäre die Grenze zwischen Spass und Ernst (attention without intention) überschritten gewesen.

Manchmal bedarf es aber einer gehörigen Portion Mutes, um eindeutige (oder meist zweideutige) Beziehungszeichen zu setzen. Wer jemanden kennenlernen will, muss sich etwas einfallen lassen. Wer allerdings die ungeschriebenen Regeln des Schicklichen zu stark beugt, setzt sich dem Risiko aus, dass seine „Attacke" als Unverfrorenheit („Anmache") gedeutet wird. Hier gibt es – je nach Situation – viele Entgleisungsmöglichkeiten.

Die richtige Mitte (mesotes) zu treffen, was der Situation entspricht und deshalb getan werden kann oder muss, ist schwierig herauszufinden. Es bedarf eines kulturellen Wissensvorrats. So verhält es sich bei Berührungen, wenn es darum geht, Ausschlüsse aus Gesprächsrunden zu vermeiden. Nehmen wir an, es stehen mehrere Personen in einer Verhandlungspause zu einer lockeren Gesprächsrunde zusammen. Eine weitere Person kommt etwas später und steht ausserhalb, ist also an den Rand gedrängt. Es ist die Pflicht aufmerksamer Gastgeber oder Mitglieder der Runde, den Kreis zu öffnen und für Inklusion zu sorgen. Als Zeichen, dass man nicht unhöflich sein wollte, wird man mit einer kleinen Entschuldigung und einem sachten, freundschaftlichen Hineinschieben der Randperson in den Kreis, einen Entspannungsversuch in Gang setzen.

2   Berührungsgrenzen – Begegnungsgrenzen

Integritätserfordernisse können leicht verletzt werden. Nach einer Konzertveranstaltung ist mir ein solcher falscher Schritt („faux pas") unterlaufen. Im grossen Gedränge strebte alles dem Ausgang zu. Ich ging als Prellbock voran, meine Frau im Schlepptau hinter mir. Von Zeit zu Zeit suchte ich ohne zurückzublicken ihre Hand, um sicher zu stellen, ob sie noch hinter mir ging. Plötzlich hatte sich, ohne dass ich es wahrnahm, im Gedränge die Reihenfolge verschoben. Mein suchender Griff nach hinten erfasste die Hand einer fremden Frau. Nun standen die Zeichen auf Alarm, denn ich hatte die Grenzen der Schicklichkeit grob verletzt. Man darf doch nicht einfach fremde Frauen anlangen! Es gab 2 Möglichkeiten des Verhaltens:

ich konnte den Übergriff ignorieren und so tun „als sei nichts gewesen". Es war aber etwas „gewesen", weil ich ausdrücklich nach der Hand gesucht hatte. Oder ich konnte mich umdrehen und mich entschuldigen, was ich auch tat. Ein kurzes, verlegenes Lächeln über das Missgeschick brachte auf beiden Seiten Erleichterung.

Es ist etwas anderes, ob man die Gesprächsrunde für Dritte öffnet und damit eine zeitweilige Beengung aller in Kauf nimmt, oder ob man jemandem ohne Not „auf den Leib rückt". Das kann man im Kino beobachten. Wenn es die Situation erlaubt, d. h. wenn noch genügend Plätze frei sind, ist es geboten zu Sitzeinheiten wie Paaren oder geschlossenen Personengruppen Abstand zu halten. Man setzt sich dann nicht unmittelbar an den angrenzenden Sitz daneben, sondern lässt mindestens einen Sitz dazwischen frei. Das geschieht offenbar, um Sicherheitsdistanzen gegen mögliche Verletzungen von Berührungstabus (oder Gesprächsintimitäten) einzubauen. Es könnte ja sein, dass sich die Sitznachbarn bedrängt fühlen. Sind die Sitzgelegenheiten hingegen knapp, dann fällt diese Vorsichtsregel dahin. Hier kann niemand mehr grössere Bewegungsräume für sich beanspruchen, sondern muss dulden, dass ihm jemand auf die Pelle rückt. Das fordert ein situationsgerechtes Feingefühl. Weder darf man den freien Sitz durch Ablage des Mantels sperren noch wird man den Sitz für sich ohne ein Zugangsritual wie Begrüssung oder Entschuldigung für sich beanspruchen. Es geht natürlich auch anders, wird aber innerlich bei den Betroffenen eine moralische Bewertung des Eindringlings nach sich ziehen.

Das gilt noch mehr für direkte, unangenehme, *unerlaubte Körperberührungen*. Das kulturell unterschiedlich geprägte Schamgefühl quittiert dessen Verletzung mit Peinlichkeitsreaktionen. In China dürfen Erwachsene sich nicht an Kopf oder Schulter berühren – ein ganz striktes Tabu. „Auch Völker, die keine Kleider tragen, kennen das, was wir Schamgefühl nennen. Nur setzen sie die Grenzen anders. Bei den brasilianischen Indios im Regenwald wie auch in gewissen Gegenden Melanesiens verläuft diese Grenze nicht zwischen verschiedenen Graden der Körperentblössung, sondern zwischen Ruhe und Bewegung" (Lévi-Strauss 1970,S. 245). Das Liebesleben gilt meist als privat und verlangt auch dort einen Rückzug von der Gruppe, was neugierigen Voyeurismus nicht verhindert. In unseren Breitengraden gilt das auch. Intimität wird heute unter dem Gesichtspunkt der sexuellen Befreiung von den Medien tendenziell öffentlich gemacht.

Privatheit gilt z. B. auch für das *Küssen*. Eigentlich darf man in unseren Regionen nur vertraute Frauen oder Kinder (auf die Wange) küssen. Ob Männer Männer küssen dürfen, ist sozialen Sonderregelungen unterworfen (z. B. sozialistische Bruderküsse, mafiose Handküsse, Verbrüderungsküsse aller Art). Es gibt aber Zeiten wie Karneval, Silvester oder ausgelassenen Festlichkeiten, wo dieses Tabu gesellschaftlich aufgehoben ist. Hier dürfen alle umstehenden Frauen und Mädchen wenigstens auf die Backe geküsst werden („Ein Küsschen in Ehren…").

Unter anderen Umständen ist das nicht erlaubt, denn Lippen und sekundäre Geschlechtsmerkmale unterliegen dem Berührungstabu. Wer als Mitarbeiter sich gegenüber Frauen nicht zurückhalten kann, ist ein „Grabscher", der häufig (aber nicht immer) moralisch stark sanktioniert wird. Heute geht es im Konfliktfall jedenfalls nicht mehr als eine Kleinigkeit, Sie wird vielmehr unter der Rubrik unerlaubter Übergriff, möglicherweise sogar als unberechtigte Ausnutzung von Machtgefällen abgehandelt.

Territorien der Privatheit beschränken sich aber nicht auf bestimmte Körperzonen. Einbezogen sind auch in vielen Kulturen jene Örtlichkeiten, die es mit Hygiene und Körperausscheidungen zu tun haben. Schlafzimmer, Badezimmer und Toiletten sind Orte, die vor dem Blick fremder Augen verborgen sind und deren Zugang strikt geregelt ist. Hierzu haben Unbefugte, oder gar Unbekannte, keinen Zutritt. Auf diese Weise wird der Berührungsschutz wesentlich ausgeweitet. Wer ein fremdes Schlafzimmer betritt, hat sich vorher zu versichern, dass er keine Schlafenden stört. Toiletten sind so stark tabuisiert, dass sie an die Randzonen des Wohnens verlegt sind. Früher lagen sie im Treppenhaus oder im Hof. Die moralische, nicht nur hygienische Bedeutung dieser Regelung merkt man, Goffmans Methodologie folgend, schlagend an den Folgen, die eintretend, wenn man sich in dieser Hinsicht einen Tabubruch oder auch nur eine Unvorsichtigkeit zu Schulden kommen lässt. Beides ist für darauf folgende Begegnungsrunden höchst belastend, wenn nicht gar zerstörerisch.

III Die Pflichten des Ohres – die kommunikative Bedeutung des Hörens

Vielfach wird behauptet, dass der Taube sich in der Welt schlechter zurechtfindet als der Blinde, denn Gehörlosigkeit ist anscheinend mit grösserer Vereinsamung verbunden. Die Welt ist völlig still. Sie redet nicht und antwortet nicht. Denn wer nicht hört, ist ganz auf sein inneres Befinden verwiesen, so dass ihm auch das Sprechen nicht möglich oder stark eingeschränkt ist. Man kann sich nur durch andere als Lautgesten verständigen. Damit ist man des wichtigsten, aber nicht einzigen Kommunikationsmittels beraubt.

1 Gebote des Hinhörens

Elias Canetti beschreibt in seinen autobiographischen Erinnerungen (1992, S.207), dass er in seinen Gesprächen mit seiner späteren Frau Veza die Kunst des Hörens gelernt habe: „Ich lernte den intimen Umgang mit einem denkenden Menschen, wobei es darauf ankommt, dass man jedes Wort nicht nur hört, sondern auch zu begreifen versucht und dieses Begreifen auch bezeugt, indem man genau und ohne Verzerrung entgegnet. Die Achtung vor Menschen beginnt damit, dass man sich nicht über ihre Worte hinwegsetzt". Da es beim Hören um die Verbindung von Sprache und Menschen in all ihren Variationen geht, ist das Hören „vielleicht die bedeutendste, jedenfalls die reichste" Dimension der Welt. (Canetti 1992,S.208). *Zuhören* ist eine Kunst, die zu erlernen, den meisten grosse Schwierigkeiten bereitet. Das erfährt man am deutlichsten bei politischen Debattenreden oder in privaten Auseinandersetzungen. Nicht dass man abschweift oder dem anderen seine eigenen Worte zum Vorwurf macht, ist das Hauptproblem, sondern die Tatsache, dass man schon auf das erste Stichwort hin dabei ist, die Antwort zu formulieren und somit dem Sprecher gar nicht mehr richtig zuhört. Einfache Kommunikations-übungen zeigen das immer wieder. Um diese Unart zu unterbrechen, verpflichtet die Technik des„ aktiven Hinhörens („écoute active") den Hörer, immer wieder Zeichen des Verstehens auszusenden und auch verbal zu formulieren. Die scholastische Debattierform der öffentlichen Erörterung von philosophischen Streitfragen („quodlibeta") hatte diese Pflicht sogar derart formalisiert, dass der Hörer den Satz des Sprechers erst wiederholen musste, bevor er darauf antworten durfte. Die Kontrahenten mussten auf diese Weise üben, ihre Neigungen zur geteilten Aufmerksamkeit selbst zu kontrollieren.

Genau das verlangen wir von jeder Alltagskonversation auch. Jeder hat ein Recht, seine Geschichte zu erzählen. Wir wollen gehört werden und müssen als Zuhörer umgekehrt „ganz Ohr" sein. Wer redet, darf einen engagierten Zuhörer erwarten, der seine Zuwendung auch durch entsprechende Gesten (Blicke, Mienenspiel, Gesten) kundtut. Wer während eines Gesprächs seine Aufmerksamkeit hingegen gleichzeitig auf anderes richtet z. B. anderen Personen nachschaut oder sich anderen Ereignissen zuwendet (Seitenaufmerksamkeit), setzt falsche Hör-Zeichen. Er gibt kund, dass ihn das Gespräch eigentlich nicht sonderlich interessiert. Eine solche implizite Rückmeldung ist nicht nur irritierend, sondern meist sogar beleidigend. Sie kompromittiert den Redner, denn sie bringt dessen Selbstdarstellung („face") in Gefahr.

Üblicherweise bedürfen falsche Zeichen eines Heilungsversuchs („Entschuldigung"). Dies umso mehr, wenn Gesprächspartner, die dabei sind, eine Geschichte zu erzählen, in ihrem Redefluss unterbrochen und „abgewürgt" werden. Die Erfahrung lehrt, dass dies niemand gut erträgt. Die Verletzung fällt entweder auf den „Täter" als moralischer Vorwurf zurück oder verlangt eine andere Kompensation. Manche ziehen sich verletzt zurück. Häufig können wir aber beobachten, dass der unterbrochene Erzähler seine Geschichte bei der nächsten sich bietenden Gelegenheit wiederaufgreift (*was ich noch sagen wollte"...) und zu Ende bringt. Um sein Image zu retten, erzwingt er selbst die Chance, die mögliche

Beschädigung seiner Identität abzuwenden. Auch das ist eine Art, im täglichen Umgang Gerechtigkeit einzufordern, die jedem das Seine (suum cuique) an Beachtung zubilligt. Es ist eben eine Glücksbedingung, dass man sich verstanden fühlt. Eine Vorbedingung dafür ist das genaue, engagierte Hinhören.

2 Grenzen des Hörens

Natürlich kann und will man nicht alles hören, was aus der Welt an unser Ohr dringt. Das gilt für die Aussenwelt dann, wenn ein zu grosser Lärm gefiltert werden muss oder die Ohren sogar gegen Lärm durch Ohrenschutz vor Beeinträchtigung (z. B. im Strassenbau) geschützt werden. Manchmal ist der Lärm selbst aber auch ein Schutz. Er kann in der Disco für Hochstimmung sorgen und bringt es als Erleichterung mit sich, dass man mit anderen eng zusammen sein kann, „ohne viel reden zu müssen". Wir setzen uns eine "akustische Maske" auf (Canetti 1992, S. 208). Das verweist auch auf unsere Innenwelt. Nicht immer wollen wir den Ruf unseres Gewissens oder den verklausulierten Hilferuf unseres Nachbarn hören. Da ist es gut, wenn wir durch äussere Ablenkung daran gehindert werden, genau hinzuhören.

Im Fall der Alltagsmoral beziehen sich die Grenzen des Hörens aber eher darauf, dass wir in Begegnungssituationen manchmal nicht genau hinhören *sollen*, weil das unbedingte, *neugierige Hören-wollen* einem akustischen Voyeurismus gleichsetzen wäre. Nicht jede Geschichte ist schliesslich für alle Ohren (und Augen) bestimmt. Die Medien demokratischer Staaten tun zwar alles, um diese Regel des gesitteten Betragens zu unterlaufen. Es gibt jedoch durchaus Situationen, in denen es die Höflichkeit oder der Persönlichkeitsschutz erfordern, dass man wegsieht und weghört. Kollegen, die über eine auch einem Dritten bekannte Person eine „story" erzählen, in der letztere „schlecht wegkommt" oder in eine peinliche Lage geriet, können diesen Dritten in der Runde durchaus auffordern, „eben mal wegzuhören", weil die Erzählung nicht für unbefugte Ohren oder für Fremde bestimmt ist. Das ist selten wörtlich zu verstehen. Die Aufforderung meint vielmehr, dass sie alle Anwesenden dazu anhält, in diesem Fall spielerisch, in die Schweigepflicht einzuwilligen. Wie wir aber wissen, ist diese Redeweise ein kontrafaktischer Appell. Denn die Erfahrung lehrt, dass sich keine Neuigkeit schneller verbreitet, als wenn sie unter dem Siegel der Verschwiegenheit weitergereicht wird.

Bestimmte Geschichten bedürfen sogar der Mitspieler und sogar der Komplizenschaft. Wenn es sich um die Wiedergabe ambivalenter, „allzu-menschlicher" Gefühle wie Schadenfreude, Neid, Gehässigkeit oder gar um gezielte Rufschädigung, also um die Kommunikationsgattung des *Klatsches* handelt (Althaus 2000), zählen wir auf verdeckte „Mittäter" (claqueure) in Form von Zuhörern und Sekundanten. Das ist auch der Fall, wenn „mitgetratscht" wird, weil man „nicht so sein" will und nicht als Spielverderber gelten will. Nicht selten bleibt aber sich selbst gegenüber ein Gefühl der Fremdheit, wenn nicht gar der Erbärmlichkeit bestehen, weil man genau weiss, dass man die gängigen moralischen Standards der Fairness und des Anstands, also die „Pflichten der Zunge" verletzt hat.

Wer sich aber von solchem falschen Vergemeinschaftungs-Druck frei halten will (was heute in der sich stets mit Sensationen überbietenden Zweitmoderne immer schwerer fällt), wählt eher die Strategie des „Weghörens" mit dem Beziehungszeichen des Beiseitetretens der sinnlichen und intellektuell-reflexiven Aufmerksamkeit. Nicht immer gelingt die höfliche Selbstexklusion rechtzeitig oder überzeugend, so dass sich als weitere Strategie, um das Unbehagen aufzulösen, der plötzliche *Themenwechsel* anbietet. Er stoppt, das Etikett des moralisierenden Störers einkalkulierend, die Dynamik des Klatsches, ohne dass die Selbstexklusion den Anwesenden zum offenen Vorwurf gerät. Er schützt auf der anderen Seite den distanzierten Zuhörer in seiner moralischen Integrität – vom Schutz des Adressaten des Klatsches ganz zu schweigen. Aber dafür bedarf es schon einer gehörigen Portion Klugheit und Zivilcourage (Tapferkeit), die ohne eine eingeübte (Tugend-) Haltung immer zu spät kommen.

Die leibliche Konstitution des Menschen schliesst Multilokalität aus. Diese Begrenzung bringt es mit sich, dass wir an den meisten Orten unseres relevanten Alltags nicht anwesend sind, sondern auf Berichte, Erzählungen und Beurteilungen angewiesen sind. Wir kennen die Menschen und Ereignisse, über die berichtet wird, nur vom „Hörensagen". Unser Erfahrungsschatz hat dadurch grosse Anteile, die indirekt und vermittelt, also auch verzerrt für uns verfügbar sind. Unser „Erzählalltag" ist deswegen besonders Verdrehungs- und lügenanfällig (Hettlage, 2003, Strauss, 2005). Vieles gelangt als *Gerücht* vor unsere Ohren und bedarf deshalb einer besonderen, „tastenden Aufmerksamkeit". Naive Gutgläubigkeit ist selten ein guter Ratgeber. Sie ist im sozialen Verkehr mit Vorteil durch Reste an vorsichtigkritischer Prüfdistanz zu ersetzen.

Andernfalls werden wir leicht Opfer von „Ohrenbläserei" (wie man früher sagte) oder gar von *Intrigen,* die die Alltagssicherheit dann vollständig auseinanderbrechen lassen. Natürlich muss man dann schon imstande sein, wenigstens ein undurchdringliches Gesicht zu wahren. Dieser Sieg der *Maske* über die Leidenschaft war schon zu höfischen Zeiten lebenswichtig und prägte als Selbstzwang und Bändigung der Affekte die ganze spätere europäische Kultur. Von nun ab steuert die Ich-Panzerung in höherem Masse als zuvor die eigene Person und hält die Menschen stärker als zuvor in Distanz zueinander. Jeder musste und muss Bündnisse mit anderen suchen, offene Feindschaften vermeiden, Taktiken „genau durchdenken, Distanz und Näherung im Verhalten zu allen übrigen entsprechend dem eigenen …Kurswert aufs genaueste dosieren" (Elias 1983,S.158). Noch heute nennen wir höflich, was als Umgangsstil „bei Hofe" unumgänglich war. Seither finden die Macht- und Statuskämpfe in Politik und Wirtschaft, in den Verwaltungsapparaten und Organisationen, aber auch im Alltag überwiegend „hinter den Masken des Höfischen, der Höflichkeit" statt (vgl. Von Matt, 2006,S.595). Und: „Der Hof lässt sich lesen als Experimentalsituation für die Genese von Ordnung in der menschlichen Gesellschaft überhaupt" (ebenda 596). Jeder kennt die Regeln. Alles ist Zeichen und Ordnungshinweis. Wer die Sitte der Polis mit selbstverständlicher Eleganz beherrscht, handelt jedenfalls nicht gegen Pflicht und Vernunft.

IV   Die Pflichten der Zunge und des Gaumens

Was für Sehen, Tasten, Hören feststellbar ist, gilt auch für das Schmecken. Wer Hunger hat, ist nicht wählerisch. Diese gängige Vorstellung trifft nur bei andauernden Hungersnöten zu, die die Menschen früherer Jahrhunderte (und heute noch in bestimmten Weltgegenden) immer wieder getroffen hat. In den Industriestaaten ist es gelungen, diese Menschheitsplage weitgehend unter Kontrolle und breite Schichten davon frei zu halten. Für sie, und nicht nur für den früheren Adel oder die Reichen, gilt heute, dass sie wählerisch sein können. Aber auch die Armen aller Zeiten wussten durchaus, was gut schmeckte, auch wenn sie es nicht oder nur sporadisch erreichen konnten.

Essverhalten, Appetit und Geschmack stehen zwangsläufig in einem kulturell-normativen Kontext des Guten und Schlechten, der Güterqualität und der Manieren, ja bis hinein in gültige Körperbilder. Diese Normierung unterliegt einem dauernden Wandel, der beträchtliche Selbstkontrolle zum Programm erhebt. Auch hier tut sich ein Universum von Regeln auf. In diesem Sinn gilt: „De gustibus est disputandum". Geschmack ist auch keine rein ästhetische Kategorie, sondern auch in dem Mass ein Feld der sittlichen Regelung wie das Essen über den reinen Nahrungsverzehr, also das Fressen hinausreicht. Zivilisierte Menschen kommen nicht ohne Köche aus, wusste der Dandy E.R.B. Lytton. Denn u. a. dadurch heben sie sich über die Tiere hinaus. Sie verfeinern sich durch die Aufbereitung der Nahrungsmittel, durch die „Küche" als Ort der Kochkunst, durch die Tischsitten und die „Tafel" als Ausdruck gepflegter Umgangsformen und kontrollierter Affekte. Die geschmacklichen Ordnungssysteme („gustème": Lévi -Strauss 1958, S. 99) zeigen sich in verschiedenen Handlungsfeldern des Alltags:

1   Einladung und Bewirtung

Viele, die sich als Berufskollegen, Nachbarn oder Freunde näher gekommen sind, erreichen einmal den Moment, dass sie sich gegenseitig zum Essen einladen, um die Bande zu besiegeln oder zu stärken. Man kann sich dafür in einem Restaurant vereinbaren. Wer jedoch nach Hause eingeladen wird, erfährt das durchaus als Auszeichnung. In beiden Fällen ist der Gast eine *Reziprozitätspflicht* eingegangen. Die „Gegengabe" muss nicht bei nächster Gelegenheit erfolgen. Auf Dauer kann man sich dieser Verpflichtung aber nicht entziehen. Manchmal wird der Säumige vom Einladenden sogar direkt darauf hingewiesen, dass er nun „dran" sei. Sind mehrere Personen in solche Einladungszirkel verwoben, dann gibt es bei manchen, die genau Buch führen, regelreiche Listen, die „abgearbeitet" werden (ohne dass die Reziprozität den Gästen mitgeteilt werden darf). Jeder generöse Akt muss unter dem Siegel der Freiwilligkeit und Freigebigkeit erfolgen. Dieses Verstecken eines möglicherweise zugrundeliegenden Kalküls nennt Bourdieu die notwendige Illusion.

Diese Regel gilt auf für die vorindustriellen Gesellschaften, in denen Gastfreundschaft auch gegenüber Fremden sehr hoch angesehen ist. Die Bewirtung gebührt dem Fremden. Sie ist eine *Ehrenpflicht des Gastgebers* (Kontaktperson, Informant), der man sich kaum entziehen kann. Wer dieser Regel nicht gehorcht, hat seinen Status als Ehrenmann schnell eingebüsst.

Natürlich gibt es auch hier weitere Überlegungen, die diese Gabe der Grosszügigkeit begleiten. *Bourdieu* hat das an den aufwendigen Hochzeiten in der Kabylischen Stammeskultur illustriert. Die Heirat der Tochter z. B. ist eine Gelegenheit, das „symbolische Kapital" in Form von Bekanntheit, Ansehen, Anerkennung, Ehre und Reputation in seiner Bezugsgruppe anzuhäufen. Das gilt auch für die grosszügige Bewirtung im Alltag. Denn diese Haltung erhöht die „Bonität" des Bewirtenden und wirkt als Kreditsicherung bzw. als Garantie für ein funktionierendes Netzwerk, von dem man gegebenenfalls Hilfe und Absicherung erlangen kann. Für die Stammesgesellschaften ist sie sogar „eine funktional äquivalente Vorform heutiger Sozial- und sonstiger Versicherungen" (Fröhlich 1994, S.37).

Beide, die Modernen und die Vormodernen, entsprechen dabei einem kognitiven und *evaluativen Habitus,* der ihnen – aus Not oder Tugend – sagt, „was getan werden muss" (Bourdieu 1992, 115). Als gute „Spieler" mit praktischem Sinn kennen sie die geltenden Klassifikationsraster, und wissen ziemlich genau, was das Spiel in den unterschiedlichsten Situationen von ihnen verlangt. Auf der Ebene solcher verinnerlichter Dispositionen, die sowohl Produkt und auch Produzent vorbewusster und nicht formalisierter Regeln sind, stellt sich laut Bourdieu das klassisch-ethische Problem von Freiheit und Notwendigkeit gar nicht oder nur in abgeschwächter Form

2   Essen und Geschmack

Das, was bei der Bewirtung den Gästen vorgesetzt wird, ist seinerseits wieder von einem meist nicht bewussten Regelwerk eingefasst. Denn auch das Essen ist überall Gegenstand von *starken Klassifikationen* (Douglas, 1981,95), mit denen über die

Qualität des Guten und Schlechten, des Essbaren oder Unessbaren vorentschie-
den ist. Manche Völker essen Fledermäuse, Schlangen und Hunde, was anderen
als Horror erscheint. Würde man letztere zu „Klapperschlange in Madeirasauce"
einladen, käme solches einer Zumutung gleich. Denn es entspricht bei uns nicht
der jeweiligen Ordnung des Essbaren. Solche Regeln sind meist sehr strikt, weil
sie eine fundamentale Verständnisgrundlage der jeweiligen Wirklichkeit sind.

Wenn man Lévi-Strauss folgen darf, dann unterscheidet sich die französische
von der englischen, italienischen und deutschen Küche entsprechend den *Gegen-
satzpaaren* von nationalen vs. exotischen Rostoffen, nach der Verwendung von
zentralen oder peripheren, geschmackvollen oder geschmacklosen, bitteren oder
süssen, erfrischenden oder erhitzenden Gütern sowie nach dem Gesichtspunkt
maximaler oder minimaler Vorbereitungszeit (1958, S.99 ff.).

Auch die *Speisefolgen* sind durch Klassifikationsraster normiert. Für die einen
steht das Süsse am Anfang, für die anderen am Ende einer Mahlzeit. Ein grosses
Stück Fleisch (oder Fisch) gehört in den Hauptgang, nicht zur Vorspeise. Es ist
kein „amuse bouche", sondern zentraler Gegenstand des Essens. Bei Spaghetti ist
es unterschiedlich: die Deutschen essen sie als Hauptspeise, die Italiener nur als
„primo piatto", dem Fleisch oder Fisch als secondo piatto zu folgen haben. Am
Ende einer guten Mahlzeit stehen ein Dolce und ein bittersüsser Espresso. Die
Gestaltungsräume der Gastgeber und Köche sind hier nicht sehr gross, wenn sie
keine Kritik auslösen wollen.

Wenn das Essen nicht in den richtigen Töpfen gekocht wurde, ist es im orthodoxen Judentum nicht koscher (rein) und verstösst gegen religiöse *Reinheitsgebote*.
Wer so etwas nicht beachtet, verfehlt sich gegen die Vorschriften Gottes.

Wie stark Essen mit moralischen Kriterien verbunden ist, zeigt sich auch an
anderen Formen der Bewirtung. Im Restaurant kann man Speisen und Getränke
zurückgehen lassen oder sogar als schlecht bewerten. Bei privaten Einladungen ist
das schlechterdings ausgeschlossen. Hier herrscht sogar die *Pflicht der positiven
Bewertung*. Gastgeber (innen) erwarten ein Kompliment für ihre Kochkünste.
Wird ein solches Lob nicht ausgesprochen, fällt die Kritik zunächst auf den Gast
und seine schlechten Sitten zurück. Er muss die Küche anerkennen und sei es auch
mittels einer höflichen Lüge.

Repudiation des angebotenen Essens (und Trinkens) ist in einheimischen wie
fremden Welten eine Schmach für denjenigen, der sich die Mühe macht, etwas Gutes
aufzutischen. Wer das Essen verweigern sollte, müsste mit einer tiefen Beleidigung
und einer Zerstörung der Einladung, ja der Beziehung überhaupt rechnen. Solche
Risiken einzugehen, bedürfte schon ganz triftiger Begründungen wie Krankheiten,
Unverträglichkeiten etc. Kinder werden schon früh von ihren Eltern dazu angehalten,
wenigstens „Anstandsbissen" herunterzuschlucken, denn im Allgemeinen – auch

im engen Familienkreis – herrscht Essenspflicht. Schon wer zu wenig isst, wird auffällig und hat grösste Überzeugungsarbeit zu leisten, warum er nicht „richtig" zugreift. Oft muss er sich aus Höflichkeit sogar zusätzliche Essensanstrengungen unternehmen, damit er seiner Rolle als anständiger Gast gerecht wird.

3   Tischsitten und Affektgrenzen

Der ermunternde Zuruf Martin Luthers an seine Tischgäste: „Warum rülpset und furzet ihr nicht? Hat es euch nicht geschmacket?" gilt – in gewissen Kreisen jedenfalls – als überholt. Heute haben sich anscheinend die Tischsitten der Ober- und oberen Mittelschicht so verfeinert, dass, wer rülpst und furzt, als ungehobelt, unzivilisiert, unangepasst, ja als nicht gesellschaftsfähig angesehen wird. Man könnte sein abweichendes Benehmen zwar als eigenwillig abtun. Das trifft aber nicht den Kern, weil die Tischsitten auch verlangen, dass man Verantwortung für sich und die anderen übernimmt.

Menschen suchen deswegen auch die ästhetisch-moralischen Wahlverwandt- schaften. Es gibt sogar eine *Endogamie der Gemeinsamkeiten des Geschmacks*, wie sich an der Abscheu vor und am tiefen Widerwillen gegenüber dem schlechten Geschmack anderer zeigen lässt. Der (klassenspezifische) Geschmack „paart die Dinge und Menschen, die zueinander passen", während die Unverträglichkeiten des Geschmacks vermutlich eine der grössten sozialen Schranken darstellen (Bourdieu 1987, S.374). Sie reicht bis in die körperliche Distinktion hinein. Offensichtlich werden Moral und Ästhetik mit bestimmten Soziallagen und Dispositionen ver- bunden, die das, „was ohnehin geschieht, intentional verdoppeln" (a.a.O. S 382). Man muss sich eben benehmen, wie es die (Mikro)Ordnung verlangt. Und diese hat eine Evolution hinter sich, die man nur zum eigenen Schaden verleugnen darf.

Hierzu hat sich *Elias* höchst eindringlich und einleuchtend geäussert. Sein Beispiel des *Schnäuzens* mag hier genügen. Im Mittelalter gebot es die Courtoisie, dass man sich mit der linken Hand schnäuzte und mit der rechten das Fleisch nahm. Für das Nasebohren bei Tisch gab es noch keine Regelungen. Heute verursachen solche Beschreibungen bei uns peinliche Empfindungen, aber das Taschentuch war eben noch nicht erfunden. Es hält erst, von Italien kommend, am Ausgang des 16. Jahrhunderts Einzug in die Oberschicht. Sich Schnäuzen, indem man sich wenigstens vom Tisch abwendete, war schon eine grosse Errungenschaft. Erst 200 Jahre später war der Gebrauch des Taschentuchs allgemein geworden. Jetzt genügt der Hinweis darauf, dass man sich und seiner Identität Schaden zufügt, wenn man das Taschentuch nicht verwendet. Es wird auch der Sicht der anderen Menschen beurteilt, weil man ihnen lästig und peinlich sein könnte und ihnen nicht den nötigen Respekt erweist.

Später genügt die Verdrängung unerwünschter Triebäusserungen mit dem Hinweis auf Scham und Schuldgefühle auch wenn man allein ist. "Vieles von dem, was wir Moral oder moralische Gründe nennen, hat als Konditionierungsmittel der Kinder auf einen bestimmten gesellschaftlichen Standard die gleiche Funktion wie die Hygiene und die hygienischen Gründe. Die Modellierung durch solche Mittel ist darauf abgestellt, das gesellschaftlich erwünschte Verhalten zu einem Automatismus, einem Selbstzwang zu machen und im Bewusstsein des einzelnen als von ihm selbst aus eigenem Antrieb, nämlich um seiner eigenen menschlichen Würde willen, so gewolltes Verhalten in Erscheinung treten zu lassen" (Elias 1978,I, S.204). Von dieser Moral sind aber nicht nur Furzen und Schnäuzen erfasst. Sie setzt sich auch auf anderen Gebieten fort, etwa dass der Mund beim Schmecken geschlossen sein muss, um das *Schlürfen* zu verhindern. Das gilt auch um den Preis, dass dabei die Geschmackskategorien verarmen sollten (vgl. Lemke 2005, 200 ff). China und Südostasien haben diese Entwicklung (deswegen?) nicht mitgemacht. Erst in jüngster Zeit gibt es dort aber Versuche, von Staats wegen das *Spucken* auf der Strasse zu unterbinden, weil es die Touristen stört. Auch die Asiaten werden also (zunächst) auf die Zwangsmoral eines von aussen definierten, anständigen Benehmens verpflichtet.

Moralisch imprägniert ist auch die *Quantität des Essens* (und – weniger – des Trinkens). Die europäische Geschichte ist voll von Versuchen, die Völlerei durch die (Tugend der) Mässigung zu ersetzen. Heute isst man bei Einladungen weitgehend gemässigt. Mancherorts war es sogar üblich, einen letzten „Anstandsbissen" auf dem Teller liegen zu lassen. Dieses Gebot des Masshaltens war erfahrungsgemäss schwer durchzusetzen. Zwar gab es im Mittelalter von der Kirche vorgeschriebene Fastentage in grosser Zahl, die aber – von moralischen „virtuosi" in strengen Ordensgemeinschaften abgesehen – von der Oberschicht kaum eingehalten wurden. Völlerei galt wie Trunkenheit immer als sündhaft, weil sie einen Verlust an Selbstbeherrschung offenkundig machten. Die Gelegenheit zum Demonstrativkonsum gab es für die Oberschicht nur an riesigen Festgelagen, privat und im Alltag wohl weniger. Die Unterschichten hingegen hatten den Umständen entsprechend kaum Gelegenheit, sich diesem Laster hinzugeben. Auch wenn man Schichtunterschiede und Variationen in Rechnung stellt, zeigt sich wieder, dass die Fresswut einer kleinen Schicht im Laufe der Neuzeit gesamtgesellschaftlich der Mässigung und Verfeinerung (Delikatesse) der Alltagskost weichen musste. Dies schon deshalb, weil heute die Nahrungsmittel ausgewogener verteilt sind und die verfeinerten Esssitten der Oberschicht sich nach unten verbreitert haben. Die Esslust hat sich – so Mennell (1988, S.65) – zivilisiert, weil sie einen Sprung vom Quantitativen zum Qualitativen gemacht hat. Das lässt sich u. a. an einer heute verbreiteten Angst vor dem Essen ablesen. Indizien dafür sind einerseits die Abnahme von Fleischverzehr (Innereien, vegetarische Kost), die Eindämmung von öffentlichen Grausamkeiten gegenüber Tieren (Bewegung für Tierrechte)und die starke mediale Kontrolle der Körpernormen (Schönheitsideale). Andererseits ist doch beachtlich, dass in vielen Ländern Europas und Amerikas ein hoher Prozentsatz der Bevölkerung übergewichtig ist.

4   Die Beherrschung der Zunge

Nimmt man die Pflichten der Zunge im übertragenen Sinn, dann fällt die Affektbeherrschung noch stärker ins Gewicht. Denn gerade wenn Essen und Trinken, seien sie noch so massvoll praktiziert, die „Zunge etwas gelöst" haben und die meisten dann so richtig in Fahrt kommen, sind Regelungen der Gesprächsdynamik unumgänglich. Wer der bösen Zunge und dem Klatsch dann zu grossen Raum einräumt, stösst schnell an die Grenzen sozialer Verträglichkeit. Deswegen laufen viele soziale Gebote darauf hinaus, dass die Zunge in Zaum zu halten sei. „Zungensünden" nannte man das unter religiösen Vorzeichen. Auch wenn heute das Sündenbewusstsein weitgehend aufgehoben ist, bleibt die sozialmoralische Kontrolle über die Zunge in Kraft.

Geschwätzigkeit mag noch als „lässliche Sünde" (als kleiner Schwächeanfall eines ansonsten moralisch richtig gebündelten Menschen) verziehen werden, üble Nachrede kennt aber kein Pardon! Ihre alltagsmoralische, ja sogar juristische Ächtung ist das säkularisierte Äquivalent zur alten Auffassung von Todsünde. Wie die Esslust, so darf auch die Redelust nicht überborden, um nicht peinlich zu wirken, hauptsächlich aber um nicht ihre zerstörerische Kraft im Beziehungsgeflecht der Menschen zu entfalten.

Ungeschützte Rede auch unter Bekannten bedarf einer Anwärmphase und der Erlaubnis der „Mitspieler", selbst wenn diese nur unmerklich („indexikalisch") erteilt wurde. Wer nicht in der Tiefe eines Gesprächs angekommen ist, die die volle Öffnung und Bereitschaft der Redenden, „sich treffen zu lassen" verlangt, tut gut daran, sich dem Gesprächspartner vorerst vorsichtig zu nähern. Deswegen bewegen sich die „small talks" auf der Strasse etwa in der Zone der „verbindlichen Unverbindlichkeit". „No religion, no politics" ist die stillschweigende Vereinbarung vieler gemütlicher Gesprächsrunden.

Wenn es dann „politisch wird", hilft als nächste Rückzugslinie wenigstens die „political correctness" weiter. Sie verhindert, dass man sich weniger gut Bekannten in deren Bemühen, etwas Interessantes oder gar Sensationelles in Erfahrung zu bringen, schutzlos ausliefert. Der Selbstschutz ist auch ein Fremdschutz, denn somit wird auch der Geschwätzige nicht in Versuchung geführt. Die Regel der ersten Begegnungen ist, dass die anfängliche Distanz manche Risiken der Selbstdarstellung kalkulierbarer macht und Raum schafft, um schrittweise die Möglichkeiten der Nähe und Öffnung auszuloten. Deshalb wird überall zunächst ausgiebig über die Grosswetterlage und über die Befindlichkeit der Haustiere philosophiert. Wer – ohne Erlaubnis – tiefer in die Privatsphäre des anderen eindringen will, kann dann zunächst mit einem vielsagenden Lächeln oder mit Schweigen hingehalten werden. Unsere Gesprächskultur ist von einer Reihe von Ein- oder Ausklammerungen umrahmt.

Zu den Pflichten der Zunge gehört auch, dass man die Unterhaltung mit anderen nicht ungebührlich dominiert. Zwar muss man jemanden seinen angefangenen *Redebeitrag* beenden lassen, aber ein Gespräch lebt im Gegensatz zum Vortrag etwa auch davon, dass ein angemessener Redewechsel („turn taking") stattfindet. Für den dominanten Sprecher mag es sich dabei jeweils um ein „gutes Gespräch" handeln; für den, der dauerhaft in die passive Zuhörerrolle gedrängt wird, ist dies aber auf Dauer lästig, wenn nicht gar peinlich und zerstörerisch. „Bei vielen Reden bleibt Verfehlung nimmer aus..." (Spr.1o,19) Markante Ungleichgewichte im Redebeitrag, sofern sie nicht von allen gewollt sind, widersprechen jedenfalls der Erwartung, dass jeder dazu seinen fairen Beitrag leisten soll. Andernfalls fühlen sich die Teilnehmer nicht ernst genommen und herabgewürdigt.

Zum massvollen Reden gehört als zweite Seite der Medaille das *Schweigen* und Verschweigen können. Immer dann wenn es um Geheimnisse geht, gibt es Redeverbote oder Schweigegebote. Hier ist Schwatzhaftigkeit nicht nur eine Charakterschwäche, sondern eine gravierende Verfehlung des besonderen Beziehungstypus und des diesen begründenden Basiskonsenses. Oft sind die Gesprächsgrundlagen durch den Bruch von Geheimnissen derart gestört, dass sie sich nur schwer wieder herstellen lassen. Deswegen heisst es schon in der Sammlung salomonischer Sprüche zum „natürlichen... Leben des Alltags" (Hamp 1957, S.754): „Ficht deinen Streit mit deinem Nächsten aus, doch das Geheimnis eines andren gibt nicht preis, damit nicht, wer es hört, dich schmähe, und deine Schande unaufhörlich sei!" (Spr.25,9). Dazu Bellebaum (1992:77): „Die Zunge zähmen – das traditionsreiche Thema! Es mischen sich überlieferte religiöse Vorstellungen mit Ansichten über das rechte Verhalten des höfischen Ritters. Stets lasst von Mass und Ziel Euch führen – die màze bewahren, Masshalten, ist höfische Tugend und Ausdruck christlicher Gesinnung... wobei die höfische Zucht und die christliche Demut durchaus übereinstimmen können". Je länger die Interdependenzketten und je dichter das Netz der Abhängigkeiten, desto wichtiger wird diese alltagsmoralische Regel, mögen die Impulse zur theatralischen Selbstdarstellung in der individualistischen Gesellschaft noch so zwingend erscheinen.

V   Der Geruchssinn als Feld der Normierung

Der Geruchssinn des Menschen scheint das Sinnesorgan zu sein, das sich der sozialen Regulierung am ehesten verschliesst. Allerdings deuten schon die ersten phylogenetischen Merkmale in eine andere Richtung. Als „Fernsinn" hatte er die Aufgabe, auch auf flüchtigste Stoffe, die nicht mit dem Körper in Berührung kommen, zu reagieren. Er hatte sicherzustellen, dass sich der Mensch (bis heute) einer längeren Geruchswahrnehmung nicht entziehen kann. Evolutorisch war die Riechschärfe dafür bedeutsam, Nahrung und geeignete Sexualpartner zu finden. Menschen besitzen nur 30 Millionen Riechzellen, Hunde ein Vielfaches davon. Das genügt dem Menschen allerdings, um im Durchschnitt immerhin 20 unterschiedliche Duftsubstanzen unterscheiden zu können. Riechen und Schmecken, die physiologisch eng verbunden sind, beeinflussen sich gegenseitig stark. Während des Essens sammelt der Mensch die meisten Geruchseindrücke. Obwohl das Riechen im Lauf der Evolution gegenüber dem Sehen in den Hintergrund tritt, bleibt es von eminenter sozialer Bedeutung nicht nur für das Sozialverhalten, sondern auch für die Arbeits- und Konsumwelt.

Viele Produktions- und Dienstleistungsbetriebe sind stark daran interessiert, Präferenz- und Aversionsmuster von Gerüchen zu analysieren (Dufthedonik), um ihre Produkte (z. B. Nahrungsmittel) mit vorteilhaften Aroma-Stoffen zu versehen. Denn es gibt neben dem Tastsinn keinen anderen Sinn, der so stark von emotionalen Reaktionen begleitet ist wie das Riechen. (Gehirnphysiologisch liegen die Riechorgane eben nahe an den Emotionszentren). Beim Schmecken wie Riechen wird der Körper lebendig. Er erlebt intensiv sein selbstbezügliches „Leibsein" (Lemke, 2005, S.2001 f).

Das *olfaktorische Unbewusste* kann im Menschen Erinnerungen wach werden lassen. Gerüche haften im Gedächtnis, wenn sie mit starken Emotionen verknüpft waren. „Heimat" als Synonym für tiefe Kindheitserlebnisse hat oft eine starke Duftkomponente. Und manche Menschen kann man aus diffusen Gründen nicht riechen. Umgekehrt zielt der Duft mitten ins Herz. Liebe scheint nicht nur über den Magen, sondern auch durch die Nase zu gehen. Zumindest entscheidet das Riechorgan mit, wenn es um Zuneigung und Lust, Verachtung und Ekel geht. Dinge und Menschen haben ihren eigenen Geruch. Viele Erlebnisse werden dadurch geformt. Da erstaunt es nicht, dass auch das Riechen mit sozialer Verankerung, Regelung und Prägung verbunden ist.

1   Der gute Geruch als soziale Verpflichtung

Gerüche, wie Geräusche, Berührungen, visuelle Eindrücke auch, sorgen „für eine kontinuierliche Deutung der Situation, eine konstante Überwachung dessen, was in unserer Umgebung vor sich geht" (Goffman 1974, S.318). Da jeder Mensch seinen eigenen Geruch hat, ist davon auszugehen, dass er mit diesem so vertraut ist, dass er ihn nicht nur nicht stört, sondern meist positiv besetzt. Das gilt aber nicht für seinen Sitznachbarn. Hier wirken die Körperausdünstungen (Schweiß, Mundgeruch, „Käsfüß", Fürze) des jeweils anderen störend, wenn nicht Ekel erregend und die soziale Identität gefährdend. Wohl kann es sein, dass man sich an Gerüche liebgewonnener Personen im Lauf der Zeit so gewöhnt, dass frühere Ablehnungen positiv umdefiniert werden. Dann „fand eine positive moralische Bewertung der Personen in vorhergehenden Begegnungen schon statt. Ist ein Individuum aber als unsympathisch etikettiert, wird eine solche Begegnung immer auch olfaktorisch über dessen natürlichen Eigengeruch untermauert, was sich auch im allgemeinen Sprachgebrauch darin äussert, dass man von einer solchen Person behauptet, man könne sie nicht riechen" (Raab 1998, S.117).

Im Allgemeinen gilt jedoch für soziale Begegnungen, dass starke natürliche *Körperausdünstungen* in soziale Auffälligkeiten umschlagen, die als solche nicht geduldet werden und Sanktionen hervorrufen. Aus diesem Grund ist das Bemühen verständlich, den Körpergeruch zu kontrollieren. Dass Schwerarbeiter bei der Arbeit nach Schweiss riechen, muss hingenommen werden. Nicht so bei einer Lebensmittelverkäuferin, Physiotherapeutin oder Arztgehilfin. Die olfaktorischen Gründe liegen auf der Hand. Wer in Dienstleistungsberufen seine Kleidung nicht regelmässig wechselt und lüftet, gefährdet seine Stellung. Dass Menschen sich partout nicht um ihre „Wolke" kümmern wollen, mag oft einen pathologischen Hintergrund haben, es scheint aber auch, dass in bestimmten Milieus die Geruchsempfindlichkeit weniger ausgeprägt ist.

Historisch gesehen war das eindeutig der Fall. Selbst der Sonnenkönig Ludwig XIV soll noch gestunken haben „wie ein Ochse", obwohl er Parfums durchaus kannte und verwendete. Aber er war Zeitgenosse von Verhältnissen, die die hygienische Revolution des 19. Jahrhunderts noch nicht durchlaufen hatten. Heute verlangt man von jedem, der sich in der Öffentlichkeit bewegt, dass er sich der *körperlichen Grundhygiene* nicht entzieht. Wird der Erwartung nicht entsprochen, dann fällt das auf die „Kinderstube" dessen zurück, dem es an Reinlichkeit mangelt. Man rümpft verächtlich die Nase. Wächst sich dieser Mangel zu dem aus, was man im Volksmund „pesten" nennt, dann meiden alle die körperliche Nähe dieser Person. Sie nehmen Reissaus, denn anders als beim Sehen und Hören, kann man den Ekel nicht einfach weg-riechen. Wer den indirekten Weg der Kontrolle nicht begreift, der läuft sogar Gefahr, dass man ihn beiseite nimmt und Klartext spricht, was immer beschämend ist.

Die Öffentlichkeit kennt ihre eigenen Kontrollwege. In den Wohnungen sind Bäder, Duschen, Waschbecken heute allgemeiner Lebensstandard. Es besteht sogar die Tendenz, diese Flächen auszuweiten und dem Wohnbereich zuzuschlagen. Gute Wohnungen mit unmodernen sanitären Anlagen sind schwer vermietbar. Umgekehrt müssen schlechtere Wohnungen ihre Marktgängigkeit wenigstens über hervorragend ausgestattete Badezimmer aufwerten. „Gute" (Bürger-)Häuser achteten immer sehr darauf, dass genügend angenehme Geruchsräume geschaffen wurden. Dem dienten nicht nur die regelmässige Belüftung der Schlaf- und Aufenthaltsräume, sondern auch die sog. *Geruchsschleusen*. Toiletten und Küchen wurden vom Esszimmer nach Möglichkeit durch einen Gang getrennt. Der (Rauch-) Salon war durch eine Türe vom Esszimmer getrennt, so dass sich separate Geruchsphären ausbilden konnten. Für Hotels und Restaurants gilt das heute noch. Sie halten u. U. ein Raucherzimmer bereit, um die Belästigung und Gefährdung der Nichtraucher zu verringern. Auch internationale Flughäfen kennen mittlerweile diese Regelung.

Ihre Botschaft ist, dass Körpergeruch nicht sein darf, zumal er die privaten Kontaktchancen und das berufliche Fortkommen erheblich beeinträchtigt. Der Kampf gegen Mundgeruch und Schweiss ist damit in den öffentlichen Diskurs eingegangen. Schlechter Geruch, der menschlicher Nachlässigkeit zuzurechnen ist, ist immer ein Vorwurf. Er ist mit Peinlichkeit und Scham verbunden. Menschen, die (deshalb) verachtet werden, sehen sich häufig auf die Ebene von stinkenden Tieren herab-gewürdigt („Drecksau"). Der Geruchsvorwurf ist gängige Münze, wenn Rassisten und Xenophobe ihre feindseligen Vorurteile z. B. gegen „die Neger" mit einer angeblichen *olfaktorischen Beleidigung* begründen, so als könnten sie die angeblich „anderen", typischen, "strengen" Hautausdünstungen der Schwarzen nicht ertragen. Schon deswegen seien sie auf Distanz zu halten.

2   Gute und schlechte Geruchsräume

Schlechte Gerüche sind eine Beleidigung der Nase. Deswegen werden die Toilettenhäuschen abseits von Fussgängerwegen aufgestellt. Sofern es sie gibt! Kürzlich wurde davon berichtet, dass in Indien ein *Geruchs- und Ekelnotstand* entstanden sei, da die Menschen die öffentlichen Toiletten nicht benützen oder keine solchen vorhanden sind. Etwa die Hälfte der Bevölkerung (ca. 500 Millionen Menschen) kennen keine (privaten)Toiletten. Sie verrichten ihre Notdurft hinter den Büschen. Das brachte die Regierung auf die Idee, Kinder als *Hygienescouts* heranzuziehen, die jeweils mit einer Trillerpfeife Alarm schlagen sollen, wenn Personen sich in der freien Natur entleeren. Schon im alten Rom war das ein soziales Problem, nur war da die Frage, ob man für die Benutzung der cloaca publica einen Obolus verlangen dürfte. Für die Befürworter war die Sache klar: „pecunia non olet". Die Gegner hielten das für „stinkfrech". Geld riecht aber manchmal doch, nämlich dann, wenn die Korruption so allumfassend und offensichtlich ist, dass sie „zum Himmel stinkt". In manchen Staaten ist die Luftverschmutzung von dieser Art.

Gute Gerüche wirken hingegen entspannend, wie die Beliebtheit von *Aroma-therapien* zeigt. Warenhäuser, Kleiderboutiquen, Hotels, Fitnessstudios usw. schaffen veritable *Geruchsräume*. Auch zeremonielle Räume wie Kirchen und Tempel sind u. a. Dufträume (Weihrauch). Sie sind auch ein wichtiger sozialer Kitt. Sie übertünchen nicht nur unangenehme Körpergerüche, sondern schaffen individuelle und kollektive Gelegenheiten der Transzendierung des Alltags. Auf der anderen Seite bilden Duftqualitäten Zonen der Selbstsicherheit und leisten einen beträchtlichen Beitrag zu einem gewünschten Fremdbild. Denn die „persönliche Duftnote" spricht ihre eigene Beziehungssprache. Eine angenehm exotisch-weibliche oder ein herb-männliche „Note" steigern den *Wunsch nach Nähe*. Die Geruchsindustrie hat das erkannt, sucht nach immer neuen Varianten des „scent of desire" – und boomt. Aber gute Gerüche sind nicht nur attraktiv, sie können empfindsame „Nasenmenschen" sogar süchtig machen. Ehemalige Raucher berichten, dass sie von dem verführerischen Tabakaroma einer guten Havanna-Zigarre nie geheilt sind und immer wieder rückfällig werden könnten. Manch einer ergreift sogar die Gelegenheit, sich für kurze Zeit in diesem Duftraum von „Freiheit und Abenteuer" zu bewegen und hinter der Person mit dieser Duftmarke ein Stückweit herzugehen. Patrick Süskind hat dem Duft mit seinem Roman „Das Parfüm" ein Denkmal gesetzt.

Hygiene und Sauberkeit sind also keine reine Privatsache, sondern auch den anderen geschuldet. Die Zivilisierung des Körpers, hier der Nase, ist eine Pflicht, die man sich selbst und anderen gegenüber wahrzunehmen hat. „In dieser Hinsicht besteht eine bemerkenswerte Übereinstimmung zwischen Argumenten der „Hygiene" und Argumenten der Moral zur Unterstützung von Verhaltensstandards. Beide haben eine in hohem Mass allgemeine und „objektive", nicht auf spezifisch soziale Situationen verweisende Tendenz" (Goudsblom 1982, S.221). Denn beide zielen darauf ab, ein der steigenden Interdependenz geschuldetes, gesellschaftlich gewünschtes Verhaltensmodell im Bewusstsein des Einzelnen als etwas erscheinen zu lassen, das aus persönlichem Antrieb erfolgt, sei es um der eigenen Gesundheit willen, oder weil man es seiner eigenen Würde schuldig ist (vgl. Elias 1978,I,S. 204).

Coda: Zurück zum Anfang

Alle die sich mit dem Alltagswissen von Menschen befassen, stimmen darin überein, dass ein zentraler Aspekt der Handlungsorientierung darin besteht, dass Subjekte sich gegenüber und anderen gegenüber als achtbar und anerkennenswert erscheinen wollen.

1. Sie wissen im Allgemeinen ganz gut darüber Bescheid, welche Handlungsweisen nötig sind und auch erwartet werden, um dem Selbst- und Fremdbild eines
   verantwortlichen, fairen, einfühlsamen und charakterlich aufrechten Menschen
   zu entsprechen. Ihre Gespräche gehen oft darum, gegenseitig abzugleichen, was
   in den jeweiligen Begegnungen und Erzählungen als situativ angemessen und
   charakterlich ansprechend gelten darf. Vor allem sind sie sich sicher, wenn es um
   die Verurteilung nicht akzeptablen Verhaltens geht. Sie sind also in Sachen (All-
   tags-)Moral durchaus kompetent, auch wenn sie sich mit ethischen Grundfragen
   von Verantwortung, Normgeltung und -begründung u.a.m. noch nie ausein-
   andergesetzt haben, sondern einfach so handeln, wie man es von vernünftigen
   Menschen einfach erwarten darf. M.a.W. sie wissen über das persönliche und
   soziale Soll im Alltag auch in einer weitgehend unreflektierten Weise Bescheid.
   Sie erkennen sich und andere als moralische Wesen, wissen aber auch, dass die
   Alltagsmoral ein glitschiger Boden ist, auf dem man schnell ausgleitet.
2. Der Grund ist einfach: die Situationen, in denen man sich bewähren muss, sind
   überkomplex und müssen jeweils ausgelegt („verstanden") werden. Da Situationen nie ganz eindeutig bestimmt sind, bedarf es einiger Erfahrung, eines
   Charakters und einer gut eingespielten Sensibilität für die Erfordernisse des
   Beziehungsalltags. Die Pragmatik des schnellen, reibungslosen Funktionieren
   von Begegnungen bringt es mit sich, dass man sich nicht zurückziehen kann,
   um erst einmal alles recht zu bedenken, bevor man handelt. Man ist immer „in
   Situation" und muss deshalb über ein Repertoire verfügen, das relativ sichere und
   schnelle Entscheidungen zulässt. Dabei verfügen wir in unserem Bewusstsein
   über die Erfahrung, dass wir im Handeln unabweisbar von anderen Menschen
   beeinflusst sind, dass wir in unserer ganzen Konstitution von der uns umgebenden
   Gesellschaft (polis) abhängen, obwohl wir uns gleichzeitig als Ursache unseres
   Handelns erfahren. Der Gegensatz von Freiheit und Determination ist also kein
   ausschliesslicher. Er wird durch den *Habitus (*als Produkt *und* Produzent der
   Verhaltensschemata) eingeebnet. D.h. der Mensch findet seine Freiheit oder
   Selbst-Determination durch Einverständnis (oder eben nicht) mit dem sozial
   Auferlegten (vgl. Böckle 1977, S.44). *Habermas* spricht in einem vergleichbaren
   Zusammenhang vom einem eigentümlichen „zwanglosen Zwang" (1988, S.
   179ff.). „Freier Selbstzwang" als „Tugendpflicht" (Kant, 1966,S.512 f.) ist dann
   gegeben, wenn man sich sinnvoll für ein sozial Vorgegebenes entscheiden und
   dazu eintrainieren kann, sofern es dem entspricht, was man eigentlich will.
   Hier ist die aristotelisch-thomistische Tradition der Habitus (oder Tugend-)
   lehre mit modernen Soziologen wie Elias und Bourdieu einig, auch wenn der
   Blickpunkt ein anderer ist.

3. Ausdruck der spannungsvollen Dialektik von Autonomie und Zwang ist die Leiblichkeit des Menschen. Er ist kein Geist ohne Materialität. Menschen als Personen gibt es nur in der Einheit von (Geist-)Seele und Leib. Der Geist kommt zu sich im Leib – und greift gleichzeitig über den Leib hinaus, da er dessen Begrenzungen reflektieren kann. So wird das Muss zum Soll, das Soll vielleicht auch wieder zum Muss. Diese Ambiguität ist unaufhebbar. Durch den Leib steht der Mensch notwendigerweise in Beziehung zur Welt als Inbegriff der unausweichlichen Situation.

4. Die „Greifwerkzeuge" des Leibes sind die Sinne. Sie „inkorporieren" die Welt und sind gleichzeitig von dem Weltbezug und den Entscheidungen anderer vorgeprägt. Sie sind als Sinne zugleich (leib-)geistig und damit kulturell geprägt. Das den Sinnen Auferlegte ist in den Beziehungs- und Deutungsmustern der jeweiligen Welt eingeschrieben. So erhält das Sinnenleben auch seinen moralischen Charakter. Die Pflichten des Auges, des Ohres, der Nase, des Tastens und Schmeckens sind in ein Fadenkreuz von Nähe und Distanz, Öffnung und Schliessung eingespannt. Sie folgen der Dialektik des Fremden im Eigenen, wie es sich im sog. „Stachelschweinprinzip" niederschlägt: Fern (fremd) will man einander nicht bleiben, nah kann man einander kaum kommen. Zu nahe darf man einander nicht treten!

5. Die Deutung dessen, was in der gegebenen Alltagssituation erwartet, gewünscht und gesollt wird, ist angesichts der Komplexität der Welt verschieden. Was den einen (an Wertbeziehungen) nah und vertraut ist, bleibt den anderen fremd – und umgekehrt. Deswegen ist es richtig, von Alltagsmoralen im Plural zu sprechen. Das wird dem Anspruch all derer gerecht, die sich, wie die Sozialwissenschaftler, hauptsächlich für die Vielfalt menschlichen Denkens und Handelns interessieren. Auf der anderen Seite kann man bei genügend intensiver Suche immer wieder staunen, dass es jenseits der Variationen und auf einer höheren Abstraktionsstufe doch erhebliche Gemeinsamkeiten im Verständnis von Erwartungen und Verpflichtungen sozial kompetenter Menschen gibt. Das wiederum berechtigt, von Alltagsmoral im Singular zu reden. Das interessiert die Ethiker und Sozialphilosophen. Da man in der globalen Welt ständig voneinander lernen muss, sind Überschneidungen der Interessen (und Verhaltensanforderungen) nicht ausgeschlossen, sondern werden sogar wahrscheinlicher.

Habermas (1988, S.59) hat diese Kommunikationsverschränkung in folgende Worte gefasst: „Eine Philosophie ..., die nicht in der Selbstreflexion des Wissenschaftssystems aufgeht ... und auf das Dickicht der Lebenswelt zurückblickt, befreit sich vom Logozentrismus. Sie entdeckt eine schon in der kommunikativen Alltagspraxis selbst operierende Vernunft. Hier verschränken sich zwar die Ansprüche auf propositionale

Wahrheit, normative Richtigkeit und subjektive Wahrhaftigkeit innerhalb eines konkreten, sprachlich erschlossenen Welthorizonts; als kritisierbare Ansprüche transzendieren sie aber zugleich die Kontexte, in denen sie jeweils formuliert und geltend gemacht werden. Im Geltungsspektrum der alltäglichen Verständigungspraxis kommt eine nach mehreren Dimensionen aufgefächerte kommunikative Rationalität zum Vorscheint". Das gilt nach dem bisher Gesagten auch für die fünf Sinne. Mehr kann man deren alltagsmoralische Ansprüche nicht auszeichnen.

Literatur

Althaus, Birgit, 2000: Der Klatsch, die Frauen und das Sprechen bei der Arbeit. Frankfurt/ Main, Campus

Aristoteles: Nikomachische Ethik Übersetzt, eingeleitet und kommentiert von Franz Dirlmeier. Frankfurt/Main, Hamburg 1957

Berger, Peter, L. 1973: Zur Dialektik von Religion und Gesellschaft. Frankfurt/Main, Fischer

Böckle, Franz, 1977: Fundamentalmoral. München: Kösel Verlag

Bourdieu, Pierre, 1976: Entwurf einer Theorie der Praxis auf der ethnologischen Grundlage der kabylischen Gesellschaft. Frankfurt/Main, Suhrkamp

--- 1992: Die verborgenen Mechanismen der Macht. Hamburg, Rowohlt

--- 1987: Die feinen Unterschiede. Kritik der gesellschaftlichen Urteilskraft. Frankfurt/ Main , Suhrkamp

Bühl, Walter L.,2002: Phänomenologische Soziologie. Ein kritischer Überblick. Konstanz, UVK

Burke, Kenneth, 1961: The Rhetoric of Religion. Boston: Beacon

Canetti, Elias, 1992 : Die Fackel im Ohr. Lebensgeschichte 1921-1931.Frankfurt a. M., Fischer

Charpa, Ulrich, 1991: Aristoteles. Frankfurt, New York: Campus

Douglas, Mary, 1981: Ritual, Tabu und Körpersymbolik. Sozialanthropologische Studien in Industriegesellschaft und Stammeskultur. Frankfurt a. M.: Suhrkamp

Elias, Norbert, 1978: Über den Prozess der Zivilisation. Soziogenetische und psychogenetische Untersuchungen. Frankfurt/M., 2 Bände

----, 1978: Zum Begriff des Alltags. In: Hammerich, Kurt /Klein, Michael (Hg.): Materialien zur Soziologie des Alltags. Kölner Zeitschrift für Soziologie und Sozialpsychologie, Sonderheft 20, Wiesbaden

--- 1987: Die Gesellschaft der Individuen. Frankfurt/M. Suhrkamp

--- 1983. Die höfische Gesellschaft. Frankfurt/M. Suhrkamp

Endres, Josef, 1963: Was soll ich tun? In: Engelhardt, Paulus: Sein und Ethos. Untersuchungen zur Grundlegung der Ethik. Mainz. M. Grünewald, 25-36

Flach, Kurt, 2008: Kampfplätze der Philosophie. Grosse Kontroversen von Augustinus bis Voltaire. Frankfurt, Klostermann

Fröhlich, Gerhard,1994: Kapital, Habitus, Feld, Symbol. Grundbegriffe der Kulturtheorie bei Pierre Bourdieu. In: Mörth, Ingo ,Fröhlich, Gerhard (Hrsg.): Das symbolische Kapital der Lebensstile. Frankfurt: Campus, 31-54

Gadamer, Hans–Georg, 1963: Über die Möglichkeit einer philosophischen Ethik. In: Engelhardt, Paulus: Sein und Ethos. Untersuchungen zur Grundlegung der Ethik. (Walberberger Studien, Bd. 1) Mainz, M. Grünewald Verlag, 11-24

Goffman, Erving, 1985: Wir alle spielen Theater. Die Selbstdarstellung im Alltag. München, Piper, 5.Auflage (Orig. 1959)

---,1981: Asyle. Über die soziale Situation psychiatrischer Patienten und anderer Insassen.. Frankfurt, Suhrkamp, 4.Auflage (Orig. 1961)

---,1970: Stigma. Über Techniken der Bewältigung beschädigter Identität. Frankfurt, Suhrkamp (Orig. : 1963)

---, 1982 :Das Individuum im öffentlichen Austausch. Mikrostudien zur öffentlichen Ordnung. Frankfurt M., Suhrkamp (Orig.: Relations in public,1971)

---,1967: Interaction Ritual. Essays in Face-to-Face Behaviour. Harmondsworth, Penguin,

--- 1977 :Rahmen-Analyse. Ein Versuch über die Organisation von Alltagserfahrungen. Frankfurt,Main, Suhrkamp

Goudsblom, Johan , 1982 : Zivilisation, Ansteckungsangst und Hygiene. Betrachtungen über einen Aspekt des europäischen Zivilisationsprozesses. In: Gleichmann, P, Goudsblom, J. Korte, H.(Hrsg.):Materialien zu Norbert Elias` Zivilisationstheorie. Frankfurt/M., Suhrkamp, 215-253, 2. Auflage

Greverus, Ina-Maria, 1995: Die Anderen und Ich – Vom Sich Erkennen, Erkannt- und Anerkannt werden. Darmstadt, WBG

Habermas, Jürgen 1988: Die Einheit der Vernunft und die Vielfalt der Stimmen. In: Ders.: Nachmetaphysisches Denken. Philosophische Aufsätze. Frankfurt/M., Suhrkamp, 3.Auflage, S. 153-186

Hauskeller, Michael, 1997: Geschichte der Ethik. Band 1, Antike. München, dtv

Hegel, Georg , Wilhelm, Friedrich (1970 ff.): Phänomenologie des Geistes. In: Werke in 20 Bänden,Bd.4. Frankfurt/M., Suhrkamp,

Heidegger, Martin, 1967: Sein und Zeit. Tübingen, M.Niemeyer. 11.Auflage

Hettlage, Robert (Hrsg.) 2003: Verleugnen, Vertuschen, Verdrehen. Leben in der Lügengesellschaft. Konstanz, UVK Verlagsgesellschaft

Husserl, Edmund, 1954: Die Krisis der europäischen Wissenschaften und die transzendentale Phänomenologie. (Husserliana VI), Den Haag, M.Nijhoff (Orig. 1936)

Kant, Immanuel, 1968: Schriften zur Ethik und Religionsphilosophie.Bd.1.In: Kant Werke in 12 Bänden, Bd. VII, Frankfurt/Main, Suhrkamp (Orig. 1785, 1788)

Kohlberg, Lawrence A. 1996: Die Psychologie der Moralentwicklung. Frankfurt/Main, Suhrkamp

Kierkegaard, Sören, 1987: Entweder/Oder.Gütersloh,R.Mohn

König, Oliver, Klein, Michael (Hrsg.)1998: René König. Soziologe und Humanist Texte aus vier Jahrzehnten. Opladen, Leske und Budrich

Lay, Rupert, 1989, Ethik für Manager. Düsseldorf, Wien, New York, Econ Verlag;

Lemke, Harald, 2005: Phänomenologie des Geschmackssinns. In: Von Engelhardt, Dietrich, Wild, Rainer, Neumann, Gerhard (Hrsg.): Geschmackskulturen. Frankfurt/New York: Campus , S. 183-204

Lévy- Strauss, Claude, 1970: Traurige Tropen. Köln, Kiepenheuer & Witsch (orig. Paris 1955)

--- 1958: Anthropologie structurale. Paris, Plon

Luckmann, Thomas, 1980: Lebenswelt und Gesellschaft. Grundstrukturen und geschichtliche Wandlungen. Paderborn, München, Wien , UTB,, besonders 9- 56

Lübbe, Hermann, 1980: Philosophie nach der Aufklärung. Düsseldorf, Econ

Luhmann, Niklas, 1989: Ethik als Reflexionstheorie der Moral. In: Luhmann, N.: Gesellschaftsstruktur und Semantik, Bd.3, Frankfurt, 358 – 448.

---- 1986: Systeme verstehen Systeme. In: Luhmann, N., Schorr, K. E. (Hrsg.): Zwischen Intransparenz und Verstehen. Fragen an die Pädagogik. Frankfurt,Main, Suhrkamp,72-117.

Mead, George Herbert,1980: Die philosophischen Grundlagen der Ethik. In: Ders.: Gesammelte Aufsätze, Bd. 1, Frankfurt am Main, Suhrkamp, 357-370

Mead, George Herbert, 1980 a: Wissenschaftliche Methode und wissenschaftliche Behandlung moralischer Probleme. In: Ders.: Gesammelte Aufsätze, Bd. 1, Frankfurt/M., Suhrkamp: 371-392

Mennell, Stephen, 1988: Die Kultivierung des Appetits. Geschichte des Essens vom Mittelalter bis heute. Frankfurt/M.: Athenäum

Merleau-Ponty, Maurice, 1973: Die Humanwissenschaften und die Phänomenologie. In: Ders., Vorlesungen I, Berlin, 131-226

Plessner, Helmuth,1970: Philosophische Anthropologie. Frankfurt,Main

Polanyi, Michael, 1958: Personal Knowledge. London

Reckwitz , Andreas, 2003: Grundelemente einer Theorie sozialer Praktiken. Eine sozialtheoretische Perspektive. In: Zeitschrift für Soziologie, H.4, S.282-301

Reese-Schäfer, 2012: Grenzgötter der Moral. Wiesbaden: Springer, Gabler

Reicholf, Josef H. 2014: Ichbezogen, eingebunden und überwacht. In: Forschung und Lehre, 12/14: 956-957

Röd, Wolfgang, 1992: Der Gott der reinen Vernunft. München, C. H. Beck

Scheff, Thomas J., 2006: Goffman Unbound! A New Paradigm for Social Sciences. Boulder, London, Paradigm Publishers

Scheler, Max (1954): Der Formalismus in der Ethik und die materiale Wertethik. In: Gesammelte Werke in 15. Bänden, Bd. II. Bern: Francke

Schröter, Michael, 1997: Wildheit und Zähmung des erotischen Blicks. In: Ders.: Erfahrungen mit Norbert Elias. Gesammelte Aufsätze. Frankfurt/Main, Suhrkamp, 49-70.

Schütz, Alfred, 1974: Der sinnhafte Aufbau der sozialen Welt. Frankfurt/Main, Suhrkamp (Orig. 1932)

----, 1981: Theorie der Lebensformen. Frankfurt/Main, Suhrkamp

Schütz, Alfred, Luckmann, Thomas, 2003: Strukturen der Lebenswelt. Konstanz, UVK

Shimanoff, Susan B., 1980, Communication Rules.Theory and Research. Beverly Hills, London: Sage

Thomas von Aquin, (1977) Summa Theologica. Deutsche Thomas-Ausgabe in 36 Bänden. Band 13, Das Gesetz, kommentiert von O. H. Pesch, Graz, Wien, Köln, Heidelberg: Styria, Kehrle

Thurn, Hans Peter, 1980: Der Mensch im Alltag. Stuttgart, Enke

Todorov, Tzvetan, 1998: Abenteuer des Zusammenlebens. Versuch einer allgemeinen Anthropologie. Frankfurt/M., Fischer

Utz, Arthur F., 1970: Die Wissenschaft vom Sittlichen. In: Ders., Ethik und Politik. Aktuelle Grundfragen der Gesellschafts-, Wirtschafts- und Rechtsphilosophie. Stuttgart, Seewald: S. 35-51

Von Matt, Peter 2006: Die Intrige. Theorie und Praxis der Hinterlist. München, C. Hanser

--- 2006: Nichts unbändiger doch denn die Wut des leidigen Magens. Not und Glück des Essens in der Literatur. In: ders.: Öffentliche Verehrung der Luftgeister. Reden zur Literatur. München 2006, 160-177

Von Wiese, Leopold, 1947: Ethik in der Schauweise der Wissenschaften vom Menschen und von der Gesellschaft. Bern. Francke

Waldenfels, Bernhard, 1998: Grenzen der Normalisierung.. Studien zur Phänomenologie des Fremden, Band 2, Frankfurt/Main, Suhrkamp

Watzlawick, Paul u. a, 2011: Menschliche Kommunikation. Formen, Störungen, Paradoxien.. Bern, Huber, 10.Auflage

Weber, Max, 1976: Wirtschaft und Gesellschaft. Tübingen, Mohr-Siebeck, 5. Auflage

Wolf, Ursula, 1999: Die Philosophie und die Frage nach dem guten Leben. Reinbek b. Hamburg. Rowohlt.

Wouters, Cas, 1977: Informalisierung und der Prozess der Zivilisation. In: Gleichmann, P., Goudsblom, J. Korte, H.(Hrsg.): Materialien zu Norbert Elias` Zivilisationstheorie. Frankfurt/Main, Suhrkamp, 2.Auflage, 279-436

Teil B
Die Verbindung von Sinnesqualitäten und Alltagsmoral

Die fünf Sinne
Körperliche Vorgaben und gesellschaftliche Einflüsse

Alfred Bellebaum

Thema

Darum geht es: Die menschlichen Sinne sind in ein kulturmediales Projekt eingeschrieben. Jede Kultur gibt den menschlichen „Sinnen" ein jeweiliges Profil. Sowohl die Intensitäten und Verluste der Sinnenpräzision, als auch die Bedeutung, die wir der Wahrnehmung bzw. den einzelnen Sinnen zuschreiben, sind in hohem Maße kulturell geprägt. Die Kultur ist das Medium der Sinne. Erst recht müssen solche Vorstellungen auf eine Medienkultur wie die unsrige zutreffen. Die Medienintensität unserer westlichen Kultur dürfte singulär sein. Entsprechend groß sind die Imitationen, denen unsere Sinne unterworfen sind. Die neuen medialen Technologien lassen die Sinne nicht unberührt. Die Codes der Wahn der Empfindungen und der sinnlichen Selbsterfahrung werden durch die medialen Hypertechnologien zutiefst transformiert und formatiert". [1]

1   Fünf Sinne

Mit den Sinnen nehmen wir die Welt und uns selbst wahr. Die sinnliche Wahrnehmung geschieht freilich nicht isoliert-autonom, denn sowohl die Wertschätzung als auch die Art und Weise des Gebrauchs der Sinne sind zutiefst sozialkulturell beeinflusst/gestaltet. Ich kann etwas sehen, es aber nicht verstehen, weil es mir fremd ist – in anderen Fällen- nehme ich etwas als bekannt wahr und ordne es entsprechend ein. Wahrnehmung als Aufnahme und Verarbeitung von Informationen

---

1   Wils: 9.

ist ein komplexer Forschungsbereich, u. a. der Wahrnehmungspsychologie. Andere anthropologisch bedeutsame Disziplinen sind ebenfalls beteiligt. Anthropologie der Sinne – dieser zusammenfassende Begriff trifft genau.[2] Tucholsky hat es auf seine Weise dichterisch auf den Punkt gebracht:

> „Fünf Sinne hat mir Gott, der Herr, verliehen, mit denen ich mich zurecht finden darf hinieden:
> Fünf blanke Laternen, die mir den dunklen Weg beleuchten; bald leuchtet die eine, bald die andere – niemals sind alle fünf auf dasselbe Ding gerichtet … gebt Licht Laternen!"
> Noch anders: Die Sinne sind „unsere Fenster zur Welt. Alles, was wir über die Welt wissen, verdanken wir unseren Sinnesorganen".
> Und: „Denn die Lebewesen fühlen durch die fünf Sinne, als da sind: Sehsinn, Gehör, Geruch, Geschmack und Tastsinn".[3]

a) Vorgeschichte. Es gibt keine allgemeinverbindliche Auffassung über die Zahl der Sinne und was mit hin als sinnliche Wahrnehmung gelten kann. Die Anthroposophie beispielsweise behauptet, 12 Sinne/Sinnbezirke, wozu unter anderem Lebenssinn, Wärmesinn und Gedankensinn zählen. Über einen 6. Sinn als Intuition/spirituelle Wahrnehmung wird heftig diskutiert. Ein innerer Sinn als „einheitlicher Kraft" wird schon von Aristoteles und späteren Philosophen diagnostiziert. Öffentlich prominent sind jedoch seit jeher vor allen die sog. klassischen Fünf Sinne: Hören, Sehen, Schmecken, Riechen und Tasten. Aber sind die fünf Sinne „alle Sinne? Oder gibt es mehr? Wenn wir ein bisschen nachdenken, werden wir feststellen, dass diese fünf Sinne nicht ausreichen können"[4].

Das Konzept der Fünf Sinne hat eine lange Vorgeschichte und kommt variantenreich in vielen Kulturen und Sprachen vor.

In seiner Abhandlung „Über die Seele/de Anima" stellt Aristoteles komplizierte Überlegungen darüber an:

„… was Seele ist und was ihr gemeinsamster Begriff sein dürfte" (Buch II, 1, 412a). Seele wird als Wahrnehmungsinstanz verstanden, ein freilich ihrerseits diskussionswürdiger Terminus schon in der Frühgeschichte der (Natur-) Philosophie.

Einer materialreichen Quelle zur Folge erscheinen im griechisch-römischen Kulturkreis die Fünf Sinne erstmals vollständig bei Demokrit (4./3. Jh.) Wir lesen bei ihm: „Von der Erkenntnis aber gibt es zwei Formen, die echte und die dunkle

---

2   Eine Anthropologie der Sinne kann hier nicht einmal in Kurzfassung geboten werden. Beiträge u. a. Elias, Hufnagel 2002, 2007 und 2014 (in diesem Band), Schmied Plessner.

3   Noch anders: GeoKompakt: 6 – Und: Denn die Lebewesen fühlen durch die fünf Sinne, als da sind: Sehsinn, Gehör, Geruch, Geschmack und Tastsinn: 21.

4   Anthroposophie: Soesmann. – Sechster Sinn, Sechster Sinn. – Innerer Sinn, Heller-Roazen: 35ff. – alle Sinne …, Müller/Frings: 12.

(unechte); und zur dunklen gehören folgende allesamt: Gesicht, Gehör, Geruch, Geschmack, Getast."
 In den Kapiteln 7-11 befasst sich Aristoteles ausführlich mit den Fünf Sinnen: Gesichts-, Gehör-, Geruchs-, Geschmacks- und Tastsinn und behauptet: „Dass es außer den fünf Sinnen …. keinen anderen gibt, kann man sich aus folgenden überzeugen .." (III,1,424b). In einer umfangreichen Studie wird allerdings ausführlich dargelegt, dass es aber Grenzen der fünf Wahrnehmungsformen gebe, die Aristoteles selbst kenne und nenne, ohne das Problem der Zuordnung zufriedenstellend zu lösen. Die weiteren Ausführungen beschränken sich auf die Fünf Sinne.[5]

b) Forschungsrichtung. Ein Beispiel für differenzierende Überlegungen bieten u. a. die Hinweise: Geruchsinn und das Riechbare ließen sich weniger leicht bestimmen als die schon besprochenen (Sinne und ihre Gegenstände). Die Beschaffenheit des Geruchssinns sei nämlich nicht so deutlich wie die des Tones oder der Farbe. Der Grund dafür sei der, dass dieser Sinn bei uns nicht scharf ausgebildet wäre….. (III,9,421a). Das ist auch für den Laien verständlich. Anderes kann auf den ersten Blick schwer verständlich erscheinen, nämlich: … dass es beim Geschlecht des Menschen Begabte und Unbegabte (hinsichtlich des Tastsinnes) gebe. Die Menschen mit hartem Fleisch nämlich seien unbegabt im Denken, hingegen die mit weichem Fleisch begabt. Darauf wird gleich nochmals einzugehen sein.
 Welchen Erkenntniswert die Aristotelischen Ansichten schon zu seiner Zeit genossen und erst recht in der Gegenwart haben, interessieren hier aber vom Thema des Bandes und dieses Beitrags her gesehen ebenso wenig wie die überaus vielen Thesen zum „Fünf Sinne-Konzept" in der abendländischen Geistesgeschichte. Es genügt der für die weiteren Überlegungen wichtige Hinweis, dass es sich bei dem Fünfer-Schema „nicht um ein ahistorisches, semantisches Universal" (Scherer: 82) handelt. Wir haben es bei den Fünf Sinnen zwar mit „außerzeitlichen Gegenständen" zu tun, aber die kulturellen Dimensionen sind unübersehbar. Folgerichtig heißt ein einschlägiger Beitrag: „Zur kulturellen Konstruktion der Sinne". Passend dazu der Hinweis auf „kulturelle Codierung der Wahrnehmung". Ein soziologischer Bestseller heißt: „Die gesellschaftliche Konstruktion der Wirklichkeit …" – hier jetzt am Beispiel der sozialkulturell facettenreichen fünf Sinne erörtert.[6]

---

5 Wir lesen bei ihm. .., Fragment B.11, zit. Jütte: 43. Grenzen, Heller-Roazen: 38
6 Ahistorisch, Scherer: 8. – außerzeitlich, Jütte: 17ff. – Zur kulturellen…, Loenhoff: 67ff.
   – Gesellschaftliche Konstruktion …, Berger/Luckmann: „Die fundamentale Rechtfertigung des Interesses der Soziologie an der ‚Wirklichkeit' und ‚Wissen' ist die Tatsache der gesellschaftlichen Relativität: was für einen tibetanischen Mönch ‚wirklich' ist, braucht für einen amerikanischen Geschäftsmann nicht ‚wirklich' zu sein" (3).

2   Rangordnung der Sinne

Die fünf menschlichen Sinne werden nicht bedeutungsgleich verwendet. Als „klassische Rangordnung" mit vielen Varianten gilt seit Aristoteles: visus/Gesicht, auditus/Gehör, adoratus/Geruch, gustus/Geschmack und tactus/Tastgefühl. Die in der Geschichte erörterten zahlreichen Hierarchisierungen werden von Gelehrten unterschiedlicher Prägungen unter Hinweis auf verschiedene kulturelle Milieus und Möglichkeiten der Anwendung begründet. Einer umfangreichen Studie zufolge sei die Reihung der Sinne sowohl ein kulturelles Konstrukt (und unterliege damit ideologischen Prämissen) als auch das Ergebnis der stammesgeschichtlichen Entwicklung des Menschengeschlechts (aufrechte Körperhaltung, gattungsspezifische Leistungssteigerung des menschlichen Gehirns) sowie technologischer Veränderungen im Laufe des Zivilisationsprozesses (Ablösung einer oralen Kultur durch die Schriftkultur, Erfindung des Buchdrucks etc.) Zur Illustration sollen einige Hinweise auf kulturelle Einflüsse hinsichtlich visus und tactus, den beiden Extrempositionen oben und unten, genügen.

Nebenbei: Auch hinsichtlich der anderen Sinne gibt es eine reichhaltige und widersprüchliche Literatur. Beispielsweise Hören an zweiter Stelle der Liste. Nach folgenreicher Begründung ebenfalls religiöser Art gilt: Um erlöst zu werden, soll man Gott hören. Eindrucksvolles Beispiel bei Joh, 5-25: „Amen, Amen, ich sage Euch: die Stunde kommt und sie ist schon da, in der die Toten die Stimme Gottes hören werden; und alle, die sie hören, werden leben".[7]

a) Gesicht und Licht. Die Privilegierung des Sehens hat eine lange Tradition und wurzelt im Abendland in plotinisch-platonischem Gedankengut und frühchristlicher Theologie. Dem Gesichtssinn wird oft höchste Objektivität, weiteste Reichweite, differenzierteste Erkenntnis, religiöse Erbauung u. a. m. zugeordnet.

In diesem Zusammenhang ist eine Abwertung des Körperlichen bedeutsam, und zwar hinsichtlich dessen – dies eine Glaubenssache – worauf es letztendlich ankomme. Es liegt deshalb auch nahe, dem Auge als Medium des Sehens und als „Organ der Gottesschau" einen Vorrang einzuräumen. Und Schauen und Sehen setzen Helligkeit und Licht voraus – das unverzichtbare Mittel einer wesensgemäßen/angemessenen/wahren Erkenntnis. Wir kennen die Lichtmetapher schon aus dem AT: „Es werde Licht. Und es wurde Licht. Gott sah, daß das Licht gut war. Gott schied das Licht von der Finsternis" (Gen 1,3-4).

Unser antiker Starautor notiert: Worauf sich nun der Gesichtssinn richtet, das ist das Sichtbare (II, 8:218a). Die Sichtbarkeit/Durchsicht kann allerdings – davon

---

7   Materialreiche These: Jütte: 72f.

wird noch zu sprechen sein -durch die anderen Sinne erschwert oder sogar verhindert werden.[8]

b) Tasten: ambivalente Bewertungen. Der Tastsinn spielt in der Diskussion über
die Sinne eine besondere Rolle – sowohl hinsichtlich des Stellenwertes unter den
fünf Sinnen als auch den Erkenntnismöglichkeiten durch diesen Sinn. Nochmals
unvermeidlich der griechische Philosoph: Für ihn steht der Tastsinn an fünfter
= letzter Stelle, zugleich notiert er jedoch: „Aber der Geschmacksinn ist bei uns
(Menschen) genauer, weil er eine Art Tastsinn ist, und dieser Sinn ist beim Menschen
äußerst genauer … Daher ist (der Mensch) auch das klügste von den Lebewesen".
Das hat etwas mit der Beschaffenheit des menschlichen Fleisches zu tun: „Die
Menschen mit hartem Fleisch nämlich sind unbegabt im Denken, hingegen die
mit weichem Fleisch begabt. (II,9:221a). Demnach beeinflusst die Haut als größtes
Organ sämtliche Sinnestätigkeit. Und bei erheblichen Defiziten ist damit zu rechnen: „Ohne Berührung verhungert der Mensch". Dieser Auffassung schließen sich
viele mittelalterliche Denker einschließlich Thomas von Aquin an. Die Ergebnisse
moderner Forschungen über nicht hominider Hominiden bestätigen das.

Und doch erweist sich eben dieser Tastsinn auch als Wurzel vieler Übel. Es gibt
eine traditionsreiche Verdächtigung von Teilen und Bedürfnissen des menschlichen
Körpers. Speziell manche religiöse Virtuosen fürchten sich vor allem. Man kann
mit dem Auge begehrlich schauen, mit dem Mund maßlos essen und trinken, mit
der Nase genüsslich riechen, mit dem Ohr indiskret hören und mit der Hand lüs-
tern betasten. Das betrifft die hier erörterten fünf Sinne: Sehen, Hören, Riechen,
Schmecken und Tasten, die potentiell gefährlich sind oder es werden können. Dass
durch die Sinne gesündigt werden kann, ist für die christliche Moraltheologie
selbstverständlich. Eindrucksvoll die verallgemeinernde These, dass die Sinne
unangesehen ihrer Würde „ambivalente Verlockungen" seien und dass die Sinne
ggf. den Sinn untergraben könnten".[9]

Ein extremes Beispiel für einen folgenreichen Umgang mit minderwertig
gedeuteten Sinnen sind übrigens die Lebensweisen vieler früher Einsiedler- und
Wandermönche in der ägyptischen Wüste des 3. Jahrhunderts. Um des erstrebten
Heiles willen leben sie isoliert von Mitmenschen, beschränken den Schlaf auf ein
Minimum, fasten extrem, bekämpfen sexuelle Gelüste usf. Das alles bleibt nicht
folgenlos. Schon früh notiert der Hl. Hieronymus: Es gibt auch solche, welche von
den feuchten Zellen, vom übertrieben Fasten, vom Widerwillen gegen die Ein-

---

8   Plotinisch … Wils: 2005. Ausführlicher: Jütte: 65ff.
9   Ohne Berührung, Grunwald. – Speziell manche …, Bellebaum 1992: 57. – Eindrucksvoll
    …, Fournival.

samkeit, vom ununterbrochenen lesen, indem sie Tag für Tag ihren eigenen Ohren vorpredigen, melancholisch werden. Diesen wären die Rezepte eines Hippocrates nützlicher als meine Ermahnungen.

Wie dem aber im Einzelnen auch sein mag: Wichtig ist eine folgenreiche Umdeutung von Tastsinn und Sinn in Sinnlichkeit/Wollust/Fleischeslust/ Geschlechtstrieb, was der überlieferten Bedeutung von tactus nicht gerecht wird. Damit erfuhr die Körperlichkeit/Leiblichkeit eine Abwertung, die bis in die jüngste Vergangenheit nachwirkt.[10]

3   Gleichwertige Sinne

Die klassische Rangordnung der fünf Sinne wird in der gängigen Literatur nach wie vor benutzt, wenn gleich beispielsweise theologische Begründungen kaum noch eine Rolle spielen.

a) **Marketing und Werbung.** Dass über die Reizung der Sinne Emotionen/Gefühle hervorgerufen werden können, ist eine Binsenwahrheit. Werbung macht sich das zunutze. Gelegentlich wird von den fünf Basissinnen gesprochen, die allesamt konsumrelevant sein können. Das gilt in besonderer Weise für bekannte Marken, die in immer neuen Varianten beworben werden. Ein Gang durchs Warenhaus zeigt, wie es mit klugem Marketing gelingt, etwa via Gesichtssinn zum Kauf anzuregen. In großen Geschäften wird mittels Lautsprechern der Hörsinn angesprochen und auf günstige Waren hingewiesen. In der Parfümabteilung gibt es Probierfläschchen, die Kunden durch Riechen animieren sollen. Und Käseabteilungen bieten kleine Häppchen an, um die Qualität probeweise zu schmecken. In vielen Fällen wird freilich durch ein Schild „Bitte nicht anfassen" die Nutzung des Tastsinns ausgeschlossen, was bei uns – nicht in südlichen Ländern – immer häufiger für Obst gilt. Krabbelstuben widersprechen alledem nicht.

---

10 Fünf Sinne und Sünde, im Kontext mit den Zungensünden (= was mit der Zunge sprechend alles angerichtet werden kann, etwa Meineid, Lügen, Lästerung, Prahlerei…). Vgl. Bellebaum 1992: 56 ff. Zungensünde war ein weit verbreiteter Begriff im Mittelalter. Grundlegend der Jakobusbrief 3,6 – 11. – Einsiedler – und Wandermönche, Bellebaum 1990: Sündige Acedia: 15ff. – Sünde, ein unerschöpfliches Thema. Vgl. u. a. Bellebaum, A./Herbers, D., Hrsg., Die sieben Todsünden. Über Laster und Tugenden in der modernen Gesellschaft, Münster 2007. – Eigenwilig G. Schulze: Das schöne Leben und seine Feinde, München 2006. – Ambivalente Verlockungen, Dutli: 161.

b) Integralität der Person. Bei den zahlreichen neueren wissenschaftlichen Abhandlungen und populären Schriften gängigen Benennungen und Verwertungen der Fünf Sinne gibt es vermutlich keine Hierarchisierung nach wichtig/unwichtig bzw. oben/unten mehr. Falls dies so sein sollte, liegt es nahe, die beanspruchten Sinne als tendenziell gleichbedeutend anzusehen. Es gibt in der Biologie der Sinne zwar das wichtige Teilthema „Evolution der Sinne", zusammen womit vielleicht eine Bedeutungsdifferenz gedacht werden könnte. Für den thematisch begrenzten Beitrag wird jedoch unterstellt: Die Integralität des Menschen setzt die optimale Nutzbarkeit aller Fünf Sinne voraus. Die kommunikativen Funktionen von Sehen, Hören, Riechen, Schmecken und Tasten für menschliches Leben und Zusammenleben sind offenkundig.

c) Defizite. Bei vielen Menschen sind allerdings einzelne Sinne nur eingeschränkt wirksam, wenn gleich es mit Hilfe medizinischer Forschungen und Trainingstechniken möglich ist, die Nachteile ganz oder teilweise zu kompensieren.

Verallgemeinernde Aussagen sind allerdings problematisch. Es gibt angeborene Einschränkungen, leichte und schwere Unfälle, passende/unpassende Ersatzmittel, hilfreiche/desinteressierte Umgebung, ausreichende/fehlende finanzielle Ausstattung, Altersstufen … Alles in allem haben wir heutzutage doch vielfältige Hilfen wie etwa: Rollator, Fahrstühle, Sehhilfen, Hörgeräte, Schnabeltassen. Beim Verlust des Geschmacks und des Tastsinnes sind wohl unüberwindbare Grenzen erreicht. Auffällige Unterschiede gibt es vermutlich hinsichtlich der Folgen defizitärer Sinne: Blindheit ist angeblich eher zu ertragen als Hörverlust, nicht riechen wirkt sich u. a. schlechter aus als nicht schmecken. Hautgebundene Gefühllosigkeit ist sicherlich ein Sonderfall. Alles in allem gilt letztendlich doch die einschränkende These: „Und wenn einer dieser Sinne fehlt, so macht die Natur diesen Mangel, so gut sie kann, mit einem der anderen Sinne wett".[11]

---

4   Beobachtungen

a) Soziales Handeln. Die soziale Prägung des Menschen ist unbestritten. Wir sind auf den Umgang mit anderen Menschen angewiesen, wir sind ein der Gesellschaft bedürftiges Lebewesen und wir sind in unseren Einstellungen und Verhaltensweise je nach zeit- und ortsbedingten Lebensumständen unterschiedlich geformt. Werte als Zielvorgaben und Normen als Vorschriften zur Verwirklichung von Werten und

---

11   Marketing, Integralität, Defizite, Frings – Müller: 11ff. So gut wie lang, Fournival: 21.

sozialen Kontrollen zwecks Einhaltung von Regeln prägen uns. Plakativ ausgedrückt: Unser aller Alltag ist voll von Gesellschaft. Das zeigt sich auch im Umgang mit den Fünf Sinnen. Wir sind uns der vielen Abhängigkeiten im Tagesverlauf oft gar nicht bewusst, und wir haben im allgemeinen gar keinen Anlass, darüber nachzudenken. Das meiste, was wir tagtäglich denken, fühlen und tun ist (sinnvollerweise) Routine. – wenngleich nicht voraussetzungslos.[12]

b) Erhellend notiert ein feinsinniger Beobachter in anderem Zusammenhang: „Wird die menschliche Vergesellschaftung durch das Sprechen können bedingt, so wird sie – was freilich nur hier und da mal hervortritt – durch das Schweigen geformt. " Schweigen gibt es in vielfältigen Arten und Weisen, als andächtiges, erwartungsvolles, ehrfürchtiges, eisiges, ergriffenes, feindseliges, höfliches, lastendes, nachdenkliches, peinliches, verächtliches und verlegenes Schweigen. Wer Schweigesituationen richtig einschätzt und Schweigen korrekt deutet, der weiß, woran er ist. Wer Glück hat, der genießt das wechselseitige wortlose Verstehen. Und wer einem Menschen nahegestanden und ihn verletzt hat, so dass dieser verstummte, weiß was mit dem Ausdruck tödliches Schweigen gemeint ist. Ähnliches gibt es auch bei den Fünf Sinnen. Dazu zwei Belege.[13]

c) Sehen/Auge. Talkshow. Anwesend mehrere Herren und eine vergleichsweise junge Dame mit langen, schmalen übereinander geschlagen Beinen und bis handbreit über die Knien reichenden kurzen Rock. Manche Männer schauen ungeniert auf die Beine. Andere fühlen sich merklich von den Beinen angezogen, tun aber so, als ob sie nicht hinschauten. Noch andere blicken immer mal wieder auf die Beine und versuchen dies mit unnötiger Benutzung eines Taschentuchs zu kaschieren. Und noch andere schauen ebenfalls nicht hin, man kann es ihnen aber ansehen, dass sie es gerne tun möchten. Keiner sagt: Was haben Sie für schöne Beine. Es ist viel los auf dieser Bühne des Lebens.

Der aufmerksame Bobachter *sieht* verständlicherweise nicht alles. Wenn er wissen möchte, warum die Teilnehmer an der Talkshow sich wie beobachtbar benehmen, dann sind Erklärungen gefragt. Diese werden auf die Bedeutungen des Verhaltens abzielen. Ähnlich verhält es sich auch beim Schweigen. Eisiges Schweigen

---

12 Soziales Handeln, in: Bellebaum, A./Hettlage, R., Hrsg., Unser Alltag ist voll von Gesellschaft. Sozialwissenschaftliche Beiträge, Wiesbaden 2014: 9ff. – Routine, vgl.Hettlage, 2014: 15ff.

13 Feinsinniger…, Simmel: Das Geheimnis und die geheime Gesellschaft, in: Ders., Soziologie, Berlin 2.Aufl.:285. Wechselseitiges Verstehen, relevant u. a. die Goffman – Literatur, vgl. u. a. Hettlage/Lenz.

beispielsweise soll ja dem Adressaten etwas mitteilen, und es wirkt nur dann, wenn Sinn bzw. Bedeutung verstanden werden. Das eisige Schweigen kann freilich auch unverständlich und eventuell sogar folgenlos bleiben.

Im Fall der Talkshow muss man wissen, was die Dame mit den schlanken, langen übergeschlagenen Beinen im Sinn hat. Zu warm im Studio? – eher unwahrscheinlich. Präsentation eines gängigen Schönheitsideals: Beine bis zum Hals und so schlank wie möglich? – eher wahrscheinlich. Bloße Mode? – eher selten. Für die Herren gilt: Ein kurzer bewundernder Blick? – kommt vor und wird mimisch freudig angenommen. Längeres und penetrantes Hinschauen? – gilt als unangemessen und aufdringlich u. a. m.

Wir sind also auch in diesem Fall nicht grenzenlos frei im Umgang mit unseren Sinnen. Es gibt Werte wie Schönheit, Normen wie angemessenes Benehmen, Gefühle von Fehlverhalten, Strategien zur Vortäuschung korrekten Verhaltens, Selbstkontrollen je nach Herkunft und Erziehung, plump-aufdringliches Hinsehen im obigen Beispiel nicht negative sanktioniert. Was die Dame empfindet, kann man nur vermuten. Vielleicht ist sie erfreut und schmunzelt inwendig.

d) Hören/Ohr. Krankenhaus, Vorraum Intensivstation, Angehörige warten auf Einlass. Ein Vater und sein Sohn gehen aufgeregt hin und her und unterhalten sich erregt und laut über den Zustand von Ehefrau und Mutter, die im Endstadium zu sein scheint. Es kommt eine junge Ärztin und beginnt eine Unterhaltung mit Vater und Sohn. Ihre Hinweise sind (verständlicherweise) vage, weil wohl noch unklar ist, wie es mit der Kranken weitergeht. Die Ärztin wirkt auf den Beobachter gleichfalls auf den Eintritt in die Intensivstation wartend – unsicher. Die ganze Situation ist höchst angespannt.

Der Beobachter ist peinlich berührt. Er tritt weit zu Seite, um das Gespräch nicht weiter mithören zu müssen. Hören wird zum Weghören. Wieso peinlich? Der jungen Ärztin ist vermutlich das Gespräch verordnet worden, um allein auf sich gestellt zu lernen. Ihr gelingt es noch nicht, der begreiflichen Erregung von Vater und Sohn und deren verständlichen, jedoch teilweise unangemessenen Äußerungen mit Ruhe entgegen zu treten. Worauf es ankäme, wäre Vater und Sohn professionell vage bleibend zu beruhigen.

Einige Zeit später fragt eine Schwester auf der Intensivstation den Beobachter – sie hatte die Szene wahrgenommen – warum er sich denn mehrere Meter entfernt hätte. Er nannte den Grund und sie sagte, dass sie sich das schon gedacht hätte. Wir waren also gleicher Meinung und vermissten eine auch ethisch verwurzelte kompetent gehandhabt Diskretion. Die räumlichen Umstände mit den vielen Anwesenden waren allerdings ungünstig.[14]

5 Benehmen

Der richtige Umgang mit den Sinnen will gelernt sein. Es gibt freilich viele zeit- und kulturgebundene Kritiken und Empfehlungen, weshalb über richtig/falsch durchaus gestritten werden kann. Hier geht es jetzt aber nur darum, an einigen Beispielen die sozialkulturellen Einflüsse auf die Handhabung der Sinne zu belegen.

a) Sehen/Auge. Im Zusammenhang mit dem Thema Benehmen bei Tisch notiert der alttestamentliche Jesus Sirach in seinen Lebensweisheiten: „Schlimmeres als das Auge hat Gott nicht erschaffen;/darum muss er bei jeder Gelegenheit weinen". Warum muss er weinen? Es geht nicht um das Auge schlechthin, sondern um eine bestimmte Anwendung. Kritisiert wird: Wohin schon ein anderer blickt,/ dahin streck deine Hand nicht aus,/ sonst triffst Du mit ihm in der Schüssel zusammen. Und das schickt sich nicht, weshalb geraten wird: Iss wie ein gesitteter Mann, was vor dir liegt,/ und sei nicht gierig, sonst verabscheut man dich. (31,13-15) Kurzum: Lass Deine Augen nicht begierig herumschweifen und begnüge Dich mit dem, was Dir zugestanden wird.

Ein gedeihliches Zusammenleben erfordert Rücksichtnahme etwa in Beachtung der Goldenen Regel: Was Du nicht willst,/ dass man Dir tu'/ das füg' auch keinem anderen zu.[15]

b) Schmecken/Essen und Trinken. Im Internet findet man unter dem Stichwort „Kugel" den Hinweis: Am Tag des Jüngsten Gerichtes werden sich die Tore des Himmels für die Seligen öffnen. Diese werden hineinrollen, da sie in der vollkommensten aller Formen auferstanden sein werden: der Kugelform. So hat es Origines offenbart.

Heutzutage wird kugeligen Menschen eher Unmäßigkeit beim Essen und Trinken unterstellt – und bei Kennern der Geschichte zugleich an eine der Sieben

---

14 Die skizzierten Situationen gäben noch mehr her, als hier erwähnt wenn man detaillierter etwa im Sinne Goffmans vorgehen würde. Aufschlussreich hierzu u. a. Goffman, Theater…

15 Goldene Regel, Bellebaum, A./Niederschlag, H.,Hrsg., Was Du nicht willst, das man dir tu' … Die Goldene Regel – ein Weg zum Glück?, Konstanz 1999.

Todsünden gedacht: Gastrimargia/ Gula = Die Völlerei des Bauches. Dicksein gilt vielen nicht nur als ungesund, sondern auch als unästhetisch und unschön. Für diesen Zustand trägt das neuzeitliche Schlaraffenland mit Schuld, wo für sehr viele Menschen alles in verführerischer Hülle und Fülle vorhanden ist.

Gegenbewegungen gibt es auf breiter Front: „Nur Elephanten können wiegen was sie wollen. Ich nicht. Darum lebe ich vernünftig" (alte Werbung AOK . Der Göttin Schlankheit zuliebe werden viele Opfer gebracht und es wird viel Geld ausgegeben. Das andere Extrem wird als Diätenwahn bezeichnet und hier ist ebenfalls Maßlosigkeit im Spiel. Es gilt eben allgemein: „Dass es sich beim genießen aber auch wieder (wie beim schmecken) um bestimmte Normen und ästhetische Vorstellungen handelt …" Diesbezüglich war Twiggy nicht folgenlos.[16]

c) Riechen/Nase. Ein großes Problem bereiten Menschen mit üblem Mund- und Körpergeruch.

Hart körperlich arbeitende Menschen müssen allemal mit stark riechbarem Schweiß rechnen. Wenn mehrere zusammen arbeitende Bauarbeiter betroffen sind, dann ist das selten ein Problem. Im üblichen Alltag ist das anders, wenn jemand einen Raum betritt und wahrnehmbar stinkt. Sehr oft hängt das mit mangelnder Körperhygiene und selten gewechselter Wäsche zusammen.

Besonders unangenehm ist ausgeprägt schlechter Mundgeruch. Mögliche Ursachen können sein: Karies, Masern, Nasennebenhöhlen, Arzneien, bestimmte Speisen u. v. a. m. Für die Bekämpfung vieler üblicher Mundgerüche stehen zahlreiche Mittel zur Verfügung.

Interessant ist die Geschichte von Odol als eines der zahlreichen Gegenmittel bei fauligem Geruch. Wunderschön die ironische Äußerung von Robert Walser: „Ohne Odol ist keine Zivilisation denkbar. Wer nicht als Barbar, sondern als kultivierter Mensch angeschaut und bewertet zu werden wünscht, der sehe zu, dass er sich auf dem kürzesten Weg Odol verschaffe". Und der Spötter Tucholsky

---

16 Kugel, Geht zurück auf Platon, der in seinen Schriften Symposion und Nomoie die These vertritt, dass die Kugel der gleichförmigste aller Körper sei, denn alle Punkte seiner Oberfläche seien gleichweit von der Mitte entfernt. Deshalb habe der Welterschaffer der Welt die Kugelform gegeben.
Körperthema mit reichhaltiger Literatur, vgl. u. a. Gugutzer, Meuser, Hahn/Meuser, Froschauer/Lueger. – Diätenwahn. Zu dem Buch von Umberto Eco: Die Geschichte der Schönheit, München 2004, schreibt ein Rezensent: „…sonst wäre man vielleicht schnell beim prallen Schönheitsideal der Südseeinsulaner gewesen, die beim Anblick abgemagerter Topmodels nach der Ambulanz riefen". (Schümer FAZ 6.10.04). – Bestimmte Normen, Rath: 319 . – Schlaraffenland = Faulenzen, Kuchenland , üppig lebender Zeitgenosse, u. a. m., Richter.

meint: „Tinte, Rotwein oder Odol/ sind drei Flüssigkeiten wohl-/ damit kann der Mensch schon leben".[17]

Wer je in einem Büro mit einer der Sekretärinnen beruflich zu tun gehabt hat, die stark aus dem Mund roch, der weiß, worum es geht: Sagen oder nicht Sagen? Die Mitarbeiter des erwähnten Büros haben allesamt nichts gesagt. Hier war eine nirgendwo fixierte verborgene Regel wirksam, die auf maximale Rücksichtnahme abhob und die Betroffenen immer wieder unsichtbar die Nase rümpfen ließ. Es gibt sicherlich andere Wege, beispielsweise Gespräche unter vier Augen. Vielleicht gibt es repräsentative Untersuchungen wie das Problem gehandhabt wird. Die vielen Benimmbücher geben vermutlich manche Hinweise.

6   Fünf Sinne: Maßhalten

Auf Maßhalten und Maßlosigkeit ist hinsichtlich der Fünf Sinne mehrmals beiläufig hingewiesen worden.

a) Maßvoll. Das delphische Orakel war in der griechischen Antike eine wichtige Kultstätte und berühmt für seine Weissagungen. Die in Delphi vertretene Ethik hat sich in der abendländischen Geschichte erfolgreich ausgewirkt. Zu den grundlegenden Annahmen und Ratschlägen zählen insbesondere: „Nichts zu sehr" sowie „Das Maß ist das beste". Diese Auffassung hat eine lange Vorschichte mit stark sokratisch-platonisch-aristotelisch-stoischen Einsichten. Die Literatur ist immens.[18]

Auch die Dichtung ist beteiligt. Erwähnenswert ist beispielsweise die berühmte Parzivalfrage. Parzival stellt nicht die von dem verwundeten Amfortas, dem Gralkönig, erwartete Frage, die zur Gesundung von Amfortas führen würde. Diese Zurückhaltung erklärt sich aus der höfischen Tugendlehre, nicht zu viel zu reden, denn viel reden gilt als sündhaft. Sein Lehrmeister Gurnemanz rät ihm: „Stets laßt von Maß und Ziel euch führen./... Merkt Euch. Ihr sollt zuviel nicht fragen"

---

17 Mund – und Körpergerüche, Jüttes Hinweis auf Riechprobleme: 284ff. , speziell Odol/ Walser/Tucholky: 239.

18 Maze, mit Gewinn immer noch lesbar, anregend und gelehrsam, Bollnow. Maßhalten, breit, historisch und systematisch angelegt, Hufnagel 2007:293ff., in der Blickweise der Philosophischen Pädagogik. Die Vielfalt der erörterten Aspekte ist eindrucksvoll. Dem wird der knappe Hinweis des Autors „Der Mensch muß sich ein Maß geben" (331) im Prinzip durchaus gerecht, erklärungsbedürftig sind freilich die anhaltenden Maßlosigkeiten seit eh und je in ihren vielfältigen und folgereichen Auswirkungen. Hier kommen sozioökonomische Gegebenheiten ins Spiel.

(171,13-17). Die Tugend des Maßes kann nämlich auch schädlich sein, wenn am falschen Ort und zur falschen Zeit nicht geredet wird. Es kommt nämlich häufig vor: Schweigen ist silbern und Reden ist Gold.[19] Abgesehen von literarischen Belegen ist beachtenswert, das Mäßigkeit zusammen mit Weisheit, Gerechtigkeit und Tapferkeit zu den Vier *Kardinaltugenden* zählt. Platon und Aristoteles beispielsweise kennen das Vierer-Gespann ebenso wie schon das AT, wo es heißt: ... Maß und Klugheit,/ Gerechtigkeit und Tapferkeit, die Tugenden, die im Leben der Menschen nützlicher sind als alles andere" (Weish., 8,7). Wo auch immer kommt es darauf an, das rechte Maß zu finden, etwa zwischen Genießen und Verzichten, Gefühl und Verstand, Arbeit und Muße, Aktivität und Faulheit, ora et labora, Diskretion und Indiskretion, Vernunft und Glaube.

Das Wort *Tugend* hat gleichfalls eine lange, ehrwürdige, facettenreiche und diskussionsträchtige Tradition. Dem Wortursprung nach – griechisch arete – geht es um tüchtig, kraftvoll, brauchbar, tauglich – im Unterschied zum Taugenichts. Im Kern handelt es sich nach Ansicht eines der vielen Fachleute um hochanspruchsvolle „letzte Grundhaltungen, mit denen sich die sittliche Vervollkommnung des Menschen ausspricht". Und mit Grundhaltungen – griechisch hexis = einen dauernden Zustand haben – sind Maßstäbe gemeint, die bestimmte Verhaltensweisen stetig prägen. Entsprechend erfolgreich erzogene Menschen sind dann durchweg fleißig , ordnungsliebend, hilfsbereit, höflich , ehrlich... Wem das mehr oder wenig erfolgreich gelingt, verfügt über eine „feste Grundhaltung". Ein gutes Leben mit glückhaften Erlebnissen ist ihm sicher.

Die Kardinaltugend des Maßes ist also sehr bedeutsam. Ein Kenner der komplexen Materie meint denn auch: „Seit den Anfängen der anthropologischen Reflexion weiß der Mensch um die Gefährdung seiner selbst durch Maßlosigkeit und Vermessenheit". Das wirkt einsichtig – wo es konkret werden muss, erscheint das Leben freilich reichlich bunt.[20]

b) Maßstäbe. Es ist oft leichter gesagt als getan, maßvoll zu leben und sich vor Übertreibungen zu hüten. Denn: Woran gemessen gilt etwas als maßvoll? Welches

---

19 Schweigen ist Silber .., Bellebaum 2002: 152ff..

20 Tugenden/Kardinaltugenden, historisch, mit Blick auf Kontinuitäten und zusammen mit Lastern, Hettlage, 2007: 235ff. Eine knappe und treffende Definition: „Tugend als moralischer Habitus": 236ff. Vgl. auch Höhn, „Ein eigener Mensch sein: Ethik der Lebenskunst", in: Ders. ,Das Leben ...: „Tugenden sind durch Übung erworbene Grundhaltungen, aufgrund deren dauerhaft (d.h. nicht bloß zufällig) ein kluger und moralisch richtiger Umgang mit inneren (Affekte, Begierden, Bedürfnisse, Leidenschaften) und äußeren Einflüssen menschlicher Lebensführung möglich wird"(117). – Letzte Grundhaltungen..., Bollnow: 19. – Anfängen ..., Hufnagel, 2007:295.

sind in welchen Lebenssituationen die relevanten Maßstäbe? Darüber gibt es seit
jeher zahlreiche philosophische, theologische, ethisch-moralische, kultur-/sozial
wissenschaftliche, psychologische und viele anders verwurzelte Überlegungen.
Zwei Belege.

(1) Essen und Trinken. Heutzutage wird ein auffälliger Leibesumfang – früher
einmal Embonpoint und Spitzkühler, Symbole eines guten Lebens genannt – für
tendenziell lebensgefährlich gehalten. Schmackhafte fettreiche Ernährung kann
Diabetes, Gicht, Hypertonie, Nierenleiden, Arteriosklerose u. v. a. m. zur Folge haben.
Es gibt trotzdem gerade in entwickelten Ländern sehr viele beleibte – bei Frauen
gerne in euphemistischer Manie „vollschlank" genannte – Menschen en masse.
Trotzdem wird überall für Gesundheit geworben. Diese ist weithin Orientierungs-
maßstab vieler Empfehlungen für eine maßvolle, verantwortungsvolle Lebensführung jenseits von Völlerei in ihren vielfältigen Variationen. Zunge und Gaumen
wird viel zugemutet und allerlei merkwürdigen Speisen das Etikett „schmackhaft"
zugestanden. Gesundheit ist jedoch kein feststehender Begriff. Viele Menschen be-
folgen verständlicherweise den Ratschlag nicht, sich aus Gründen der Gesundheit
mit einem Viertel Wein pro Tag zu begnügen.[21]

(2) Riechen. Alles mit Maß und mit Ziel: das ist unschwer belegbar fürs Sehen,
Hören, Schmecken, Tasten – aber beim Riechen?
Kann man maßlos oder maßvoll riechen? Es sind vermutlich viele Maßstäbe zu
beachten, beispielsweise und ohne versuchsweise Systematisierungen:

- Ein beschädigter Geruchssinn kann für soziale Kontakte sehr folgenreich sein.
- Eine übertriebene Wahrnehmung (= feine Nase) von Gerüchen kann zwischen-
  menschliche Nähe erschweren.
- Die riechbaren Unterschiede zwischen angenehmen und unangenehmen Ge-
  rüchen können für die Lebensqualität wichtig sein.
- Das Riechen gefährlicher Ingredienzien kann lebensrettend sein.
- Für den Weinkenner kann ein bestimmter Geruch stimmungsfördernd sein.

---

21 Leibesumfang, Ernährung, dick, schlank …, vgl. Lit schon Anm.17. – Gesundheit ist
    verständlicherweise schon in früheren Jahrhunderter ein wichtiges Thema. Ein Stich-
    wort: Diätik=Lehre von der vernunftgemäßen Lebensweise des Körpers und der Seele.
    Der Florentiner Humanist Marcilio Ficino (15.Jh.) empfiehlt: Keine Unmäßigkeit, ver-
    nünftige Tageseinteilung, geeignete Wohnung, gute Speisen, spazieren gehen, geregelte
    Verdauung, Musik, Massagen… Das war freilich an die Höheren Stände adressiert, die
    sich derlei erlauben konnten.

- Ein riechbarer übler Mundgeruch kann Kontakte verhindern und peinliche Situationen hervorrufen.
- Übelriechende Umweltbelastungen können Wohnen erschweren.
- Zuschreibungen wie ‚Juden/Neger stinken' können für diese tödlich Folgen haben
- ortsübliche Geruchsbelästigungen müssen hingenommen werden.

Der Geruchsinn ist also kein geringwertiger Bestandteil der menschlichen Sinne, obgleich es unterschiedliche Einschätzungen gab und gibt.[22]

3) Exkurs. Abschließend und eher nur am Rande soll noch ein Umstand kurz bedacht werden, der zwar das Riechorgan Nase betrifft, aber weniger mit Riechen bzw. Riechsinn zu tun hat: Das Schnäuzen. Was sich in der Nase ansammelt, muss raus, die Frage ist nur: wie?

Für uns ist es weithin selbstverständlich, ein Taschentuch zu benutzen. Taschentücher waren früher keineswegs selbstverständlich. In der mittelalterlichen Gesellschaft „schneutzte man sich die Nase im allgemeinen mit den Händen, genau so wie man mit den Händen aß". Erst verhältnismäßig spät wurde das Taschentuch buchstäblich „erfunden" und erst nach langer Zeit selbstverständlich. Im Laufe einer langen Entwicklung verfeinerten sich die Sitten und es entstanden Regeln für den Umgang mit der Schneuzen, beispielsweise: „Es gehört sich auch nicht, wenn du die Nase gewischet hast, daß du das Schnupftuch auseinander ziehest und hineinguckest gleich als ob Dir perlen und rubinen vom gehirn hätte abfallen können". Das kommt allerdings heute noch vor.[23]

---

22 Einschätzungen, es ist unbestritten, dass sich Menschen ein – oder beidseitig gut/ schlecht riechen können. Der hier gemeinte Körpergeruch ist in der DNA verwurzelt und die Geruchswahrnehmungen geschehen durchweg eher unbewusst. In Simmels Darlegungen finden sich zwei bemerkenswerte, hier nicht weiter zu kommentierende Aussagen: „Die soziale Frage ist nicht nur eine ethische, sondern auch eine Nasenfrage" sowie Nietzsches Hinweis „Sie riechen nicht gut" – mit Blick auf einen ihm verhassten Menschentyp (734f.).

23 Es gehört sich auch nicht ..., Elias: Über das Schneuzen, in: Ders., Über den Prozeß der Zivilisation, Band 1: 194ff

7   Tendenzen

Panta rhei – alles fließt. Das weiß auch ein pädagogischer Fachmann, wenn er auf
jene „bedrückende Erfahrung aus der Geschichte (hinweist), dass alle Erscheinungen des sozialen Lebens sich wandelten, dass es nichts Festes gäbe, auch dass die
Tugenden nichts zeitloses seien, das mit dem Wesen des Menschen ein für allemal
gegeben wäre … Das gilt nicht für die Fünf Sinne als körperliche Vorgaben, sondern
auch für die kulturelle Beeinflussung des Umgangs mit diesen Sinnen.

In der wiederholt erwähnten und benutzten Studie gibt es ein letztes Kapitel
über die Wiederentdeckung der Sinne im 20. Jahrhundert. Erörtert werden mehrere
Themen, von denen hier nur drei kurz behandelt werden sollen.[24]

a) Blickfang: Augenweide. Erinnert sei an die Ausführungen über den Stellenwert
der einzelnen Sinne im Rahmen des Fünf-Sinne-Schemas: Tasten an letzter Stelle.
Davon kann heutzutage natürlich keine Rede sein. Ob es gerechtfertigt ist, von
einem haptischen Zeitalter zu sprechen, sei dahin gestellt, unverkennbar gibt es
aber eine weitverbreitete Wahrnehmung durch Berühren vielfältigster Art bis hin
zu Körpertherapien.

Dafür ist die Aufwertung/Aktualität der Körperlichkeit wesentlich mit verantwortlich, die sich aus vielen sozialkulturellen Quellen speist. Dazu heißt es: Von
entscheidender Bedeutung waren und sind zum einen die Frauenbewegung, welche
den weiblichen Körper in den Fokus geschlechterpolitischer Auseinandersetzungen
gerückt hat, und zum anderen ein gesellschaftlicher Wandel, den die Soziologie mit
Begriffen wie Inszenierungsgesellschaften, Konsum- bzw. Konsumentengesellschaft
der somatic society zu fassen versuchte.

Ein zentrales Thema ist Körperarbeit: Sich schön machen durch Arbeit an der
Körperhülle, Körperverhüllen und Körperenthüllen. Dies und vieles andere mehr
ist weithin dem Ideal von Jugendlichkeit, Schlankheit und Schönheit verpflichtet.
Nur wenige Menschen können freilich dem Wunschbild gemäß aussehen. Neben
bewundernde Blicken auf schöne Körper wird dem aufmerksamen Beobachter viel

---

24 Bedrückende Erfahrung .., Bollnow: 8,29. Vgl. auch Prisching. – In der erwähnten Studie
von Jütte werden als Themen genannt: Neue Lust am Körper; Fast Food und Nouvelle
Cuisine; Desodorierung und Reodorierung; Kunst und Macht der Geräusche; Menschen-
recht des Auges; Erforschung außersinnlicher Wahrnehmung. – „Wiederentdeckung",
vom Autor mit Anführungsstrichen versehen, vermutlich um deutlich zu machen, dass
dieses und jenes nicht wieder entdeckt wird.

zugemutet. Das Glück der körperbezogenen ästhetischen Erfahrung erleben wohl nur wenige Menschen.[25]

b) Hautkontakte: Lebenshilfen. Viele Angehörige älterer Generationen haben selten oder nie erlebt, dass die eigenen Eltern oder altersgleiche Menschen sich öffentlich umarmt, geküsst hätten oder Hände haltend spazieren gegangen wären. Solche Intimitäten waren tabu, gehörten sich nicht, wurden als peinlich empfunden. Die These: Im 20. Jahrhundert habe es einen zunehmenden Mangel an liebevoller und vertrauter körperliche Berührung gegeben. Eine Wiederentdeckung des Tastsinns erfolgte in den späten 68er Jahren. Damals habe die schon mit dem Fernsehen aufgewachsene Generation entdeckt, dass es „neben dem immer dominanter werdenden Gesichtssinn ebenfalls einen Tastsinn gibt". Flower-Power-Hippies hätten nicht nur das Sit-in, sondern auch das Touch-in erfunden (wenngleich es schon längere Zeit vorher entsprechende Initiativen gegeben habe). Einschlägige und aufschlussreiche Schlagworte heißen: Körpertherapien, Massagen, Entdeckung erogener Zonen, pädagogische Streichelspiele, haptische Erfahrungen im Internet – und Kuscheln.

Berührungen sind eine der vielen Körpertherapien. Der Grundgedanke ist einfach: „Von allen Sinnen hat der Tast- und Fühlsinn die größte stimulierende Kraft". Frühchen beispielsweise erholen sich schneller durch intensiven Körperkontakt. Bei schwerkranken und sterbenden gilt sanftes streicheln als eines der Mittel, den betroffenen Menschen einfach Gutes zu tun. Positive Auswirkungen soll es auch durch Massagen etwa hinsichtlich der Senkung des Blutdrucks geben. Das alles weiß man allerdings schon seit langem.

c) Kuscheln als soziale Bewegung. Organisierte Hautkontakte nach Art des Kuschelns sind ein weites Feld. Es gibt Kuschelgruppen, Kuschelparties, Kuscheltipps, Kuschellernen, Kuschelsex, Kuschelspezialisten…Das Geschäft blüht. Die folgenden ausgewählten wenigen Hinweise werden der Vielfalt der Kuschelszene nicht gerecht. Dennoch: –– Vor langer Zeit, als Beate Uhse noch nicht flächendeckend neugierig machte und auf ihre Weise – sicherlich nicht rundum – hilfreich war gibt es jetzt in Anlehnung an das indische Buch Kamasasutra eine Art Bibel der Kuschelbewegung von Rob Grader u. d. T. „Das Kuschelsutra. Eine liebevoll Hommage an die Zärtlichkeit". Geboten werden auch Illustrationen mit dem ausdrücklichen

---

25 Haptisches Zeitalter. Jütte 255. Haptisch, kein feststehender Begriff, Bedeutungen: Grunwald/Beyer: 1ff. Sinngemäß: ergreifen, anfassen, berühren. – Aktualität des Körperthemas, kurz Bellebaum, 2006: 181ff. – Dazu heißt es, Meuser 65 . . Körperarbeit=begriffliche Differenzierungen, 66ff. – Relevante Titel u. a. : Kahn/Meuser, Meuser, Gugutzer. Körperarbeit, Dies. – Ästhetische Erfahrung, Soeffner. – Liest man, Jütte: 256f. – Schlagworte, a. a. O.: 257ff.

Hinweis, dass man kein „Verrenkungskünstler" sein müsse. Das Buch versteht sich als ein „Lexikon der alltäglichen Knuddeleien im Alltag", wo bekanntlich seit eh und je viel los ist.

Alles muss seine Ordnung haben: Wann und Wo – Beitrag – Anmeldung – Termine – Regeln wie beispielsweise sich vorstellen – Anmeldung – Erläuterung des Ablaufs durch den Kuscheltrainer – Sexorientiertes Kuscheln nur mit erfragtem Einverständnis – Nutzung der Berührungsräume – Kuschelnacht evtl. mit Beendigung durch ein Kuschelfrühstück ... Das „Abenteuer Berühren" kann also aufwendig, erfolgreich, frustierend sein. Eine der eindrucksvollsten Regeln lautet: „Die Teilnahme erfolgt auf eigenes Risiko"! Was das wohl sein könnte? Durch teilnehmende Beobachtung könnte vielleicht über diesen Beitrag zur Glücksforschung etwas zu erfahren sein. Was würde wohl Aristoteles zu dieser Bewegung sagen? Eventuell gibt seine einleitend erwähnte Unterscheidung zwischen hartem und weichem Fleisch etwas her? Die Bedeutung des Tastsinnes war ihm und vielen anderen Forschern ja schließlich bekannt.[26]

Literatur

Allgemeines Lesebuch für katholische Bürger und Landleute für Stadt- und Landschulen, eingerichtet von einem katholischen Geistlichen aus Franken, Bamberg und Würzburg 1804, vorliegend Neue Edition Paderborn u. a. 1980
Aristoteles: Über die Seele/de Anima, griechisch-deutsch, Hamburg 1995, besonders Buch III: 59ff.
Bellebaum, A.: Tugenden. Ein Beitrag zur Soziologie persönlicher Beziehungen, in: Braun, H./Hahn, A., Hrsg., Kultur im Zeitalter der Sozialwissenschaften. Friedrich H. Tenbruck zum 65. Geburtstag , Berlin 1984: 73ff.
Bellebaum, A.: Langeweile, Überdruß und Lebenssinn. Eine geistesgeschichtliche und kultursoziologische Untersuchung , Opladen 1990
Bellebaum, A.: Schweigen und Verschweigen. Bedeutungen und Erscheinungsvielfalt einer Kommunikationsform, Wiesbaden 1992
Bellebaum, A.: Der ideale Körper. Gesundheit, Jugendlichkeit, Schlankheit und Schönheit als kulturelle Werte, in: Bellebaum, A./Herbers, D., Hrsg., Glücksangebote in der Alltagswelt, Münster: 2006: 181ff.

---

26 Im Zusammenhang mit Kuschelei der erwähnten Art wird häufig das im Gehirn produzierte Molekül Oxytocin als Kuschelhormon erwähnt – altgriechisch „schnelle Geburt". Bei Geburten spielt dieses Hormon eine bedeutende/erleichternde Rolle und kann dafür auch medizinisch angewandt werden. Darüber hinaus gibt es u. a. Nasensprays zur stimulierenden Wirkung bei Sex. Insgesamt wird vor Oxytocin gewarnt.

Bellebaum, A.: Gesellschaft als Lebensraum, in: Bellebaum, A./Hettlage, R.,Hrsg., Unser Alltag ist voll von Gesellschaft. Sozialwissenschaftliche Beiträge, Wiesbaden 20l4: 9.ff

Berger, P. L./Luckmann,T. : Die gesellschaftliche Konstruktion der Wirklichkeit. Eine Theorie der Wissensoziologie. (1966) dt., Frankfurt 1969 u. ö.

Bollnow, O. F.: Wesen und Wandel der Tugenden, Frankfurt (1958) 1981

Brennan, R. E.: Thomistische Psychologie. Eine philosophische Analse der menschlichen Natur, Berlin/Heidelberg 1997 (Deutsche Thomasausgabe, 1.Ergänzungsband)

Dutli , R.: Mitternacht bedeutet die Liebe in völliger Verzweiflung. Eine kleine literarische Revolution: Richard de Fournivals Liebesbestiarum, in: Fournivall …:143ff.

Elias,N. : Über das Schneuzen in: Ders.., Über den Prozeß der Zivilisation. Soziogenetische und psychogenetische Untersuchungen, Erster Band, Wandlungen des Verhaltens in den weltlichen Oberschichten des Abendlandes, Taschenbuchausgabe, Frankfurt 1976:194ff.

Fournival, R. de: Das Liebesbestiarum /französisch, 13.Jh.), dt. Göttingen 20l4

Frings, St./Müller, Fr.: Biologie der Sinne. Vom Molekül zur Wahrnehmung , Springer Spectrum 2013

GeoKompakt: Wie wir die Welt wahrnehmen, Nr 36 09/20l3

Goffman, E.: Wir alle spielen Theater. Die Selbstdarstellung im Alltag, dt. München 1983

Grunwald, M. : „Ohne Berührung verhungert der Mensch". Interview Apotheken Rundschau, 1.2.2013: 16 ff.

Grunwald, M./Beyer, L, Hrsg.,: Der bewegte Sinn: Grundlagen und Anwendungen zur haptischen Wahrnehmung, Basel 2011

Gugutzer, R.: Soziologie des Körpers, Bielefeld 3. Aufl. 2010

Gugutzer, R.: Leib, Körper, Identität. Eine phänomenologisch-soziologische Untersuchung zur personalen Identität, Wiesbaden 2002

Hahn, K./Meuser, M.,Hrsg., Körperrepräsentationen. Die Ordnung des Sozialen und des Körpers, Konstanz 2002

Heller-Roazen, D.: „Die Primäre Kraft (= Welches die aristotelische Lehre vom Gemeinsinn, dem Grundvermögen, enthält, mit dem Lebewesen empfinden, dass sie empfinden"), in: Ders., Der innere Sinn, Frankfurt 20l2: 35ff.

Hettlage, R./Lenz, K.: Erving Goffman – ein Klassiker der zweiten Generation, Stuttgart/Bern 1991

Hettlage, R.: Tugenden und Laster. Gesellschaftliche Entwicklung und moralischer Habitus, in: Bellebaum, A./Herbers, D. Hrsg. , Die Sieben Todsünden. Über Laster und Tugenden in der modernen Gesellschaft, Münster 2007:236ff.

Hettlage, R.: Das Prinzip „Glück" , in: Bellebaum, A./Hettlage, R., Hrsg., Glück hat viele Gesichter. Annäherungen an eine gekonnte Lebensführung, Wiesbaden 2010:11ff.

Hettlage, R. :Die Besichtigung alltäglicher Verhältnisse, in: Bellebaum, A./Hettlage, R.,Hrsg., Unser Alltag ist von Gesellschaft. Sozialwissenschaftliche Beiträge, Wiesbaden 2014:15 ff.

Höhn, H. J: Das Leben in Form bringen. Konturen einer neuen Tugendethik, Freiburg 2014

Hufnagel, E.: Erziehung zum Glück. Logos, Spiel und Heiterkeit, in: Bellebaum, A., Hrsg., Glücksforschung. Eine Bestandsaufnahme, Konstanz 2002: 279 ff.

Hufnagel, E.: Maßhalten, Pädagogische Ansichten über eine traditionsreiche Tugend , in Bellebaum, A./Herbers, D., Hrsg., Die Sieben Todsünden. Über Laster und Tugenden in der modernen Gesellschaft, Münster 2007:293ff.

Hufnagel, E.: Zur Anthropologie der Sinne am Leitfaden der Selbstbezüglichkeit des Lebens, in: Hettlage, R./Bellebaum, A., Hrsg., Alltagsmoralen. Die kulturelle Beeinflussung der fünf Sinne, Wiesbaden, 2015: …

Jütte, R.: Geschichte der Sinne. Von der Antike bis zum Cyperspace, München 2000

Kampzt-Borken, W. v.: Der gute Ton von heute. Gesellschaftlicher Ratgeber für alle Lebenslagen, Vaduz 1954

Knigge, A.,Frh. v.: Über den Umgang mit Mitmenschen, 3.Aufl. Frankfurt 1977

Loenhoff, J.: Zur kulturell-historischen Kontingenz der Sinne, in: Ders, Die kommunikative Funktion der Sinne. Theoretische Studien zum Verhältnis von Kommunikation, Wahrnehmung und Bewegung , Konstanz 2001: 63ff.

Loenhoff,J.: Zur Genese des Modells der fünf Sinne, (Tagungsbeitrag Wissensgesellschaft, Universität Bielefeld, 7/2000, abgedruckt „Fünf Sinne Evolution", Google)

Loenhoff, J.: Ausdruck und Darstellung – eine kommunikationstheoretische   Lektüre Plessners ausdruckstheoretischer Schriften, in: B. Accarino/M. Schloßberger, Hg., Expressivität und Stil. Helmut Plessners Ausdrucksphilosophie, in: Internationales Jahrbuch für Philosophische Anthropologie, 2008: 167ff. (abgedruckt Google)

Meuser, M.: Körperarbeit-Fitness, Gesundheit, Schönheit, in: Bellebaum, A./Hettlage, R., Hrsg., Unser Alltag ist voll von Gesellschaft. Sozialwissenschaftliche Beiträge, Wiesbaden 2014: 65ff.

Meyers kleine Kinderbibliothek: Die fünf Sinne, dt. Mannheim 2008 (Nr.74)

Plessner, H.: Anthropologie der Sinne, in: Gesammelte Schriften III. Anthropologie der Sinne (1970) Frankfurt 2003:323ff.

Prisching, M: Die tugendhaften Laster. Über Ideale der postmodernen Gesellschaft, in: Bellebaum. A./Herbers D., Hrsg., Die Sieben Todsünden. Über Laster und Tugenden in der postmodernen Gesellschaft, Münster 2007:271ff.

Rath, C.D.: Schlaraffenland. Geschichte einer populären Phantasie, Köln 1984

Richter, D.C.: Reste der Tafelrunde. Das Abenteuer der Eßkultur, Reinbek 1984

Salfort, J.: Die Erfindung der Gefühle. Eine Studie über den historischen Wandel menschlicher Emotionalität (1750-1850), Bielefeld 2010

Scherer, R.: Sinn, in: Historisches Wörterbuch der Philosophie, Bd. 9, Basel 1995: 824ff.

Schneider-Flaig, S.: Der neue große Knigge. Gutes Benehmen und richtige Umgangsformen, München 2013

Schulze, G.: Das schöne Leben und seine Feinde, München 2006.

Sechster Sinn (präzise kurz gefasste Informationen), Google

Sennes, M.: Die fünf Sinne, Frankfurt 1954 (nicht zugänglich)

Simmel, G.: Exkurs über die Soziologie der Sinne, in: Soziologie. Untersuchungen über die Formen der Vergesellschaftung, Suhrkamp Taschenbuch), Frankfurt 1. Aufl. 1992: 722ff.

Soeffner, H.G.: Vermittelte Unmittelbarkeit. Das Glück der ästhetischen Erfahrung, in: Bellebaum,A./Braun, H.,Hrsg., Quellen des Glücks – Glück als Lebenskunst, Würzburg 2004: 143

Soesmann, J.: Die zwölf Sinne: Tore der Seele, dt. Stuttgart 2002

Tipps gegen Mundgeruch, in: Apothekenumschau, 15.7.2012

Vaskovics, L.: Beschädigung des Körpers. Völlerei und Unkeuschheit, in: Bellebaum, A./ Herbers, D., Hrsg., Die Sieben Todsünden. Über Laster und Tugenden in der modernen Gesellschaft, Münster 2007: 87ff.

Wils, J. -P.: Sinn, in: Neues Handbuch Philosophischer Grundbegriffe..., Bd.3, Freiburg 2011: 2001 ff.

Wunder des Lebens. Evolution der Sinne, Mediathek 2013

Zingerle, A.: Der Takt im Alltag und in der Theorie. Beschreibungen und Verortungen , in: A. Bellebaum/R. Hettlage, Hrsg., Unser Alltag ist voll von Gesellschaft. Sozial wissenschaftliche Beiträge, Wiesbaden 2014: 125 ff.

Zur Alltagsmoral der Blicke

Karl Lenz

„Wohl möglich, dass Aschenbach es bei seiner halb zerstreuten, halb inquisitiven Musterung des Fremden an Rücksicht hatte fehlen lassen; denn plötzlich ward er gewahr, dass jener seinen Blick erwiderte und zwar so kriegerisch, so gerade ins Auge hinein, so offenkundig gesonnen, die Sache aufs Äußerste zu treiben und den Blick des andern zum Abzug zu zwingen, dass Aschenbach, peinlich berührt, sich abwandte und einen Gang die Zäune entlang begann, mit dem beiläufigen Entschluss, des Menschen nicht weiter achtzuhaben."

Gustav von Aschenbach, die Hauptfigur in „Tod in Venedig" war gerade auf dem Heimweg von seinem Spaziergang. Auf der Freitreppe zu einer Aussegnungshalle bemerkte er einen Mann, „dessen nicht ganz gewöhnliche Erscheinung seinen Gedanken eine völlig andere Richtung gab". Aschenbach richtete seinen Blick auf diese Person und machte sich Gedanken über seine Herkunft und seine Erscheinung. Er wurde abrupt dabei unterbrochen, als – wie im Zitat zum Ausdruck kommt – er bemerkt, dass der Fremde seinen Blick erwidert. Den erwiderten Blick fasste er als „kriegerisch" auf und veranlasste ihn, „peinlich berührt" seinerseits seinen Blick abzuwenden und die gemeinsame Situation rasch zu verlassen. Als Leser/in des Buches wissen wir, dass diese Begegnung mit dem Fremden bei Aschenbach eine „Reiselust" weckte, die ihn über Triest nach Venedig in den Tod führen wird. Doch das ist eine andere Geschichte, die uns an dieser Stelle nicht interessieren soll. Mein Interesse in diesem Beitrag ist auf das Sehen und Gesehen-Werden gerichtet.

Was Thomas Mann im Einleitungskapitel seiner 1911 verfassten Novelle darstellt, ist eine in unserem Alltagsleben häufig wiederkehrende, soziale Situation: Eine Person nimmt die andere Person eher wahr und richtet ihre Augen auf diese. Nach einiger Zeit erwidert die andere Person diesen Blick. Sicherlich kennen wir zahlreiche Beispiele aus unserem Alltag, dass der erwiderte Blick abweisend, ja auch feindselig war. Möglich auch, dass dieser Blick Angst auslöste. Vertraut ist uns auch, dass das Ertappt-Werden als Peinlichkeit erlebt wird. Wir kennen aber ebenso ähnliche Situationen, die zu einem Lächeln der anderen Person und von uns selbst führten. Durchaus möglich, dass die beiden Sich-Anblickenden ohne ein Wort miteinander zu sprechen wieder auseinandergehen. Ebenso möglich ist auch, dass es zu einem Gespräch, zu einem freundlichen oder feindlichen, kommen kann. An dieser Stelle soll diese Szenenbeschreibung Anlass sein, sich mit diesem sozialen Phänomen näher zu befassen und vor allem der Frage nachzugehen, was bei Blickkontakten erlaubt oder verboten ist.

1   Interaktion als Forschungsfeld

Nimmt man das Vokabular der Soziologie zur Hilfe, dann kann man die von Thomas Mann beschriebene Szene als Interaktion bezeichnen. Während in der Soziologie lange Zeit der Interaktionsbegriff synonym zum Begriff der sozialen Wechselwirkung von Georg Simmel (1958a), als wechselseitige Einfluss- und Bezugnahme aufeinander, verstanden wurde, hat sich – angestoßen vor allem von Erving Goffman (1922-1982) – mittlerweile ein engerer Begriff etabliert (vgl. Hettlage/ Lenz 1991. Als Interaktion wird die Kopräsenz von zwei oder mehr Personen in einer sozialen Situation bezeichnet. Unter starker Bezugnahme auf Goffman findet man eine präzise Definition bei Niklas Luhmann (1984), der Interaktion als eine Systemebene von Organisation und Gesellschaft abgrenzt. Nach Luhmann (1984: 560) schließen Interaktionssysteme „alles ein, was als anwesend behandelt werden kann, und können gegebenenfalls unter Anwesenden darüber entscheiden, was als anwesend zu behandeln ist und was nicht". Das entscheidende Kriterium einer Interaktion ist also die gleichzeitige Anwesenheit mehrerer Personen am selben Ort. Nur wer in einer Situation anwesend ist, gehört der Interaktion oder – in der Sprache der Systemtheorie formuliert – dem Interaktionssystem an; wenn die Anwesenden (wieder) auseinander gehen, endet diese (vgl. Kieserling 1999; Schögl 2007).

Das zentrale Kriterium der Anwesenheit verweist auf den Problemkreis der Wahrnehmung. Anwesend ist, wer in einer Situation als präsent, schon oder noch präsent wahrgenommen wird. Luhmann (1984: 560) bezeichnet die Wahrnehmung im Vergleich zur Kommunikation als „eine anspruchslose Form der Informationsgewinnung", da sie keiner Auswahl und Vermittlung bedarf, sie ist zugleich die verbreitetste und – evolutionär gesehen – primäre Informationsform. Ebenso ist jede Interaktion immer auch Kommunikation, wie Luhmann im folgenden Zitat in Bezug auf das allseits bekannte Axiom der Nicht-Nicht-Kommunikation von Paul Watzlawick/Janet H. Beavin und Don D. Jackson (1982) zum Ausdruck bringt: „Wenn Alter wahrnimmt, dass er wahrgenommen wird und dass auch sein Wahrnehmen des Wahrgenommenwerdens wahrgenommen wird, muss er davon ausgehen, dass sein Verhalten als darauf eingestellt interpretiert wird; es wird dann, ob ihm das passt oder nicht, als Kommunikation aufgefasst, und das zwingt ihn fast unvermeidlich dazu, es auch als Kommunikation zu kontrollieren. (…) Praktisch gilt: dass man in Interaktionssystemen nicht nicht kommunizieren kann, man muss Abwesenheit wählen, wenn man Kommunikation vermeiden will" (Luhmann 1984: 561).

Für die folgende Darstellung der Besonderheiten von Interaktion wird davon ausgegangen, dass die Interaktion – so wie bei Aschenbach und dem Fremden – nur zwei Personen umfasst, die als A und B bezeichnet werden sollen. Durch die gemeinsame Anwesenheit in einer raum-zeitlichen Situation begegnen sich die beiden Personen in ihrer Leiblichkeit. Dadurch besitzen sie ein „Maximum an Symptomfülle" voneinander, wie Alfred Schütz (2004; orig. 1932) anmerkt, der sich ebenfalls intensiv mit dieser Vergemeinschaftungsform befasst hat. Allerdings verwendet Schütz nicht den Begriff der Interaktion, sondern spricht in einer synonymen Verwendung von „Wirbeziehung". Nicht nur das, was B seinem Gegenüber absichtlich mitteilt, wird für A verfügbar, sondern auch eine Fülle weiterer Informationen, die an den Körper (z. B. Gesichtsausdruck) bzw. seiner Präsenz in einer Situation (z. B. Ort der Begegnung) gebunden ist. Diese unterschiedliche Zugänglichkeit von A und B in einer Interaktion hat Goffman (1969: 10) als „fundamentale Asymmetrie des Kommunikationsprozesses" bezeichnet. Während die Person A, auf sich bezogen, nur über den Kommunikationsstrom verfügt, der aus den Zeichen besteht, die es „gibt", steht der Person B auch der Kommunikationsstrom zur Verfügung, der aus den Zeichen gebildet wird, die A „ausstrahlt". Dadurch ergibt sich auch die „Fähigkeit der Modalisierung von Kommunikation durch parallellaufende Prozesse" (Luhmann 1994). Aussagen können dadurch verstärkt, abgeschwächt oder durch gegenteilige Informationen kontrastiert werden. Dies ist eine ganz wesentliche Basis für Scherze, Takt und Höflichkeit, aber auch für sexuelle Annäherungsversuche oder eine diskrete Form einer Gesprächsbeendigung.

Schütz und – in dieser Tradition stehend – auch Peter L. Berger und Thomas Luckmann (1998; orig. 1966) betonen, dass in der Interaktion der Andere ‚lebendiger' und ‚unmittelbarer' gegeben ist als die Person für sich selbst. Selbstverständlich kennt A sich selbst besser als die andere Person ihn/sie je kennen kann. Zwar weiß das Ich über die eigene Vergangenheit Bescheid, ist aber sich selbst „niemals (…) in leibhaftiger Gegenwart und in der Fülle seines Jetzt und So ‚gegeben', und zwar deshalb nicht, weil es *in* der Fülle seines Jetzt und So leibhaftig *lebt*, und sich nur abgelaufenen eigenen Erlebnissen zurückschauend zuwenden kann. Hingegen ist das umweltliche Du dem Ich, auch wenn dieses von der fremden Vergangenheit nichts weiß, in der Fülle seines Jetzt und So leibhaftig gegenwärtig" (Schütz 2004:

321). Der Andere ist unmittelbar präsent und erlebbar. ‚Was er bzw. sie ist' wird fortlaufend wahrgenommen. Dagegen setzt eine Selbstvergewisserung über die eigene Person und die eigene Vergangenheit ein Anhalten und eine Rückbesinnung voraus. „Will ich mich erfassen, so muss ich einhalten, der fließenden Spontaneität meiner Wahrnehmung Stillstand gebieten und mein Augenmerk absichtlich rückwärts, nämlich zu mir hinrichten" (Berger/Luckmann 1998: 32).

Durch die Interaktion besitzen die Personen A und B eine vorübergehend bestehende gemeinsame Welt. „Die Umgebung des Ich und die Umgebung des Du, unsere Umgebung also, ist eine einheitliche und gemeinsame. Die Welt des Wir ist nicht etwa meine oder deine Privatwelt, sie ist unsere Welt, die Eine uns gemeinsame intersubjektive Welt, die uns da vorgegeben ist" (Schütz 2004: 323). Dadurch wird es möglich, mit einer ungleich höheren Sicherheit anzunehmen, dass bestimmte Dinge oder auch Ereignisse in dieser gemeinsamen Welt übereinstimmend wahrgenommen werden. Diese hohe Sicherheit der Gemeinsamkeit eines Informationsbesitzes, wie diffus dieser letztlich auch sein mag, bewirkt – wie Luhmann (1994: 561) formuliert – „geringe Negierfähigkeit und geringe Rechenschaftspflicht". Dadurch wird auch die Möglichkeit der Indexikalität fundiert, auf die von Seiten der Ethnomethodologie (als Überblick vgl. Keller 2012) hingewiesen wird. Knappe Hinweise reichen aus und auf Explikationen kann in der Regel verzichtet werden. Durch fortlaufenden Austausch ist auch sichergestellt, dass die Übereinstimmung der Deutungsschemata immer wieder überprüfbar ist. Ganz wesentlich trägt dazu bei, dass durch die gemeinsame Anwesenheit eine prinzipielle Befragbarkeit gegeben ist, die sich nicht nur auf die Deutungsschemata bezieht, sondern auf die Selbstinterpretation der Erlebnisse durch den anderen. A's Erfahrungszusammenhänge mit B werden dadurch fortlaufend erweitert und bereichert. Die anwesenden Personen können so unmittelbar erfahren, ob „meine Deutung deiner Erlebnisse mit deiner Selbstinterpretation in Einstimmigkeit steht oder von ihr abweicht" (Schütz 2004: 324).

In Interaktionen nimmt die Person A nicht nur die aufbauenden Phasen der eigenen Erlebnisse wahr, sondern auch die der anderen Person. Zugleich weiß sie darüber Bescheid, dass dies auch für den anderen gilt. Auch die Person B erlebt den Vollzug der einzelnen Handlungsschritte von A unmittelbar mit. Die Kommunikation basiert hier auf einem „sequentiellen Modus der Informationsverarbeitung" (Luhmann 1994: 561). Beide Bewusstseinsströme verlaufen in echter Gleichzeitigkeit; die Akteure „altern" – wie man in Anlehnung an Schütz (2004: 325) formulieren kann – „zusammen". Alles, was Person A sagt und tut, steht für Person B nicht nur in einem objektiven Sinnzusammenhang, sondern wird als von A gesagt oder getan aufgefasst und steht damit in einem subjektiven Sinnzusammenhang. Diese Vorgänge werden „nicht reflektierend erfasst, sondern schlicht erlebt". Sie kommen als Einheit in den Fokus. „In einer Einheit kann das Ich gleichzeitig auf die phasenweise sich aufbauenden Erlebnisse seines eigenen Bewusstseins und auf die phasenweisen Abläufe des Bewusstseins des Du hinsehen und beide Abläufe als einen einzigen erleben, als die des gemeinsamen Wir" (Schütz 2004: 322). Trotz dieser Gleichzeitigkeit und Nähe erfolgt das Wahrnehmen des Anderen auch in Interaktionen immer mit Hilfe vorgegebener Typisierungen. In jede konkrete Situation bringen die sich begegnenden Personen ihren Wissensvorrat, d. h. also die Sedimentierung vergangener Erfahrungen mit. Dieser Wissensvorrat schließt (1) ein Geflecht von Typisierungen von Personen, ihrer als typisch erachteten Motivationen, Handlungsmuster, Planhierarchien usw. ein, (2) ein Wissen um Ausdrucks- und Auslegungsschemata sowie die Kenntnis objektiver Zeichensysteme (Sprache) und darüber hinaus (3) die Vorerfahrungen von diesem ganz bestimmten Mitmenschen. Im Ablauf der Wirbeziehung werden diese Wissen angewendet, überprüft, modifiziert und durch neue Erfahrungen erweitert. Die mitgebrachten Typisierungen sind in Vis-à-vis-Situationen – diesen Begriff gebrauchen Peter L. Berger und Thomas Luckmann (1998) synonym zu Interaktionen und Wirbeziehung – reziprok. A und B nehmen sich gegenseitig mit Hilfe vorgegebener Typisierungen wahr. „Seine Typisierungen sind so anfällig für mein Dazwischenkommen wie meine für seines. Mit anderen Worten: unser beider Bestand an Typisierungen tritt in der Vis-à-vis-Situation in eine fortwährende ‚Verhandlung' ein. Auch für diese Verhandlung hat die Alltagswelt höchstwahrscheinlich eine Schablone bereit – beispielsweise bei Käufer und Verkäufer. Meine Kontakte in der Alltagswelt sind demnach fast immer im doppelten Sinne ‚typisch': Ich erfasse den Anderen als Typus und befinde mich mit ihm in einer Kontaktsituation, die ebenfalls typisch ist" (Berger/Luckmann 1998: 34).

Goffman (2009; orig. 1963) hat die Unterscheidung zwischen zentrierter („focused") und nicht-zentrierter („unfocused") Interaktion eingeführt. Eine zentrierte Interaktion liegt vor, wenn die Aufmerksamkeit der anwesenden Personen aufeinander bezogen ist, wie es in Gesprächen der Fall ist. Bei einer nicht-zentrierten Interaktion fehlt dieser gemeinsame Aufmerksamkeitsfokus, die beiden verfolgen ihre unabhängigen Handlungslinien und nehmen sich nur beiläufig als anwesend wahr. Zwei aneinander vorbeigehende Fußgänger/innen formen für eine kurze Zeit eine nicht-zentrierte Interaktion aus, ebenso wie Wartende in einem Warteraum, die gelangweilt an die Decke starren oder mit Lesen ihre Zeit totschlagen.

Interaktionen bilden für Goffman einen eigenständigen Gegenstandsbereich, der weder mit Bezug auf die Individuen noch auf die Gesellschaft adäquat beschreibbar ist. Interaktionen sind nicht einfach das Produkt der daran beteiligten Personen, die in Verfolgung ihrer Pläne die Handlungen der anderen in Betracht ziehen. Oder wie es Goffman in der Einleitung zu „Interaktionsrituale" (1971a: 8) formuliert: „Ich setze voraus, dass der eigentliche Gegenstand der Interaktion nicht das Individuum und seine Psychologie ist, sondern eher die syntaktischen Beziehungen zwischen den Handlungen verschiedener gleichzeitig anwesender Personen". Ebenso wendet er sich gegen eine soziologische Tradition, die Interaktionen lediglich als Epiphänomene sozialer Organisationen oder anderer makrosoziologischer Erscheinungsformen auffasst. „Immer, wenn das Bedürfnis nach einer konkreten Illustration dafür bestand, wie eine soziale Einrichtung, eine soziale Teilstruktur oder gar eine Gesellschaft zu begreifen sei, wurden Interaktionsbeispiele wie Vignetten verwendet, um etwas anschaulich zu demonstrieren und nebenher der Tatsache Rechnung zu tragen, dass es ‚da draußen' auch noch die agierenden Menschen gibt. Auf diese Weise wurden bisher die Interaktionspraktiken immer nur zur Erläuterung anderer Dinge verwendet, niemals aber selber als definitionsbedürftig und -würdig betrachtet" (Goffman 1974: 9). Gegen diese verbreiteten Vorrangstellungen des Individuums bzw. der Makrostruktur setzt er das Studium von face-to-face-Interaktionen als Realität sui generis (vgl. auch Raab 2008a).

Interaktionen besitzen eine hohe lebenspraktische Relevanz. „Es liegt in unserer menschlichen Verfassung begründet, dass die meisten von uns ihren Alltag in unmittelbarer Gegenwart von anderen verbringen" (Goffman 1994: 56). Paarbeziehungen z. B. können ohne fortgesetzte Interaktionen weder entstehen noch fortbestehen. Auch viele Arbeitsvorgänge, wie z. B. eine Operation, sind an die gleichzeitige Anwesenheit mehrerer Personen gebunden. Goffman (2009) macht darauf aufmerksam, dass es Ereignisse gibt, die nur in face-to-face-Konstellationen auftreten können. Um dies zu verdeutlichen, führt er das Begriffspaar „merely-situated" (in deutscher Übersetzung; „situiert") und „situational" (übersetzt als „situativ") ein. Bestimmte Aktivitäten kommen in einer Situation vor, sie könnten sich aber auch ohne Personen oder mit nur einer anwesenden Person ereignen. Hier handelt es sich um die sog *bloß-situierten* Komponenten von Handlungen. In Abgrenzung dazu gibt es jedoch Ereignisse, die nur in der Situation vorkommen können, die von ihm als *situativ* bezeichnet werden. Ein Beispiel zur Verdeutlichung, das Goffman selbst gebraucht: Der Verlust von Wertgegenständen, den jemand erleidet, wenn ein bewaffneter Räuber bei seiner Anwesenheit in seine Wohnung eindringt, ist bloß situiert. Der Raub könnte auch erfolgen, während diese Person im Urlaub ist. Dagegen ist die Gefahr für Leib und Leben durch die Waffe, die der Eindringling mit sich führt, situativ gebunden; sie besteht nur, wenn das Opfer anwesend ist.

2 Interaktionsordnung: Interaktion und Alltagsmoral

Mit der Benennung seines Forschungsprogramms als „interaction order" macht Goffman (1994; orig. 1983) deutlich, dass es nicht um eine Katalogisierung der Formenvielfalt von Interaktionen geht, sondern um die Analyse der Regelstrukturen von Interaktionen (vgl. Lenz 1991). Dass dies ein primäres Anliegen ist, darauf hat Goffman in nahezu allen Büchern einleitend hingewiesen, wenngleich unter Verwendung unterschiedlicher Terminologie. Hier nur ein Beispiel, „Mein Interesse gilt in diesem Buch" – es handelt sich um „Das Individuum im öffentlichen Austausch" (orig. „Relations in Public" 1971) – „jenen Grundregeln und Verhaltensregulierungen, die im Bereich des öffentlichen Lebens wirksam sind - bei Personen, die zusammentreffen, und Orten und Situationen, die Schauplatz solcher Kontakte von Angesicht zu Angesicht sind" (Goffman 1974: 14). Was in Interaktionsprozessen vor sich geht, ist nicht eine bloße Schöpfung der Akteurinnen/Akteure. In Situationen der gemeinsamen Anwesenheit gibt es von den Individuen unabhängig existierende Strukturierungen – hierfür hat Goffman (1977) vor allem das Rahmenkonzept verwendet -auf die die Akteurinnen/Akteure in der Situation Bezug nehmen und die sie dadurch immer auch reproduzieren (vgl. Raab 2008a).

Regelstrukturen wirken auf zweifache Weise: (1) als Verpflichtung („obligation"): es wird verlangt, etwas in Bezug auf andere zu tun oder zu unterlassen, und (2) als Erwartung („expectation"): es wird erwartet, dass andere etwas Bestimmtes tun oder unterlassen. Ihre Effektivität wird bewirkt durch eine durchschnittliche Orientierung der Verhaltensweisen an diesen Vorgaben (vgl. Goffman 1974: 140f) und ihr Fortbestehen ist an diese Form der Bekräftigung gebunden. Sie sind vorgegeben und schränken damit den Handlungsspielraum der Individuen immer auch ein. „Zum Beispiel hat ein Erwachsener, der auf dem Trottoir stolpert, die Wahl, ob er sein Hinfallen mit einem Scherz übergehen soll, oder ob er sich mit einem leichten Stirnrunzeln umdrehen und den Bürgersteig nach etwas absuchen soll, das so sonderbar und bemerkenswert ist wie seine scheinbare Unkontrolliertheit. Insgesamt aber ist der Korpus rascher Kundgaben zur Etablierung einer akzeptablen Anpassung an ein widriges Ereignis etwas kulturell Vorgegebenes – etwas Vorgegebenes, das die Möglichkeit zu wählen eröffnet, indem es gleichzeitig den Auswahlbereich beschränkt. Noch deterministischer aber ist das Bedürfnis, die Verpflichtung, der Zwang, irgendeinen Standpunkt in Bezug auf das fragliche, für alle Zuschauenden wahrnehmbare Fehlverhalten einzunehmen" (Goffman 1974: 253f).

Auch wenn in allen Situationen der Kopräsenz Regelstrukturen zugrunde liegen, die die Handlungschancen einengen – und damit sicherlich auch auf vielfältige Weise zu einer erfolgreichen Bewältigung alltäglicher Anforderungen beitragen –, haben diese keine determinierende Wirkung auf Handlungsabläufe. Es sind immer

Individuen – nicht Regeln –, die handeln und sie können absichtlich oder oftmals auch unabsichtlich gegen die vorhandenen Regeln verstoßen. Die Individuen als selbstreflexive Subjekte können sich auf Distanz zu bestimmten Regeln begeben und Regelstrukturen können immer auch zum eigenen Vorteil ausgebeutet werden, um den anderen oder die andere in der einen oder anderen Weise hinters Licht zu führen (vgl. ausführlicher hierzu Lenz 2014). Goffman konstatiert nicht einfach die Faktizität sozialer Ordnung, sondern zeigt gerade deren potentielle Flüssigkeit und permanente Zerbrechlichkeit. Die Situationsdefinitionen, auf deren Grundlage wir handeln, sind nicht getragen von einer ‚echten Übereinstimmung' über die Realität, sondern haben immer nur einen vorläufigen Charakter; es wird lediglich ein „Arbeitskonsens" unterstellt, der potentiell brüchig ist (vgl. Goffman 1969: 13; 1971b: 97). Wir können immer nur eine relative Gewissheit darüber erlangen, was in einer Situation vor sich geht; es ist nicht auszuschließen, dass die anderen versuchen, etwas vorzutäuschen, oder, dass ihnen ihr eigenes Tun unklar ist oder auch, dass in der Situation die Handlungspläne geändert werden. Auch müssen wir immer daran arbeiten, sie von unseren ‚guten Absichten' zu überzeugen und die ‚schlechten' möglichst überzeugend zu verbergen. Wir müssen auch immer Überzeugungsarbeit leisten, dass wir wissen, was wir tun und auch berechenbar sind. Dass wir uns immer mit einem Arbeitskonsens zufrieden geben müssen, verweist auf die Grenzen des Fremdverstehens (vgl. ausführlicher hierzu Schütz 2004).

Zentrales Anliegen von Goffman ist, jene Vielfalt an Verhaltensregeln aufzuzeigen, die von den Teilnehmern/Teilnehmerinnen in face-to-face-Interaktionen in einer wechselseitigen Anerkennung ihrer Ansprüche als geheiligte Objekte befolgt werden (vgl. auch Lenz 1991). In seiner unveröffentlichten Dissertation, in der er sein Forschungsprogramm zugrundelegt hat, bezeichnet Goffman seine Perspektive auf Interaktionsprozesse als „ritual model of social interaction".

"For the actor, others may come to be seen as sacred objects. The social attributes of recipients must be constantly honored; where these attributes have been dishonored, propitiation must follow. The actor must be on his guard almost all the time and carefully poised in his action. He must conduct himself with great ritual care, threading his way through one situation, avoiding another, counteracting a third, lest he unintentionally and unwittingly conveys a judgment of those present that is offensive to them. Even more than being a game of informational management, conversational interaction is a problem in ritual management" (Goffman 1953: 103).

Goffman greift auf Durkheim zurück, der in seinem frühen Hauptwerk (orig. 1893) aufgezeigt hat, dass der in arbeitsteilig organisierten Gesellschaften verbreitete, moralische Individualismus eine starke Aufwertung des Eigenwertes des Individuums beinhaltet. Noch deutlicher wurde Durkheim an einer anderen Stelle (orig.

1906), wenn er die Persönlichkeit mit dem Begriff des Heiligen vergleicht. „Die Persönlichkeit des Menschen ist etwas Heiliges; man wagt nicht, sie zu verletzen, man hält sich fern von ihrem Umkreis, während gleichzeitig die Gemeinschaft mit dem Mitmenschen das Gute par excellence darstellt" (Durkheim 1967: 86). Im Original ist es noch stärker formuliert, es ist nicht nur von „etwas Heiligem" die Rede, sondern die menschliche Persönlichkeit wird als „geheiligtes Objekt", „chose sacrée", bezeichnet. Goffman löst die Vorstellung des Individuums als geheiligtes Objekt aus dem makrosoziologischen Kontext und betrachtet es als ein Kernproblem seines Forschungsprogramms, wie die ,so aufgewerteten' Individuen miteinander umgehen (vgl. Goffman 1971b).

Was Goffman als rituelle Ordnung umschreibt, bildet den Kern dessen, was im Weiteren als Alltagsmoral in Interaktionen aufgefasst werden soll (vgl. ausführlicher hierzu Hettlage in diesem Band). Es besteht fortwährend die Verpflichtung und Erwartung, dass die Erfordernisse der situativ geltenden rituellen Ordnung eingehalten werden. Verstöße dagegen werden aufgefasst als eine Verletzung von dem, was in dieser Situation als angemessenes Verhalten gilt. Goffman (2009: 39) spricht von situativen Anstandsformen. Und er führt fort: „Eines der augenfälligsten Mittel, mit dem die Einzelperson ihre situative Anwesenheit unter Beweis stellt, ist die disziplinierte Handhabung ihrer persönlichen Erscheinung und ihrer ,persönlichen Fassade', das heißt des Komplexes von Kleidung, Aufmachung, Frisur und anderer Oberflächendekoration einer Person. An öffentlichen Orten in der westlichen Gesellschaft soll sich ein Mann, der einer bestimmten Schicht angehört, in der Situation adrett gekleidet, rasiert, gekämmt, mit frischen Gesichtern und gepflegten Händen präsentieren. Für Frauen gelten ähnliche und bekanntlich noch weitere Auflagen. Zu beachten ist, dass in diesen Fragen der persönlichen Erscheinung nicht nur der Besitz der notwendigen Ausstattung erforderlich ist, sondern auch die Ausübung einer ständigen Kontrolle, um alles in untadeligen Zustand zu erhalten" (Goffman 2009: 41). Verstöße dagegen werden „als Zeichen für eine Missachtung" dieser Zusammenkunft und seiner Teilnehmer/innen gewertet. Das hohe Maß an Kooperation, durch die Interaktionen sich auszeichnen, hat zur Folge, dass das Subjekt, sobald es erkennt, dass es in der Perspektive des/ der anderen gegen diese situativen Anstandsformen verstoßen hat, mit Gefühlen der Scham, Peinlichkeit oder Verlegenheit reagiert.

Im Alltag wissen wir, welche unangenehmen Vorfälle peinlich erlebt werden, Schamgefühle auslösen oder verlegen machen. Gleichwohl ist es nicht einfach, diese drei Gefühle voneinander abzugrenzen (vgl. Neckel 1991). Für diese Rekonstruktion ist es hilfreich, zunächst auf Simmels Bestimmung der Scham (org. 1901; 1983) zurückzugreifen: „So weit ich die einzelnen Äußerungen des Schamgefühles überblicke, ist ihnen allen eine starke Betonung des Ichgefühles gemeinsam, die mit einer Herabdrückung desselben Hand in Hand geht. Indem man sich schämt, fühlt man das eigene Ich in der Aufmerksamkeit anderer hervorgehoben und zugleich, dass diese Hervorhebung mit der Verletzung irgendeiner Norm (sachlichen, sittlichen, konventionellen, personalen) verbunden ist" (Simmel 1972: 141). Voraussetzung für das Schamgefühl ist, dass man die in der jeweiligen sozialen Situation zugrundeliegenden Verhaltensanforderungen kennt und auch bestrebt ist, konform zu handeln. Zugleich wird das situative Fehlverhalten nur dann als Scham erlebt, wenn dieses „den ganzen Menschen und nicht nur ein lokalisiertes Interesse betrifft" (Simmel 1972: 143). Schamgefühle entstehen nur dann, wenn dem Vorfall im subjektiven Erleben eine Qualität zugeschrieben wird, woraus Rückschlüsse auf die gesamte Person gezogen werden könnten. „Das Ich-Bewusstsein des Akteurs muss sich tangiert fühlen, soll er sich eines von ihm verursachten Vorfalls schämen, und er wird sein Ich-Bewusstsein um sich eher tangiert sehen, je mehr er selbst der Ansicht ist, dass der betreffende Vorfall von den Anderen auf das ganze Ich bezogen werden kann" (Neckel 1991: 87).

Im Unterschied zu dieser starken Personenbezogenheit der Scham ist die Peinlichkeit primär situationsbezogen (vgl. Dreitzel 1983). Auch Peinlichkeit ist eine emotionale Reaktion auf die Verletzung situativer Anstandsformen. Man kann eine Situation auch dann als peinlich erleben, wenn man diese gar nicht selbst verursacht hat, sondern lediglich anwesend ist. Peinlich kann es auch sein, wenn die eigene Person über die Maßen hervorgehoben wird. Sighard Neckel (1991: 108) verdichtet den Unterschied darin, dass der Referent beim Schamgefühl die moralische Identität der Person sei und bei der Peinlichkeit dagegen die performative Identität. „Peinlichkeit bestätigt die situative Fremddarstellung, Scham das normative Selbstbild". Und er fährt an einer späteren Stelle fort: „Scham wird hervorgerufen, wenn ein Akteur vermutet, dass andere im Einklang mit seiner eigenen Wertung das eigene Selbst irgendwie defizitär betrachten, während Peinlichkeit durch die Wahrnehmung entsteht, dass andere die Präsentation dieses Selbst als unzureichend halten (Neckel 1991: 109).

In einem der sechs Aufsätze in seinem Buch „Interaktionsrituale" hat sich Goffman (1971 c) ausführlich mit Verlegenheit befasst. Er verbindet Verlegenheit mit dem Zwang zur Selbstdarstellung in Interaktionen. Sie tritt dann auf, wenn durch bestimmte Zwischenfälle das Bild, das man in eine Interaktion von sich selbst präsentieren möchte, diskreditiert wird. Insbesondere kann das dann der Fall sein, „wenn das dargestellte Selbst in irgendeiner Weise mit einem anderen selbst konfrontiert wird, dass zwar in einem anderen Kontext durchaus gültig ist, hier jedoch mit dem ersteren nicht harmonisch verbunden werden kann". Auch wenn Goffman an einigen Stellen von „Verlegenheit und Scham" spricht, macht er keinen Versuch die beiden Begriffe voneinander abzugrenzen. Deutlich wird aber, dass vieles von dem, was in Abgrenzung von Scham und Peinlichkeit genannt wurde, ebenfalls auf Verlegenheit zutrifft. Auch bei Verlegenheit geht es nicht primär um die moralische Identität, sondern um die performative. Anders als bei der Peinlichkeit ist es bei der Verlegenheit jedoch die sichtbar werdende Konkurrenz zwischen den Bild, das man gerne von sich entwerfen würde und dem Bild, das in der Situation von der eigenen Person deutlich wird. Diese erkennbare Differenz dieser beiden Bilder ist es, die ein Subjekt verlegen macht.

3 Blicke in der Interaktion

Obwohl bereits einleitend davon gesprochen wurde, dass Interaktionen ganz wesentlich an Wahrnehmung gebunden sind, fällt auf, dass das Blickverhalten in der Soziologie der Interaktion stark vernachlässigt wird. Dies trifft sogar auf Erving Goffman zu. Insbesondere bedingt durch seine Auseinandersetzung mit der ethnomethodologischen Konversationsanalyse (vgl. Bergmann 1991), aber auch zum Teil schon vorher, hat sich sein Interesse auf sprachliche Interaktion konzentriert. Verkannt wird damit, dass es viele soziale Situationen gibt, die ganz ohne sprachlichen Austausch auskommen (vgl. auch Kaufmann 1996). Aber auch dann, wenn eine verbale Interaktion stattfindet, leisten Blicke ganz wesentliche Orientierungs- und Koordinierungsaufgaben. Was Blicke in Interaktionen leisten können, soll anhand eines weiteren Auszugs aus Manns Erzählung „Tod in Venedig" illustriert werden: Die Passage beginnt nachdem Aschenbach sein Zimmer im Hotel in Venedig bezogen hat und in die Hotelhalle zurückkehrt:

> „Er nahm eine Zeitung vom Tische, ließ sich in einen Ledersessel nieder und betrachtete die Gesellschaft, die sich von derjenigen seines ersten Aufenthaltes in einer ihm angenehmen Weise unterschied.
> Ein weiter, duldsam vieles umfassender Horizont tat sich auf. Gedämpft, vermischten sich die Laute der großen Sprachen. ( ) Gleich in der Nähe ward polnisch gesprochen. Es war eine Gruppe halb und kaum Erwachsener, unter der Obhut einer Erzieherin oder Gesellschafterin um ein Rohrtischchen versammelt: drei junge Mädchen, fünf-zehn- bis siebzehnjährig, wie es schien, und ein langhaariger Knabe von vielleicht vierzehn Jahren. Mit Erstaunen bemerkte Aschenbach, dass der Knabe vollkommen schön war. Sein Antlitz, bleich und anmutig verschlossen, von honigfarbenem Haar umringelt, mit der gerade abfallenden Nase, dem lieblichen Munde, dem Ausdruck von holdem und göttlichem Ernst, erinnerte an griechische Bildwerke aus edelster Zeit, und bei reinster Vollendung der Form war es von so einmalig-persönlichem Reiz, dass der Schauende weder in Natur noch bildender Kunst etwas ähnlich Geglücktes angetroffen zu haben glaubte. Was ferner auffiel, war ein offenbar grundsätzlicher Kontrast zwischen den erzieherischen Gesichtspunkten, nach denen die Geschwis-

ter gekleidet und allgemein gehalten schienen. Die Herrichtung der drei Mädchen, von denen die Älteste für erwachsen gelten konnte, war bis zum Entstellenden herb und keusch. (…) Gewiss, es war eine Mutter, die hier waltete, und sie dachte nicht einmal daran, auch auf den Knaben die pädagogische Strenge anzuwenden, die ihr den Mädchen gegenüber geboten schien. Weichheit und Zärtlichkeit bestimmten ersichtlich seine Existenz. Man hatte sich gehütet, die Schere an sein schönes Haar zu legen; wie beim Dornauszieher lockte es sich in die Stirn, über die Ohren und tiefer noch in den Nacken. (…) Ein Kellner ging umher und meldete auf Englisch, dass die Mahlzeit bereit sei. Allmählich verlor sich die Gesellschaft durch die Glastür in den Speisesaal. Nachzügler, vom Vestibül, von den Lifts kommend, gingen vorüber. Man hatte drinnen zu servieren begonnen, aber die jungen Polen verharrten noch um ihr Rohrtischchen, und Aschenbach, in tiefem Sessel behaglich aufgehoben und übrigens das Schöne vor Augen, wartete mit ihnen. Die Gouvernante, eine kleine und korpulente Halbdame mit rotem Gesicht, gab endlich das Zeichen, sich zu erheben. Mit hochgezogenen Brauen schob sie ihren Stuhl zurück und verneigte sich, als eine große Frau, grau-weiß gekleidet und sehr reich mit Perlen geschmückt, die Halle betrat. (…) Die Geschwister waren rasch aufgestanden. Sie beugten sich zum Kuss über die Hand ihrer Mutter, die mit einem zurückhaltenden Lächeln ihres gepflegten, doch etwas müden und spitznäsigen Gesichtes über ihre Köpfe hinwegblickte und einige Worte in französischer Sprache an die Erzieherin richtete. Dann schritt sie zur Glastür. Die Geschwister folgten ihr: die Mädchen in der Reihenfolge ihres Alters, nach ihnen die Gouvernante, zuletzt der Knabe. Aus irgend einem Grunde wandte er sich um, bevor er die Schwelle überschritt, und da niemand sonst mehr in der Halle sich aufhielt, begegneten seine eigentümlich dämmergrauen Augen denen Aschenbachs, der, seine Zeitung auf den Knien, in Anschauung versunken, der Gruppe nachblickte. Was er gesehen, war gewiss in keiner Einzelheit auffallend gewesen. Man war nicht vor der Mutter zu Tische gegangen, man hatte sie erwartet, sie ehrerbietig begrüßt und beim Eintritt in den Saal gebräuchliche Formen beobachtet. Allein das alles hatte sich so ausdrücklich, mit einem solchen Akzent von Zucht, Verpflichtung und Selbstachtung dargestellt, dass Aschenbach sich sonderbar ergriffen fühlte. Er zögerte noch einige Augenblicke, ging dann auch seinerseits in den Speisesaal hinüber und ließ sich sein Tischchen anweisen, das, wie er mit einer kurzen Regung des Bedauerns feststellte, sehr weit von dem der polnischen Familie entfernt war."

In dieser gekürzten Passage beschreibt Mann die erste Begegnung Aschenbachs mit Tadzio, dem Objekt seines Begehrens. Während des gesamten Zeitraums beobachtet er aus einer gewissen Distanz Tadzio, seine Schwestern, seine Erzieherin und später auch seine Mutter. Die Interaktion wird ausschließlich aus Perspektive von Aschenbach beschrieben. Zur Vervollständigung wäre es erforderlich diese Interaktion auch aus der Perspektive der anderen Anwesenden zu beschreiben. Begründet ist zu vermuten, dass ihr Aufmerksamkeitsfokus anders gelagert ist und andere Personen sowie Handlungen ihr Interesse binden. Neben den genannten Personen wären – zur vollen Erfassung der Situation – auch andere anwesende Personen einzubeziehen, von deren Anwesenheit man aus dem Bericht von Aschenbach nur ungenaue oder keine Angaben erhält. Im Sinne von Alfred Schütz (2004: 313ff) handelt sich um eine Du-Einstellung. Aschenbachs Aufmerksamkeit ist auf die polnische Familie gerichtet, ohne dass es – mit einer Ausnahme – zu einer Wechselseitigkeit kommt. Bei dieser Ausnahme handelt es sich um den kurzen Blickkontakt zwischen Tadzio und Aschenbach. Als er zusammen mit seiner Familie auf dem Weg zum Speisetisch war, begegnen sich ihre Blicke. In der ganzen Situation sind unentwegt Stimmen zu hören; es ist davon auszugehen, dass die polnische Familie miteinander spricht, aber Aschenbach sagt während der gesamten Passage kein Wort, sondern konzentriert sich ausschließlich auf seine Beobachtung. Das ist keineswegs ein Kunstprodukt der Belletristik, sondern in ganz vielen Alltagssituationen sind Teilnehmer/innen anwesend, die nichts sagen, sondern diese nur mit ihren Blicken wahrnehmen.

Dieses literarische Beispiel soll Anlass sein, Blicke in Interaktionen etwas systematischer zu betrachten (vgl. auch Loenhoff 1991; Hettlage in diesem Band). In seinem „Exkurs über die Soziologie des Sinnes" hat Georg Simmel (1958b: 485) mit Erstaunen zum Ausdruck gebracht, „wie viel wir von einem Menschen bei dem ersten Blick auf ihn wissen". Mit diesem ersten Blick wissen wir, „in irgendeinem, freilich sehr schwankenden Maße ( ), mit wem wir zu tun haben". Dieser erste Anblick vermittelt uns, so Simmel weiter, „das unmittelbare Ergreifen seiner Individualität, wie seine Erscheinung, zuhöchst sein Gesicht es unserem Blick verrät". Wobei Simmel ausdrücklich anführt, dass „Irrtümer" oder „Korrigierbarkeiten" keineswegs ausgeschlossen sind. Dieser Auszug aus „Tod in Venedig" macht die Reichhaltigkeit des ersten Blickes deutlich: Die Identifikation der Personen, der drei Mädchen, des Jungen und der beiden Erwachsenen, die nicht nur als Frauen, sondern als Erzieherin und Mutter identifiziert werden. Mit Goffman gesprochen erfolgt ein kognitives Erkennen. Da Aschenbach diesen Personen vorher noch niemals begegnet ist, bleibt ihm in dieser Situation ihre persönliche Identität verschlossen, aber er kann diese Personen sozial identifizieren. Als besonders einfach erweist sich die Geschlechtskategorisierung. Bei den Altersangaben wird beim Jungen ein „Vielleicht" eingeschoben, was deutlich macht, dass Aussagen darüber nicht so sicher zu machen sind als beim Geschlecht. Als Beobachtenden ist es dem Erzähler durchaus auch möglich, die Position der beiden erwachsenen Frauen im Verhältnis zu den Kindern zu erkennen. Die soziale Identität dieser Personen wird ebenso bestimmt wie die des Mannes, der zum Essen auffordert. Die Beobachtung begnügt sich nicht mit der Identifikation der Identität. Aschenbach nimmt auch die Sonderstellung des Knaben wahr, die unterschiedlichen Erziehungspraktiken und den größeren Freiraum, der ihm zugebilligt wird. Um das festzustellen, braucht es keine sprachlichen Mitteilungen, sondern lediglich die konzentrierte Wahrnehmung auf diese Gruppe handelnder Personen.

An einigen Stellen wurde in diesem Fallbeispiel das Auge durch das Ohr unterstützt: Dass es sich um eine polnische Familie handelt, wird Aschenbach gewahr durch die Wortfetzen, die er hört. Über sein Ohr übernimmt er auch die Aufforderung des Kellners, sich zu Tisch zu begeben. Dies soll hier als Gelegenheit benutzt werden, um die Unterschiede zwischen Auge und Ohr anzusprechen, die Simmel in dem erwähnten Exkurs aufzeigt. Das Ohr erfasst „nur die in die Zeitform gebannte Offenbarung des Menschen" (Simmel 1908: 486). Durch das Auge sei dagegen auch „das Dauernde seines Wesens", vor allem vermittelt durch das Gesicht „der Dauer-Charakter der (...) erkannten Person" (ebd.) erfassbar. Neben der Individualität erfasst das Auge auch stärker als das Ohr das Gemeinsame. Dies kann auf Personengruppen bezogen werden: „Aus Menschen, die wir nur sehen, bilden wir unendlich viel leichter einen Allgemeinbegriff, als wenn wir mit jemanden sprechen können" (Simmel 1908: 488). Dies zeigt sich auch bei einzelnen Personen: „Man sieht offenbar an einem Menschen in viel höherem Maße das, was ihm mit andern gemein ist, als man dies Allgemeine an ihm hört" (ebd.). Selbst bei Freunden fällt es nicht selten schwer, sich an ihre Augenfarbe oder ihre Mundform zu erinnern, dagegen wissen wir selbst bei den kürzesten Begegnungen, dass es eine Frau oder ein Mann, eine Person jungen oder höheren Alters war. Auch weist Simmel (1908: 486) darauf hin, dass das Gehörte eine sehr viel höhere Erinnerungsfähigkeit hat als das Gesehene. Allerdings kann man das Ohr auch sehr viel leichter belügen als das Auge (vgl. auch Lenz 2014).

Eine besondere Aufmerksamkeit widmet Simmel (1908: 484) dem gegenseitigen Sich-Anblicken, das er als „die unmittelbarste und reinste Wechselbeziehung (bezeichnet), die überhaupt besteht". Und Simmel (ebd.) führt aus: „Die Enge dieser Beziehung wird durch die merkwürdige Tatsache getragen, dass der auf den Andern gerichtete, ihn wahrnehmende Blick selbst ausdrucksvoll ist, und zwar gerade durch die Art, wie man den anderen ansieht. In dem Blick, die den andern in sich aufnimmt, offenbart man sich selbst; mit demselben Akt, in dem das Subjekt sein Objekt zu erkennen sucht, gibt es sich hier dem Objekte preis". Dadurch ergibt sich durch die Augen eine Reziprozität, die mit dem Hören nie erreicht werden kann. Zu Recht hat aber Thorsten Benkel (2010) kritisiert, dass die Relevanz des Blickes in Interaktionen nicht auf die Wechselseitigkeit begrenzt werden kann. Auch wenn das gegenseitige Sich-Anblicken ein ganz besonderes soziales Phänomen darstellt, das Simmel als Subjekt-Objekt-Dialektik anschaulich beschrieben hat, ist es ebenso wichtig das „einfache Sehen" oder „Beobachten des anderen" als Thema einzubeziehen. Die längere wiedergegebene Passage aus Manns Erzählung ist ganz wesentlich – von einem kurzen Moment der Wechselseitigkeit abgesehen – von diesem einseitigen Wahrnehmen getragen. Zumindest nimmt der Erzähler Aschenbach nur einmal kurz war, dass sich seine Blicke und die von

Tadzio, als dieser auf dem Weg in den Speisesaal war, kurz begegnet sind. Dies schließt allerdings nicht aus, dass dem Knaben schon vorher aufgefallen war, dass er fortlaufend von einem älteren Mann in einem Sessel beobachtet wird. Neben den wechselseitigen Anblicken und dem Beobachten des anderen ist es durchaus möglich, dass das Beobachten beobachtet wird, ohne dass diese Beobachtung der Beobachtung dem Ersten deutlich wird.

Simmels Aussage, dass das Auge nicht nehmen kann, ohne zugleich zu geben, trifft nur für das wechselseitige Sich-Anblicken und nicht für Blicke in Interaktionen generell zu. Das Auge kann in Interaktionen eine besondere Form der Wechselseitigkeit generieren, aber ihr Einsatz ist auf diese Form nicht begrenzt. Bei der bloßen Beobachtung des anderen haben wir es mit einem einseitigen Nehmen des Auges zu tun. Komplizierter ist der Fall bei der versteckten Beobachtung des Beobachters. Für den versteckt beobachtenden Beobachter handelt es sich aus subjektiver Wahrnehmung um ein einseitiges Nehmen. Der Beobachter der Beobachtung weiß über dieses einseitige Nehmen Bescheid und setzt diesem eine eigene Aufmerksamkeit gegenüber, so dass in diesem Fall angemessen erscheint, von einem doppelten einseitigen Nehmen zu sprechen.

In „Interaktion im öffentlichen Raum" hat Goffman (2009: 26) in seinen Grundüberlegungen Interaktionen als „Austausch von Worten und Blicken" charakterisiert. In der Überwindung der Überschätzung der verbalen Kommunikation ist jetzt im Anschluss daran festzustellen, dass es in Interaktionen vorrangig um den Austausch von Blicken geht (vgl. auch Kaufmann 1998). Der Austausch von Worten kann dazukommen, muss aber nicht. Dagegen sind Interaktionen mit Blicken – nimmt man die Sondergruppe der Blinden aus – unverzichtbar. Viele unserer Alltagsinteraktionen erschöpfen sich in Blicken. Nicht vorrangig, weil wir aus Voyeurismus andere beobachten, sondern weil in den Routinen des Alltages der bloße Austausch von Blicken vielfach völlig ausreichend ist. Die Blicke stützen sich auf die expressiven Botschaften, die, ohne dass diese mit sprachlichen Mitteilungen einhergehen müssen, immer schon durch die Anwesenheit von Personen in einer Situation gegeben sind. Der obige Ausschnitt aus Manns Erzählung liefert hierfür reichhaltiges Anschauungsmaterial. Es handelt sich dabei um verkörperte Informationen, die an die Anwesenheit des Körpers gebunden sind und durch die Wahrnehmung zur Information werden (vgl. auch Raab 2008b; Schlögl 2007). Auch wenn diese durch andere Sinne transportiert werden können, nimmt das Auge dabei eine privilegierte Stellung ein, die für die Orientierung in einer sozialen Situation zentral ist. Damit ergeben sich Rückkopplungen, auf die Goffman, indem er die spezielle Rolle des Sehens betont, ausdrücklich hinweist: „Jeder Mensch kann sehen, dass er in einer bestimmten Weise erfahren wird, und er wird zumindest einige seiner Verhaltensweisen an der wahrgenommenen Identität und der ursprünglichen Reaktion derer, die ihn beobachten, ausrichten. Außerdem kann man ihm ansehen, dass er dies sieht, wie er auch sehen kann, dass er beim Sehen gesehen wurde" (Goffman 2009: 32). Über den Körper vermittelte Botschaften können von A auch wahrgenommen werden, ohne dass B die Gelegenheit hat, selbst den anderen zu beobachten. Die Bespitzelung ist hierfür der Prototyp; in Alltagssituationen ergibt sich hierzu eine Fülle von Modifikationen. Selbst bei Wechselseitigkeit der Beobachtung ist davon auszugehen, dass – wie schon Goffman betont hat – die „Monitormöglichkeiten ungleich genutzt werden". Gut möglich, dass A die andere anwesende Person ganz aufmerksam beobachtet, während diese aber die Anwesenheit von A nur ganz beiläufig wahrnimmt. In dem zitierten Ausschnitt aus „Der Tod in Venedig" wird nur einmal berichtet, dass Tadzio kurz Aschenbach wahrgenommen hat. Durchaus vorstellbar, auch wenn wir es nicht mit Sicherheit wissen können, dass der Junge trotz dieser fortdauernden und intensiven Beobachtung diese lange Zeit gar nicht oder nur ganz beiläufig mitgekommen hat.

Zum Grundwissen einer Soziologie der Interaktion gehört es, dass man – wie bereits gezeigt – in dieser sozialen Situation nicht aufhören kann, mit seinem Körper zu kommunizieren (vgl. Watzlawick et al. 1982). Meist wird dies in einer Weise aufgefasst, dass expressive Botschaften mit verbalen Mitteilungen einhergehen oder dass diese andauern, wenn jemand aufhört zu sprechen. Zu wenig beachtet wird dagegen, dass diese körpergebundenen Botschaften immer auch schon vorhanden sind, bevor es zum Gespräch kommt und auch in vielen Situationen, in denen ein Gespräch überhaupt nicht stattfindet. Auch ohne dass Worte gewechselt werden, wird der körperlichen Erscheinungen und persönlichen Handeln der anderen Person Bedeutung beigemessen. Und alle Akteure wissen darüber Bescheid und bemühen sich vielfach darum, ihre Aktivitäten darauf auszurichten. Diese körpervermittelten, extensiven Zeichen eignen sich weniger für komplexe Aussagen, sondern vermitteln Informationen über „die sozialen Attribute der Handelnden" und über „das Bild, das er von sich selbst, von den anderen und der gesamten Veranstaltung hat" (Goffman 2009: 50). Die Akteure haben vielfältige Kenntnisse über das Vokabular körperlicher Symbole; die Körpersprache ist zudem normativ, d.h. es bestehen Verpflichtungen im Zusammensein mit anderen, „bestimmte Informationen zu geben und bestimmte andere Eindrücke aber zurückzuhalten – so wie auch eine bestimmte Erwartung darüber herrscht, wie sich andere zu präsentieren haben" (Goffman 2009: 51).

Die Blickkontakte bei Begegnungen weisen eine große Spannbreite auf: Sie können von offenen und unverwandten Anstarren, wie von Aschenbach vor der Aussegnungshalle, bis hin zu einer „Unpersonen-Behandlung", bei der der andere keines Blickes gewürdigt wird, reichen. Besonders verbreitet ist, wie Goffman aufzeigt, die höfliche Gleichgültigkeit: „Damit ist gemeint, dass man der anderen

Person deutliche Hinweise darauf gibt, dass man ihre Anwesenheit bemerkt (man gibt offen zu verstehen, man habe sie gesehen), um im nächsten Moment diese Aufmerksamkeit bereits wieder zurückzuziehen und damit zu dokumentieren, dass sie kein Ziel besonderer Neugier oder spezieller Absichten darstelle" (Goffman 2009: 98). Gehen die beiden Personen aufeinander zu, dann ist es üblich, dass sie sich ins Auge fassen bis sie sich auf einige Meter genähert haben. Sie schlagen dann die Augen nieder, bis sie aneinander vorbeigegangen sind. Dabei kommt es zu keinem Erkennen. Auch die soziale Identität ist nicht von Interesse. Zum Ausdruck gebracht wird lediglich, dass kein Grund bestehe den Absichten des anderen Anwesenden zu misstrauen und auch dieser dies voraussetzen könne. Sofort wird aber bemerkt, wenn sich der Andere nicht entsprechend verhält. Hierin scheint auch das Problem der beiden Begegnenden aus der Eingangspassage des Textes zu liegen. Der Fremde hätte von Aschenbach eine höfliche Gleichgültigkeit erwartet, dieser aber fixierte seinen Blick auf ihn, um ihn sozial zu kategorisieren. Dieser Verstoß wurde nicht nur bemerkt, sondern mit einem Anstarren und einem feindlichen Gesichtsausdruck sanktioniert. Das Anstarren wird in Interaktionen vielfach als eine erste Warnung verwendet, wenn bestimmte Verhaltenserwartungen nicht eingehalten werden. Ein Anstarren tritt oft auch dann auf, wenn der andere eine abweichende äußere Erscheinung aufweist. Gerade Körperbehinderte klagen häufig darüber, dass sie von sogenannten Normalen angestarrt werden. Auch prominente Personen sind einem Anstarren häufig ausgesetzt.

Auch dann, wenn es zu einer Wechselseitigkeit kommt, ist es durchaus möglich, dass kein verbaler Austausch stattfindet. In Spiel- ebenso wie in Arbeitssituationen lassen sich immer wieder Interaktionen finden, die ganz oder über eine längere Dauer ohne Worte auskommen. Auch gibt es viele soziale Situationen, von Goffman (2009) als teilzentrierte Zusammenkünften bezeichnet, in denen der verbale Austausch auf die Hauptakteure beschränkt ist, aber zugleich Personen anwesend sind, die lediglich in der Rolle des Zuschauenden involviert sind. Auch wenn eine direkte Beteiligung im weiteren Verlauf nicht prinzipiell ausgeschlossen ist, sind sie, solange sie Zuschauende bleiben, lediglich als Beobachter an der Interaktion beteiligt. Sie sehen und hören, was vor sich geht, ohne dass sie selbst am eigentlichen Vorgang beteiligt sind. Dabei ist es möglich, dass die Hauptakteure die Zuschauenden als solche wahrnehmen. Im öffentlichen Bereich kommt es vielfach vor, dass sie über die prinzipielle Zugänglichkeit ihrer Interaktion wissen, ohne aber von der Anwesenheit von Zuschauenden Notiz zu nehmen. Dies dürfte bei der Personengruppe um Tadzio der Fall gewesen sein. Die Mutter, die Erzieherin und auch die Kinder wussten sehr wohl, dass ihr Zusammensein in der Hotelhalle auch von anderen wahrgenommen wird und sicherlich haben sie ihr Verhalten zum Teil auch darauf ausgerichtet. Gleichwohl ist anzunehmen, dass sie ihrem öffentlichen Auftreten und der damit bedingten Zugänglichkeit keine besondere Aufmerksamkeit geschenkt haben. Gerade dadurch haben sie Aschenbach aber die besondere Gelegenheit geschaffen, sie weitgehend unbemerkt beobachten zu können. Blicke haben aber auch für vollständig zentrierte Zusammenkünfte, worunter nach Goffman Interaktionen verstanden werden, an denen alle Anwesenden direkt beteiligt sind, eine hohe Relevanz. Vielfach wird ein Blick als Eröffnungszug für eine Interaktion verwendet. Diese Initiative muss angenommen werden und auch hier sind Blicke vielfach im Einsatz. Der Eröffnungszug und das Antwort-Zeichen erfolgen vielfach nahezu zeitgleich; Blicke ermöglichen diese Gleichzeitigkeit auf eine besondere Weise. Der erste Blick des Initiators ist oftmals tastend und mehrdeutig, um für den Fall, dass diese Eröffnung nicht gewünscht ist, so handeln zu können als ob keine Eröffnung erfolgt sei. Vor allem beim Flirtverhalten lassen sich hierfür eine Fülle von Beispielen finden, auf die hier nicht eigens eingegangen werden soll (mehr dazu vgl. Lenz 2009). Wenn man eine Interaktion vermeiden möchte, dann wird man bestrebt sein, wechselseitigen Blicken auszuweichen. Auch für den Verlauf eine Interaktion kommt den wechselseitigen Blicken, wie Georg Simmel (1958b) betont hat, eine besondere Relevanz zu. Über die Blicke wird eine besondere Verbundenheit hergestellt, die Aufmerksamkeit ausgedrückt und bei mehreren Anwesenden tragen Blockkontakte auch ganz wesentlich zur Koordination der Abfolge der Sprecherrollen bei. Das gegenseitige Austauschen von freundlichen Blicken ist – neben der höflichen Gleichgültigkeit – in den Worten von Goffman (2009: 114) „das häufigste unserer interpersonellen Rituale". Es wird auch praktiziert, wenn man sich erkennt, aber nicht weiter Zeit oder Interesse hat, miteinander in Kontakt zu treten.

Aufbauend auf diesem Versuch, Blicke als hochrelevantes Element aller Interaktionen auszuweisen, soll in den nächsten beiden Abschnitten anhand exemplarischer Situationen konkret auf die Alltagsmoral der Blicke eingegangen werden. Will man die Interaktionsordnung mit ihren eingeschriebenen, alltagsmoralischen Anforderungen an das Auge näher analysieren, muss man auf spezielle soziale Situationen Bezug nehmen. Dies ist unausweichlich, da jede Interaktionsordnung stark situationsbezogen ist. Die beiden Abschnitte unterscheiden sich dadurch, dass die Analyse zunächst aus einer synchronen und anschließend aus einer diachronen Perspektive erfolgt.

4 Blicke und Alltagsmoral aus synchroner Perspektive: Fahrstuhl und Sauna

Aus dem großen Spektrum möglicher sozialer Situationen werden zwei ausgewählt: das Fahrstuhlfahren und der Saunabesuch. Diese Auswahl ist willkürlich, wenngleich durchaus mit Bedacht gewählt.

Bei der Praxis des Fahrstuhlfahrens kann auf die reichhaltige und differenzierte Analyse von Stefan Hirschauer (1999) zurückgegriffen werden (vgl. auch Krämer/ Schäfer 2014). Immer dann, wenn mehr als eine Person im Fahrstuhl ist, ergeben sich hohe Anforderungen an das Interaktionsgeschehen. Ein verbaler Austausch ist in der Kabine eher die Ausnahme; verbreitet ist vielmehr ein weitgehendes Schweigegebot (vgl. auch Hahn 2014). Zur Begründung verweist Hirschauer auf zwei Regeln, die Goffman (1974) als allgemeine Komponenten von Gesprächsterritorien in öffentlichen Räumen identifizierte: das Recht, nicht durch Einmischung oder Lauschen Dritter behelligt zu werden, und das Recht, nicht durch jede/n und jederzeit in ein Gespräch verwickelt werden zu dürfen. Dies führt auch dazu, dass vielfach vorher begonnene Gespräche im Fahrstuhl unterbrochen werden. Anwesend sind im Fahrstuhl ihre Körper und diese müssen zueinander geordnet werden, zugleich muss die Motorik der Körpers mit der Motorik dieser Fortbewegungsmaschine abgestimmt werden. Die sinnliche Wahrnehmung, vor allem das Auge, übernimmt wesentliche Leistungen bei der Koordination der Körper und für das Gelingen der Interaktion.

Beim Fahrstuhlfahren können die Phasen des Wartens, des Einsteigens, der eigentlichen Fahrstuhlfahrt sowie des Aussteigens unterschieden werden. Möglich ist, dass der Fahrt eine längere Phase des gemeinsamen Wartens vorausgeht (vgl. Bellebaum 2014); ebenso möglich ist es, dass ein oder mehrere Einzelne kurz vor Abfahrt hinzukommen bzw. gerade noch den Fahrstuhl erreichen. Als nächstes stellt sich das Problem des Hineinkommens. Erforderlich ist hierfür eine Körpertechnik, die auf das technische Artefakt des Fahrstuhls und auf die Anwesenheit anderer Nutzer/innen abgestimmt ist. Aussteigende haben Vorrang und durch das Aussteigen kann sich eine Verschiebung der Reihenposition beim Zusteigen ergeben. Im Weiteren gilt ein Überholverbot und bei Platzknappheit die Regel, dass länger Wartende Vorrang haben. Ein Ersteintrittsrecht kann immer auch abgetreten werden. Höflichkeitsgesten gelten insbesondere Personen, die mit der Nutzung des Artefakts Schwierigkeiten haben könnten (z.B. Personen mit Kinderwagen, ältere Personen). Das Zusteigen hat zügig zu erfolgen; „der Umgang mit der Zeit anderer" ist – wie Hirschauer (1999: 229) betont – „das primäre moralische Thema des Fahrstuhlfahrens".

Beim Einsteigen stellt sich die Frage der Platzwahl. Sie wird wesentlich durch die Reihenposition des Einsteigens bestimmt: Wer zunächst in einen leeren Fahrstuhl einsteigt, wählt den Platz nach der eigenen Präferenz. Anschließend greift die Regel der Distanzmaximierung: Die zweite einsteigende Person nimmt in aller Regel einen Platz in maximaler Entfernung ein. Die weiteren Einsteigenden sind bemüht, zu allen Fahrgästen einen ähnlichen Abstand herzustellen. Sobald die Fahrt beginnt "sammelt man sich in einer kollektiven Hab-Acht-Stellung, die besonders den take-off markiert: das atemberaubende Ereignis einer nunmehr unkontrollierbaren Fortbewegung" (Hirschauer 1999: 230f). Die Körper werden in einem „Spannungsverhältnis zwischen Zu- und Abwendung" gehalten: man wendet sich nicht das Gesicht zu, kehrt sich aber auch nicht den Rücken zu. Hirschauer spricht von einer „halben Zuwendung". Bei einem Stopp des Fahrstuhls kommt es zu der spezifischen Fortbewegungsart des sog. Rückens. Dabei handelt es sich um eine weitgehend unauffällige, minimale Bewegung. Das Rücken gibt es in zwei Varianten als Platzmachen für Ein- und Aussteigende oder als ein Auseinanderrücken, wenn der Fahrstuhl leerer wird. Greifen wir der Phase des Aussteigens vor: Auch diese muss interaktiv organisiert werden; dies wird durch die konzertierte Aktion des Rückens bewerkstelligt. Sobald bemerkt wird, dass der Fahrstuhl bremst, kommt es zu Rundblicken, die nach Aufbruchssignalen suchen. Zugleich werden – sofern der Fahrstuhl voll besetzt ist – Gassen gebildet, durch die sich jene drängeln können, die aussteigen wollen. Vermieden wird zu spät oder zu früh aufzubrechen; es ist beliebt wortlos im Kielwasser anderer auszusteigen.

Aber kommen wir zur eigentlichen Fahrt zurück: Nach Hirschauer (1999: 239) ergibt sich durch die Kopräsenz mobiler Körper ein Navigationsproblem. Die Nähe und Distanz muss ausgehandelt werden. Aber nicht die Proxemik der Körper ist das größte, praktische Problem, sondern – so Hirschauer (1999: 232) – die Blicke. „Nichts braucht so viel Platz im Aufzug wie Blicke. Wo soll man sie abstellen: auf Boden, Decke, Fußspitzen, Fingernägel, Tasche?" Für die Navigation von Blicken existiert ein kulturelles Lotsensystem mit zwei Komponenten: die eine ist räumlich und die andere zeitlich. (1) Die Fahrstuhlfahrer/innen blicken gemeinsam in Richtung des Ausgangs und richten in Abhängigkeit ihrer Körpergröße und -ausrichtung Blickkorridore ein. (2) Zudem verfügt man über Techniken, die die Gleichzeitigkeit des Taxierens vermeidet. Wer einsteigt, räumt den schon Anwesenden durch das Einziehen des Blickes Blicklizenzen ein; für einen kurzen Augenblick vereint er/sie das Interesse aller Anwesenden. Der/die Neuzusteigende wiederum kann den für die Orientierung beim Platzfinden notwendigen Rundblick für ein erstes Taxieren der anderen Fahrgäste nutzen. Dieses Lotsensystem ist abhängig von der Zahl der Mitfahrenden. Ist der Fahrstuhl überfüllt, dann können die Zusteigenden mangels Platz mit ihrem Körper nicht mehr ihren Blick drehen. In diesem Fall kommt es zu einem Gegenverkehr der Blicke. Auch der Boden verschwindet als Blickfang. In diesem Fall wird die Stockwerksanzeige zum letzten Rettungsanker.

Für seine weitere Analyse greift Hirschauer das von Goffman (2009) stammende und in diesem Artikel bereits eingeführte Konzept der höflichen Gleichgültigkeit auf. Anders als bei der Begegnung zweier Fußgänger/innen erfährt die höfliche Gleichgültigkeit im Fahrstuhl „eine krisenhafte Dehnung" (Hirschauer 1999: 239). Zu dieser Dehnung kommt es, da die Fahrzeit des Aufzuges die Entlassung aus der reziproken Aufmerksamkeit hinauszögert. „In der höflichen Nicht-Beachtung anderer stecken zwei entgegengesetzte Anforderungen, die die Ordnung der Blicke mit der proxemischen Ordnung verknüpfen. Die erste ist die Kontaktvermeidung: Man braucht Platz für die Blicke, weil vor allem sie es sind, die in größter physischer Nähe noch soziale Distanz markieren können. Der abgewandte Blick muss die körperliche Nähe als Beziehungszeichen demontieren. Die zweite Aufforderung ist die visuelle Kontrolle: Da das Taxieren bei großer Nähe als Feindseligkeit oder Intimität gilt, ist maximale körperliche Distanzierung Voraussetzung für visuelle Kontrolle. Man vermeidet also Blickkontakt, weil man sich körperlich so nah ist, und man sucht körperliche Distanz, um Blickkontakt haben zu können" (Hirschauer 1999: 239).

Durch dieses situativ hervorgebrachte Handeln wird bewirkt, dass trotz der Nähe beim gemeinsamen Fahrstuhlfahren die wechselseitige Unbekanntheit der Personen aufrechterhalten wird. Erfolgreich vermieden wird, sich kennenzulernen. „Unbekannt sein heißt nicht nur, keine Interaktionsgeschichte zu haben oder zu erinnern, sondern auch keine hervorzubringen" (Hirschauer 1999: 240). Auch an anderen öffentlichen Orten (z. B. in anderen Verkehrsmitteln) stellt sich das Problem der Bekanntschaftsvermeidung. In Fahrstühlen ist diese Aufgabe unter erschwerten Bedingungen zu erbringen, da die hierfür tauglichen kommunikativen Mitteln (z. B. Zeitunglesen) stark eingeschränkt sind. Oft bleibt nur noch der Blick auf die Etagenanzeige, um dies zu bewerkstelligen. „Fahrstuhlfahrer versuchen sich als ‚Teilnehmer' aus der sozialen Situation abzumelden, indem sie der wechselseitigen Wahrnehmung die Reziprozität und der Anwesenheit die Präsenz nehmen. Sie ziehen die Ansprechbarkeitsschwellen hoch und reduzieren die gegenseitige Beachtung auf das Minimum einer Sicherheitsmaßnahme. ( ) Fahrstuhlinsassen versuchen, weder Hauptdarsteller noch Mitspieler zu sein, auch nicht desengagierte Zuschauer und noch nicht mal Anwesende, bloß Vorhandene" (Hirschauer 1999: 241). Die im Fahrstuhl „Vorhandenen" stimmen in der Regel darin überein, „sich wechselseitig als *nicht* anwesend zu behandeln" (Hirschauer 1999: 241).

Verlassen wir nun aber den Fahrstuhl und gehen in die Sauna. Für den Saunabesuch gibt es keine vergleichbar ausführliche und differenzierte Analyse. Aus diesem Grunde werden die Ausführungen auch knapper ausfallen. Während in Finnland, dem klassischen Land des Saunabadens, viele Familien eine eigene

Sauna haben, dominiert in Deutschland und anderen mitteleuropäischen Ländern die öffentliche Sauna. In einer öffentlichen Sauna ist man nicht nur mit anderen, oftmals auch fremden Personen in einem engen Raum. Hinzu kommt, dass diese anwesenden Personen nackt sind. Zur Nacktheit bemerkte Simmel in seinem Artikel „Zur Psychologie der Scham" (1983: 142): „In unserer Kultur gehört ganz generell die unbekleidete körperliche Erscheinung zu dieser Sphäre, die nur unter besonderen Umständen einen anderen zugänglich sein darf, ohne gleichsam das Ich von seiner Ganzheit und Unversehrtheit loszulösen" (Simmel 1983:102). Auch wenn sich seit anfangs des 20. Jahrhunderts als Simmel diese Zeilen schrieb im Umgang mit Nacktheit massive Veränderungen vollzogen haben (vgl. auch König 1990), bestehen dann, wenn ein oder mehrere Akteure/Akteurinnen in einer Interaktion mit nacktem Körper präsent ist bzw. sind, weiterhin besondere Anforderungen für das Handeln insbesondere für die Blicke.

Trotzdem es auch kleine, öffentliche Saunen gibt, ist der Raum in aller Regel größer als in einer Fahrstuhlkabine. Auch in der Sauna ist eine Konfrontation des Körpers mit Technik gegeben. In diesem Fall ist es nicht die Bewegung des Fahrstuhls, auf die man sich einstellen muss, sondern die durch den Ofen erzeugte Hitze. Eine unmittelbare Folge davon ist, dass die in diesem engen Raum anwesenden, nackten Körper zu schwitzen beginnen. Während man als Ausfluss der Mitte des 18. Jahrhunderts vollzogenen Änderung der Geruchskultur (vgl. Corbin 1996), weiterhin bestrebt ist, ein Schwitzen in Gegenwart anderer zu vermeiden, „ist die Sauna heute eine der wenigen Orte in unserer Gesellschaft ( ), wo Schwitzen nicht negativ sanktioniert wird, vielmehr sozial erwünscht ist" (Norden 1987: 30). Das Schwitzen in der Sauna wird nicht als Geruchsbelästigung wahrgenommen.

Für eine Sauna gibt es ein formales Regelwerk, bei dem es vor allem um die Einhaltung hygienischer Bestimmungen und um die Vermeidung gesundheitlicher Probleme geht. Es umfasst z. B. die vorangehende Körperreinigung, die Verwendung eines Liegetuches in Sauna oder Hinweise auf die maximale Verweildauer. Aber damit sind die Regeln keineswegs erschöpft, sie beziehen sich auch auf das soziale Miteinander.

Die dominante Gliederung in einer Sauna ist keine zeitliche, sondern eine räumliche. Neben der eigentlichen Sauna lassen sich der Nassbereich und der Ruheraum unterscheiden. Der Nassbereich dient dazu, sich vor und nach dem Saunagang zu reinigen bzw. abzukühlen. Im Ruheraum hält man sich während der Zwischenzeit der einzelnen Saunagänge auf. Die Regeln für die Ruheräume sind unterschiedlich. Hier können laufende Gespräche zulässig sein; es kann aber auch ein Schweigegebot bestehen. Im Vordergrund steht allerdings das Relaxen, sodass auch ohne explizites Redeverbot vielfach Schweigen einsetzt; die anwesenden Gäste schlafen oder lesen. Während im sozialen Setting des Fahrstuhlfahrens

Gespräche möglichst vermieden werden, wird in der Sauna – wie Gilbert Norden (1987: 110) feststellt – „viel geredet". Umfang und Inhalt hängen ganz wesentlich von der Besucherstruktur ab. Durch regelmäßigen Saunabesuch können Bekanntschaften entstehen. Auch kommt es vor, dass Bekannte und Freunde gemeinsam in die Sauna gehen. Immer dann wenn in der Sauna Personen aufeinander treffen, die sich kennen, kommt es unvermeidlich zu Gesprächen. Dies ist auch dann der Fall, wenn sich bekannte Personen zufälligerweise in der Sauna begegnen. Paare allerdings, die zusammen in eine Sauna gehen, in der fremde Personen anwesend sind, sind mit Gesprächen dagegen eher zurückhaltend. Sie werden erst dann gesprächsfreudiger, wenn sie alleine in der Sauna sind. Zu Gesprächen kann es allerdings auch kommen, wenn ausschließlich fremde Personen anwesend sind. Während zwischen Bekannten eine breite Themenvielfalt möglich ist, dominiert in diesem Fall ein „Setting Talk" (Maynard/Zimmermann 1984), also ein Gespräch über das besondere Setting der Sauna. Besonders der Aufguss – ein zentrales Ritual in der Sauna (vgl. Norden 1987; 1994) – kann Anlass zu einer Gesprächseröffnung sein. Entweder indem bei den anderen Anwesenden nachgefragt wird, ob sie mit der Durchführung eines Aufgusses einverstanden sind oder auch in der Form von Kommentierung oder Danksagung für einen durchgeführten Aufguss. Auch wenn die Anwesenden in der Sauna einander nicht bekannt sind, besteht zwischen ihnen eine „gegenseitige Offenheit" (vgl. Goffman 2009: 142). Ihre Nacktheit und die Andeutung von Körperäußerungen wie dem Schwitzen lassen die Anwesenden prinzipiell als ansprechbar erscheinen. Wer sich dieser wechselseitigen Offenheit zumindest tendenziell entziehen möchte, wird seinen Platz in der Sauna so wählen, um dies zum Ausdruck zu bringen, z. B. indem man zu einer Gruppe von sitzenden Personen einen möglichst entfernten Platz wählt und/oder sich mit abgewandtem Kopf hinlegt. Bei nicht gewollten Gesprächen gibt es auch noch die Strategie, diesen Wortwechsel durch knappe Erwiderungen möglichst schnell auszudünnen.

Auch wenn es nicht zu Gesprächen kommt, die nackten Körper sind in der Sauna unvermeidlich den Blicken der Anwesenden ausgeliefert. Gilbert Norden (1987: 108) zitiert eine regelmäßige Saunabesucherin: „In der Sauna schaut sich jeder das an, was sonst immer verdeckt ist ( ) einfach weil man schaut, ob das schön ist oder nicht, auch weil man ja den ganzen nackten Körper sieht und doch nicht einen Teil davon ausblenden kann. Aber man starrt nicht so offensichtlich hin". Zum Ausdruck gebracht wird, dass die nackten Körper gesehen werden, verboten ist lediglich das Anstarren. Aber nicht nur das Anstarren wird negativ sanktioniert, sondern auch „ostentatives Wegschauen, peinliches Darauf-bedacht-sein, nicht die Genitalien anderer Gäste in den Blick zu nehmen bzw. seine eigenen Genitalien vor Blicken anderer abzuschirmen". Die Saunagäste scheinen ebenso darauf verpflichtet zu sein, den eigenen Körper nicht als erotisches Objekt zu zeigen. Dazu dienen angewinkelte

Beine ebenso wie darauf bedacht zu sein, erotische Positionen zu vermeiden. Der nackte Körper wird sichtbar gemacht und die Anwesenden wissen, dass ihr nackter Körper gesehen wird. Alle sind aber bestrebt, die eigene und fremde Nacktheit als etwas Selbstverständliches aufzufassen. Verstöße dagegen werden sanktioniert, wobei das Spektrum der Sanktionen von unfreundlichen Blicken, Auslachen bis zu verbalen Missbilligungen oder gar Saunaverbot reichen kann.

5 Blicke und Alltagsmoral aus diachroner Perspektive: Nacktheit am Strand

Die synchrone Analyse von Blicken soll abschließend noch durch eine diachrone Perspektive ergänzt werden, ausgehend von der These, dass Blicke und die damit verbundene Alltagsmoral einem kulturellen Wandel unterworfen sind. Schon Georg Simmel (1958: 486) hat darauf hingewiesen, dass die moderne Großstadt „sich durch ein unermessliches Übergewicht des Sehens über das Hören anderer" auszeichne. Er verweist in diesem Zusammenhang darauf, dass vor der Verbreitung der Eisenbahnen, Straßenbahnen und Omnibusse im 19. Jahrhundert Menschen „nicht in der Lage (waren), sich minuten- bis stundenlang gegenseitig anblicken zu können oder zu müssen, ohne miteinander zu sprechen". Auch träge – so weiter Simmel (1958: 486) – die „größere Rätselhaftigkeit des nur gesehenen gegenüber den gehörten Menschen" sicherlich zur „Problematik des modernen Lebensgefühles bei, zu dem Gefühl der Unorientiertheit in dem Gesamtleben, der Vereinsamung und dass man auf allen Seiten von verschlungenen Pforten umgeben ist". An dieser Stelle soll dahingestellt bleiben, ob Simmel das moderne Lebensgefühl zutreffend bestimmt bzw. für seine Zeit bestimmt hat. Mit der These, dass die Moderne zu einer Dominanz des Auges gegenüber den anderen Sinnen führt, vertritt er ein Argument, das inzwischen eine breite Akzeptanz besitzt (vgl. Jütte 2000; Kaufmann 1996; Raab 2008b). Welche Argumente lassen sich dafür anführen bzw. werden angeführt? M. E. lassen sich vor allem vier Argumente identifizieren:

1. Das Aufkommen der modernen Gesellschaft war mit einem rasanten Wachstum der Städte verbunden. So ist z. B. Berlin im 19. Jahrhundert von ca. 170.000 auf über 2 Millionen Einwohner/innen angestiegen. Damit verbunden ist insgesamt eine starke Verstädterung der Bevölkerung. Immer mehr Menschen wohnen in Großstädten oder zumindest größeren Städten. Auch wenn Simmel mit Eisenbahn, Straßenbahn und Omnibusse zu seinen Lebzeiten noch relativ neue Techniken der Mobilität benennt, steht dieser rasante Anstieg im Zentrum

seines Arguments. Während in einer dörflichen Gemeinschaft die Begegnung mit Fremden die Ausnahme ist, wurde diese in den rasant wachsenden Großstädten immer mehr zur Normalität. Einander Bekannte treten in verbalen Kontakt miteinander, auch wenn dieser nur kurz ist. In den durch die modernen Verkehrsmittel vermittelten Begegnungen mit Fremden begnügt man sich – wie bereits beschrieben – mit einem bloßen Registrieren der Anwesenden. Wo auf die Sprache als Austauschmittel verzichtet wird, gewinnt das Auge eine dominante Orientierungsfunktion.

2. Neben dem Größenwachstum der Agglomerationen bringt die moderne Gesellschaft auch eine starke Beschleunigung des Alltagslebens hervor (vgl. Rosa 2012). Schon die technische Beschleunigung – das Auto und das Flugzeug als die Prototypen – hat dazu geführt, dass man mit mehr Menschen schneller in Kontakt treten kann. Die Beschleunigung als Grundphänomen ist aber darauf nicht begrenzt, sondern erstreckt sich ebenso auf das Tempo des sozialen Wandels und auf Lebenstempo. Die Arbeitsteilung wächst, die Interdependenzen nehmen zu und das fördert massiv die Geschwindigkeit des Lebens. Die Beschleunigung als ein Metaphänomen des modernen Lebens trägt nicht nur dazu bei, dass immer mehr Gelegenheiten geschaffen werden mit fremden Personen in Kontakt zu treten. Gerade indem die Begegnungen schneller und kürzer werden, ist das Auge ganz wesentlich gefordert, rasch und zuverlässig eine Grundorientierung herzustellen.

3. Die technischen Innovationen verändern das Sehen. Die Entdeckung der X-Strahlen von Wilhelm Conrad Röntgen (1845-1923), später als Röntgenstrahlen bezeichnet, haben die Möglichkeiten des Sehens verändert. Mit der Redensart, jemand habe Röntgenaugen, ist dies als Metapher auch in die Alltagssprache eingegangen. Zum Ausdruck gebracht wird damit, dass jemand durchdringend sehen kann und dadurch erkennen kann, was andere nicht sehen bzw. was verborgen werden soll. Durch die Technisierung des Sehens wird nicht nur der Körper durchschaubar. Der Einsatz von Kameras und ihre Fortentwicklung als Videotechnik macht eine Ablösung des Blickes vom Individuum möglich, was heute durch die umfassende Videoüberwachung von Plätzen und Einrichtungen massenhaft zum Einsatz kommt. Diese Technik macht es möglich, dass gesehen werden kann, ohne dass der Gesehene selbst das Gesehenwerden sieht.

4. Die starke Verbreitung visueller Medien durch das Kino und später vor allem durch das Fernsehen führte darüber hinaus zu einer fortlaufenden Schulung des Auges. Menschen lernen schneller und oberflächlicher zu sehen, und eignen sich so neue Sehtechniken an. Im Nebeneinander von Ton und Bild gewinnt letzteres sein deutliches Übergewicht. Das klassische Beispiel für die Macht televisueller Bildsprache ist das erste TV-Duell zwischen John F. Kennedy und

Richard Nixon, dem ein wesentlicher Anteil am Ausgang dieser amerikanischen Präsidentenwahl 1960 zugeschreiben wird. Für die Radiohörer/innen gab es in dieser Diskussion keinen Sieger, dagegen votierten die Fernsehzuschauer/innen deutlich für Kennedy. Da die verbalen Botschaften, die die Kandidaten vermittelten für beide Befragtengruppe die gleichen waren, war es ganz offensichtlich das von Kennedy vermittelte Bild, das den Ausschlag zu seinen Gunsten gab.

Ausgehend von der konstatierten Dominanz des Auges soll wiederum ein enger Bereich für eine exemplarische Analyse ausgewählt werden. Aufgegriffen wird die vom französischen Soziologen Jean-Claude Kaufmann stammende Studie „Frauenkörper – Männerblicke" (Originaltitel „Corps de femmes, regards d'hommes. Sociologie des seins nus"), die sich mit der von Frauen in Anspruch genommenen Freiheit, am Strand ihr Bikinioberteil auszuziehen und sich „oben ohne" zu sonnen, befasst. Diese Praxis hat sich ausgehend von Saint-Tropez Mitte der 1960er Jahren an den französischen Stränden – und nicht nur dort – ausgebreitet. Damit ist nicht die Freikörperkultur gemeint, die schon zu Beginn des 20. Jahrhunderts im Zusammenhang mit der Lebensreform entstanden ist. Das „FKK" – wie es mit der Abkürzung oft bezeichnet wird – oder „Baden ohne"[1] findet auf eigens ausgewiesenem Territorium statt. Kaufmann richtet sein Forschungsinteresse auf Handlungen, die auf „normalen" Stränden praktiziert werden. Nach Kaufmann (1996: 151) ist der Strand ein „fortschrittliches Laboratorium zur Erforschung der Modernität des Blickes".

Am Strand werden Frauenkörper zur Schau gestellt; zahlreiche Männerblicke sind auf nackte Busen gerichtet. „Das Entfernen des Bikinioberteils ist keine einfache, natürliche und problemlose Geste, sondern reiht sich in einen historischen Prozess, in ein Set von äußerst ausgefeilten Verhaltensregeln ein, die definieren, wer, wozu das Recht hat und warum" (Kaufmann 1996: 11). Unter Bezugnahme auf Jean-Claude Boulognes Buch „Histoire de la pudeur" (1986) – deutsch 2001 unter dem Titel „Nacktheit und Prüderie" – verweist Kaufmann darauf, dass erst mit dem Ende des Mittelalters weibliche Nacktheit mit Begierde identifiziert wurde. In diesem Zuge wurde die weibliche Brust zum erotischen Objekt, auf das sich die Blicke der Männer richtete. Kaufmann knüpft an Norbert Elias' Zivilisationstheorie an, die erstmals, – aufgrund der erzwungenen Emigration – wenig beachtet, 1939 veröffentlicht wurde. Hervorgerufen durch fortschreitende Interdependenzen habe sich in den abendländischen Gesellschaften, so die Grundthese von Elias, eine

---

1   In der DDR-Gesellschaft, in der das (vollständige) Nachtbaden eine deutlich größere Verbreitung hatte als in der BRD, war die Bezeichnung „Baden ohne" gängig (vgl. Dreßler 2006). –

zunehmende Affektkontrolle und Selbstdisziplin. Konstatiert wird ein „Vorrücken der Peinlichkeitsschwelle und Schamgrenze" (Elias 1976, Bd. 1: 135), wobei Elias ein breites Spektrum von Verhaltensstandards – von Tischmanieren über den Umgang mit Körperflüssigkeiten (Spucken, Schneuzen) bis zu den Ge- und Verboten im Umgang mit Nacktheit – näher betrachtet[2]. Im Zuge dieses Zivilisationsprozesses, der weder geplant noch geradlinig verläuft, komme es zu einer fortschreitenden „Verwandlung zwischenmenschlicher Fremdzwänge in einzelmenschliche Selbstzwänge". Die durch das Zusammenleben „erzeugten selbsttätigen, individuellen Selbstkontrollen, etwa das ‚rationale Denken' oder das ‚moralische Gewissen', schieben sich nun stärker und fester gebaut als je zuvor zwischen Trieb- und Gefühlsimpulse ( ) und hindern ( ) mit größerer Strenge daran, ( ) das Handeln, direkt, also ohne Zulassung durch diese Kontrollapparaturen, zu steuern" (Elias 1976, 1. Bd.: LXI). Schon von Elias und noch stärker in seiner Nachfolge wurde darauf verwiesen, dass es schon im ausgehenden 19. Jahrhundert zur Lockerung der bislang erreichten Verhaltensstandards gekommen ist. Verbreitet ist es, diese Tendenz als Informalisierung zu bezeichnen (vgl. Wouters 1999; 2009). Ohne diesen Begriff aufzugreifen, spricht auch Kaufmann von zwei Phasen. In der ersten Phase, dem von Elias beschriebenen Zivilisationsprozess, „konnte die Kontrolle der Gesten und Emotionen nur durch immer mehr Verbote und neue zunehmende Distanzierung zur körperlichen Unmittelbarkeit erreicht werden" (Kaufmann 1996: 26). Den Höhepunkt der Rigidität und Schamhaftigkeit sieht Kaufmann im 19. Jahrhundert. Ende des 19. und vor allem im 20. Jahrhundert entwickelte sich dann eine neue Sichtweise des Körpers und die zweite Phase im Zivilisationsprozess begann. Ausdrücklich weist Kaufmann darauf hin, dass Formalisierung und Informalisierung noch im 20. Jahrhundert nebeneinander existierten. Den Über-

---

2   An dieser Stelle kann nicht näher auf die Kontroverse zwischen Norbert Elias und Hans-Peter Duerr eingegangen werden. In seinem fünfbändigen Werk möchte Duerr (1988-2002) den Nachweis führen, dass der von Elias konstatierte Zivilisationsprozess ein „Mythos" ist. Vehement wendet Duerr sich gegen die These eines Voranschreitens von Scham- und Peinlichkeitsschwellen in der modernen Gesellschaft und der damit einhergehenden Auffassung, vormoderne Gesellschaften würden keine oder weniger Scham kennen. Duerr setzt dem die These einer anthropologischen Wesenhaftigkeit von Scham gegenüber. Mit seinem umfangreichen Werk kann er durchaus Zweifel an einer unilinearen Entwicklungslinie wecken. Völlig zu Recht weist Duerr darauf hin, dass von Nacktheit nicht auf Zügellosigkeit geschlossen werden darf. Solche Kulturen besitzen ein strenges Reglement der Blicke im Umgang mit Nacktheit. Entgegen seiner These weist die beeindruckende Materialfülle jedoch eine große Variationsbreite in der Entstehung und Äußerung von Scham aus. Deutlich wird danach, dass Scham auch als anthropologische Universalie primär als ein kulturelles Phänomen betrachtet werden muss (ausführlich vgl. Hinz 2002; knapper: Schröter 1990; Ernst 1997; Paul 2010).

gang zur zweiten Phase illustriert Kaufmann (1996: 26ff) am „Krieg ums Korsett". Vollzogen hat sich eine Befreiung des weiblichen Körpers, wonach es für Frauen möglich wurde, „Sport zu treiben oder Tango zu tanzen" (28).

Das Oben-ohne-Sonnenbaden ist Teil des umfassenden Informalisierungsprozesses; es ist eingebettet in eine Fülle von Veränderungen, die es Frauen erlauben, in der Öffentlichkeit mehr Körper und mehr nackte Haut zu zeigen[3]. Die Veränderungen der Bademode, hier vor allem das Aufkommen des Bikinis, aber auch Straßenkleidung machen das deutlich. „Jeder kann tun, was er will!" Kaufmann berichtet, dass dieser Satz in seiner Studie immer wieder gefallen ist. Zum Ausdruck gebracht wurde damit, dass eine jede Frau doch selber entscheiden soll, ob sie sich oben ohne oder mit Bikini bzw. Badeanzug sonnen möchte. Dieser Satz kam von Frauen ebenso wie von Männer. Die Studie zeigt aber, dass sich „unter dem Sand des Strandes ( ) heimtückische Zwänge, implizite Regeln, erbarmungslose Klassifikationen, grausame Hierarchien (verbergen): der Strand ist manchmal gerne das genaue Gegenteil der Toleranz, die er sich auf die Fahnen schreibt" (Kaufmann 1996: 238). Hinter der zur Schau gestellten Toleranz verbirgt sich ein differenziertes Regelsystem, das dem Oben-Ohne-Sonnenbaden am Strand zu Grunde liegt.

Das Regelsystem beginnt bei der Platzwahl, die nicht dem Zufall überlassen wird. Ausgewählt wird bevorzugt ein Platz in der Nähe von Frauen und Gruppen ohne Kinder. Auch wird Ausschau gehalten, ob besonders abschreckende Akteure/ Akteurinnen in der Nähe sind; dazu werden Gruppen männlicher Jugendlicher oder einzelne Männer gerechnet. Auch auf die Distanz zu Fremden wird geachtet. Die Platzauswahl erfolgt mit flüchtigen Blicken, man möchte doch den Eindruck erwecken, dass man spontan einen Platz in Anspruch nimmt ohne auszuwählen. Nur wenige Frauen ziehen sich sofort aus; zumeist wird zunächst die Situation sondiert. Einige ziehen das Oberteil nur dann aus, wenn sie sehen, dass andere Frauen es bereits gemacht haben. Gängig ist es, dass eine Frau, die die Absicht hegt, „eine Art vorausschauende Beobachtung" (Kaufmann 1996: 138) durchführt, die unterschiedlich lang sein kann. Es geht dabei darum, wie es Kaufmann formuliert, den Blick der anderen zu fühlen. „Eine Frau, die Oben-Ohne macht, ist nicht allein, sie befindet sich inmitten eines visuellen Austauschsystems, innerhalb dessen ein jeder hinter seinem harmlosen kurzen Blick über die Landschaft beobachtet, manchmal sogar ohne es zu wollen" (Kaufmann 1996. 142). Diese vorgeschaltete Phase der Beobachtung dient dazu, eine Entscheidung zu fällen, ob das Oberteil

---

3   Ein fortwährend wiederkehrendes Thema im öffentlichen Diskurs ist der Verlust von
    Schamgrenzen (vgl. Greiner 2014: Ernst 1997; Schwiering 2009). Darauf kann in diesem
    Zusammenhang nicht näher eingegangen werden. Der Begriff der Informalisierung
    kann dieser vielfach stark normativ geführten Debatte mehr Substanz verleihen.

abgelegt wird. Die diffuse Beobachtung wird auch danach fortgesetzt. Wenn man Blicke spürt, wird das Oberteil wieder angezogen oder gar der Platz gewechselt. Als Schutzmechanismus ist es verbreitet, sich flach auf den Bauch zu legen, damit die Brust den Blicken entzogen ist. Um sich gegen Blicke zu wehren, haben Frauen auch Gegenmittel. Sie können so tun als ob sie schlafen oder die Blicke ignorieren. Sie können überdies zum Gegenangriff übergehen, in dem sie jene/n, die/der sie im Blick hat, direkt anschauen. Frauen sind sich dessen bewusst, dass sie viel stärker die Blicke auf sich ziehen, wenn sie sich hinsetzen oder aufstehen. Wenn sie sich aufrichten, verlassen sie die vorher errichtete schützende Kristallkugel. Viele Frauen ziehen, wenn sie zum Wasser gehen ihr Oberteil wieder an. Ein kritischer Moment ist auch das Auftragen der Sonnenmilch, da diese Selbstberührung einen besonderen Blickfang darstellt.

Viel Wert wird immer auf das sich bildende Ensemble gelegt. Kaufmann (verdichtet das zu der folgenden Regel: „Je öffentlicher, fremder, anonymer der Strand ist, desto weniger geniert man sich, hingegen umso mehr, je familiärer der Strand ist". Vom Partner oder wenigen Nahestehenden (z. B. Schwester) abgesehen, fällt es offensichtlich schwer sich vor Verwandten, Freunden und Bekannten auszuziehen. Wenn frau zu zweit unterwegs ist, scheint es ganz überwiegend ihre individuelle Entscheidung zu sein, ob sie sich auszieht. Männer sagen nichts oder wenig zu der Oben-Ohne-Praxis ihrer Partnerin. Auch wenn sie eigentlich dagegen sind, beschränken sie sich meist auf kleine, versteckte Sätze. Es kommt aber durchaus vor, dass sie Gefallen daran finden, dass auf ihre Partnerin Blicke anderer Männer gerichtet werden. Fest eingeschrieben in den Blicken am Strand sind Normalitätsvorstellungen vom wahrgenommenen Busen. Das Recht, sich nackt zu zeigen, wird nur den schönen Brüsten zugestanden. In Abgrenzung dazu wird am Strand viel über Hässlichkeit gesprochen. Große oder alte Busen bilden in besonderem Maße den Stein des Anstoßes.

Der halbnackte Frauenkörper ist nicht nur Männerblicken ausgesetzt, sondern auch den Blicken von Frauen. Frauen blicken direkter und weniger diskret, allerdings geht von diesen Blicken weniger Druck aus. Frauen erlauben sich gegenseitig stärker anzuschauen als dem anderen Geschlecht. Frauenblicke können aus „reiner informativer Neugier" erfolgen; um sich am Verhalten oder Kleidung anderer Frauen zu orientieren und ‚etwas abzuschauen'. Sie können aber auch äußerst kritisch und argwöhnisch sein und dabei – wie es Kaufmann (1996: 146) formuliert – als „Speerspitze der sozialen Kontrolle" fungieren. So kann es durchaus der Blick einer Frau sein, die Unbehagen bei einer anderen Frau auslöst und sie dazu führt, ihr Oberteil wieder anzuziehen.

Nicht alle Blicke am Strand stören. Sie sind auch unvermeidlich; die Anwesenheit am Strand bringt es unmittelbar mit sich, dass man im Blickfeld anderer

Personen ist und auf diese die eigenen Blicke richtet. Man sieht und wird gesehen. Auch Frauen ohne Bikinioberteil haben gegen normale Blicke nichts einzuwenden. Vom Grad der Ungezwungenheit, von der in Anspruch genommenen Selbstverständlichkeit ihres Handelns hängt es ab, was als ein normaler Blick gelten kann. Von daher kann der gleiche Blick von einer Frau als normal, dagegen von einer anderen schon als störend aufgefasst werden. Fest verankert ist am Strand die Klassifikation der Männerblicke in „normale" und „andere Blicke". Normal ist der Blick, in den Worten von Kaufmann (1996: 147), „der nicht sieht". Im Umgang mit dieser Nacktheit gehört es sich nicht, „zu fixieren und offensichtlich interessiert hinzusehen, sondern im Gegenteil beinahe zerstreut, ‚als ob man etwas ganz anderes ansehen würde'" (Kaufmann 1996: 161f). Der angemessene Strandblick „ein neutraler, für andere sinnentleerter Blick, ein Blick für sich" (Kaufmann 1996: 162), ein Blick, der keine Botschaften vermittelt und frei von Emotionen ist. Was am Strand kultiviert wird, ist „die Kunst zu sehen, ohne zu sehen" (Kaufmann 1996: 162f). Diese Kunst des Sehens „basiert auf der Kontrolle über Starrheit und Bewegung". Starre Blicke lassen sich zwar auch vom Strand aus beobachten, aber sie dürfen nicht auf einen halbnackten Körper gerichtet werden, sondern auf einen neutralen Punkt, wie z. B. auf den Horizont, das weite Meer und eine herbeigeflogene Möwe. Unbedingt vermieden werden muss, „der starre ausdrucksvolle Blick (sei er bewundernd oder missbilligend) auf den nackten Busen"; niemals dürfen die Augen „auf einem nackten Busen zum Stillstand kommen" (Kaufmann 1996: 164). Am stärksten verpönt sind aufdringliche Spanner, die weder ihren Blick noch ihre Gedanken zu verheimlichen bestrebt sind.

Es gibt auch einen Blick, der in seiner Intensität über den normalen Strandblick hinausgeht, der aber von einigen Frauen bereitwillig akzeptiert und möglicherweise von ihnen sogar provoziert wird. Dabei handelt es sich um einen länger andauernden Blick, der die Schönheit einer Frau bestätigt. Blicke, die eine Frau auf sich zieht, können nämlich immer auch Ausdruck ihrer wahrgenommenen Schönheit sein. Für die Frau ist es notwendig zu erkennen, ob dieser Blick tatsächlich durch ihre Schönheit ausgelöst wird oder ob andere, wie auch immer gearteten Absichten dahinter stehen. Dieses Privileg, die eigene Schönheit bestätigen zu dürfen, wird nicht jedem/jeder zugestanden. Nur wenn der Blick von der ‚richtigen' Person kommt, wird dieses Privileg erteilt und dieser Blick als angenehm, weil bestätigend, wahrgenommen.

Im Umgang mit der Nacktheit lassen sich nach Kaufmann drei unterschiedliche Ordnungsvorstellungen identifizieren, die im Kampf miteinander stehen. Diese drei Ordnungsvorstellungen manifestieren sich in drei unterschiedlichen Sichtweisen auf Frauenkörper. Die erste Ordnungsvorstellung ist die der Banalität, die im Zuge des Informalisierungsprozesses entstanden ist und sich immer stärker ausbreitet.

Das Oben-Ohne und überhaupt die Nacktheit wird als etwas ganz Gewöhnliches aufgefasst, das man überall sieht und nichts Außergewöhnliches (mehr) darstellt. Die Tatsache der Nacktheit verliert ihren aufmerksamen Charakter, wird als etwas gewöhnlich Banales aufgefasst. Der nackte Körper wird negiert, unsichtbar gemacht. Diese Vorstellung des banalen Körpers steht zum einen in Konkurrenz mit der Ordnungsvorstellung der Sexualität und dem Blick auf den erotischen Körper. Man könnte mutmaßen, dass der erotische Blick von Nachzüglern des Zivilisationsprozesses ausgeht, die in ihrer Emotionskontrolle noch nicht so weit fortgeschritten sind. Diese Ordnungsvorstellung ist aber verbreiteter, als dass es möglich wäre, diese darauf zu beschränken. Deutlich wird in Kaufmanns Studie, dass Männer versuchen hinter der Banalisierung den sexuellen Blick zu verstecken und zu verheimlichen. Manifest wird der sexuelle Blick in Männergruppen; sie halten offen Ausschau, um über wahrgenommene Frauenkörper zu reden. Allerdings reicht meist schon die Anwesenheit einer einzigen Frau aus, um diese männliche Dynamik zu blockieren. Männer, die offen einen sexuellen Blick am Strand zugeben, betonen, dass ihr Begehren lediglich im Kopf stattfindet, was ebenfalls als Ausdruck einer fortgeschrittenen Zivilisierung aufzufassen ist. An dieser Stelle lassen sich deutliche Unterschiede zwischen Männern und Frauen erkennen. Frauen nehmen den Strand vorrangig als eine Welt der unsichtbaren Körper wahr, auf der auf Nacktheit niemand mehr achten. Für sie ist „das Sehen ( ) nur ein Instrument, das es erlaubt, die Wirklichkeit des unsichtbaren Körpers zu konstruieren". Männer dagegen nutzen die Kunst des Sehens ohne zu sehen als Schirm, um dahinter doch „ein bisschen hinzusehen" (Kaufmann 1998: 191). Die Frauen sind im neuen Umgang mit der Nacktheit die Protagonistinnen, „die durch ihre Fähigkeit zum Nicht-Blick auf den Blick und durch den Wunsch, den Prozess voranzutreiben, den gesamten Strand mitziehen". Die Männer hinken hinterher und lassen sich mitziehen. Dies schließt nicht aus, dass es am Strand auch Frauen gibt, die die Ordnungsvorstellung der Sexualität für sich in Anspruch nehmen und es verstehen den männlichen Blick auf ihren erotischen Körper zu ziehen. Gleichwohl gewinnt man den Eindruck, dass Männer häufiger diese Verführungskünste wahrzunehmen glauben, als dass diese auch ausgeübt werden. Dieser Geschlechterdifferenz hat Christiane Tramitz (1995) in ihrem populären Sachbuch zum Flirtverhalten mit „Irren ist männlich" einen einprägsamen Titel gegeben.

Die Vorstellung des banalen Körpers steht zum anderen mit der Ordnungsvorstellung der Schönheit und ihrer Manifestation im ästhetischen Körper in Konkurrenz. Nicht das sexuelle Begehren steht im Vordergrund, sondern die ästhetische Faszination der wahrgenommenen Körper. Sehr eindringlich weist Kaufmann darauf hin, dass diese drei Körper der Frau nicht getrennt voneinander auftreten, sondern in enger Verbindung stehen. „Wenn das Banale die Bedingungen für Normalität schafft und den einfachen Austausch zwischen Männern und Frauen ermöglicht, widersteht Schönheit nur selten der Versuchung, den Körper seine Unsichtbarkeit zu berauben. Wenn Schönheit in Erscheinung tritt, bringt der Mann sein Begehren ins Spiel und lässt den erotischen Körper aufblitzen. Und wenn schließlich die Gefahr besteht, dass die Triebe Unordnung schaffen, bietet sich die Möglichkeit zur ästhetischen Sublimierung oder zu beruhigender Banalität. Die Frau gleitet pausenlos zwischen den drei Körpern hin und her. Meistens befindet sie sich weder vollständig im Bereich der Banalität noch in dem der Schönheit noch in dem der Sexualität, sondern zwischen zweien oder allen dreien, in einer mehrdeutigen Situation, und dies angesichts von Blicken, die nicht weniger mehrdeutig sind" (Kaufmann 1996: 223). Dabei ist es möglich, dass die Wahrnehmung in einer kurzen Zeitfolge vom banalen zum schönen und dann zum sexuellen Körper – oder in beliebiger anderer Reihenfolge – erfolgen kann. Auch ist dabei immer die Ambiguität der Blicke zu beachten. Oder in Worten von Kaufmann (1996: 229) gesprochen: „Derselbe Blick sagt für den, der schaut, nicht dasselbe aus, wie für diejenige, die betrachtet wird".

Kaufmann weist auch darauf hin, dass diese drei Ordnungsvorstellungen nicht nur bei der Nacktheit am Strand auftreten. Dies legt es nahe, nochmals die Brücke zu unserem Saunabesuch zu schlagen: Zu vermuten ist, dass in der Sauna die Ordnungsvorstellung der Banalität deutlich stärker dominiert. Männer und Frauen nehmen in der Sauna vorrangig die Anwesenheit banaler Körper wahr; dieses Wahrnehmungsmuster wird nur immer wieder mal – bei Männern wahrscheinlicher häufiger als bei Frauen – durch den kurzen Blick auf den schönen Körper durchbrochen. Es hat den Anschein, dass sich die Ordnungsvorstellung der Banalität in der Sauna deutlich stärker feststeht als am Strand. Vor allem scheint der erotische Körper aus den Blickmustern auf Frauenkörper aus der Sauna weitegehend verbannt zu sein. Informalisierungsprozesse sind offensichtlich in sozialen Situationen unterschiedlich weit vorangeschritten. Die Weite des Strandes scheint es zuzulassen, stärker zwischen drei Frauenkörper hin und her zu springen. Die Enge des Raumes einer Sauna macht dagegen, deutlich stärker eine Disziplinierung des Blickes erforderlich und hat diesen auch durchgesetzt.

5   Ein Ausblick mit Worten

Dieser Artikel hatte ein doppeltes Ziel. Zunächst sollte deutlich gemacht werden, dass es eine massive Verkürzung darstellt, unter Interaktion in erster Linie einen verbalen Austausch aufzufassen. Die allermeisten unserer Begegnungen beschränken sich nur auf Blicke, aber auch dann, wenn gesprochen wird, haben unsere Blicke eine ganz wesentliche Funktion inne. Neben dem breiten visuellen Material kann auch die Belletristik für die Erforschung der Blicke eine reichhaltige Quelle sein, wie unter Verwendung von Thomas Manns Erzählung „Der Tod in Venedig" deutlich gemacht werden sollte.

Auf dieser Basis wurde versucht deutlich zu machen, welche Alltagsmoral unsere Blicke in verschiedenen Situationen dominiert. Hierfür wurden soziale Situationen ausgewählt, die eine große räumliche Nähe zu Fremden mit sich bringen bzw. solche in denen sich fremde Personen vollständig oder teilweise nackt gegenüber stehen oder liegen. Ausgewählt wurden das gemeinsame Fahrstuhlfahren, der Saunabesuch sowie das Oben-Ohne-Sonnen am Strand. Diese Situationen wurden ausgewählt, weil sie für eine soziologische Analyse ein besonderes Potenzial beinhalten, aber auch weil zum Fahrstuhlfahren und Strand zwei faszinierende, empirische Studien vorgestellt und gewürdigt werden konnten. Für die Erforschung der Alltagsmoral kann diese Materialbasis nur ein Einstieg sein. Wenn diese exemplarischen Analysen Neugier und Interesse für dieses Thema wecken konnten, hat es sich gelohnt, den Artikel zu schreiben.

Bibliografie

Bellebaum, Alfred (2014): Warten. Der Umgang mit der Zeit. in: Bellebaum, Alfred / Hettlage, Robert (Hrsg.). Unser Alltag ist voll von Gesellschaft. Sozialwissenschaftliche Beiträge, Wiesbaden, S.231–258.

Bellebaum, Alfred / Hettlage, Robert (Hrsg.) (2014): Unser Alltag ist voll von Gesellschaft. Sozialwissenschaftliche Beiträge, Wiesbaden.

Benkel, Torsten (2010): Der intime Augenzeuge. Elemente einer Soziologie des Voyeurismus. in: Benkel, Thorsten (Hrsg.). Soziale Dimensionen der Sexualität, Giessen, S.361–390.

Berger, Peter L. / Luckmann, Thomas (1998): Die gesellschaftliche Konstruktion der Wirklichkeit. Eine Theorie der Wissenssoziologie, Frankfurt/Main.

Bergmann, Jörg (1991): Goffmans Soziologie des Gesprächs und seine ambivalente Beziehung zur Konversationsanalyse. in: Hettlage, Robert / Lenz, Karl (Hrsg.). Erving Goffman. Ein soziologischer Klassiker der zweiten Generation, Bern.

Bologne, Jean-Claude (2001): Nacktheit und Prüderie. Eine Geschichte des Schamgefühls, Weimar.

Braun, Norman (Hrsg.) (2014): Begriffe – Positionen – Debatten. Eine Relektüre von 65 Jahren Soziale Welt, Baden-Baden.

Burgelin, Olivier / Perrot, Philippe (1994): Vom ewigen Zwang zu gefallen. Etikette und äußere Erscheinung, Leipzig.

Corbin, Alain (1996): Pesthauch und Blütenduft. Eine Geschichte des Geruchs. Berlin

Dreitzel, Hans Peter (1983): Peinliche Situationen. in: Baethge, Martin / Essbach, Wolfgang (Hrsg.). Soziologie. Entdeckungen im Alltäglichen. Hans Paul Bahrdt Festschrift zu seinem 65. Geburtstag, Frankfurt/Main, S.148–173.

Dreßler, Sabine (2008): Baden ohne. Die Freikörperkultur in der DDR als Massenphänomen: Entwicklung, Organisation, Bedeutung.

Duerr, Hans Peter (1988, 1990, 1993, 1997, 2002): Der Mythos vom Zivilisationsprozess. Fünf Bände: Band 1: Nacktheit und Scham. Band 2: Intimität. Band 3: Obszönität und Gewalt. Band 4: Der erotische Leib. Band 5: Die Tatsachen des Lebens., Frankfurt/Main.

Durkheim, Emile: Die Bestimmung der moralischen Tatsache. in: Durkheim, Emile (Hrsg.). Soziologie und Philosophie., Frankfurt/Main, S.84–117.

Durkheim, Emile (1988): Über soziale Arbeitsteilung, Frankfurt/Main.

Elias, Norbert (1976): Über den Prozess der Zivilisation. Band 1: Wandlungen des Verhaltens in der westlichen Oberschichten des Abendlandes; Band2: Wandlungen der Gesellscvhaft. Entwurf zu einer Theorie der Zivilisation., Frankfurt/Main.

Ernst, Stefanie (1997): Schamlose Gesellschaft. in: Kneer, Georg / Nassehi, Armin / Schroer, .Markus (Hrsg.). Soziologische Gesellschaftsbegriffe : Konzepte moderner Zeitdiagnosen, München, S.51-75.

Goffman, Erving (1953): Communication conduct in an island community, Chicago.

Goffman, Erving (1969): Wir alle spielen Theater. Die Selbstdarstellung im Alltag, München.

Goffman, Erving (1971b). Über Ehrerbietung und Benehmen. in: Goffman, Erving (Hrsg.). Interaktionsrituale. Über Verhalten in direkter Kommunikation, Frankfurt/Main, S.54–105.

Goffman, Erving (1974): Das Individuum im öffentlichen Austausch. Mikrostudien zur öffentlichen Ordnung, Frankfurt/Main.

Goffman, Erving (Hrsg.) (1971a): Interaktionsrituale. Über Verhalten in direkter Kommunikation, Frankfurt/Main.

Goffman, Erving (1971c): Verlegenheit und soziale Organisation. in: Goffman, Erving (Hrsg.). Interaktionsrituale. Über Verhalten in direkter Kommunikation, Frankfurt/Main, S.106–123.

Goffman, Erving (1977): Rahmen-Analyse. Ein Versuch über die Organisation von Alltagserfahrungen, Frankfurt/Main.

Goffman, Erving (1994): Die Interaktionsordnung. in: Knoblauch, Hubert A. (Hrsg.). Interaktion und Geschlecht, Frankfurt/Main, S.50–104.

Goffman, Erving (2009): Interaktion im öffentlichen Raum. Frankfurt/Main.

Greiner, Ulrich (2014): Schamverlust. Vom Wandel der Gefühlskultur, Reinbek bei Hamburg.

Hahn, Alois (2014): Schweigen, Verschweigen, Wegschauen und Verhüllen. in: Bellebaum, Alfred / Hettlage, Robert (Hrsg.). Unser Alltag ist voll von Gesellschaft. Sozialwissenschaftliche Beiträge, Wiesbaden, S.151–174.

Hettlage, Robert / Lenz, Karl (Hrsg.) (1991): Erving Goffman. Ein soziologischer Klassiker der zweiten Generation, Bern.

Hettlage, Robert (in diesen Band): Alltagsmoralen. Die Sinne und das pflichtgemässe Handeln

Hinz, Michael (2002): Der Zivilisationsprozess: Mythos oder Realität? Wissenschaftssoziologische Untersuchungen zur Elias-Duerr-Kontroverse, Opladen.

Hirschauer, Stefan (1999): Die Praxis des Fahrstuhls und die Minimierung der Anwesenheit. Eine Fahrstuhlfahrt., in: Soziale Welt 50, S.221–246.

Jütte, Robert (2000): Geschichte der Sinne. Von der Antike bis zum Cyberspace, München.

Kaufmann, Jean-Claude (1996): Frauenkörper – Männerblicke. Soziologie des Oben-ohne, Konstanz.

Keller, Reiner (2012): Das interpretative Paradigma. Eine Einführung, Wiesbaden.

Kieserling, André (1999): Kommunikation unter Anwesenden. Studien über Interaktionssysteme, Frankfurt/Main.

König, Oliver (1990): Nacktheit. Soziale Normierung und Moral, Opladen.

Krämer, Hannes / Schäfer, Hilmar (2014): Kabinen und ihre Körper. Im Fahrstuhl mit Stefan Hirschauer. in: Braun, Norman (Hrsg.). Begriffe – Positionen – Debatten. Eine Relektüre von 65 Jahren Soziale Welt, Baden-Baden, S.283–294.

Kurt, Ronald (2008): Vom Sinn des Sehens. in: Raab, Jürgen (Hrsg.). Phänomenologie und Soziologie. Theoretische Positionen, aktuelle Problemfelder und empirische Umsetzungen, Wiesbaden, S.369–378.

Lenz, Karl (1991): Erving Goffman Werk und Rezeption. in: Hettlage, Robert / Lenz, Karl (Hrsg.). Erving Goffman. Ein soziologischer Klassiker der zweiten Generation, Bern, S.27–96.

Lenz, Karl (2009): Keine Beziehung ohne großes Theater. Zur Theatralität im Beziehungsaufbau. in: Willems, Herbert (Hrsg.). Theatralisierung der Gesellschaft. Bd. 1, Soziologische Theorie und Zeitdiagnose, Wiesbaden, S.239–258.

Lenz, Karl (2014): Lügen im Alltag. Omnipräsent und diskreditiert. in: Bellebaum, Alfred / Hettlage, Robert (Hrsg.). Unser Alltag ist voll von Gesellschaft. Sozialwissenschaftliche Beiträge, Wiesbaden, S.175–210.

Loenhoff, Jens (2001); Die kommunikative Funktion der Sinne. Theoretische Studien zum Verhältnis von Kommunikation, Wahrnehmung und Bewegung, Konstanz

Luhmann, Niklas (1984): Soziale Systeme. Grundriss einer allgemeinen Theorie, Frankfurt/Main.

Maynard, Douglas W / Zimmerman, Don H. (1984): Topical talk, ritual and the social organization of relationships., in: Social Psychology Quarterly 47, S.301–316.

Neckel, Sighard (1991): Status und Scham. Zur symbolischen Reproduktion sozialer Ungleichheit, Frankfurt/Main.

Norden, Gilbert (1987): „Saunakultur" in Österreich. Zur Soziologie der Sauna und des Saunabesuches, Wien , Graz.

Norden, Gilbert (1994): Die Lebenswelt der Saunist(inn)en, in: Richter, Rudolf (Hrsg.); Sinnbasteln. Beiträge zur Soziologie der Lebensstile. Wien: 99-120.

Paul, Axel T. (2010): Die Gewalt der Scham. Elias, Duerr und das Problem der Historizität menschlicher Gefühle. in: Bauks, Michaela / Meyer, Martin (Hrsg.). Zur Kulturgeschichte der Scham, Hamburg, S.195–216.

Perrot, Philippe (1991): Le corps féminin. XVIIIe-XIXe siècle, Paris.

Raab, Jürgen (2008): Erving Goffman, Konstanz.

Raab, Jürgen (2008): Visuelle Wissenssoziologie. Theoretische Konzeption und materiale Analysen, Konstanz.

Rosa, Hartmut (2012): Beschleunigung. Die Veränderung der Zeitstrukturen in der Moderne, Frankfurt/Main.

Scheff, Thomas (2009): Shame and conformity. The deference emotions system. in: Hopkins, Debra (Hrsg.). Theorizing emotions. Sociological explorations and applications, Frankfurt/Main, S.221–243.

Schlögl, Rudolf (2008): Kommunikation und Vergesellschaftung unter Anwesenden. Formen des Sozialen und ihre Transformation in der Frühen Neuzeit, in: Geschichte und Gesellschaft : Zeitschrift für historische Sozialwissenschaft 34, S.155–224.

Schröter, Michael (1997a):Wildheit und Zähmung des erotischen Blicks bei deutschen Adels-
    gruppen im 13. Jahrhundert, in: Schröter, Michael (Hrsg.). Erfahrungen mit Norbert
    Elias. Gesammelte Aufsätze. Frankfurt/Main, S.49-70.
Schröter, Michael (1997b):Scham im Zivilisationsprozess. Zur Diskussion mit Hans Peter
    Duerr. in: Schröter, Michael (Hrsg.). Erfahrungen mit Norbert Elias. Gesammelte Auf-
    sätze. Frankfurt/Main, S.71-109.
Schütz, Alfred (2004): Der sinnhafte Aufbau der sozialen Welt. Eine Einleitung in die ver-
    stehende Soziologie, Konstanz.
Schwietring, Thomas (2009): Zeigen und Verbergen. Intimität zwischen Theatralisierung
    und Enttheatralisierung. in: Willems, Herbert (Hrsg.). Theatralisierung der Gesellschaft.
    Bd. 1, Soziologische Theorie und Zeitdiagnose, Wiesbaden, S.259-277.
Simmel, Georg (1958b): Exkurs über die Soziologie der Sinne. in: Simmel, Georg (Hrsg.).
    Soziologie. Untersuchungen über die Formen der Vergesellschaftung, Berlin, S.483-493.
Simmel, Georg (1958a): Soziologie. Untersuchungen über die Formen der Vergesellschaf-
    tung, Berlin.
Simmel, Georg (Hrsg.) (1983): Schriften zur Soziologie. Eine Auswahl, Frankfurt/Main.
Simmel, Georg (1983): Zur Psychologie der Scham. in: Simmel, Georg (Hrsg.). Schriften zur
    Soziologie. Eine Auswahl, Frankfurt/Main, S.140-151.
Tramitz, Christiane (1994): Irren ist männlich. Weibliche Körpersprache und ihre Wirkung
    auf Männer. München: Bertelsmann
Watzlawick, Paul / Beavin, Janet / Jackson, Don D. (1982): Menschliche Kommunikation.
    Formen, Störungen, Paradoxien, Bern.
Wouters, Cas (1999):Informalisierung. Norbert Elias' Zivilisationstheorie und Zivilisati-
    onsprozesse im 20. Jahrhundert, Opladen
Wouters, Cas (2009): The civilizing of emotions: formalization and Informalization. in:
    Hopkins, Debra (Hrsg.). Theorizing emotions. Sociological explorations and applications,
    Frankfurt/Main, S.169-193.
Zingerle, Arnold (2014): Der Takt im Alltag und in der Theorie. Beschreibungen und Ver-
    ortungen. in: Bellebaum, Alfred / Hettlage, Robert (Hrsg.). Unser Alltag ist voll von
    Gesellschaft. Sozialwissenschaftliche Beiträge, Wiesbaden, S.125-148.

Wer Ohren hat zu hören …
Über eine zentrale Dimension der Welterfassung

Gerhard Schmied

> *„Da ist in den Ohren das weit reichende Gehör, unüber-*
> *trefflich mit einem dünnen Häutchen überzogen, zur*
> *Prüfung und Unterscheidung manch süßen Getöns."*
> Johannes von Tepl, Der Ackermann (zuerst 1449)

Der Fokus

Die folgenden Überlegungen sind soziologisch orientiert. Diese Orientierung soll mit dem Theoretiker Harold Garfinkel so spezifiziert werden: „Im fachsoziologischen Verständnis bezieht sich das Konzept ‚gemeinsame Kultur' auf die gesellschaftlich gebilligten Grundlagen des Folgerns und Handelns – Grundlagen, auf welchen die Menschen in ihren alltäglichen Angelegenheiten fußen und von denen sie annehmen, dass andere Gruppenmitglieder sie in derselben Weise für die Bewältigung ihrer Angelegenheiten heranziehen." (S. 189) Und Peter L. Berger und Thomas Luckmann skizzieren das vergleichbare Konzept ihrer Wissenssoziologie so: „Unsere Abhandlung soll eine soziologische Analyse der Alltagswirklichkeit vorstellen – präziser: eine Analyse des Wissens, welche das Verhalten in der Alltagswelt reguliert." (S. 21) Das Alltagswissen gewinnt so die Dignität des wissenschaftlichen Substrats. Das Ohr und die Fähigkeit des Hörens als Gegenstand unserer Überlegungen spielen in unserer Alltagswelt und in unserem Alltagsdenken meist keine überragende, aber doch eine stets präsente Rolle.

Die folgenden Informationen müssen nicht neu und verblüffend sein, sollen sich aber mühelos in einen alltagsspezifischen Kontext einordnen lassen.

1   Das Ohr

Auge und Ohr gelten als unsere wichtigsten Sinnesorgane. Ein wichtiger Aspekt unserer Wahrnehmung ist die Welt des Schalls. „Die Welt des Schalls erschließt sich dem Menschen über das Gehör. Durch das Ohr werden aus Schallwellen Hörempfindungen, Sprache und Musik, aber auch Krach und Lärm." (Hellbrück. Ellermeier, S.18) Wer ständigem starkem Lärm ausgesetzt ist, dessen Gehör ist der Gefahr ausgesetzt, dass dieses auf die Dauer geschwächt wird. Das hat gravierende Konsequenzen für das alltägliche Miteinander. Wir erfahren, trotz der Menge an gedruckter Information, bei der das Auge wieder zum Leitsinn wird, immer noch vieles über das Ohr oder im Zusammenspiel von Ohr und Auge, wie der Begriff des Audiovisuellen nahelegt.

Ein geschwächtes oder gar taubes Gehör ist ein gravierendes Handicap, das das Gemüt und jeden Austausch ständig belastet. Geräusche in großer Lautstärke können auch körperliche Schmerzen verursachen. Als ich vor vielen Jahren die Rockoper „Tommy" live hörte, musste ich das eindrücklich erfahren; ich verbrachte den ganzen Abend mit zugehaltenen Ohren. Ich hatte mein sog. individuelles Hörfeld, das vom gerade noch hörbaren Geräusch bis zur Schmerzgrenze reicht, eindeutig überschritten. Was man zum Beispiel in Eisenbahnabteilen unfreiwillig aus den Kopfhörern – ursprünglich sahen Ohrenschützer ähnlich aus – schon von der Lautstärke her mithören muss, lässt die Vermutung aufkommen, dass in wenigen Jahren das Hörgerät neben der Brille beziehungsweise den Kontaktlinsen zur alltäglichen Zweitausrüstung für die verbesserte Sinneswahrnehmung gehören wird.

Im Gegensatz zum Auge ist das Gehör stets „im Dienst". Im reinen Hören – und nur dort – kann man mit dem deutschen Kultursoziologen par excellence Georg Simmel feststellen, dass das Ohr „ein schlechthin egoistisches Organ ist, das nur nimmt und nicht gibt; seine äußere Formung scheint dies fast zu symbolisieren, indem es als ein etwas passives Anhängsel der menschlichen Erscheinung wirkt, das unbeweglichste aller Organe des Kopfes. Es büßt diesen Egoismus damit, dass es nicht wie das Auge sich wegwenden oder sich schließen kann, sondern, da es nun einmal bloß nimmt, auch dazu verurteilt ist, alles zu nehmen, was in seine Nähe kommt ..." (Simmel, S. 730).

Man kann davon ausgehen, dass der frühe Mensch, stets vielfach gefährdet, vor allem über das Gehör vor Unbill gewarnt wurde. Hier hat auch der Lärm seine Funktion. Der Begriff kommt aus dem Italienischen und meint ursprünglich den Ruf „Zu den Waffen" (all arme) (Hellbrück/Ellermeier, S. 47). Das Gehör ist schon früh entwickelt. „Im fünften Schwangerschaftsmonat ist das Innenohr in voller Größe ausgebildet. Es ist das einzige Organ, das nach der Geburt nicht mehr wächst." (Ebd., S. 19). Und vieles weist darauf hin, dass unser Gehör der Sinn ist, der uns noch bleibt, auch wenn unser Auge schon versagt. Daher ist es oft der letzte Akt der Diskretion, wenn wir auch gegenüber einem Komatösen jedes Wort bedenken. Die alltagsorientierte Perspektive erfordert keine detaillierten Beschreibungen der Physiologie des Ohrs, sondern lediglich die Hinweise auf alltäglich relevante Sachverhalte. Die physiologische Entwicklung des Hörvermögens wird bis auf die Fische zurückgeführt. Obwohl unser Fluidum heute fast ausschließlich die Luft ist, gibt es im Ohr noch „Erinnerungen" an diese Herkunft. Die Innenohrflüssigkeit ist elementar für das Hören.

Die Tatsache, dass wir zwei Ohren besitzen, macht die Lokalisation einer Schallquelle möglich.

Für die Beschreibung des Ohres ist eine Dreiteilung in äußeres Ohr, Mittelohr und Innenohr üblich. Das äußere Ohr mit Ohrmuschel, Ohrknorpel und Gehörgang wird durch das Trommelfell, das uns vor allem bei der Bewältigung größerer Höhendifferenzen, etwa beim Fliegen, bewusst wird, vom Mittelohr getrennt. Über die Ohrmuschel werden Geräusche aller Art aufgenommen, die durch Schwingungen in der Luft entstehen. Im Trommelfell werden diese Schwingungen aufgenommen. Jede Art von Geräusch erzeugt eine spezifische Schwingung. Die kleinen Gehörknöchelchen mit den „sprechenden" Namen „Hammer", „Amboss" und „Steigbügel" hinter dem Trommelfell verstärken die empfangenen Signale. Im Mittelohr geschieht die Übertragung von wahrgenommenen Signalen vom Außenohr zum Innenohr. Das Innenohr enthält das Gleichgewichtsorgan, das im Falle von Dysfunktionen äußerst gravierende Probleme mit sich bringen kann. Daneben befinden sich dort das Labyrinth und die Gehörschnecke, lateinisch cochlea, für die in Problemfällen (besonders bei Gehörlosigkeit mit intaktem Hörnerv) inzwischen auch Implantate angeboten werden. Diese Implantate sind so verbreitet, dass ich selbst in einer mittelgroßen Stadt eine Selbsthilfegruppe von Trägern solcher Implantate feststellen konnte. Im Innenohr befinden sich die circa 20 000 Rezeptoren, die sog. Haarsinneszellen, die sich je nach Geräusch aufrichten. Von dort werden die wahrgenommenen Impulse in elektrische Energie umgewandelt und über neuronale Bahnen in verschiedene Hirnareale geleitet. Mit dieser Skizze ist lediglich eine marginale Übersicht über ein komplexes und empfindliches, aber sehr präzises Sinnesorgan gegeben.

Das Ohr ist vielfach gefährdet. Erwänt werden soll, dass Außenohr und Mittelohr sich entzünden und vereitern können. Lärm und besonders heftige Knallgeräusche können zu ernsthaften Beeinträchtigungen führen. Die wichtigste Folge ist Schwerhörigkeit. Eine immer noch schwer behandelbare Gefahr für die Gesundheit stellt der Hörsturz dar, der in der Regel mit Tinnitus, mit Ohrgeräuschen, die keiner äußeren Schallquelle zugerechnet werden können, verbunden ist.

2   Schallquellen; Formen und Verbreitung

Eine Reihe von Schallquellen ist nicht-menschlichen Ursprungs. Wir freuen uns über den morgendlichen Gesang der Vögel, erschrecken über den plötzlichen Donnerschlag und ärgern uns über das Summen der Schnake. Überall ist Schall, auch im absolut menschenleeren Raum. Viele Arten von Schallquellen nehmen wir nicht oder nicht mehr bewusst wahr. Sie sind für uns quasi natürlich, und wir nehmen wie nur noch wahr, wenn sie nicht mehr zu hören sind. Eine meiner Bekannten lebt in Hörnähe einer viel befahrenen Autobahn. Wenn das von ihr ausgehende ständige Geräusch verstummt, wacht er auf, und er weiß, dass ein außergewöhnliches Ereignis stattgefunden hat. Das Autobahngeräusch ist letztlich menschlichen Ursprungs, wenn wir auch bei seiner bewussten Wahrnehmung nicht die Menschen vor Augen haben, von denen es ausgeht.

Diese Beobachtung führt uns zu dem, was Jütte als „Lärmpest" bezeichnet (Jütte, S. 220). Sie ist mit dem Beginn des Industriezeitalters ausgebrochen. Lärm ist ein wertender Ausdruck für unerwünschte Gerausche. Er führt vier Quellen von störendem Lärm auf: „1) der Industrielärm, 2) der Verkehrslärm, 3) den Lärm im privaten Umfeld (Mietshaus, Nachbarschaft) und 4) schließlich noch der zumeist als weniger störend empfundene selbst verursachte Lärm" (ebd.). Vertreter lärmgeschädigter Berufe waren besonders „Bergleute, Hammer und Kesselschmiede, Walzwerkarbeiter, Schmiede und Schlosser" (ebd. S. 221). Der störende Lärm betraf auch alle in der Nähe der Fertigungsstätte wohnenden Menschen. Unter den weiblichen Beschäftigten litten vor allem Textilarbeiterinnen unter dem Lärm von Maschinen. Für viele Zeitgenossen war auch der Verkehrslärm, der zunächst durch den Hufschlag der Pferde und die Geräusche von fahrenden Kutschen verursacht wurde und im Nachhinein romantisch verklärt wurde, und in der Moderne durch klingelnde Straßenbahnen und pfeifende und schnaufende Eisenbahnen dominiert wurde, schwer erträglich. Dieser wurde durch die Einführung des Autoverkehrs mit Motorenlärm und Hupen verstärkt. Das Miteinander vieler Menschen, etwa in den so genannten Mietskasernen, brachte viele Konflikte, zum Beispiel wegen Teppichklopfens und Kinderlärm, hervor, die auch juristisch ausgetragen wurden. Nach der biblischen Devise wollen manche den Teufel mit Belzebub austreiben, d. h. Lärm mit noch mehr Lärm vertreiben, zum Beispiel die Geräusch der U-Bahn durch Beschallung aus dem Walkman. „Die tragische Wirkung solch gutgemeinter Initiativen ist ja, dass man in der U-Bahn Menschen sieht, die sich mit ihren Walkmen buchstäblich das Trommelfell zerfetzen, nur weil sie ihr Gehör vor den U-Bahn-Geräuschen schützen wollen, Geräusche, die jedoch bei weitem nicht so laut sind wie die des Walkmans." (Max Neuhaus, S. 127).

Den Gegenpol zu einer verlärmten Umwelt bildet die Stille. Gegen die romantische Verklärung dieses Zustandes soll ein Erlebnis stehen, dass von dem Komponisten John Cage berichtet wird: „Eines Tages, um die Stille zu hören, geht er in den schalltoten Raum der Harvard Universität in Boston. Er hört zwei Töne. Der Toningenieur erklärt ihm: ,Der hohe Ton war Ihr arbeitendes Nervensystem, der tiefe Ihr zirkulierendes Blut'" (Schöning, S.64). Wenn wir Stille wünschen, denken wir nicht an die sterile Geräuschlosigkeit eines schalltoten Raums, sondern an eine Situation ohne von Menschen erzeugte Geräusche. Der Hör-Künstler Gordon „Hempton suchte Nischen der Ruhe, in denen es mindestens 15 Minuten Naturgeräusche ohne menschliche Präsenz gibt. Zwischen 1983 und 1988 sind ihm nur 30 bis 40 Aufnahmen in einer Region gelungen, die so groß wie die Bundesrepublik Deutschland ist. Inzwischen ist die Zahl dieser Nischen und Areale, deren genaue Position er geheimhält, weiter zurück" (Hans Ulrich Werner, S.135).

Die Schallquellen direkt menschlichen Ursprungs sind äußerst diversifiziert. Bestimmte Geräusch sind uns alltäglich vertraut, sie sind ein Aspekt unseres Beheimatetseins. Schafer bringt Beispiele aus der schönen Literatur: Etwa „Das Schlappen von Opas Latschen" oder „Die weichen Schritte der Barfüßigen" (nach: Schafer, S. 181). Jedes Milieu hat seine typische Geräuschwelt. Schafer verwendet in Anlehnung an den Begriff landscape, wo das Visuelle meist im Vordergrund steht, für eine typische Geräuschkulisse den Begriff „soundscapes". So untersuchte er 1975 fünf europäische Dörfer und konnte für jedes Dorf nicht nur eigene „Lautsphäre" (Schafer, S. 281) feststellen, sondern auch Rhythmen als typische wiederkehrende Folgen von Lauten.

Am wichtigsten bleibt immer noch die Sprache, die uns auf verschiedene Weise erreicht. Eine Art Untereinheit ist der Ton, der sich in Höhe, Dauer, Stärke, Dynamik und Klangfarbe unterscheidet (Jürgen Meyer, S. 21).

Hören face to face ist und bleibt elementar. Undeutlichkeiten der Aussprache können uns ebenso irritieren wie dialektale Sprachgewohnheiten. Und die Probleme verschärfen sich, wenn auf der anderen Seite ein nicht unserer Muttersprache Mächtiger steht. Dieser Ausdruck ist nicht nur metaphorisch zu verstehen. Sprachkompetenz schließt Macht ein.

Die Technik ermöglicht es, das Hören von der Präsenz eines Gegenüber abzukoppeln. Die Entwicklung und durchgehende Einführung des Telefons, des „Fernsprechers", die ständig weiter entwickelt werden, verändern das Alltagsleben der Menschen, die stets erreichbar sind und von denen erwartet wird, dass sie erreicht werden können. Früher war der Brief oder die Postkarte der wichtigste Weg der Fernkommunikation. Zwischen Absenden und Empfangen der Botschaft lag eine zeitliche Distanz, das Fernsprechen erfolgt in Echtzeit. Das Telefon ist ein relativ niedrigschwelliges Medium; ich kann zwar nicht jedermann anrufen (z. B. den

Ministerpräsidenten meines Bundeslandes), aber ein Anruf kann Türen öffnen, die ansonsten verschlossen bleiben. Ein Teil des Journalismus, auch des nicht seriösen, lebt von dieser Möglichkeit. Diese Niedrigschwelligkeit ist auch der Ansatzpunkt der Telefonseelsorge. Jeder kann dort seine Probleme zur Sprache bringen. Der Anrufer hat nun ein Ohr für seine Probleme, und der wichtigste Teil der Seelsorge besteht im Zuhören. In der Psychoanalyse ist der Fokus weiter gespannt. „... ob Wort, ob Handlung – gleichermaßen wahrgenommen und als Zeichen verstanden, als Mitteilung, die etwas über die unbewussten Aspekte der aktuellen therapeutischen Beziehung aussagt und durch sie hindurch über die gelebten Beziehungserfahrungen und die Geschichte ihrer unerfüllten Wünsche" (Küchenhoff, S.214).

Der kulturkritische Zeitgenosse fragt sich, ob die Menge des Gehörten in der modernen Mobilkommunikation („Hörst du mich? Ich bin jetzt am Hauptbahnhof.") irgendeine Relevanz für das laufende Leben hat oder ob hier nicht die inzwischen zum geflügelten Wort gewordene Aussage Marshall McLuhans: „Das Medium ist die Botschaft" aus dem Jahr 1967 prophetisch war und momentan milliardenfach Bestätigung findet.

Die technische Entwicklung der Geräte lässt noch keinen Stillstand erkennen, jegliche Beschreibung eines Ist-Zustandes wäre beim Lesen dieser Zeilen überholt.

3   Hören

Das Hören ist mehr als ein physikalisch bestimmbares Datum. Es heißt nicht ohne Grund Sinnesleistung. Noch mehr als das Auge ist es auf Sinnbestimmung angewiesen. Meist ohne bewusste Überlegung ordnen wir einer Hörwahrnehmung eine Bedeutung zu, die auch die emotionale Ebene umfasst. Wir vergleichen unwillkürlich mit bekannten Eindrücken. „Lücken" im Verständnis füllen wir aus, wobei wir Erfahrungswerte nutzen und dabei meist erfolgreich sind.

Hier muss der Einfluss der Sprache, insbesondere der Muttersprache zum Tragen kommen.

Ich kann auch die Laute einer mir fremden Sprache wahrnehmen, aber ihr Sinn erschließt sich nicht spontan. Ein Paradebeispiel für einen solchen Sachverhalt ist immer noch Johann Peter Hebels Geschichte vom Kannitverstan (Bausinger, S. 9).

Das Verb „hören" kommt in einer vergleichbaren Form in verschiedenen Sprachen des germanischen Sprachraums vor (zum Beispiel im Englischen als „to hear") Das lateinische „audire" ist in der medizinischen Fachsprache präsent. „Audiometrie" etwa meint die Prüfung und Messung der Hörfähigkeit. Auch das griechische „askusein" ist in dem in den allgemein gewordenen Begriff der „Akustik" enthalten.

Hören ist ein Akt, für dessen Vollzug kein anderer benötigt wird. Ich höre ganz allein das Singen der Vögel, das Rauschen des Meeres und den Lärm des Verkehrs, und ich kann auch zu mir selber sprechen. Berger und Luckmann räsonnieren: „Zudem höre ich *mich selbst,* in- dem ich spreche. Ich ‚äußere' mein eigenes subjektives ‚Meinen', wodurch es mir selber zugänglich und dadurch ‚wirklicher' wird." (S.40, Hervorh. durch B. L.)

Ein Ortswechsel ist oft – um es mit Elias Canetti auszudrücken – mit einer „Schule des Hörens" (S. 201) verbunden. Er schreibt weiter: „Viel wichtiger war, dass man gleichzeitig das **Hören** erlernte. Alles, was gesprochen wurde, überall, jederzeit, von wem immer, bot sich zum Hören an, eine Dimension der Welt, von der man bis dahin nichts geahnt hatte, und da es um die Verbindung von Sprache und Menschen ging, in all ihren Varianten, war es vielleicht die bedeutendste, jedenfalls die reichste. Diese Art des Hörens war nicht möglich ohne Verzicht auf eigene Regungen. Sobald man in Gang gebracht hatte, was sich hören ließ, trat man zurück und nahm nur noch auf und dürfte sich darin durch kein Urteil, keine Empörung, kein Entzücken hindern lassen. Wichtig daran war die unverfälschte, reine Gestalt, dass sich keine dieser akustischen Masken (wie ich sie später nannte) mit der anderen vermischte. Lange war man sich der Größe des Vorrats, den man sammelte, gar nicht bewusst. Man empfand nur eine Gier nach Redeweisen, die man sich sauber und deutlich abgegrenzt wünschte, die man wie einen Gegenstand in die Hand nehmen konnte, die einem plötzlich, ohne dass man ihren Zusammenhang mit etwas erkannte, einfielen, so dass man sie sich laut vorsagen musste; nicht ohne Staunen über ihre Rundgeschliffenheit und die sichere Blindheit, mit der sie alles andere ausschlossen, was es sonst der Welt zu sagen gab, das allermeiste, alles, denn ihnen selbst blieb eine einzige Eigenschaft: dass sie sich immer und immer wiederholen musste." (S.208; Hervorh. durch C.). Durch das Hören entsteht im Hörer eine eigene Welt. Und mit dem Erlernen und dem Gebrauch einer Fremdsprache entsteht eine Parallelwelt.

Das trifft auch für den Jugendlichen zu, der über seinen Walkman – ein Begriff, den die japanische Firma Sony ursprünglich als Markenzeichen für sich reservierte, der aber inzwischen einen Alltagsgegenstand jedweder Fabrikation meint – wie versunken auf der Straße Musik hört. Dieses Beispiel führt uns dazu, dass in das Hören eine technische Apparatur eingebunden werden kann, was eine lange Tradition hat, angefangen von Flüstergalerien, einem ausgeklügelten Platz für die Kanzel in den Predigtkirchen bis zu modernen Mikrophon- und Beschallungsanlagen. Telefon und Radio waren Motoren bei der Erforschung des Hörens Nach Hellbrück und Ellermeier (S. 7) wurden in den dreißiger Jahren des 20. Jahrhunderts die Grundlagen gelegt, die bis in die Gegenwart die Forschungen zum Hören bestimmen. Das Radio steht als Instrument zur Übermittlung von Hörfunk in besonders enger

Beziehung zum Hörsinn. Geräusche dienen in Reportagen zur Demonstration des Themas und tragen so zum Gefühl der Authentizität des Vorgetragenen oder Behandelten bei. In ganz verschiedenen Formen des Radioprogramms, zum Beispiel in politischen Sendungen und Dokumentationen, ist der O-Ton, der Originalton zentraler Bestandteil. Und wenn kein O-Ton verfügbar ist, kreiert man eben einen; sound-making heißt die entsprechende Technik (Schafer, S. 202ff).

Eine oft anspruchsvolle Kunstform, die mit dem Radio aufkam, ist das Hörspiel. Hier muss sich die Dramatik im Hörer abspielen. Dass ein spezieller Preis für Hörspiele von den Kriegsblinden ausgelobt wurde, verweist sowohl auf Aspekte der Zeitgeschichte wie der speziellen Behinderung.

Einfaches Hören (ohne gleich beigefügte Ratschläge und Kommentare) wird von modernen Eltern erwartet, die über die Befindlichkeiten und Gefährdungen ihres Nachwuchses informiert bleiben wollen. In anderen Fällen dagegen ist bloßes Hören unerwünscht. In Schulen ist auf das Hören ausgerichteter Frontalunterricht bestenfalls zweite Wahl, und seit den Studentenunruhen Mitte der 60er Jahre gilt der Besuch selbst hervorragender, informativer Vorlesungen als „out". Selbst dem uninformierten Dialog wurde damals der Vorzug eingeräumt.

Hören ist eine Tätigkeit, die oft mit Musik verbunden ist. Es besteht ein enger gedanklicher Zusammenhang zwischen der Fähigkeit des Hörens und der Musik. Das Gehör wird oft ikonographisch durch Musikinstrumente erfasst. Jütte (S. 86) führt hier unter anderem Laute, Harfe, Cello, Trompete, Flöte, Orgel und Pauke auf. Sinnbilder des Hörens können auch sein: natürlich das Ohr, aber auch die Uhr und selbst der Pistolenschuss.

Dem Ohr werden auch moralische Qualitäten zugeschrieben, die sich von den Inhalten ableiten, die das Ohr erreichen. Wir hören Gutes und Schlechtes, Wertvolles und Eitles, Geistreiches und Primitives, Erbauliches und Schlüpfriges. In der schönen Literatur, etwa im Simplicissimus des Grimmelshausen, finden wir die Wendung von den keuschen Ohren (Jütte, S. 104). Die Ohren sind zu disziplinieren und man soll sich nicht unziemlichen Reden auszusetzen.

Über das Ohr empfängt man nicht nur auch moralisch zu wertende Signale. Es wird auch als Ort der Empfängnis begriffen. Jütte (S.106) führt weiter aus: „Von dem Ohr als Organ des Empfangens und der Empfängnis ist nur ein kleiner Schritt zu der Vorstellung, dass man durch das Ohr auch gebären kann". Das wird in der antiken Minervasage angenommen. Auch die christliche Kunst kennt das Motiv, „wie das Jesuskind mit einem Strahlenbündel von Gottvaters Mund zusammen mit dem Heiligen Geist in Gestalt einer Taube auf das Ohr Mariens zuschwebt." (ebd., S. 106). Hier wird das Ohr als weniger anstößig betrachtet denn weibliche Geschlechtsorgane.

Der Hörer eines Instrumental- oder Chorkonzerts als Teilhaber eines Hörer-
lebnisses bleibt zunächst solitär, auch wenn sich innere Spannungen aufbauen. Die
soziale Ebene kommt erst wieder dann ins Spiel, wenn der Applaus als Resonanz
und als Spannungsentladung aufbraust. Je „kultivierter" die Veranstaltung ist,
desto strikter werden die Vorstellungen über die zulässigen Beifallsbekundungen
eingehalten.

Besonders die technischen Entwicklungen ermöglichten das solitäre Hören. Das
war schon beim Hören eines Musikstücks nahe bei einem Trichtergrammophon
der Fall.

Musikhören ist oft eine so genannte Nebenbeitätigkeit, etwa wenn die Haus-
frau beim Bügeln das Musikprogramm im Rundfunk verfolgt. Dieses Nebenbei
geschieht nicht selten beim Autofahren. Das Musikhören während Autofahrten ist
gut erforscht. „Bei langweiligen monotonen Fahrten auf einer Geradeausstrecke
verbesserte sich mit Musik die Reaktionszeit bei einem unvorhergesehenen Ereignis
um 1/10 Sekunde. Auch Nachrichtenhören hat schnellere Reaktionen zur Folge.
Wehe dem aber, der mit zu großer Lautstärke fährt." (de la Motte-Haber, S. 155).
In den meisten Fällen wird noch der Wunsch des Zuhörens wirksam sein. Aber
oft wird unser Bewusstsein, zum Beispiel in manchen Supermärkten, von einem
Musikteppich überzogen, dem wir nicht entrinnen können, wenn wir die Tätigkeit,
die wir uns vorgenommen haben, erledigen wollen. Oft nehmen wir ihn aber gar
nicht wahr. Klaus-Ernst Behne spricht hier von Ausgrenzenden Hörgewohnheiten
(S. 236f.). Schafer behandelt dieses Phänomen kulturkritisch unter dem Begriff
„Moozak" und kommentiert: „Solche Berieselungslaute sind nicht dafür gedacht,
dass man ihnen bewusst zuhört. So wählt die *Moozak*-Industrie absichtlich Musik,
die niemand besonders gern hört, und unterzieht sie einer oberflächlichen und
harmlosen Instrumentierung, um eine ‚nette' Verpackung zu erzeugen, dazu bestimmt, unangenehme Eindrücke in einer Weise zu übertönen, die den attraktiven
Verpackungen moderner Waren entspricht, mit denen belangloser Inhalt verkleidet
wird." (Schafer, S. 130, Hervorh. i. O.)

Hier sind wir oft Hörer wider Willen. Aber Musik kommt auch oft unseren Wünschen entgegen. Wir hören gerne Musik, die unserem Geschmack entspricht. Dieser
Geschmack kann so viele Richtungen haben, wie der Geschmack von Speisen. Nur
dürfte er noch vielfältiger sein, und Liebhaber von Musik werden oft „automatisch"
gehörte Musik einer Epoche, einem Stil, einem Komponisten oder einem Interpreten
zuordnen. Behne spricht hier vom Distanzierenden Hören. Liebhaber von Musik
unterscheiden sich vor allem innerhalb der Großgruppen E-Musik und U-Musik.
Gerade die moderne Popmusik wird in sehr verschiedenen „Formaten" realisiert.

Berger und Luckmann stellen fest: „Das Alltagsleben des Menschen ist wie das
Rattern einer Konversationsmaschine, die ihm unentwegt seine subjektive Wirk-

lichkeit garantiert, modifiziert und rekonstruiert. Unterhaltung bedeutet natürlich in erster Linie, dass Menschen miteinander sprechen. Das besagt nichts gegen die Aura nichtsprachlicher Kommunikation, welche die Sprache umgibt." (S. 163) Für unser Thema sind Intonation, Lautstärke und Hervorhebungen wichtig.

Neben den Alltagsgesprächen mit ihren Für und wider-Argumenten ist der Vortrag wichtig, der auch aus einem Zwiegespräch erwachsen kann. Generell hat hier Niklas Luhmanns Annahme Gültigkeit, dass Kommunikation Kommunikation generiert. Es gilt mit Luhmann festzuhalten: „… die Selbstreproduktion sozialer Systeme dadurch, dass Kommunikation Kommunikation auslöst, gleichsam von selber läuft, wenn sie nicht schlicht aufhört …" (Soziale Systeme, S. 296). Und „Kommunikation ist koordinierte Selektivität" (ebd. S. 212). Das bringt endloses Gerede hervor, da jeder Teilnehmer seine von ihm gewählten Themen einbringen kann. Natürlich gibt es auch Verbote, bestimmte Themen anzusprechen (zum Beispiel Einkünfte, Sex und Religion). Das hängt auch von den Kreisen ab, in denen die Themen zur Sprache kommen. „Vortrag" kann auch als separate und geplante Kommunikation vorkommen. Das gilt für den wissenschaftlichen Vortrag („Vorlesung"), den Geschäftsbericht oder die sonntägliche Predigt.

Ziel des Hörens ist generell das Verstehen. Verstehen ist objektiv ein sinngemäßes Erfassen und subjektiv die Überzeugung, den mitgeteilten Inhalt adäquat erfasst zu haben. Max Weber ist der klassische Vertreter einer solchen Vorstellung, wobei Sinn der subjektiv gemeinte Sinn ist. Aber er ist auch derjenige, der mehrere Grenzen des Sinnerfassens angibt und die auch über das Hören entstehen. Ausgangspunkt soll ein Begriff mit einer doppelten Bedeutung sein: das Wort „verhören". Es kann eine verfehlte Erfassung meinen, aber auch die dringliche Aufklärung eines Sachverhalts durch ein Organ der Justiz. Wir wollen uns auf die erstgenannte Bedeutung konzentrieren. Hier wird ein Versagen des Hörvermögens suggeriert.

Weber spricht von einer „Evidenz des Verstehens … , die entweder rational … oder einfühlend nacherlebenden Charakters sein" (S.20) kann. Auf beiden Ebenen können Grenzen erreicht werden. Auf der ersten Ebene können technische Begriffe und Prozesse thematisiert werden, die für viele Zeitgenossen evident „selbst-verständlich" sein können, aber etwa von einem Gegenüber etwa aus einer anderen Generation so aufgefasst werden, als stammten sie von einem Marsmenschen. Aber die Erfassung von Sinn kann auch die Einbettung in eine fremd gewordene Kulturtradition voraussetzen. Die Benutzung ironisch gemeinter Sprachelemente kann eine völlig „verhörte" Reaktion hervorrufen. Schon alltägliche Werturteile wie „ schön" und „prächtig" können vieldeutig gemeint sein.

Das Hören wie das Zuhören kann nicht nur eine oft bezüglich des Verstehens allgemein zwiespältige Angelegenheit sein, sondern sie kann auch moralisch ambivalent sein. Über das Ohr können uns bewusste Täuschungen und Lügen erreichen,

Intrigen angezettelt werden, von Verleumdungen und Rufschädigungen ganz zu schweigen. Das Ohr ist kein unschuldiges Organ, wie Othello und andere in der Weltliteratur wiedergegebene Begebenheiten belegen. Wörter können die Welt verändern; eine Zusage kann für eine Person mit einem dringenden Wunsch in einem anderen, einem rosigen Licht erscheinen lassen. Und dann gibt es die bösen Wörter, die Unheil bringen sollen. Der Fluch ist in vielen Kulturen ein gefürchtetes Mittel, Unheil zu erzeugen. In unserer aufgeklärten Welt kennt man das meist nur aus den Märchen, aber es wird immer noch verstanden. Aber bestimmte Geräusche verursachen in nahezu allen Kulturen Phobien. Dazu gehört das Surren des Zahnarztbohrers. Und „das Geräusch von Fingernägeln oder Kreide auf Schiefer rangiert in allen Ländern unter ‚Lautphobie'" (Schafer, S. 185).

Hören hat etwas Flüchtiges, das Gehörte verschwindet, wenn es ausgesprochen ist. Es muss sich nicht, kann im strengen Sinn sich nie mehr wiederholen. Unsere Alltagssprache stellt Schall neben Rauch, der nach dem Verlöschen seiner Quelle in das Nichts verschwindet, als sei er nie da gewesen. Das Gehörte ist eine Quelle der Unsicherheit. Es kommt immer wieder vor, dass Aussage gegen Aussage steht. Vielleicht ist es diese mangelnde Sicherheit und Stabilität, die die Herausgeber eines großen Sammelbandes über die „Töne und das Hören" – so der Untertitel – bewog, als Überschrift „Welt auf tönernen Füßen" zu wählen. In diesem Zusammenhang passt, dass die Zeit, eine ebenfalls nicht sichtbare und nicht direkt fassbare Dimension unserer Welt, traditionell über das Hören erfasst wurde. Glocken schlugen Stunden und bezeichneten die Tageszeiten. Richard Murray Schafer kennzeichnet die Bedeutung der Glocken im zivilisatorischen Prozess so: „Wo immer die Missionare das Christentum hinbrachten, die Kirchenglocke folgte bald darauf und grenzte die Zivilisation des Pfarrbezirks gegen die Wildnis jenseits der Hörweite akustisch ab. Die Glocke war ein akustischer Kalender, der Feste, Geburten, Todesfälle, Hochzeiten, Feuer und Revolten ankündigte." (Schafer, S.75) Als sich die Uhren, auch die Kirchenuhren mit einem Zifferblatt durchsetzten, war man darauf bedacht, die Stunden und Teile davon durch ein Schlagwerk zusätzlich akustisch anzuzeigen. Heute gibt es noch andere Wege zur Gliederung der Zeit, etwa über das Rundfunkprogramm und seinen Rhythmus (Schafer, S.284). Hier ist wieder das Hören die Voraussetzung zur Nutzung der Orientierungshilfe.

Aus den Fallstricken des Unsicheren und Ungefähren erlöst uns die Schriftlichkeit, durch die das Festgestellte verbindlich fest wird. In diesem Zusammenhang passt ein Vorkommnis, das Georg Simmel zugeschrieben wird. Die Anekdote bezieht sich auf ein Gespräch Simmels im Kultusministerium, in dem sich dieser auf eine mündliche Zusage in der Vergangenheit berief. Der Beamte, der nichts von der Zusage wusste, stellte eiskalt fest: „Gute Zusagen hat man schriftlich".

Neben Hören von Sprache ist das Hören von Musik der wichtigste Bereich der Aufnahme von Schallwellen. Ist schon in der Konversation – bewusst oder unbewusst – stets eine emotionale Komponente enthalten, so ist diese in der Musik besonders ausgeprägt. Freude und Trauer können musikalisch ausgedrückt werden. Tänze und Trauermärsche sind die diesen Gefühlen entsprechenden Expressionen. Besonders in der Oper können, neben den Aussagen des Librettos, in Gesang und Instrumentalspiel sehr differenziert Gefühle wie Furcht, Zorn, Wut und Ärger ausgedrückt und im Hörer hervorgerufen werden

Elementar für die Ausübung von Musik ist das Singen allein oder in einer Gruppe. Schon hier ist die Fähigkeit, Melodie und Rhythmus wahrzunehmen und zu praktizieren, erforderlich. Die nächste Stufe wird mit dem Heranziehen eines Instruments erreicht, das einzeln oder in Gruppen (vom Duo bis zur Mitwirkung in Orchestern oder Bands) „gespielt" werden kann. Das „Spielen" hat nichts mehr von der Leichtigkeit, die mit diesem Begriff verbunden werden können. Es ist eine ausgefeilte Kulturtechnik, die zum Beruf werden kann. Fast alle Menschen kommen mit Musik in Berührung, die meisten nicht so sehr, dass sie selbst praktizieren, sondern dass sie sie rezipieren. Dabei werden vor allem Speichermedien genutzt. Der Weg von der in Wachs gegossenen Schallplatte bis zum USB-stick ist ein bisher überschaubarer Weg. Die technische Entwicklung überschlägt sich hier eben wie im Bereich der Fernkommunikation. Mindestens auf drei Ebenen wird sich diese Weiterentwicklung vollziehen. Die erste Ebene betrifft die Klangqualität, die zweite kann mit dem Stichwort „Miniatisierung" getroffen werden", die dritte kann als „Portabilität" bezeichnet werden. Was mit dem Kofferradio begann, wird heute mir kleinsten Tonträgern weitergeführt.

Das Hören von Musik kann für den Hörer sehr unterschiedliche Funktionen „bedienen". Klaus-Ernst Behne hat in der Auswertung von Fragebogen acht Formen des Musikerlebens gefunden (S. 341ff.) Eine davon ist das distanzierende Hören, das wir oben bereits durch die klassifizierende Zuordnung charakterisiert haben. Andere sind das motorische Hören, wenn man beim Hören einer Melodie diese mitsingt oder mitsummt, beim vegetativen Hören bemerkt man an sich Veränderungen wie Kribbeln oder Herzklopfen; das emotionale Hören unterscheidet sich vom sentimentalen, dass letzteres mit Erinnerungen und Wunschträumen verbunden ist.

Exkurs: Hören in der Religion

Unübergehbar ist die Behandlung der Bedeutung des Hörsinns in der Religion. In der christlichen und jüdischen Religion, wie in vielen anderen Religionen, hat das Hören einen hohen Stellenwert. Im ersten Buch Samuel des Alten Testaments heißt es:

„Hat etwa der Lebendige ebenso Gefallen an Brand- und Schlachtopfern
wie am Hören auf die Stimme des Lebendigen?
Siehe, Hören ist besser als Opfern,
Hinhören ist besser als Fett von Widdern." (1 Sam 15f, hier nach: Zenger, S.31)

In gleicher Weise spricht Jeremia prophetisch:

„Ich aber habe euren Vätern, als ich sie aus Ägypten herausgeholt habe, nichts gesagt
und nichts befohlen, was Brandopfern und Schlachtopfer angeht. Vielmehr habe ich
ihnen dieses Gebot gegeben: Hört auf meine Stimme, dann werde ich euer Gott sein
und ihr werdet mein Volk sein" (Jer 7,21f;hier nach: Zenger, S.32f).

Diese Betonung des Hörens ist im Protestantismus noch ausgeprägter als im
Katholizismus, der traditionell dem Schauen große Bedeutung zumisst. Schon
die grundlegende Voraussetzung der Anhängerschaft, der Glaube, kommt nach
Römer 10,17 durch das Hören. In einer anthropomorphen Vorstellung hört Gott.
Im alltagsweltlichen Sinn geht die Redensart „Dein Wort in Gottes Ohr" von dieser
Idee aus. „Herr, höre uns, Herr, erhöre uns", „Domine audi nos, domine exaudi
nos" ist eine häufig verwendete Gebetsformel in der lateinischen Liturgie. Und oft
lesen wir in der Bibel, wie Menschen auf Gottes Anruf (die Be-ruf-ung) hören, ohne
direkt mit Worten zu antworten. Der angerufene, hörende und oft schweigende
Mensch ist ein durchgehender Topos. Nur über das Ohr wahrgenommene religiös
gedeutete Stimmen bezeichnet man als Auditionen in Abhebung von den eher
spektakulär empfundenen Visionen.

Auch in der derzeit geltenden Version des katholischen Katechismus lautet eines der verpflichtenden Kirchengebote: „Du sollst an Sonntagen und den übrigen
gebotenen Feiertagen die Messe hören ... (im lateinischen Text: „Missam audire").
Das Hören wird hier als Tätigkeit aufgefasst, denn das pastorale Ziel ist nach dem
II. Vatikanum die tätige Teilnahme („participatio actuosa").

4   Zuhören

Zuhören dagegen ist in Abhebung vom reinen Hören ein eminent wichtiger **sozialer**
Akt. Nach Martin Heidegger bietet das „Hören" als „Vernehmen des Sprechens" die
„Möglichkeit des Miteinanderseins" (nach: Espinet, S. 59; bei H. Hervorh.). Man
hört jemandem zu. Simmel schreibt dazu: „Erst mit dem Munde, mit der Sprache,
zusammen erzeugt das Ohr den innerlich einheitlichen Akt des Nehmens und
Gebens – aber auch dies in der Alternierung, dass man nicht recht sprechen kann,

wenn man hört, nicht recht hören, wenn man spricht ...“ (S. 730). Dieser jemand kann ein einzelner sein, dem ich „mein Ohr leihe“ Das Auditorium kann aber auch eine Vielheit von Personen sein, angefangen vom engen Kreis der Familie bis zum Publikum eines Konzerts, des „süßen Getöns“ wie es Johann von Tepl nennt, oder die Hörerschaft eines Vortrags. Was auch immer auf uns einströmt, wir können stets nur einen Bruchteil des Gehörten erfassen und verarbeiten. Das gilt auch für das im kleinen Kreis Gehörte. Besonders im Nachhinein kann uns eine Nuance des Gehörten auf das aufmerksam machen, was wir im Gehörten nicht erfasst haben. Es erscheint uns – um eine aus dem Bereich der Optik stammende Redensart aufzugreifen – „in neuem Licht“. Alle die Probleme, die wir von der Interpretation von schöngeistiger wie wissenschaftlicher Texte kennen, können bei der Reflexion über im Alltag Gehörtes auftreten.

Von besonderer Bedeutung ist das Hören lediglich eines Sprechers, das Hören in einer Zweierbeziehung. Nicht alles Gehörte soll in der Kommunikation weiter fließen. Gerade der Austausch mit einer Person legt es nahe, einen tieferen Einblick in die eigene Gedankenwelt zu gewähren, in seine Privatsphäre in die auch Intimes, das, was der Sprecher exklusiv seinem Zuhörer mitteilen will, einfließen kann. Man spricht in diesem Zusammenhang auch von Geheimnissen, d. h. von Tatsachen und Gefühlen, die man normalerweise für sich behält und sozusagen als Privileg für den Zuhörer reserviert. Vom Hörer erwartet man Diskretion, Zurückhaltung in der Weitergabe der gehörten Information, zumal wenn diese vom Informanten als Geheimnis gekennzeichnet wurde. In Alltagssituationen wird man oft vergeblich auf Diskretion hoffen. Gerade das Intime, manchmal sogar Pikante, kann zur Weitergabe des Geheimnisses reizen, die dem Dritten als Geheimnisse mitgeteilt wurden und von dort weitere Personenkreise erreichen. Ähnlich wie Gerüchte als Falschinformationen gestreut werden können, so können sich Geheimnisse streuen, was dem Urheber des Geheimnisses nicht ungelegen sein muss, wenn es der eigenen Profilierung dienen kann.

In einer solch labilen Situation bedarf es rechtlicher Sanktionen, um Informationen vor denen zu schützen, die sie nicht erhalten sollen und die sie vielleicht zum Schaden dessen nutzen können, den sie betreffen. Es gibt spezielle Berufsgruppen, bei denen das Gehörte, oft als Geheimnis bezeichnet, den Endpunkt der Kommunikation bildet. Dies betrifft das Arztgeheimnis, das Anwaltsgeheimnis, das Amtsgeheimnis und das Beichtgeheimnis. Hier gilt das Schweigen. Ambivalent ist das Verschweigen, die vorsätzliche Nichtwiedergabe von Gehörtem. Die Ambivalenz kann darin bestehen, dass dem, dem ein Sachverhalt verschwiegen wird, an sich ein Recht hat, den verschwiegenen Sachverhalt zu erfahren. Im Rahmen von Betrügereien werden oft wesentliche Informationen verschwiegen. Verschwiegenheit als Diskretion wird in einer verplapperten Gesellschaft meist positiv gewertet.

„Reden ist Silber, Schweigen ist Gold" dürfte zu den bekanntesten Redensarten gehören. Und im religiösen Kontext ist Schweigen eine monastische Tugend, eine in Klöstern oder noch deutlicher, in Einsiedeleien geübter asketischer Akt (Bellebaum, S.44). Aber auch Schweigen ist nicht immer unschuldig. Alfred Bellebaum, der dem „Schweigen und Verschweigen" eine eigene Monographie gewidmet hat, nennt neben dem andächtigen und dem erwartungsvollen Schweigen das „eisige", das „feindselige", das „lastende", das „peinliche" und das „verächtliche" Schweigen. (S. 9) Partner, deren Zusammenwirken gut eingespielt ist, können sich auch über Schweigen verständigen. Mit Schweigen kann man kommunizieren, und es ist ein oft diffiziler Prozess, ein Schweigen adäquat zu deuten. Schweigen kann Teil eines feierlichen Aktes sein, wofür die Schweigeminute ein Beispiel darstellt (Bellebaum, S. 19). Es kann zum Beruf gehören zuzuhören, aber nicht über das Gehörte zu reden, vor allem nicht in der Öffentlichkeit, d. h. vor Zuhörern, über die man keine Kontrolle hat. So kann ein Krankenhausarzt mit seinen Kollegen über einen „Fall" reden und dabei das stillschweigende Einverständnis des Kranken voraussetzen, aber nicht mit seinen örtlichen Nachbarn. Von der Geheimhaltung kann ein Urheber des Geheimnisses in den meisten Fällen entbinden.

Der Paragraph 204 StGB schützt „namentlich ein zum privaten Lebensbereich gehörendes Geheimnis oder ein Betriebs- oder Geschäftsgeheimnis". Über „Betriebs- oder Geschäftsgeheimnis" sind sehr viele Zeitgenossen „Geheimnisträger". Dazu kommen all die Personen, die untergeordnete oder dienende Funktionen für Ärzte, Anwälte und andere in § 204 genannte Berufsgruppen einnehmen. Die für den Verrat von Geheimnissen vorgesehenen Strafen sind Freiheitsentzug bis zu einem Jahr oder Geldstrafe.

5   Überhören und Weghören

Das Überhören kann wie das Weghören ein Akt der Höflichkeit sein, wenn auf eine unpassende oder gar beleidigende Reaktion nicht eingegangen wird; man überhört sie, als sei sie nicht vorgekommen. Das ist die Variante, die als positiv gewertet werden kann. Das Überhören kann auch eine Missachtung darstellen, wenn eine Reaktion als nicht wert angesehen wird, dass man auf sie eingeht; sie wird einfach ignoriert. Personen, die dafür autorisiert sind oder sich die „Freiheit nehmen", ist dieses nicht zu Worte-Kommen-Lassen ein Akt der Ausübung von Macht, der den so Überhörten kränkt. Die Reaktion auf diese Nichtbeachtung kann vielfältig sein und von lautem Protest bis zu einem ergebenen Hinnehmen reichen.

Das Überhören kann aber auch Resultat eines physiologischen Defekts sein, der Schwerhörigkeit. Dieser Defekt kann mit dem Überhören in Verbindung gebracht werden, wenn dem Schwerhörigen nicht mehr zu getraut wird, auf alles an ihn Herangetragene einzugehen.

Die Schwerhörigkeit ist ein mit zunehmendem Alter häufiger vorkommender Defekt. (Presbyskusis). Man unterscheidet weiter die Soziakusis, die den technischen Stand der Gesellschaft und die Lebensumstände der Menschen berücksichtigt. Dazu zählt auch der Zugang zu Hörhilfen, insbesondere zu Hörgeräten. Es besteht ein Schnittfeld zur Nosoakusis, die die Belastung durch Lärm an Arbeitsplatz und in der Freizeit thematisiert. Ototoxine sind Schwermetalle und Medikamente, die als ursächlich für Hörstörungen gelten (vgl. Hellbrück und Ellermeier, S. 183ff., bes. 186f.).

Unter dem Fokus der Alltagsbezogenheit ist das Hörgerät mit dem Krankheits- und Altersstigma verbunden, so dass nicht wenige Schwerhörige auf dieses Hilfsmittel verzichten, das oft auch technische Probleme für den Benutzer mit sich bringt. In Kauf genommen werden dabei Kontaktverluste. Ich habe in mehreren Fällen erlebt, dass schwerhörige Personen selbst exklusiv die Gesprächsgestaltung übernommen haben, um nicht in die Verlegenheit zu kommen, antworten zu müssen und dann zu erkennen geben, dass sie die Einwürfe des anderen nicht verstanden haben.

Weghören ist mit dem Überhören insofern verwandt, als in beiden Fällen „die räumliche Dimension des Hörvermögens" thematisiert wird, wie es in einer Tagungsankündigung der FU Berlin vom Februar 2009 heißt. Jedes Mal erfolgt nicht eine spontane, auf die Situation eingehende Reaktion. Die Gründe für Überhören können vielfältig sein, sie können auch physiologischer Natur sein, zum Beispiel Schwerhörigkeit. Unter Weghören wollen wir ein willentliches Verweigern der Kenntnisnahme verstehen.

Redewendungen zum Weghören beziehen sich oft auf das Ohr, das Organ des Hörens. Wenn jemand auf seinen Ohren „sitzt", sie „auf Durchzug stellt" oder man beim Gegenüber auf „taube Ohren" stößt, wird damit das Weghören thematisiert. Kann bei der ersten Redewendung noch ein Fähigkeitsmangel zugestanden werden, wird bei den beiden anderen eindeutig ein fehlender Wille des Zuhörens oder Erhörens attestiert. Will man sich beim anderen dennoch durchsetzen, kann man ihm die „Ohren volljammern" oder „in den Ohren liegen".

6   Was die deutsche Sprache noch über das Hören weiß

Der Weg der Erfassung alltäglicher Phänomene wie dem Hören führt so geradewegs in die Welt der Sprache. Wir haben das soeben schon am Fall des Weghörens und den in ihm produzierten Bildern (wie kann man sich vorstellen, dass jemand auf seinen Ohren sitzt?) exemplifiziert. Diese Welt besteht aus so viel Pfaden, wie es Sprachen gibt. Geht man von 1500 oder von einer vergleichbar hohen Zahl unterschiedlicher Sprachen aus, so hat jede ihre Nuancierung des zu betrachtenden Phänomens, bringt neue Aspekte zur Sprache, da in der Regel Sprachen jeweils für die Arten, zu hören, ganz verschiedene Bezeichnungen kennen. Jede Sprache bildet für das Hören einen eigentümlichen Begriffskosmos aus, der – folgen wir den Überlegungen von Alexander von Humboldt oder Benjamin Lee Whorf – einen speziellen Blick auf die Welt generiert.

Diese Überlegung wird noch durch Begriffe, die oft aus dem ersten Blick recht entfernt von dem üblichen Sinn zu liegen scheinen oder einen doppelten Sinn bezeichnen, zusätzlich kompliziert.

Nahe bei „hören" steht „horchen", als eine bewusste Hinwendung zu einer Schallquelle. Es gibt Phasen des Zuhörens, wo der Zuhörer ein Minimum an Aufmerksamkeit aufbringt. Beim „Aufhorchen" hat er etwas gehört, was eine Konzentration auf Gehörtes hervorruft, dass jemand „ganz Ohr ist". Geht man von einer kollektiven Konzentration aus, kann man „eine Stecknadel fallen hören". „Aushorchen" meint die bewusste Bemühung, das Gehörte zu erfahren. Hier gilt die Warnung „Die Wände haben Ohren". Und wieder kommt das Ohr als Organ des Hörens ins Spiel. Denn da muss man „Augen und Ohren offen halten". Tritt jedoch Unerwartetes oder Überraschendes ein, kann man „seinen Ohren nicht trauen".

Man kann jemand auch einen unzutreffenden Sachverhalt suggerieren; man setzt ihm „einen Floh ins Ohr". Das geschieht umso leichter, wenn ein Sachverhalt „ins Ohr geht". Hier kommen wir in den eindeutig negativ bewerteten Bereich des Täuschens, Übervorteilens und Betrügens.

Andere Begriffe aus dem Wortfeld „hören" scheinen weit weg vom zentralen Sinngehalt zu sein. Dazu zählt „gehören". Wenn die Zuordnung eines Gegenstandes unklar oder strittig ist, „hört" es auf seinen Urheber oder Besitzer. Der Begriff hat juristischen „Geschmack".

„Lauschen" meint ein hingebungsvolles Zuhören, aber auch ein fragwürdiges Beschaffen von Information, bei der der Lauschende in der Gefahr steht, dass er nicht schmeichelhafte Informationen über sich selbst erfährt. Das Sprichwort bringt es auf den Reim: „Der Lauscher an der Wand hört seine eigene Schand".

„Etwas läuten hören" bezeichnet ebenso wie „Hörensagen" ein vages Wissen, oft ohne genaue Quellenangabe. Gegenüber scheint die schriftliche Quelle zuverlässiger, quasi der Antipode zu sein. Aber warum sagen und akzeptieren wir: „Lügen wie gedruckt"? Wenn einem „Hören und Sehen vergehen", kann dahinter der Zustand der körperlichen Ohnmacht stehen, viel öfter meint es geistige Überforderung. Innerhalb des Kosmos' „hören" bilden Sprichwörter und allgemein verbreitete Redewendungen einen besonderen Bereich. Denn sie repräsentieren das, was Emile Durkheim, einer der Gründerväter der Soziologie, eine der Formen des Kollektivbewusstseins genannt hat. Dieses *conscience collective* übersteigt das einzelne Bewusstsein, gibt ihm aber die Möglichkeit, an ihm zu partizipieren.

Es gibt zum Hören nicht allzu viele Sprichwörter. Am bekanntesten dürfte sein „Wer nicht hören will, muss fühlen" und zwar meint er mit „fühlen" fast ausschließlich negative Konsequenzen, etwa in Form von Sanktionen. „Hören" wird hier im Sinne von „gehorchen" verwendet, was noch einmal darauf verweist, dass hören nicht nur eine Sinneswahrnehmung bezeichnet. Mit diesem Sprichwort wird eine Lebensweisheit formuliert, die oft erst Nachhinein bewusst wird. Die ethische Dimension kommt erst ex post zum Tragen.

Sprichwörter wie dieses bringen eine Alltagsethik zum Ausdruck. In diesem Fall ist es der Appell, die Neugierde zu zähmen. Hier soll noch einmal Harold Garfinkel als Vertreter eine am Alltag orientierten soziologischen Zugriffs zitiert werden: „Eine alltagsweltliche Beschreibung ist durch das Merkmal definiert: ‚bekannt in Gemeinsamkeit mit jedem engagierten und vertrauenswürdigen Mitglied der gesellschaftlichen Kollektivität'" (S. 190). Und Niklas Luhmann stellt fest: „Die Moral regelt die Bedingungen wechselseitiger Achtung bzw. Missachtung" (Soziale Systeme, S. 215) Mit der Kennzeichnung „engagiert" und vor allen „vertrauenswürdig" gewinnen die alltagsweltlichen Aussagen auch eine moralische Dignität. Auf diese alltagsethische Dimension wollen wir bei der folgenden Betrachtung sprachlicher Wendungen zu unserem Themenbereich den Nachdruck legen.

Dem „Erhören", einem weiteren wichtigen Begriff aus dem Wortfeld „hören", geht eine Bitte oder ein Wunsch voraus, dem in der Erhörung nachgekommen wird. Der, die Bitte erfüllen kann, hat gehört. Die Erhörung gilt in der christlichen Tradition als durchaus erwünschte Aufgipfelung des Hörens oder als Dringlichmachen. Da eine Erhörung in das Belieben des eventuell Erhörenden gestellt ist, ist sie im zeitgenössischen Denken, in dem vornehmlich in den Bahnen von Rechten, Ansprüchen und Zuständigkeiten („das steht mir zu") gedacht wird, nicht attraktiv. Der Philosoph David Espinet führt in diesem Zusammenhang auch „gehören", „zugehörig" und „hörig" (S. 78) an, wobei die letzte Vokabel neben einem traditionellen Rechtsverhältnis heute ein oft fragwürdiges und unwürdiges, oft sogar ein bedingungsloses Unterwerfen unter die Wünsche und Launen eines Anderen meinen kann.

Auch die Ohren als Organ des Hörens werden in Redewendungen thematisiert. „Aufs Ohr hauen" ist der Versuch, zu schlafen, was oft eine vergebliche Anstrengung sein kann. Entgegengesetzt ist das Vorhaben, sich die Nacht „um die Ohren zu schlagen".

Selbst eine vage Botschaft kann „zu Ohren kommen". Dem modernen Arbeitsethos entspricht es, viel „um die Ohren zu haben" und „bis über beide Ohren in Arbeit zu stecken", was sich über die Belastung hinaus auch auf die Wertschätzung der Person beziehen kann, die so charakterisiert wird oder die sich selbst so charakterisiert.

„Ohrwurm" muss nicht abwertend gemeint sein. Es dreht sich dabei vor allem um Melodien, die „ins Ohr gehen" und einem nicht aus dem Sinn gehen, sondern permanent verfolgen. Dagegen ist ein „Ohrenschmaus" eindeutig positiv gemeint.

Religiösen Ursprungs ist „tauben Ohren predigen". Es kommt dem Überhören nahe, das als bewusstes durchaus mit negativ bewerten Eigenschaften wie Leichtfertigkeit oder Starrköpfigkeit verbunden werden kann. „Dein Wort in Gottes Ohr" ist in der Regel ein profan gedachter Wunsch um Erhörung. „Die Ohren spitzen" kann als Synonym für „Aufhorchen" oder „Aushorchen" eingesetzt werden. Der konzentrierte Zuhörer ist „ganz Ohr". Aber dieses Wahrnehmen kann überzogen sein, wenn man „die Flöhe husten" oder das „Gras wachsen" hört. Wer Unglaubliches hört, „traut seinen Ohren nicht". Damit kann neben Verblüffung auch Entrüstung verbunden sein.

Wer einem Anderen „einen Floh ins Ohr setzt", muss nicht immer lautere Absichten haben. „Übers Ohr hauen" meint eindeutig eine Übervorteilung, ein mehrheitlich abgelehntes Verhalten. Ein skrupelloses Nachgehen des eigenen Vorteils wird mit dem drastischen Bild, „jemandem das Fell über die Ohren ziehen" charakterisiert. Die Aufdeckung einer Täuschung, vielleicht sogar mit seiner Schädigung verbunden, kann dazu führen, dass der Täuschende sich in Scham selbst bestraft und „mit roten Ohren abzieht".

Erfahrung, die sich mit zunehmendem Alter einstellt, wird gemeinhin geschätzt, egal ob dieser Zusammenhang in einem konkreten Fall zutrifft. Das ist der gedankliche Hintergrund für die Redensart „noch feucht hinter den Ohren sein", wenn jemand die Reife abgesprochen wird, zu einem Sachverhalt Stellung zu nehmen.

Das Ohr ist ein empfindliches Organ und seine grobe Bearbeitung durch andere kann eine schmerzhafte Strafe sein. Die allbekannte Ohrfeige (auch: eines hinter die Ohren geben) galt lange Zeit als angemessene Reaktion auf ein Fehlverhalten oder eine Ungeschicklichkeit bei Kindern. Im Zuge der Zivilisierung, wie sie Norbert Elias exemplarisch beschrieben hat, ist sie in europäischen Gesellschaften letztlich ein illegitimes Disziplinierungs- und Erziehungsmittel. Nicht nur eine verpatzte Arbeit kann man jemand „um die Ohren hauen". Im Falle des Fehlverhaltens kann man sich für künftige Fälle das Erwünschte „hinter die Ohren schreiben", was auf den mittelalterlichen Brauch zurückgeht, den, meist kindlichen, Zeugen Ohrfeigen zu verabreichen, damit sie sich in Zukunft an bestimmte Vereinbarungen (zum Beispiel über Grundstücksgrenzen) erinnerten Die Intention der Disziplinierung trifft auch auf „jemandem die Ohren lang ziehen" zu, das allerdings häufig lediglich als Metapher Verwendung findet. Ermunterung meint dagegen die Aufforderung, die „Ohren steif" zu halten". Der Begriff kommt vom Verhalten der Haustiere, die Aufmerksamkeit durch das Spitzen der Ohren signalisieren.

Auch der Aberglaube kann eine Rolle spielen. Wenn jemandem „die Ohren klingeln " (oder klingen), kann das objektiv ein selten gehörtes Tönen im Ohr sein, aber dass gleichzeitig jemand über einen spricht, ist natürlich ein Ausdruck eines Volksglaubens. Ähnliches gilt für „es faustdick hinter den Ohren haben". Hier geht es um Wülste hinter den Ohren, deren Ausprägung den Grad der Verschlagenheit anzeigen soll. Wenn jemandem „die Ohren jucken" will oft nicht eine körperliche Befindlichkeit ausgedrückt werden, sondern die Neugier, etwas in Erfahrung zu bringen.

7   Ausblick

Besonders durch die Allgegenwart des Schriftlichen ist eine eindeutige Dominanz des Sehens eingetreten. Vieles lesen wir, ohne dass uns dieser Einsatz einer zentralen Kulturtechnik bewusst wird. Das gilt für Straßenschilder, Zeitungsüberschriften, Warenangebote. Wenn wir uns in einem Land befinden, dessen Schrift wir nicht lesen können, sei es in Indien, Israel, Ägypten, Japan oder China, kann das für uns ein grundlegendes handicap darstellen. Ich erinnere mich noch, dass ich in Kyoto sehnlichst nach einer Tafel Ausschau gehalten habe, der ich den Namen der Gegend entnehmen konnte, in der ich mich befand. Und als sie mir endlich vor Augen stand, blieb sie für mich stumm, weil ich die Angaben nicht lesen konnte. International gebräuchliche Piktogramme zählen zu den „Sehhilfen", die solche Probleme vermeiden helfen.

Es ist auch eine bewusste Abkehr von den vielen Bildern, die allerorts auf uns einstürmen, möglich. Askese kann heute auch heißen: Abkehr vom Sehen, z. B. sechs Wochen kein Fernsehen während der kirchlichen Fastenzeit.

Das Gesicht ist eindeutig der dominierende Sinn, ohne dass das Gehör in den Hintergrund getreten wäre. Der Lautkulisse, die der Philosoph Wolfgang Welsch als „akustische Umweltverschmutzung" bezeichnete, kann man kaum entrinnen. Der Architekt Pascal Amphoux stellt aber fest: „ein starkes Anwachsen unserer Lärmsensibilisierung… Es ist paradox: Einerseits machen die Leute sehr viel mehr

Lärm als früher – unentwegt benutzen sie Maschinen, Autos, elektrische Haushaltsgeräte, Radios oder Fernsehgeräte – andererseits ertragen sie den Lärm immer weniger... die wachsende Kritik am Lärm und die technischen Entwicklungen zur Beherrschung der Lärmursachen haben immer stärkere Normen und Maßregelungen der Rühestörung zur Folge, die potentiell jeden menschlich erzeugten Schall als unerträglich stigmatisieren" (S. 87).

Fast jeder hat schon von den Wachsstöpseln mit dem Namen „Oropax" gehört, mit denen in der Ruhe gestörte Zeitgenossen ihren Frieden finden. Der nervöse Mensch flieht oft nicht vor den großen Lärmverursachern, sondern vor den Schlafgeräuschen seines Partners. Das Schnarchen und die dadurch verursachte Ruhestörung ist ein Tabuthema, das meist nur im intimen Miteinander erörtert wird. Es gibt also durchaus noch Sensibilität für Geräusche.

Auf einer anderen Ebene wird gegenüber einer Übermacht des Gesehenen eine „,Regression des Hörens'" (Jütte, S.313) konstatiert. Indikator ist „der neue Trend zum Hörbuch, das man nicht einfach „nebenbei" konsumieren kann und das in der Regel dem Hörer Konzentration und Aufmerksamkeit abverlangt". Es „scheint ein Anzeichen dafür zu sein, dass Menschen wieder lernen zuzuhören" (ebd.).

Erinnerungen sind oft mit Geräuschen verknüpft. Gemäß dem Romantitel „Auf der Suche nach der verlorenen Zeit" von Marcel Proust hat sich Brendan Chilicutt, Absolvent des Chattanooga State College, auf die Suche nach einer bestimmten Art von Geräuschen gemacht. Der Gründer und Betreiber des Museums für bedrohte Geräusche (museum for endangered sounds) nimmt all die Geräusche von technischen Geräten auf, die im Zuge technischen Entwicklung veralten und kaum mehr im Gebrauch sind, aber in den Zuhörern Erinnerungen, auch solche sehr persönlicher Art, hervorrufen. Die Site des Museums zeigt Schreibmaschinen, Ladenkassen, Aufnahmegeräte und Telephone. Er knüpft damit an die Arbeiten bildender Künstler an, die die Klänge der modernen Welt zum Thema machten (auch: Meier und Meier-Dallach, S.116 und Werner, S. 134). Besonders Komponisten waren von den Geräuschen der Technik fasziniert. Ballila Pratella forderte 1911: „Die Musik muss den Geist der Massen, von großen industriellen Komplexen, von Zügen, Ozeandampfern, Schlachtschiffen, Automobilen und Flugzeugen wiedergeben. Sie muss zu den zentralen Themen des musikalischen Gedichts die Welt der Maschine und das auf der Siegerstraße befindliche Reich der Elektrizität hinzufügen." (nach: Jütte, S. 305).

Gegenwärtig kommen verschiedene Aktivitäten indirekt dem Gehör zugute. Das vielfach geforderte Dämmen von Wohnungswänden ist eine Maßnahme, die dem Einsparen von Energie dienen soll, trägt aber auch zur Dämpfung von Außengeräuschen, aber auch etwa von einem Wohnungsinhaber selbst verursachten Lärm bei. Dieser Lärm könnte etwa durch lautes Musikhören entstehen. Hier kommt eine

Form des Lärms zum Ausdruck, der zur Zeit der Industrialisierung noch keinen so großen Stellenwert einnahm wie in der Freizeitgesellschaft, der Freizeitlärm. Besonders bei Diskomusik oder bei Popkonzerten werden Lautstärken erreicht, die die Bewohner ganzer Stadtviertel um den Schlaf bringen können. Indirekt kann auch der Flugzeuglärm zum Freizeitlärm gerechnet werden, denn ein beträchtlicher Teil des Flugverkehrs dient dem Transport von Touristen. Es gibt kaum ein aktuelles Problem, das von zahlreichen Bürgerinitiativen so vehement bekämpft wie der Fluglärm. Besonders die Bewohner an den Einflug- und Abflugschneisen sind hier besonders aktiv. Hier soll an die wöchentlichen Proteste am Frankfurter Rhein-Main-Flughafen hingewiesen werden. Aber auch die Menschen, die nicht direkt betroffen waren, brachten den Protestierern Sympathie und Verständnis entgegen. Das Ohr ist ein vielfach malträtiertes Organ, wozu auch die modernen Kommunikationsinstrumente beitragen. Neben dem Musikteppich an vielen öffentlichen Orten, von Warenhäusern, Gaststätten, bis zu Arztpraxen ist hier noch auf die Nutzung des tragbaren Telephons, des Handys, hinzuweisen, wobei die Schwellen der Einbeziehung des Privatraums in die Gespräche immer niedriger werden. Das Piktogramm, das in ausgewählten Abteilen von Eisenbahnzügen die Mitreisenden von der bisweilen lauten Beschallung bewahren soll, ist ein Ohr, ein Organ, das sich leider nicht schließen lässt.

Literatur

Amphoux, Pascal, Die Zeit der Stille, in: Kunst- und Ausstellungshalle der Bundesrepublik Deutschland (Hg), S. 86-99
Auditive Wahrnehmung, Wikipedia vom 28.10.2012
Bausinger, Hermann, Kannitverstan. Vom Zuhören, Verstehen und Missverstehen, in: Vogel, S.9-25
Bellebaum, Alfred, Schweigen und Verschweigen, Opladen (Westdeutscher Verlag) 1992
Behne, Klaus-Ernst, Musikalische Hörgewohnheiten, in: Kunst- und Ausstellungshalle der Bundesrepublik Deutschland (Hg.), S.234-250
Berger, Peter L. und Thomas Luckmann. Die gesellschaftliche Konstruktion der Wirklichkeit, Franfurt am Main (Fischer) 1980
Canetti, Elias, Die Fackel im Ohr, Frankfurt am Main (Fischer), 21. Aufl. 2000
Catechismus ecclesiae Catholicae.
Espinet, David, Phänomenologie des Hörens, Tübingen (Mohr Siebeck) 2009
FU Berlin Workshop im Rahmen des Teilprojekts „Stimmen als Paradigmen des Performativen" des Sonderforschungsbereichs 447 „Kulturen des Performativen"

Garfinkel, Harold, Das Alltagswissen über soziale und innerhalb sozialer Strukturen, In: Arbeitsgruppe Bielefelder Soziologen (Hg.), Alltagswissen, Interaktion und gesellschaftliche Wirklichkeit, Bd.1, S.189-262, Reinbek (Rowohlt) 1973

Hellbrück, Jürgen und Ellermeier, Wolfgang: Hören. Physiologie, Psychologie und Pathologie. 2. aktualisierte und erw. Auflage, Göttingen (Hogrefe) 2004

Küchenhoff, Joachim, Sprache, Symptom, Unbewusstes – die Hörwelt der Psychoanalyse, in: Vogel, S. 207-225

Kirchengebote, in Wikipedia vom 16.4.2012

Kunst- und Ausstellungshalle der Bundesrepublik Deutschland (Hg.), Welt auf tönernen Füßen, Göttingen (Steidl) 1994

Jütte, Robert, Geschichte der Sinne, München (Beck) 2000

Luhmann, Niklas, Soziale Systeme, Frankfurt am Main (Suhrkamp) 1987

la Motte-Haber, Helga, Radio(un)kultur, in: Vogel, S. 145-157

Meier, Hanna und Hans-Peter Meier-Dallach, Die Stadt als Tonlandschaft, in: Kunst- und Ausstellungshalle der Bundesrepublik Deutschland (Hg.), S.112-124

Meyer, Jürgen, Der Ton – vom schwingenden Pendel zum Orchesterklang, in: Kunst- und Ausstellungshalle der Bundesrepublik Deutschland (Hg.), S.21-36

Neuhaus, Max, LISTEN, in: Kunst- und Ausstellungshalle der Bundesrepublik Deutschland (Hg.). S. 125-127

Ohr, Wikipedia vom 12.11.2012

Vom Ohr und vom Hören, zusammengestellt für die Präsentation zum Thema „Hörwoche" in der VHS Ahrensburg im 1.Halbjahr 2008, http://www.galerie-elender.de/Ohr.htm

Simmel, Georg, Soziologie, Frankfurt am Main (Suhrkamp), 3. Aufl. 1999

Schöning, Klaus, Sound Mind Sound, in: Kunst- und Ausstellungshalle der Bundesrepublik Deutschland (Hg.), S. 64-78

Schafer, R. Murray, Klang und Krach, Eine Kulturgeschichte des Hörens, Frankfurt (athenäum), 1988 (Das Buch erschien zuerst in Kanada unter dem Titel „The Tuning of the World" Von dieser Schrift liegt auch eine Neuübersetzung vor, die hier nicht herangezogen wurde: Die Ordnung der Klänge, Mainz (Schott) 2010

Tepl, Johannes von, Der Ackermann, Stuttgart (reclam) 2000

Vogel, Thomas (Hg.), Über das Hören, Tübingen (attempto), 2. Aufl. 1998

Weber, Max, Soziologische Grundbegriffe, Tübingen (Mohr). 6.Aufl. 1984

Werner, Hans-Ulrich, Soundscapes – zwischen Klanglandschaften und Akustik Design, in: Kunst- und Ausstellungshalle der Bundesrepublik Deutschland (Hg.), S. 130-137

Zenger, Erich, „Gib deinem Knecht ein hörendes Herz!", Von der messianischen Kraft des rechten Hörens, in Vogel, 27-43

Zwischen Apathie und Utopie
Soziologisches und Phänomenologisches zum Geruchssinn am Beispiel des Ersten Weltkrieges

Jürgen Raab

Vorbemerkung

Die Rede von der doppelten Amnesie der Sinne scheint auf den Geruchssinn in besonderer Weise zuzutreffen. Denn anders als die Verrichtungen der Augen, der Ohren und die Dauerreflexivität des den gesamten Körper einfassenden Tastsinns gerät die Arbeit der Nase vermeintlich erst dann in den Griff des Bewusstseins, informiert sie uns – vorrangig bei der Nahrungsaufnahme und insbesondere im Zusammenwirken mit dem Geschmack – über die Bekömmlichkeit oder Unzuträglichkeit von Speisen und Getränken. Der um Geruchsneutralität bemühte Alltag sich modernisierender Gesellschaften entlastet die Nase weitestgehend von ihrer olfaktorischen Funktion, stellt sie von den Notwendigkeiten des Urteilens frei, und lässt sie ungestört und unbemerkt ihrer ‚eigentlichen‘, dem natürlichen Rhythmus folgenden Aufgabe nachkommen, die über den Atemreflex angesaugte Luft zu filtern und zu erwärmen, bevor sie den demselben Reflex folgenden verbrauchten Atem wieder aus dem Körper lenkt. Der vorliegende Aufsatz thematisiert diese historisch und kulturell spezifische soziale Überformung des Riechens und fragt nach ihren moralischen Imprägnierungen. Dabei verfolgt er die These, dass gerade die für das Spektrum der Sinnesausstattung wie auch hinsichtlich der Kooperation der Sinne stets beklagte Reduktion und Marginalisierung des Geruchssinns eine, wenn nicht die eigentliche Bedingung seines Beitrags zur vorreflexiven Ordnung der gesellschaftlichen Wirklichkeit darstellt. Zurückgehend auf Maurice Merleau-Ponty und Helmuth Plessner, für die gleichermaßen gilt, dass „jeder Sinn seine ‚Welt‘ hat" (Merleau-Ponty 1966: 260), weil „jeder Sinn seinen gegenständlichen Grund in dem hat, was nur er herausbringt" (Plessner 1980: 371), mache ich die olfaktorische Wahrnehmung selbst zum Gegenstand und frage nach dem Eigensinn des Geruchssinns (vgl. Soeffner 2012). Hierfür überschreite ich die Grenzen meiner bisherigen

Auseinandersetzung zur Soziologie des Geruchs in zwei Richtungen (Raab 2001).
Zum einen erhält die seinerzeit noch eher ‚klassisch' angelegte Frage nach der
olfaktorischen Konstruktion von gesellschaftlicher Wirklichkeit ihre notwendige
Ergänzung um Vorüberlegungen zu einer phänomenologische Protosoziologie des
Geruchs (vgl. Eberle 2014). Zum anderen verlagert sich die Analyse vom Geruch als
Feind, den es für die Realisierung von milieuspezifischen Normalitätsvorstellungen
am eigenen Körper und in der eigenen Wohnung über den Einsatz positiv besetzter
Düfte zu bekämpfen gilt, hin zum Gestank des Feindes als Symbol für existentielle
Bedrohung und als Motiv für Stigmatisierung und physische Vernichtung. Aus
gegebenem Anlass nehme ich den menschlichen Ausnahmezustand des Ersten
Weltkriegs zum exemplarischen Bezugspunkt für die soziologische und phänomenologische Beschreibung von drei, zwischen Apathie und Utopie sich aufspannenden,
olfaktorischen Sinnsphären: den Prädispositionen des Geruchsinns in den Listen
der Propaganda, der Erfahrung von Gerüchen im Gestank der Gräben, und der
Überhöhung der Düfte in den Praktiken der (Wieder-)Verzauberung.[1]

I   Der ideologische Sinn und seine Politisierung: Die Listen der Propaganda

Im Jahre 1915 bietet der französische Mediziner, Arzt und Psychologe Edgar Bérillon
sein gesamtes Fachwissen auf, um den Kriegsfeind auch in olfaktorischer Hinsicht
zu verdammen. In seiner Abhandlung „La polychésie de la race allemande" mit dem
auf Deutsch verfassten Untertitel „Das übertriebene Darmentleerungsbedürfnis
der deutschen Rasse" weist das Mitglied des angesehenen Institut de France den
Deutschen nicht nur eine abnorme Überaktivität des Darmes nach, sondern versucht
den zudem auffallend abstoßenden Geruch ihrer Fäkalien naturwissenschaftlich zu
belegen. Zur Untermauerung seiner These erstellt der Verfasser gleichfalls in der
„Chronique médicale" und noch im selben Jahr in seinem Aufsatz „La bromidrose
fétide de la race allemande" eine Diagnose, in der er die Veranlagung der Deutschen
nun auch zu übermäßigem Harndrang in einen rationalen Zusammenhang mit ihrer
nicht minder krankhaften Anlage zu exzessiven Schweißausdünstungen bringt. Über

---

1   Den Ausschlag zur erneuten Beschäftigung mit der Soziologie des Geruchs gab neben
    der Einladung zu vorliegendem Band ein anlässlich des einhundertjährigen Gedenkens
    an den Beginn des Ersten Weltkriegs am Haus der Geschichte Baden-Württemberg
    gehaltener Vortrag. Auf das im Rahmen der Ausstellung „Fastnacht der Hölle. Der
    Erste Weltkrieg und die Sinne" zum Thema „Der Gestank des Feindes" am 12.01.2015
    gehaltene Referat beruhen und beziehen sich weite Teile der hier entfalteten Darlegung.

seinen abartigen Gestank hinaus sei der deutsche Harn zudem auch noch giftiger als der anderer Völker und vor allem der des eigenen: „Der urtoxische Koeffizient ist bei den Deutschen mindestens um ein Viertel höher als bei den Franzosen. Das bedeutet, dass wenn 45 Kubikzentimeter französischen Urins notwendig sind, um ein Kilo Meerschweinchen zu töten, dasselbe Resultat mit 30 Kubikzentimetern deutschen Urins zu erzielen ist. [...] Die wichtigste organische Besonderheit der Deutschen von heute ist, dass er aus Unfähigkeit, die Aussonderungen der urischen Stoffe durch seine überlastete Nierenfunktion zu leisten, die plantare Region zu Hilfe nimmt. Man kann dies auch so ausdrücken, dass man sagt, der Deutsche uriniert durch die Füße" (Bérillon zit. n. Le Guérer 1992: 42). Seinen argumentativen Höhepunkt erlangt das pseudowissenschaftliche Diskriminierungsprogramm zwei Jahre später, wenn Bérillon in „La psychologie de la race allemande d'après ses caractères objectifs es spécifiques" die den Deutschen attestierte Trias aus Fäkalien, Gestank und Tod durch eine physiognomisch begründete Psychologie abrundet (Abb. 1).

Abb. 1 Edgar Bérillon: La psychologie de la race allemande d'après ses caractères objectifs es spécifiques, 1917

Denn die Hässlichkeit des Deutschen, sein Mangel an Proportion, drücke sich bereits in seiner Schädelform aus, bei der die obere Hälfte mit den Organen des Sehens und Hörens nicht mehr Platz einnimmt als die untere mit den Organen des tierischen Appetits, der Nase und dem Mund. Sein Pendant fände die Schädelphysiognomie in der extrem ausgeprägten Gesäßpartie, die eben jenen hyperaktiven Darm beherbergt, welcher zu jenem häufigen, überbordenden Stuhlgang drängt, der letztlich geistige Schädigungen nach sich zieht (vgl. Courmont 2010).

Bérillons Aufsätze rekurrieren auf tradierte und schwelende gesellschaftliche Befindlichkeiten und bündeln diffuse Ressentiments zu einem diskursiven, mit der Aura wissenschaftlicher Rationalität geadelten Bedeutungszusammenhang. Und obschon den Herausgebern des „Chronique médicale" die verschrobenen Beweisführungen ihres Autoren durchaus bemerken, entscheiden sie sich für den Abdruck. Dieses Konstrukt, heute eine kurios anmutende Anekdote der deutsch-französischen Erinnerungskultur, blieb, vermittelt über die damalige Tagespresse, in der französischen Öffentlichkeit nicht ohne Wirkung. Ja es wurde sogar zu einem wichtigen Element der französischen Kriegspropaganda, worauf das Beispiel der Tageszeitung „Le Matin" aufmerksam macht, die am 14. Juli 1915, bekanntermaßen und bezeichnenderweise dem französischen Nationalfeiertag, zu berichten weiß, dass sich der charakteristisch widerliche Gestank der Deutschen auch auf ihre Toten erstreckt: „Les cadavres boches sentent plus mauvais que ceux des Français" (Becker 1980 : 317).

Zweifelsohne ist die moralische Abgrenzung von sozialen Kategorien durch das Fällen abwertender Geruchsurteile keine Besonderheit des Ersten Weltkrieges und schon gar keine Eigenheit der französischen Gesellschaft. Vielmehr lässt sich die Attestierung übler Ausdünstungen, zugleich Distinktionsausweis für die moralische Überlegenheit und Kulturhöhe der eigenen sozialen Gruppe, zu Zwecken einer stark emotional durchfärbten Antipathie und Zurückweisung, sehr weit in die menschliche Geschichte zurückverfolgen. So notiert der Dominikanermönch Felix Farbi im 15. Jahrhundert in sein „Evagatorium in Terrae Sanctae, Arabiae et Egypti peregrinationem": „Den Sarazenen entströmt ein grässlicher Gestank, weshalb sie sich ständig verschiedenen Waschungen unterziehen; und da wir nicht stinken, macht es ihnen nichts aus, wenn wir uns gemeinsam mit ihnen waschen. Aber sie sind nicht so nachsichtig mit den Juden, die noch mehr stinken. So sind die stinkenden Sarazenen froh, dass sie sich in Gesellschaft von Leuten wie wir befinden, die nicht stinken" (zit. n. Eco 2011: 14). Soweit wir über historische Quellen und vergleichende Berichte verfügen, kennen alle Epochen, Kulturen und Gesellschaften die olfaktorische Stigmatisierung und Diskriminierung kulturfremder wie auch kultureigener sozialer Kategorien. Geruchsbezogene Abwertungen trafen und treffen – man ist geneigt zu sagen ‚natürlich' – die bereits bei Felix Farbi erwähnten Juden, ebenso alle fahrenden Völker, im Mittelalter wie ‚selbstverständlich' die Hexen, überhaupt alle Verbrecher, die Prostituierten und Homosexuellen, mit Beginn der Industrialisierung die sozialen Unterschichten und die Arbeiter, über deren sozialen Status Georg Simmel festhält, „dass die für die soziale Entwicklung der Gegenwart oft so lebhaft befürwortete persönliche Berührung zwischen Gebildeten und Arbeitern [...] einfach an der Unüberwindlichkeit der Geruchseindrücke" scheitert (Simmel 1992: 734). Und auch Ernst Bloch bemüht das olfaktorische Urteil für seine Anklage der Nationalsozialisten: „Der Nazi aber riecht noch nach ganz andrem als nach Blut; er riecht auch nach Urin in dem riesengroßen Nachttopf, Stinktopf seines Habitus, seiner Abscheulichkeit, seiner Verbrechen, seiner Ideologie. [...] Dem Blutgeruch bisheriger Bestialitäten fehlte der hämische Muff, der typische Naziduft ungelüfteter Betten, eben die Beimengung von Uringeruch" (1970: 189).

Anthropologische und ethnologische Studien belegen, dass alle menschlichen Kulturen zur Ordnung und für die Orientierung in ihrer Alltagswelt zwischen favorisierten und weniger favorisierten Gerüchen unterscheiden und Orte, Tiere, Pflanzen und vor allem Nahrungsmittel auch über Gerüche identifizieren, kategorisieren und bewerten (vgl. exemplarisch Lévi-Strauss 1973, Classen et al. 1994, Beer 2014). Dabei werden faulige Gerüche, da sie mit Verderbungs- und Verwesungsprozessen in Verbindung stehen, grundsätzlich als abstoßend empfunden und negativ bewertet: sie zeigen die Vergängnis des natürlich Gewachsenen an, den Verfall des ursprünglich Wohlgeformten, die Zersetzung der einst scharfen Grenzen, was in enge Beziehung zu Unsauberkeit und Unzuträglichkeit bringt (vgl. Douglas 1988). Positiv besetzt sind hingegen all jene Gerüche, die gemeinhin als ‚Düfte' bezeichnet sind, zuvorderst der als Inbegriff des Wohlgeruchs geltende Blumenduft. Auch die bereits angesprochenen sozialen Klassifizierungen verlaufen entlang der olfaktorischen Trennlinie von anziehend oder abstoßend. Sie helfen Individuen und soziale Gruppen zu trennen und zu verbinden, um sich von ihnen zu abzusetzen oder Nähe und Verbundenheit zu bekunden, so ihre gesellschaftliche Stellung, ihr soziales Prestige und darüber den Grad ihrer sozialen Wertschätzung und Anerkennung auszudrücken, und so bestimmte Vorstellungen von sozialer und kultureller Ordnung durchzusetzen oder festzuschreiben.

Jenseits von Natur und Sozialem schließt die symbolische Bedeutung der Gerüche immer auch das Transzendente ein. In dieser für die Sozialorientierung eminent wichtigen Sphäre unterstützt der Geruch die spirituellen Bande zwischen den Gläubigen, hilft er doch, ihre sinnlichen Erfahrungen zu vereinheitlichen und befördert, etwa im exzessiven Einsatz von Weihrauch, die Gleichwerdung der Gläubigen in der religiösen Gemeinschaft. Nicht anders als in den sinnlichen Ordnungen der Natur und des Sozialen trennen und markieren die Gerüche das Heilige gegenüber dem diametral entgegengesetzten Profanen (vgl. Durkheim 1981).

Die Vergeistigung Gottes offenbart sich denn auch in der Idealisierung eines Habitus, der in der Abtrennung und Vermeidung all dessen, was seiner Makellosigkeit
widerspricht, zum Ideal der Gläubigen, des Zivilisationsmenschen und schließlich
der modernen Gesellschaft wird: „Gott ist ein Intellektueller. Er lacht nicht, er
schwitzt und schnäuzt und spuckt nicht, er scheidet nicht aus" – und, so möchte
man hinzufügen, *riecht* daher auch nicht (Baier 1991: 14). Der Geruchlosigkeit,
dem Duft der Reinheit, Sauberkeit und Ordnung, dem Aroma des Guten und
Schönen, des Vollkommenen und Makellosen als den Signifikanten des Heiligen
steht die obszöne Antipode gegenüber: der Leibhaftige, das unheilige und unreine
Geruchstier mit seinem kotenden, harnenden und furzenden Unterleib, das sich
auch vor den Exkrementen der anderen nicht scheut.

 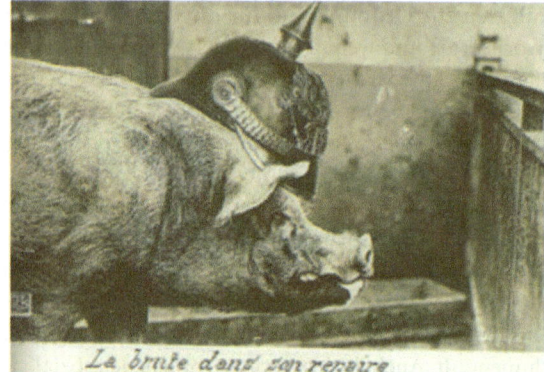

Abb. 2   Französische Propaganda-Postkarten; links: „La bête féroce sent venir la faim!"
(1915); rechts: „La brute dans son repaire" (1914)

Wenn die französische Seite zum Ausweis ihrer kulturellen und moralischen
Überlegenheit den Feind gerne entweder als wilde Bestie oder als domestiziertes
Schwein darstellt (vgl. Abb. 2), dann offenbart sich in dieser Propaganda jene von
Bernhard Waldenfels beschriebene „Grundkonstellation der Feindschaft", in der „das
Außerordentliche, das die gegebene Ordnung überschreitet, zum Unordentlichen
entartet, das eine reine Privation darstellt. So kommt es zu den großen Scheidun-
gen, die eine Serie binärer Schemata hervorbringen" (2012: 312). Zur Konstruktion
solcher Schemata macht sich die Propaganda die Naturanlage des Geruchsinns
ebenso zunutze wie seine kulturellen Überformungen und seine sozialen Prägun-

gen. Vor allem indem sie seine von Natur auferlegten Dispositionen aufgreift und seine Potentiale verstärkt, verwandelt und steigert sie den ideologisch disponierten zum politischen Sinn. Denn wie kein anderes der Sinnesorgane scheidet die Nase primordial und emotional in rein binärer Differenzbildung und mit damit umso schärferer Grenzziehung das Anziehende vom Abstoßenden, das Angenehme vom Unangenehmen, das Verbindende vom Trennenden, das Eigene und Vertraute vom Fremden und den Freund vom Feind. Olfaktorische Differenzbildungen kennen kaum Zwischenformen und lassen nur wenige Zwischenurteile zu, worin Italo Svevo in einer seiner literarischen Schilderungen eine Wesensverwandtschaft des Menschen mit seinem treuesten Freund erkennt: „Die Aufrichtigkeit des Hundes ist auf den bei ihm am stärksten Sinn zurückzuführen, den Geruchssinn. [...] Denn er sieht nicht die trügerischen Oberflächen, er analysiert vielmehr das Wesen der Dinge, ihren Geruch. [...] Bei den Hunden, die von den Gerüchen gelenkt werden, gibt es keine Gleichgültigkeit dem Leben gegenüber. Niemals sind sie einfach gleichgültige Fremde, sondern immer entweder Freunde oder Feinde" (1984: 17f.). Dass die den Geruchsinn auszeichnenden Qualität zu rein dichotomen, scharfen Unterscheidungen immer auch moralische Wertungen einschließt, bringt der französische Romancier Jean Genet in der für ihn charakteristisch unverblümten, ja drastischen Weise zum Ausdruck: „Ich sagte schon, wie sehr ich die Gerüche liebe. Die starken Gerüche der Erde, der Latrinen, der Hüften der Araber und vor allem der Geruch meiner Scheiße – ich liebe ihn so sehr, dass ich mich noch heute unter die Decken kuschele und in der wie eine Tüte zusammengerollten Hand meine zergangenen Fürze sammle, um sie an meine Nase zu führen. Sie öffnen für mich versunkene Schätze voll Glück. Ich atme. Ich sauge den Geruch ein. Aber nur der Geruch meiner eigenen Fürze entzückt mich, und die des schönsten Jungen der Welt flössen mir Ekel ein, ja, es genügt bereits, dass ich im Zweifel bin, ob ein Geruch von mir oder einem anderen stammt, um ihn mir unangenehm werden zu lassen" (1972: 137).

Die natürliche Anlage zur rein dichotomen, trennscharfen Unterscheidung einerseits, das unmittelbar mit der Grenzziehung einhergehende, inappellativ-moralische Urteil andererseits, und schließlich die Vorstellung, ohne Umwege und Irrwege das Wesen der Dinge zu erfassen, ja unmittelbar in ihre Wesenskerne vorzudringen und sie dabei mit der Atemluft zugleich auf das Innigste in sich aufzunehmen,[2] sind jene drei Wesensmerkmale, die den Geruchsinn zum eigentlich ideologischen Organ

---

2 Auch das Ertastete erfährt eine innige Annäherung, bleibt aber außerhalb des wahrnehmenden Körpers, während „indem wir etwas riechen, ziehen wir diesen Eindruck oder dieses ausstrahlende Objekt in uns ein, in unser Zentrum, assimilieren es sozusagen durch den vitalen Prozess des Atmens so eng mit uns, wie es durch keinen anderen Sinn einem Objekt gegenüber möglich ist – es sei denn, dass wir es essen" (Simmel 1992: 735).

erheben.[3] Die Propaganda des Ersten Weltkrieges macht sich diese ideologische Disposition zu eigen. Geht es ihr doch, wie jeder persuasiven Kommunikation, um die Hervorrufung und Festigung einer einheitlichen, eindimensionalen und damit widerspruchfreien Wahrnehmung: um eine Prägung, die mögliche Diffusionen und Irritationen umgeht, und ein schematisches und schablonenhaftes Erfassen erlaubt. In diesem Fall des Feindes dessen Wahrnehmung als geschlossener Gestalt, auf die hin wiederum schematisch, schablonenhaft und entschlossen geurteilt und gehandelt werden soll. Hierfür greift die Propaganda durchaus auf bereits existente Stereotypen zurück, und übersteigert und verfestigt sie zu Vorurteilen. Während Stereotypen in wissenssoziologischer Perspektive auszeichnet, dass sie durch konkrete Erfahrungen durchaus modifiziert, korrigiert oder gar aufgegeben werden können, erweisen sich Vorurteile gegenüber jeglicher Erfahrung und Korrektur als resistent und vermögen die Wahrnehmungen und Orientierungen, das Denken, Fühlen und Handeln stabil und verlässlich anzuleiten (vgl. Luckmann & Luckmann 1993). So erscheint der propagandistisch eingestellten Nase der Gestank des Feindes noch bereits vor und weit über seine unmittelbare Erfahrung hinaus als untrüglicher Ausweis und Beleg seiner wesensmäßigen Andersartigkeit und abgrundtiefen Gegensätzlichkeit. Er markiert die unüberwindbare und um jeden Preis aufrechtzuerhaltende Grenze hin zu einer wilden und rohen, einer anderen Logik gehorchenden Ordnung: Eine animalisierte, barbarische Welt, die das Eigene, Vertraute und Selbstverständliche, das kulturell Strahlende und Blühende, das moralisch Wohlgeordnete und sozial Wohlgeformte, kurz: die Heimat und das Heilige, in seiner Substanz in Frage stellt und in seiner Existenz bedroht. Der durch Propaganda geschürte Gestank gibt daher nicht nur Anlass zu Irritation und Ablehnung, sondern gesteigert, zu Ekel und Hass. Ekel und vor allem Hass mögen es ab einem bestimmten Punkt wiederum unumgänglich erscheinen lassen, dasjenige, was ein zugeschriebener Gestank repräsentiert, seine Quelle und seine Wurzel, nämlich das konkrete Gegenüber mitsamt seiner wiederum durch es repräsentierten Kultur, radikal und mit allen zur Verfügung stehenden Mitteln abzuwehren, zu bekämpfen, zu vernichten.

---

3   Pierre Bourdieus Kritik der Ästhetik Kants vorwegnehmend, ist für Béla Balázs „der Geschmack keine metaphysische Angelegenheit. Jedem Tier schmeckt das, was ihm bekommt. Auch der ästhetische Geschmack ist eine Selbstwehr des geistigen Organismus. Auch der Klassengeschmack ist ein Organ des Klassen-Selbsterhaltungstriebes. Geschmack ist Ideologie" (2001: 145, vgl. Bourdieu 1987).

II   Gerüche in Bewusstsein und Erfahrung: Der Gestank der Gräben

Aus der Sicht heutiger Distanzkriege sind die Soldaten des Ersten Weltkrieges Experten einer besonderen Form der Nähe, gilt es doch nicht nur Räume zu durchschreiten und Ländergrenzen zu überwinden, sondern in den Grabenkämpfen die körperliche Distanz zum Gegner maximal aufzubrechen. Dabei konterkarieren die Erlebnisse an den Fronten nicht nur die gewohnten Erfahrungen der Heimat, sie enttäuschen auch nicht allein die an die Fremde gestellten Erwartungen, sondern übersteigen sie das menschlich Vorstellbare überhaupt. Von vielen Kriegsfreiwilligen anfangs noch als Ausweg aus den Widersprüchen, Desorientierungen und Verunsicherungen der sich entwickelnden Moderne begrüßt und willkommen geheißen, zersetzt und zerstört die in ihrer Brutalität und Monstrosität alles gekannte überbietende Materialschlacht die Haltungen, Erwartungen und Hoffnungen. Die Umstürzung der vertrauten Alltagserfahrung und die Auflösung der gewohnten Alltagsordnung sind das Ergebnis eines Dauerangriffs auf die Sinne: Der Anblick der durch die ununterbrochene Gewalt breiartig sich ausbreitenden Verwüstung, der tosende Lärm des Trommelfeuers aus tausenden ohne Unterlass donnernden Geschützen, und die penetranten Ausdünstungen der Exkremente aus offenen Latrinen, der Gestank völlig verschmutzter und verklebter Körper, sowie, nicht zuletzt, der omnipräsente, von den zerfetzten, aufschwellenden und sich zersetzenden Menschen und Tieren verströmte Verwesungsgeruch.

Die für den Geruchsinn schon sprichwörtlichen Charakteristika der Flüchtigkeit seiner Eindrücke und deren kommunikativer Unverfügbarkeit – allgemein und technisch gesprochen: die Schwierigkeit der Übersetzung der präsentativen Sinneswahrnehmung in die diskursive Sinnordnung von Sprache, Schrift und Text (vgl. Langer 1965) – spiegelt sich auch in den historischen Dokumenten wieder. Denn gegenüber Darstellungen, die auf visuellen oder akustischen Eindrücken beruhen und die das sichtbare Ausmaß von Verwüstungen und die unerträgliche Geräuschkulisse beschreiben, aber auch im Vergleich zu Schilderungen, die sich auf den Geschmack- und den Tastsinn gründen, wie Essen, Trinken oder die Erschütterungen und das Beben der Böden, sind Berichte über Geruchswahrnehmungen auffallend unterrepräsentiert. Umso mehr müssen die vergleichsweise wenigen Quellen auf ihre Bedeutungsgehalte hin befragt werden. So belegt eine Tagebuchaufzeichnung des deutschen Soldaten Hattinger vom 13. Juli 1916 etwa, dass die von den Leichen ausgehenden Dünste durchaus eine große Belastung darstellten: „Man bekommt hier von allen Seiten Feuer. Wirkung der Geschosse fürchterlich. Der Gestank in den Stellungen ist entsetzlich, monatelang liegen die Leichen, bis Ratten sie zerfressen haben. Fliegen!" (zit. n. Kuzmics & Haring 2013:

356). Und gerade der Umstand, dass die auch von der Bundeszentrale für politische Bildung vertriebene Graphic Novel „Tagebuch 14/18" den Gestank der Gräben nur in einem Einzelbild explizit zum Thema erhebt, lenkt den Blick in besonderer Weise auf den Symbolgehalt der Zeichnung (vgl. Abb. 3, linkes Bild).

Abb. 3   Hogh & Mailliet: Tagebuch 14/18. Vier Geschichten aus Deutschland und Frankreich, 2014: 68

Denn ganz augenscheinlich handelt es sich bei dem Gefallenen um einen deutschen Soldaten (erkennbar an Uniformfarbe, Stiefeln, Tornister, Helm), während die Aussage von einer Person inmitten einer Gruppe französischer Soldaten stammt; eine Deutung, welche die Bildfolge unterstützt. Es liegt nahe, in dieser Darstellung die Wirkungsmacht der oben beschriebenen Propaganda zu erkennen. Denn das Spektrum der Lesarten über die möglichen Bedeutungsgehalte dieses Bildes gestaltete sich gänzlich anders, handelte es sich bei beiden Soldaten um Angehörige derselben Nation.

   Der Totentanz der Sinne verkehrt jene Welt in ihr komplettes Gegenteil, in die die Soldaten hineingeboren wurden, die sie für selbstverständlich annehmen, und die sie als ihre Heimat bezeichnen. In dieser Sphäre des Vertrauten, Wohlgeordneten und Heilen, in die sie mit jedem Atemzug hineingewachsen sind und deren Alltag sie mit ausgestaltet und hervorgebracht haben, ist ihnen ein bestimmter Geruchskomplex so vertraut, dass er unauffällig ist, und sie die von den Lebensumständen ihres Milieus gesättigte Luft, die sie am Leben hält, als olfaktorisch leer und neutral, als normal und natürlich erfahren. Solche Traditionsmilieus relativ geschlossener, geruchsindifferenter Welten entlasten die Subjekte physisch, psychisch und sozial: in ihnen fühlen sie sich geborgen, mit ihnen sind sie verbunden und aus ihnen heraus können sie ihre Individualität und Identität entfalten. Denn am Ruhepol und

Nullpunkt der Geruchserfahrung folgt der Vitalsinn seinem natürlichen Rhythmus, gehorchen die Atemzüge, gerade weil sie nicht ‚angesichts' eines intervenierenden olfaktorischen Reizes abgeflacht, eingestellt oder intensiviert werden müssen, gänzlich unbemerkt dem körpereignen, motorischen Reflex. Zwar sind wir in der Lage – und ist es durchaus gängige Praxis –, uns den im Alltag unbemerkten und unbefragten Gerüchen – allen voran denen des eigenen Körpers[4] – intentional zuwenden, sie in unser subjektives Relevanzsystem einzuholen, zu inspizieren, so samt ihrer Nuancen reflexiv in den Griff unseres Bewusstseins zu heben, und uns in dieser Kompetenz zu schulen (vgl. Soeffner 2012, Eberle 2014, Diaconu 2005: 208ff.). Gleichzeitig nimmt derselbe Alltag allerdings an, auf solcherlei Detailbefragungen des Unauffälligen und Gewöhnlichen, des vermeintlich Selbstverständlichen und Stabilen durchaus verzichten und einen Verlust des Geruchsinns sehr viel leichter verschmerzen zu können als den des Augenlichts oder des Gehörs (vgl. Synnott 1991, Stoddart 1995).

Aber noch in einer zweiten Hinsicht markiert die Nullkoordinate das Zentrum der olfaktorischen Alltagsmoral. Denn der Geruchsinn bedarf der Neutralitätsfolie, um sich von ihr abhebend und sie notwendigerweise doch immer wieder einholend, seine Erfahrungen sukzessive aufzubauen. Phänomenologisch und konstitutions-analytisch gesprochen sind Erfahrungen „aktuelle Bewusstseinsabläufe, die als solche noch keinen ‚Sinn' haben. Sie sind jedoch die kleinsten Erlebnisspannen, in denen sich ein thematischer Kern als möglicher ‚Träger' von Sinn ausformt. Sinn konstituiert sich, wenn sich das Ich seiner Erfahrung zuwendet und sie in einen über die schlichte Aktualität der ursprünglichen Erlebnisfolge hinausgehenden Zusammenhang setzt, also in einer bewusst erfassten oder gesetzten Beziehung zwischen der (gerade erst aktuell gewesenen) Erfahrung und etwas anderem. Dieses ‚Andere' kann im einfachsten Fall eine andere (jüngst oder längst vergangene) Erfahrung sein, welche als gleich, ähnlich, entgegengesetzt erfasst wird. Die Beziehung wird also zwischen zwei elementaren Einheiten, die noch Sinn tragen können, konstituiert" (Luckmann 2004: 33). Während sich Seherfahrungen in

---

4 Obschon sich die Eigengerüche an den Öffnungen und in den Falten des menschlichen Körpers gänzlich unterschiedlich präsentieren, fügen sich die intimen Charakteristika zu einer geschlossenen Geruchsidentität. Am Körper offenbart sich aber auch die soziale Ambivalenz des Olfaktorischen: Was in weiten Teilen des Alltags camoufliert und unterdrückt werden muss, fordern andere soziale Situationen ein. Denn unsere Intimpartner müssen wir riechen, ist der ‚natürliche' Duft doch ein wichtiges Moment ihrer ganzheitlichen Erfahrung. Insbesondere im Liebesakt, an dem alle Sinne beteiligt sind und sich wechselseitig in der Einschätzung der Situation wie auch des ‚Gegenübers' ergänzen und kontrollieren, sind die Gerüche ein zentrales Element der außeralltäglichen synästhetischen Erfahrung.

einem Raum zeitgleich gegebener oder in Abhängigkeit zueinander entwickelnder ‚elementarer Einheiten' und potentiell Sinn tragender Sichtbarkeitszusammenhänge ereignen und Ausdehnungen, Grenzen, Richtungen und Perspektiven kennen, entfalten sich die ‚elementaren Einheiten' des Hörbaren bereits bruchstückhaft in zeitlichen Schritten, welche die Erfahrung erst zu größeren sinnhaften Formen zusammenfügt, die sie aufgrund der spezifischen Organdopplung auch stets auch räumlich präzise verorten kann. „Anders als bei den Objekten der höheren Sinne, auf die sich viel eher Prinzipien einer Teilbarkeit anwenden lassen", kann für Hubert Tellenbach das Riechbare über die einfache Feststellung hinaus, dass es die „Form der Extension" aufweist, „durch Kriterien des geometrischen Raumes nur negativ bestimmt werden. Es findet sich keine Abgrenzbarkeit wie an metrischen Gebilden. Es gibt keine ‚Seiten' und deshalb auch keine Abschattungen" (1968: 28f.). Den Kantianer Erwin Straus auf seiner Suche nach dem „Sinn der Sinne" (1935) zitierend, stellt Tellenbach zwar fest, dass jede Sinnesmodalität einer wie auch immer gearteten Differenz von Leere und Gehalt als Bedingung der Möglichkeit von Erfahrung bedarf. Die strukturelle Eigenart der olfaktorischen Leerform liege jedoch in der Existenz einer zur räumlichen hinzukommenden spezifisch zeitlichen Leerstelle. Denn wo das Sichtfeld, Spuren von Licht vorausgesetzt, immer bereits von Erscheinungen relativer Stabilität besetzt ist, und wo das Ohr in der stets gleichen empfangenden Haltung den akustischen Eindrücken gegenüber offen steht, da können sich Geruchserfahrungen, weil die Nase ausschließlich im Vorgang des Einholens von Luft ‚etwas' wahrnimmt, nur in einem dynamischen Dazwischen von Leere und Gehalt entwickeln. So ‚ertastet' die auf den Geruch fokussierte Sinnkonstitution tentativ, Atemzug für Atemzug, die flüchtige, instabile, ungegliederte „Form der Extension" und bestimmt, während sie die eigene Erschließungs- und Aufbaubewegung durch Rückkehr zur Nullausprägung wiederkehrend unterbricht, jene ‚elementaren Einheiten', zwischen denen sich – gemäß Luckmann, siehe oben – die ‚kleinsten Erlebnisspannen' knüpfen, aus denen sich dann ein thematischer Kern als möglicher ‚Träger' von Sinn im Bewusstseinsstrom ausformen kann. Die Sprache bringt den eigentümlich saccadierenden, stakkatoartigen, schubweisen Charakter der Riechbewegungen im ‚Schnuppern', ‚Schnüffeln' und ‚Wittern' denn auch beinahe lautmalerisch zum Ausdruck. Und die mit diesen Vokabeln umschriebene Konstitutionsleistung, das ‚riechende Riechen', bei dem die Wahrnehmung nicht nur etwas wahrnimmt, sondern auch dass und wie sich eine olfaktorischer Eindruck als Verhältnis aus Gehalt und Leere in seiner Raum- und Zeitstruktur aufbaut, lässt sich immer wieder beim Kennenlernen neuer Gerüche beobachten, etwa dem eines Parfums in der Probe einer Zeitschriftenwerbung.

Kehren wir zurück zu den Schützengräben des Ersten Weltkrieges, so erweist sich die Abhandlung über den Ekel aus Aurel Kolnais in der Tradition von Edmund

Husserl und Max Scheler entworfene, zwischen 1929 und 1935 vorgelegte phäno-
menologische Trilogie der abgrenzenden und feindlichen Gefühle als besonders
hilf- und aufschlussreich. Denn für Kolnai ist der Geruchsinn der „eigentliche
Stammesort des Ekels" (2004: 26), was er in der eigentümlichen Ambivalenz von
Anziehung und tiefer Annäherung einerseits und Zurückweisung und aggressiver
Abwehr andererseits begründet sieht. Zunächst ziehen die Dünste die Nasen, jene
„Urorgane der intimen Soseinserfassung", regelrecht an, wecken ihre Aufmerksamkeit und Zuwendung, verlangen „trotz wesensmäßigem widerstrebenden Zögern"
ihr Eindringen und ihre Versenkung. Was aber die „intime Erfassung des frem-
den Soseins ermöglicht", kann in Konfrontation mit gestaltlosem, materiehaften
Überfluss zu heftigen Abwehrreaktionen führen. Auch für Kolnai bedeutet Rie-
chen in erster Instanz ein Aufnehmen und Einnehmen, an das sich, wie an einem
Gabelungspunkt, entweder gesteigertes Einverleiben oder vehementes Ausstoßen
anschließt. Im Falle übermäßiger, unzuträglich oder unerträglich angenommener
Gerüche schlägt die hergestellte Nähe plötzlich in eine als missliebig empfundene
Intimität zum Unvertrauten um. Gegen das Gefühl der Beengung und Einengung
durch das dann Fremde, ja Feindliche verschließt und wehrt sich das wahrnehmende
Individuum. Zwar ist das Ekelhafte, so Kolnai, „prinzipiell nicht etwas Drohendes
[...], kein primäres Erlebnis des Bösen" und „es muss im Ekel noch nicht heißen:
,Dieses ist zu zerstören'" (2004: 56, 62). Doch auch wenn es nur „eine Störung des
eigenen Daseins durch fremdes Sein" ist, „will mich Ekel [...] dazu bringen, meine
Umgebung, meinen Nähekreis zu säubern und etwas daraus auszujäten" (2004: 22,
18f.). Die eindrückliche Beschreibung eines das Überwältigende, das sich bis „in
den letzten Winkel leiblichen Inraums vorschiebt", verwehrende und abwehrende
gestisch-mimisch-körperliche Reaktionsgefüge bis hin zu jenem Moment, an der
Körper mit der Auswurfreaktion des Würgereflexes die Antwort übernimmt, gelingt Tellenbach: „Der Mensch, der sich ekelt, prallt zurück, wirft den Kopf in den
Nacken, rümpft die Nase, stößt den Atem aus, hält die Nase zu, wendet sich ab,
erbricht" (1969: 161, 36, vgl. hierzu Abbildung 3, mittleres Bild). Den eigentlichen
„Urgegenstand des Ekels" erkennt Kolnai jedoch in den Gerüchen alles Verfal-
lenden, Faulenden und Verwesenden, herausgehoben jenen von menschlichen
Leichen, rücken sie doch schlagartig die eigene Kreatürlichkeit, Bedürftigkeit und
Endlichkeit ins Bewusstsein (2004: 29f.). In diesem Licht erscheint die fortwährende
Konfrontation mit den Dünsten der sich zersetzenden menschlichen Körper für
die Soldaten auf den Schlachtfeldern des Ersten Weltkrieges eine Vorwegnahme
des zukünftigen Selbst: eine Spiegelung der eigenen Frage als Gestalt.[5]

---

5   Für seine Begriffsbestimmung des Politischen als Unterscheidung von Freund und Feind,
    die in ihrer ,reinen' Form die Vernichtung des Heterogenen einschließt, übernimmt

Doch die Hölle des Geruchs hat mit dem ekelerregenden Gestank der Leichen die tiefsten Abgründe noch nicht erreicht. Vollständig verkehrt sich die olfaktorischen Weltordnung erst durch die Furcht, Angst und Schrecken auslösenden Kampfgase. Besondere Zuspitzung und Verschärfung erfährt die Situation durch den Umstand, dass die Gase nicht nur gleich den ekelhaften Verwesungsdünsten tief in die Körper eindringen und sie auch nicht, wie der abscheuliche Gestank der Gefallenen, nur auf den eigenen Tod verweisen, sondern dass ihre Wahrnehmung unmittelbar mit Schädigungen und Verletzungen einhergeht. Weiterhin sind technischen Zurüstungen, die eine rechtzeitiges Erkennen erlauben, noch unbekannt, weshalb die Nasen als natürliche Frühwarnsysteme gefordert sind, ihr prüfendes Wittern die möglicherweise todbringenden Substanzen aber bereits in die Lungen trägt. Darüber hinaus können die Gase als Wolken oder Nebel bei Tage zwar gesehen werden, aber sie geben sich nicht durch einen auffälligen oder gar typischen Geruch zu erkennen. Vielmehr erweisen sich die von den Militärführungen noch im Zweiten Weltkrieg für die bereits an den Fronten des Ersten erprobten und hauptsächlich eingesetzten Gasarten vorgeschlagenen olfaktorischen Identifikationen als uneindeutig und widersprüchlich. So rieche Chlorpikrin nach Fliegenpapier oder wie eine Mischung aus Ananas und Pfeffer, und Phosgen nach feuchtem Heu, frisch geschnittenem Gras oder aber auch nach faulender Banane. Senfgas und Lewisite, an sich geruchlos, nehmen in Verbindung untereinander oder mit anderen Kampfstoffen wahlweise den Geruch von Knoblauch, Pferdemist, Senf oder Geranien an (vgl. Abb. 4). Das sogenannte ‚Buntschießen‘, für das verschiedene Kampfmittel gleichzeitig verschossen oder in Granaten zusammengemischt wurden, verunmöglicht die olfaktorische Bestimmung schließlich vollends.

Auch die technische Atemschutzvorrichtung ist keineswegs nur eine Entlastung für die Soldaten, wie es die Plakate in Abbildung 5 suggerieren mögen. Denn zum einen ist die Maske unzuverlässig und unsicher, insbesondere wird sie in Angst und Panik aufgesetzt. Zum anderen stellt sie eine zusätzliche körperliche und psychische Belastung besonderes für Marschierende und Kämpfende dar. Vor allem jedoch beraubt sie ihre Träger jeglicher Individualität und Menschlichkeit. Mit ihren übergroßen, dunklen, leeren Augenhöhlen, der herausredigierten Nase und

---

Carl Schmitt einen sybillinischen Vers aus Theodor Däublers „Sang an Palermo“: „Der Feind ist unsere eigene Frage als Gestalt/Und er wird ihn zum selben Ende hetzen“ (Däubler 1916: 58, vgl. Schmitt 1992: 87). Ähnlich klingt es bei dem in dieser Hinsicht Carl Schmitt durchaus geistesverwandten Helmuth Plessner: „Das Fremde ist das Eigene, Vertraute und Heimliche im Anderen und als das Andere und darum – wir erinnern hier an eine Erkenntnis Freuds – das Unheimliche. Wenn die Formulierung erlaubt ist: der Mensch sieht ‚sich‘ nicht nur in seinem Hier, sondern auch im Dort des Anderen“ (1981: 193).

Abb. 4   Plakate als Identifikationshilfen für Kampfgase im Zweiten Weltkrieg, Vereinigte Staaten von Amerika. (http://www.slate.com/blogs/the_ vault/2013/05/24/chemical_weapons_wwii_posters_taught_soldiers_to_ identify_gasses_by_smell.html)

einem überdimensionierten perforierten Vorsatz anstelle des Mundes, blickt man in mehr als eine monströse Verzerrung des menschlichen Antlitzes: in die Fratze des Todes selbst. Otto Dix versinnbildlicht die symbolische Trias aus Gas, Maske und Tod in einem berühmten Gemälde ebenso, wie die schon erwähnte Graphic Novel „Tagebuch 14/18" das Motiv aufgreift (vgl. Abbildung 5).

III   Kultur und ihre Idealisierungen: Praktiken der olfaktorischen (Wieder-) Verzauberung

Wie begegnen die Soldat der verkehrten Welt? Bieten sich überhaupt Chancen der Entzweiung zu entkommen, die krisenbelastete Sinneswahrnehmung zu entlasten und sich Schonräume der Sicherheit, ‚Heimat' und der Muße in der

„Fastnacht der Hölle" (Ernst Jünger) einzurichten? Augenfällige Dokumente für Zeiten und Räumen, in denen sich die Soldaten in ästhetischen Gegenwelten mit eigenen Selbst- und Welterfahrungen bewegen, die ihren Sinnen weitreichende Spielfelder der Entfaltung eröffnen, bietet die sogenannte ‚trench art'. Die vornehmlich aus Geschosshülsen geformten und in kunstfertiger Weise verzierten Gebrauchsobjekte wie Blumenvasen, Trinkkrüge, Wärmflaschen, Feuerzeuge, Kerzenleuchter, Aschenbecher oder Musikinstrumente geben Zeugenschaft von der wiederholten Abwendung und gezielten Freisetzung aus den Notwendigkeiten und den existenziellen Zwängen des Frontalltags. Die Entrückungen ins Reich der ästhetischen Zweckfreiheit bearbeiten den gebrochenen Selbst- und Weltbezug und erschaffen, sofern sie gelingen, „geschlossene Sinnprovinzen" (Schütz 2003), gegenweltliche Enklaven mit eigenen Sinnesreizen, eigenen Bewusstseinsspannungen und Sinnpotentialen. In solch präreflexiven Präsenz- und Evidenzerlebnissen, jenen Erfahrungen, die Hans-Georg Soeffner als „ästhetischen Kairos" bezeichnet, gehen die sinnlichen Wahrnehmungsaktivitäten des erfahrenden Subjekts mit den in ihnen konstituierten und erfahrenen Gegenständen in eins (vgl. Soeffner 2005: 213ff., 2010: 144ff.), und diese „künstlerische Verschmelzung, sie mag sich selbst interpretieren wie sie will, ist der eine dem Menschen offen stehende Weg, aus sinnlicher Diskrepanz der sensorischen Komponenten ein Konzept zu machen: eine Einheit" (Plessner 1980: 388).

In dieselbe Richtung weisen die Wege der Gerüche. Ganz sicherlich trifft der Soldat in Speisen und Getränken auf vertraute und vielleicht sogar gewohnte olfaktorische Ordnungen, ebenso wie im Tabakkonsum, insbesondere der schon seit Kriegsbeginn der täglichen Lebensmittelration beiliegenden Zigaretten, ist es doch eben jene „Zigarette, die ihm immer wieder hilft, in [...] selbst gestaltete Traumwelt[en] hinüberzugleiten. Solange er sie raucht, kann er kurzzeitig vielleicht sogar Intimität erleben – denn der Rauch gehört nur ihm. Insofern wird die Zigarette hier ein Medium der Begegnung mit dem Ich" (Schindelbeck 2014: 37). Eine spürbare Intensivierung erfährt die Einstimmung und Homogenisierung in jenen Augenblicken, in denen der Geruchsinn seine wohl stärkste, oft als magisch empfundene und beschriebene Qualität ausspielt und sich die Wahrnehmung vollständig von den ihr auferlegten Zielorientierungen entkoppelt: der plötzlichen und tiefen Gesamtversetzung des wahrnehmenden Subjekts in Erinnerungen, Tagträume und Phantasien. Bereits die spezifischen Eigengerüche von Objekten, in herausgehobener Weise aber die bei Gefallenen in nicht geringer Zahl gefundenen Briefe mit gepressten und getrockneten Blumen oder sogar im Feld mitgetragene Parfumflacons versprechen künstliche Sinnesreize und ermöglichen Praktiken der (Wieder-)Verzauberung in olfaktorischen Paradiesen. Das genießerische ‚wiedererkennende Riechen' drückt sich auch in einem sichtbaren körperlichen Akt aus: Mit geschlossenen Augen neigt sich der Kopf der Quelle entgegen, eine Hand fächelt das Ephemere in die geweiteten Nasenöffnungen und auf ein von Lächeln begleitetes, tiefes Einatmen, lehnt sich der Körper zurück und die Augen öffnen sich. Die prominenteste Schilderung der erhebenden, weitenden und befreienden Verschmelzung des Subjekts mit dem Duft und dem Geschmack einer sich präsentierenden Welt findet sich sicherlich bei Marcel Proust in der vielzitierten ‚Madeleine-Erfahrung', über die Walter Benjamin kaum weniger prosaisch als Proust notiert, dass die erweckten „Momente der Erinnerung nicht mehr einzeln als Bilder, sondern bildlos und ungeformt, unbestimmt und gewichtig von einem Ganzen uns so Kunde geben, wie dem Fischer von der Schwere seines Fangs. Der Geruch, das ist der Gewichtssinn dessen, der im Meere der temps perdu seine Netze auswirft. Und seine Sätze sind das ganze Muskelspiel des intelligiblen Leibes, enthalten die ganze, die unsägliche Anstrengung, diesen Fang zu heben" (1991: 323f.).

Wo jede Erfahrung primorial auf die andere verweist und wo sich Vergangenheit und Zukunft sinnstiftend ineinander fügen, da konstituiert sich für den Moment eine Sinnes- und Sinnwelt, die das Subjekt ganz erfüllt und die es selbst vollständig ausfüllt. Solche durch den Geruchsinn evozierten „Präsenz- und Sinneffekte" (vgl. Gumbrecht 2012) gehören aufgrund ihrer physiologischen Basis zur conditio humana und sind ein universelles Element in der vorreflexiven Ordnung des menschlichen Welt- und Selbstzugangs. Ob und inwieweit solche Erlebnisse jedoch überhaupt als sinnkonstituierend aufgefasst und als wirklichkeitsrelevant wahrgenommen werden, und wie solche Erfahrungen auf die Orientierung in der Lebenswelt des Alltags, auf das soziale Handeln und auf das gesellschaftliche Wissen insgesamt rückwirken, ist historisch, sozial und kulturell höchst variabel und spezifisch. Daher unterliegt auch die Alltagsmoral des Geruchsinns einem Wandel im fortschreitenden Modernisierungs- und Kulturalisierungsprozess. Was in der empirischen Untersuchung von milieuspezifischen Praktiken der Geruchsvermeidung Ende der 1990er Jahre nicht mehr als ein Randergebnis darstellte, nämlich das innerhalb der modellgebenden „legitimen Kultur" (Bourdieu 1987) der sozialen Oberschichten vorherrschende Geschmacksideal der olfaktorischen Neutralität (vgl. Raab 2001), ist zu einer die gesellschaftlichen Lebensstile zunehmend übergreifenden, allgemeinen Bewertungsnorm und Handlungsorientierung geworden. Neutralität, auch der olfaktorischen Erscheinung, gestattet den Individuen sich modernisierender Gesellschaften einen universalen Einsatz auf unterschiedlichsten, schnell wechselnden und sich wandelnden sozialen Bühnen. Sie, so Richard Sennett, das Theatermodell von Erving Goffman zitierend, stellt jene „gesellige Maske" bereit, die bewirkt, „dass sich das Publikum stärker mit dem Tun des Schauspielers befasst als mit seinem Aussehen. Der unpersönliche Darsteller lenkt die Aufmerksamkeit stärker auf die Rolle als auf sich selbst. Dies ist eine Hinwendung nach außen wie sie auch bei komplexen Formen der Kooperation mit Menschen erforderlich ist, die man nicht kennt" und über die es den Darstellern gelingt, „einen Raum mit dem Publikum zu schaffen" – kurz, die neutrale Maske erzeugt „expressive soziale Distanz" (Sennett 2012: 328f.).

Die Verschiebung des Geruchssinns an den Neutralitätspol ist also weniger Indiz seiner Verarmung oder gar seiner Verabschiedung aus der sich ausdifferenzierenden, vermeintlich zunehmend geruchsapathischen Moderne, als vielmehr ein Anzeichen für die steigende Sublimierung der Sinne und für die damit einhergehenden steigenden sozialen Wahrnehmungs-, Handlungs- und Deutungsanforderungen. Denn mit Anbeginn des Kulturalisierungsprozesses zum Dasein in hygienisch des- und reodorisierten Umwelten wird die Nase so sozial geschult und eingestellt, wird ihr Feld empfänglicher und nuancenreicher, während sie ästhetisch zugleich immer weniger zu ertragen meint. Offene und komplexe Gesellschaften verlangen von ihre Angehörigen, dass sie unterschiedlichere und immer wieder neue Gerüche in ihren olfaktorischen Normalitätskomplex aufnehmen und sie in die ‚leeren‘ Hintergründe, die neutrale Fassaden, der sozialen Selbstverständlichkeiten einweben. Erst von dieser komplexen, neutralen Basis heben sich die sozial idealisierten, das Individuum in seiner Individualität betonenden Düfte ab: „das Geruchlose bildet […] so etwas wie den Beginn und die Grenze der Idee des Parfums und überdies des natürlichen Parfums" (Laporte 1991: 90). Der an den Grenzen künstlich und kunstfertig inszenierte Geruch ist eine sublime Kulturleistung und eine soziale Form. Als Medium der symbolischen Kommunikation und des rituellen Austauschs ist er aber zugleich eine ästhetische Überhöhung und Stilisierung des Selbst – und damit sozial riskant. Denn indem das Parfum „der Person etwas völlig Unpersönliches, von außen Bezogenes hinzu[fügt], das nun aber doch so mit ihr zusammengeht, dass es von ihr auszugehen scheint" (Simmel 1992: 736), repräsentiert die Idealisierung ein Deutungsangebot, das die Chance zur herausgehobenen sozialen Wertschätzung stets in gleichem Maße in sich birgt, wie jene zu forcierter sozialer Abwertung. Grundsätzlich aber zielt die riskante Investition auf soziale Anerkennung, auf Prestige und Renommee, ist das Parfum ein Ausdruck der ‚Sorge um sich Selbst‘ und eine „Technik der Imagepflege" (Goffman 1971), mit der das Subjekt auf zukünftige, von ihm vorentworfene soziale Selbstdarstellungs- und Bewährungssituationen vorausgreift.

Der Ausnahmezustand auf den Schlachtfeldern des Ersten Weltkrieges verlangt nach gänzlich anderen, gleichermaßen außeralltäglichen Techniken sozialen Handelns und öffentlichen Austauschs. Doch wie nicht zuletzt die Gerüche offenbaren, kennt auch er Zeiten der Idealisierung und Romantisierung ebenso wie Räume für Imaginationen und Visionen. Wenn vielleicht auch nur noch als utopische Entwürfe des eigenen Sterbens der letzten Ruhestätte. In solch olfaktorischen Utopien mag

sich jener nüchterne und ernüchternde Vers, den der ‚Dichtersoldat‘ Ernst Jünger
unter den Eindrücken der Fronterfahrungen im Jahre 1916 verfasst – beide Autoren
mögen mir verzeihen –, durchaus um eine Strophe des gelegentlich den letzten
Romantiker genannten Heinrich Heine ergänzen:

„Die Fastnacht der Hölle
Durchtobt die Welt
Geselle, Geselle,
Wer zaudert, fällt.“[6]

„O fiel ich doch in den Garten,
Wo die Blumen meiner harrten,
Wo ich mir oft gewünscht hab
Ein reinlich Sterben, ein duftiges Grab!“[7]

Literatur

Balázs, Béla: Ideologische Bemerkungen, in ders.: Der Geist des Films. Frankfurt am Main,
    Suhrkamp 2001 [1930]: 145-167
Baier, Horst: Schmutz. Über Abfälle in der Zivilisation. Konstanz, UVK 1991
Becker, Jean-Jacques: Les Français dans la Grande Guerre. Paris, Robert Laffont 1980
Beer, Bettina: Boholano Olfaction. Odor Terms, Categories and Discourses, in: The Senses
    and Society 9 (2) 2014: 151-173
Benjamin, Walter : Zum Bilde Prousts, in ders. : Gesammelte Schriften Band II.1. Frankfurt
    am Main, Suhrkamp 1991 [1929]: 310-324
Bloch, Ernst: Der Nazi und das Unsägliche, in ders.: Politische Messungen, Pestzeit, Vormärz.
    Frankfurt am Main, Suhrkamp 1970 [1938]: 185-192
Bérillon, Edgar: La psychologie de la race allemande d'après ses caractères objectifs es spé-
    cifiques. Paris, A. Maloine et fils 1917
Bourdieu, Pierre : Die feinen Unterschiede. Kritik der gesellschaftlichen Urteilskraft. Frank-
    furt am Main, Suhrkamp 1987
Classen, Constance, David Howes & Anthony Synnott: Aroma. The cultural history of smell.
    London & New York, Routledge 1994
Courmont, Juliette: L'odeur de l'ennemi. L'imaginaire olfactif en 1914-1918. Paris, Armand
    Colin éditions 2010

---

6   Ernst Jünger: Aus den Notizheften des Ersten Weltkriegs, 1916: 687
7   Heinrich Heine: Unstern, 1844

Däubler, Theodor: Hymne an Italien. München, Müller 1916

Diaconu, Madalina: Tasten – Riechen – Schmecken. Eine Ästhetik der anästhesierten Sinne. Würzburg, Königshausen & Neumann 2005

Douglas, Mary: Reinheit und Gefährdung. Eine Studie zu Vorstellungen von Verunreinigung und Tabu. Frankfurt am Main, Suhrkamp 1988 [1966]

Durkheim, Émile: Die elementaren Formen des religiösen Lebens. Frankfurt am Main, Suhrkamp 1981 [1912]

Eberle, Thomas S.: Phänomenologie der olfaktorischen Wahrnehmung, in: Ronald Hitzler (Hg.): Hermeneutik als Lebenspraxis. Ein Vorschlag von Hans-Georg Soeffner. Weinheim & Basel, Beltz Juventa 2014: 22-34

Eco, Umberto: Die Fabrikation des Feindes und andere Gelegenheitsschriften. München, Hanser 2011

Genet, Jean: Notre-Dame-des-Fleurs. Hamburg, Merlin 1972

Goffman, Erving: Interaktionsrituale. Über Verhalten in direkter Kommunikation. Frankfurt am Main, Suhrkamp 1971

Gumbrecht, Ulrich: Präsenz. Frankfurt am Main, Suhrkamp 2012

Hogh, Alexander & Jörg Mailliet: Tagebuch 14/18. Vier Geschichten aus Deutschland und Frankreich. Bonn, Bundeszentrale für politische Bildung 2014

Jünger, Ernst: Aus den Notizheften des Ersten Weltkriegs, in ders.: Sämtliche Werke Band 22. Stuttgart, Klett Cotta 2003

Kolnai, Aurel: Ekel, Hochmut, Haß. Zur Phänomenologie feindlicher Gefühle. Mit einem Nachwort von Axel Honneth. Frankfurt am Main, Suhrkamp 2007

Kuzmics, Helmut & Sabine A. Haring: Emotion, Habitus und Erster Weltkrieg. Soziologische Studien zum militärischen Untergang der Habsburger Monarchie. Göttingen, Vandenhoek & Ruprecht 2013

Langer, Susanne K.: Philosophie auf neuem Wege. Das Symbol im Denken, im Ritus und in der Kunst. Frankfurt am Main, Fischer 1965

Laporte, Dominique: Eine gelehrte Geschichte der Scheiße. Frankfurt am Main, Frankfurter Verlagsanstalt 1991

Le Guérer, Annik: Die Macht der Gerüche. Eine Philosophie der Nase. Stuttgart, Klett Cotta 1992

Lévi-Strauss, Claude: Das wilde Denken. Frankfurt am Main, Suhrkamp 1973 [1968]

Luckmann, Benita & Thomas Luckmann: Wissen und Vorurteil. Kurseinheit 1: Erfahrung und Alltag; Kurseinheit 2: Funktionen und Auswirkungen. FernUniversität Hagen 1993

Luckmann, Thomas: Soziales im Kulturellen und Kulturelles im Sozialen?, in: Jo Reichertz, Anne Honer & Werner Scheider (Hg.): Hermeneutik der Kulturen – Kulturen der Hermeneutik. Konstanz, UVK 2004: 27-40

Merleau-Ponty, Maurice: Phänomenologie der Wahrnehmung. Berlin, De Gruyter: 1966 [1945]

Plessner, Helmuth: Anthropologie der Sinne, in ders.: Gesammelte Schriften III, Frankfurt am Main, Suhrkamp 1980 [1970]: 317-393

Plessner, Helmuth: Macht und menschliche Natur. Ein Versuch zur Anthropologie der geschichtlichen Weltansicht, in ders.: Gesammelte Schriften V, Frankfurt am Main, Suhrkamp 1981 [1931]: 135-234

Raab, Jürgen: Soziologie des Geruchs. Über die soziale Konstruktion olfaktorischer Wahrnehmung. Konstanz, UVK 2001

Schindelbeck, Dirk: Vom Überlebensmittel zum Laster. Zur Kulturgeschichte der Zigarette, in: Aus Politik und Zeitgeschichte 64 (52) 2014: 32-38

Schmitt, Carl: Theorie des Partisanen. Zwischenbemerkung zum Begriff des Politischen, Berlin 1992 [1963]

Sennett, Richard: Zusammenarbeit. Was unsere Gesellschaft zusammenhält. Berlin, Hanser 2012

Simmel, Georg: Soziologie. Untersuchungen über die Formen der Vergesellschaftung. Frankfurt am Main, Suhrkamp 1992 [1908]

Soeffner, Hans-Georg: Zeitbilder. Versuche über Glück, Lebensstil, Gewalt und Schuld. Frankfurt am Main, Campus 2005

Soeffner, Hans-Georg: Symbolische Formung. Eine Soziologie des Symbols und des Rituals. Weilerswist, Velbrück 2010

Soeffner, Hans-Georg: Der Eigensinn der Sinne, in: Norbert Schröer, Volker Hinnenkamp, Simone Kreher & Angelika Poferl (Hg.): Lebenswelt und Ethnographie. Essen, Oldib 2012: 461-474

Stoddart, Michael D.: Das Rätsel des Geruchsinnes. Eine evolutionsbiologische Deutung der Reaktionen auf menschliche Gerüche, in: Kunst- und Ausstellungshalle er Bundesrepublik Deutschland (Hg.): Das Riechen. Von Nasen, Düften und Gestank, Bonn 1995: 48-58

Straus, Erwin: Vom Sinn der Sinne. Ein Beitrag zur Grundlegung der Psychologie. Berlin, Springer 1935

Svevo, Italo: Kurze sentimentale Reise, in ders.: Gesammelte Werke in Einzelausgaben. Band 2. Reinbek bei Hamburg, Rowohlt 1984

Synnott, Anthony: A Sociology of Smell, in: Canadian Review of Sociology and Anthropology, 28 (4) 1991: 437-459

Tellenbach, Hubert: Geschmack und Atmosphäre. Medien menschlichen Elementarkontaktes. Salzburg, Otto Müller 1968

Waldenfels, Bernhard: Sinnesschwellen. Studien zur Phänomenologie des Fremden 3. Frankfurt am Main, Suhrkamp 1999

Waldenfels, Bernhard: Hyperphänomene. Modi hyperbolischer Erfahrung. Frankfurt am Main, Suhrkamp 2012

Schmeckt's?

Über einen zentralen Ausschnitt unserer materiellen Welt

Gerhard Schmied

1 Eingrenzungen

Der Geschmackssinn ist kein Gegenstand, der bei der Erörterung der Sinneswelt des Lebendigen eine prominente Stelle einnimmt. Der große Kultursoziologe Georg Simmel etwa verliert in seiner „Soziologie der Sinne" kein explizites Wort über Schmecken. Er konzentriert sich auf Sehen und Hören und zählt wohl Schmecken zu den von ihm so genannten „niederen Sinne(n)" (S.733), von denen er lediglich das Riechen kursorisch behandelt. Der „Ackermann aus Böhmen", ein spätmittelalterlicher Betrachter seiner eigenen existenziellen Situation, führt dagegen in seiner Preisung der menschlichen Verfassung, in der er die Sinne nacheinander thematisiert, aus: „der Zunge dünnes Blatt, es macht den Leuten vollständig bekannt der Leute Meinung; auch ist da des Geschmacks genießerische Prüfung von allerlei Speisen". (S. 55) Hier wird schon deutlich, dass das dünne Blatt der Zunge kein Sinnesorgan ist, das lediglich auf *eine* Funktion zentriert ist, wie im Falles des Auges für das Sehen und des Ohres für das Hören. Auch für den Ackermann, den Autor einer Streitschrift mit dem Tod, der ihm seine Frau entrissen hat, ist die Zunge nicht in erster Linie das Geschmacksorgan, sondern es ermöglicht die Erfahrung der Mitmenschen, „der Leute Meinung". Erst an zweiter Stelle geht es um das Schmecken, um die „genießerische Prüfung von allerlei Speisen". In dieser Charakterisierung ist eine positive Wertung erkennbar, die man als behagliche Auseinandersetzung mit Nahrungsmitteln bezeichnen kann. Für den Stellenwert, den der Ackermann der Zunge in erster Linie beimisst, nämlich den sprachlichen Austausch mit der Umwelt, spricht auch der sprachliche Rückgriff in das Lateinische und das Griechische; dort werden die Wörter „lingua" wie „glossa", die beide mit „Zunge" übersetzt werden, sowohl für den körperlichen Befund wie für das Gesamt der kulturell geformten Sprache verwendet. Im Folgenden soll die mit der körperlichen Zunge eng verbundene Tätigkeit des Schmeckens behandelt werden.

Das Substantiv, das „schmecken" oft zugeordnet wird, ist Geschmack. Hier ist eine zweite Abgrenzung vorzunehmen. Es zeigt die vielfache Präsenz oder Anwendung des Geschmackssinns in der gedanklichen Auseinandersetzung mit unserer Umwelt. Weit verbreitet ist der Alltagsgegensatz von gutem und schlechtem Geschmack. Hier sind viele Versionen möglich. Die Wertung kann sich auf Alltagsmoral beziehen, aber auch auf Formen der körperlichen oder textilen Präsentation. Eine bösartige Nachrede, auffällige Tattoos oder ein gewagtes Abendkleid sind je ein Beispiel für diese Gebiete des Geschmacks. Die Verletzung bestimmter Traditionen wie auch ein Haften an als überlebt geltenden Verhaltens- oder Denkweisen können als dem „Zeitgeschmack" nicht entsprechend betrachtet werden. Das kann Anlass für kritische, aber letztlich folgenlose Diskussionen aller Art sein, aber ein allgemein gültiger Maßstab wird derzeit immer seltener anerkannt, es sei denn, es gibt einen Anlass für juristisches Einschreiten. In der westlichen Kultur wird Relativität, also weitgehende Maßstabslosigkeit, zu einem leitenden Faktor. Individualität und Kreativität werden auch bei fragwürdigem Geschmack geschätzt. Die Individualität kommt in dem selbstbewussten „Das ist eben mein Geschmack" oder in einem resignierenden „Das ist Geschmackssache" zur Sprache oder in einem bis in das Gehässige reichenden „Das dürfte ihm nicht schmecken" oder in dem im Süddeutschen verwendeten „Geschmäckle", das negativ besetzt ist. Nachdem wir nun einen Geschmacksbegriff skizziert haben, der primär auf kulturell geprägten Werturteilen beruht, soll dieser sogleich aus dem hier zur Debatte stehenden Thema ausgeschieden werden, das auf einer physiologischen Basis beruht, und damit kommen wir wieder auf den schon oben erwähnten Gegenstand „Zunge" zurück.

2   Physiologisches zum Thema

Das dtv-Lexikon beschreibt die Zunge „als beim Menschen das von Schleimhaut überzogene bewegliche Muskelorgan in der Mundhöhle" (dtv 20, S. 308). Sie wird in die Zungenspitze, den Zungenrücken und die ganz hinten in der Mundhöhle befindliche Zungenwurzel gegliedert. Der Unterteil der Zunge ist durch das Zungenbändchen mit der Mundhöhle verbunden. Auf dem Zungenrücken, aber auch im Rachen, im weichen Gaumen und im Kehldeckel befinden sich kleine Erhebungen, so genannte Papillen, kleine maximal wenige Millimeter große, an Wärzchen erinnernde Gebilde. Sie enthalten die Geschmacksknospen.

Im Kontakt mit der Zunge signalisiert die Geschmacksknospe eine der fünf Geschmacksqualitäten, wobei jede Geschmackszelle nur eine Qualität (z.B. süß) erkennen kann.

Nicht zu erwarten war, dass das kleine Kind das dichteste Vorkommen von Geschmacksknospen aufweist. Ute Kehse schreibt über die Entwicklung des Geschmackssinns: „Die Sinneszellen in der Zunge sind etwa von der 13. Woche ab voll funktionsfähig. Wahrscheinlich kann der Fötus von da wahrnehmen, ob das Fruchtwasser süß, salzig, sauer oder bitter schmeckt… Hat die Mutter zum Beispiel Schokolade gegessen, schwimmen im Fruchtwasser zahlreiche Zuckermoleküle. Der Fötus erfasst die süßliche Note mit seinen Geschmacksknospen – und findet daran Gefallen: Ultraschalluntersuchungen zeigen, dass Ungeborene mehr Fruchtwasser schlucken, wenn es süß schmeckt" (Kehse, S. 39). Die Zahl der Geschmacksknospen nimmt ab dem 20. Lebensjahr ab, und ist „beim 80jährigen auf etwa ein Drittel reduziert" (dtv 6, S. 317). Zur Erhaltung Geschmackssinns im fortgeschrittenen Alter raten Mediziner „etwa alle zehn Tage" die „Zunge mit Zitrone oder der Zahnbürste" abzureiben. „Dadurch werden die alten abgeschilferten Zellen (Zungenbelag) von der Zunge entfernt. In der Regel nimmt die Geschmacksempfindlichkeit danach erheblich zu, und Sie können das Essen wieder besser genießen". (Fischer und Fischer, S. 73) Im Zuge bestimmter Krankheitsverläufe kann der Geschmackssinn völlig verloren gehen. Der Verlust der Fähigkeit zu schmecken wird als ein Indikator für das Vorliegen des Morbus Parkinson angesehen. Ferner soll die Zunge soll durch ihr Aussehen den Gesundheitszustand anzeigen.

Am Geschmacksempfinden sind weitere Teile des Mundes (der Gaumen gilt als besonders empfindlich in Bezug auf edle Getränke) sowie die Nase beteiligt. Die Geschmackserlebnisse sind „mit beeinflusst durch Tast-, Schmerz-, Wärme-, Kälte- und vor allem Geruchsempfindungen" (dtv 6, S. 317). Bisweilen wird „schmecken", im Mittelhochdeutschen „smecken", als Synonym für „riechen" verwendet. Das Lateinische „gustare" findet sich in der wissenschaftlichen Bezeichnung für „schmecken": „gustatorische Wahrnehmung" wieder. Es fehlt in dieser Auflistung der Gesichtssinn, denn – so schon der Volksmund – ‚das Auge isst mit'. Hombach verweist auf Experimente, wie zum Beispiel die Beleuchtung die Beurteilung der Süße eines Weines beeinflusst (S. 137). Die Hervorhebung der Geruchsempfindungen ist auch klassifikatorisch gerechtfertigt, als Geruch wie der Geschmack chemische Sinne sind. Der Geruch ist insofern ein wichtiges Korrelat zum Geschmack, als schon vor der Einführung in den Mund entschieden werden kann, dass das zur Debatte Stehende nicht mehr genießbar ist. Die Prüfung von Lebensmitteln ist ein wichtiges Element in der Überlebensstrategie. Für dieses Probieren kleiner Mengen von Lebensmitteln ist auch der Begriff „kosten" möglich. Es gibt die Kostprobe, auch in feudalen Kreisen den Vorkoster, der als erster Speisen auf Gift prüft, denn zubereitete Nahrung kann auch ein Element eines Anschlags auf das Leben sein. Die Funktion der Prüfung eines Lebensmittels kann auch das Auge wahrnehmen, etwa wenn Schimmel festgestellt wird. Und zuletzt kommt gerade bei modernen

Lebensmitteln auch das Gehör ins Spiel, wenn wir an das Knacken von Knäckebrot, von Paprikachips oder das Rascheln der Aluminiumfolie von Schokolade denken. Geschmackserlebnisse bestehen aus vielen sinnlichen Komponenten.

3   Negative Geschmackserfahrungen

Gewaltsames Zuführen von Ungenießbaren kann als Strafe und Quälerei vorkommen. Die Bosheit von Menschen kennt keine Grenzen. Das folgende Beispiel ist einem modernen Roman entnommen. Der Protagonist hat in einer israelischen Siedlung einem jüngeren Mitbewohner extrem geschadet. Das Vergehen wird nicht auf juristischem Wege geahndet, sondern auf privater Basis. Der Übeltäter wird entführt.

> „Es fiel kein Wort auf der ganzen Fahrt. Er wurde auch nicht geschlagen. Alles, was geschah, war, das man ihm den Mund mit schwarzen Käfern vollstopfte, vielleicht noch anderen Fleischsorten, Insekten, Erde, Steinen, Flüssigkeiten, die wie der Urin gewisser Tiere rochen, weiche Kompaktmassen, deren scharfer, intensiver Geruch davon zeugte, das es sich eventuell um die Scheiße bestimmter Tiere handelte und ihn zwang, es zu schlucken. Schwarze Käfer waren sicher dabei, denn am nächsten Tag im Krankenhaus fand man Teile ihrer Beine zwischen der Zange, die immer noch seine Zähne zierte, und offenbar ein Frosch, denn etwas, was an das an das Bein eines solchen erinnerte, zeigte sich, als man ihm den Magen ausspülte. Wie lange er dort in dem Wagen war, wusste er nicht mehr. Ab einem gewissen Zeitraum verlor er das Gefühl zwischen Zeit und Raum zwischen Übergeben und erneuter Mundfüllung. Sie schlugen ihn nicht, fassten ihn aber auch nicht gerade mit Samthandschuhen an. Er wusste nicht, wie viele es waren, sicher war es der große Mann, der ihn gepackt hatte, und ein Fahrer, denn der Mann blieb während der Fahrt neben ihm. Vielleicht gab es noch jemanden. Er versuchte, nicht an das Zeug zu denken, das man ihm in den Mund schob, und an den Gestank und den ätzenden Geschmack auszusperren. Jahre später begriff er, dass die Augenbinde die Rettung war, denn Ekel vor irgendeiner Nahrung hat normalerweise nichts mit dem Geschmack zu tun, sondern mit dem Anblick. Dennoch verstand er, was sie taten. Er spürte Ameisen auf seinen Händen und anschließend auf seiner Zunge. Die Käfer identifizierte er, vielleicht ein Erinnerungsblitz der Geschmacksdrüsen von seinem Experiment als Kleinkind. Der Rest fühlte sich für ihn nach Sachen an, die man im Allgemeinen nicht in den Mund steckt – zu trocken, zu glatt zu beißend –, doch er versuchte, nicht zu denken, aß, erbrach sich, aß, übergab sich." (Gavron, S. 32f.).

Der Text ist in mehrerer Hinsicht auf aufschlussreich; er listet viele Dinge auf, die in unserer Kultur als ekelhaft gelten. Er weist weiter auf den wichtigen Zusammenhang zwischen Schmecken und Sehen hin. Wichtig ist auch die Bedeutung von Kindheitserlebnissen, die durch das gesamte Menschenleben prägend bleiben, und seien diese Erlebnisse noch so negativ gewesen. Und die normale Reaktion auf extrem Ekelhaftes ist das Erbrechen, unser „Rettungsmechanismus" in prekären Situationen (Schmecken in: GEOkompakt Nr. 36, S. 14).

4 Situationen und für sie typische Lebensmittel

4.1 Hungersnot: Eicheln

Im Mittelalter unterschied man vier „Geißeln der Menschheit". Neben Krieg, Tod und Pest wurde auch der Hunger dazugezählt. Der Hunger war in der Geschichte der Menschheit von Anbeginn präsent. Es bedurfte der Entwicklung von Vorratshaltung und der Konservierung von Lebensmitteln, um die dauerhafte Sicherung der Existenz zu gewährleisten. Schon in der alttestamentarischen Geschichte von Joseph und seinen Brüdern wissen wir, dass man schon früh versuchte, der Hungersnot durch Außenkontakte Herr zu werden. Von hier bis zur Gegenwart ist kein großer Schritt erforderlich, denn Hungersnöte sind auch in der Gegenwartsgeschichte leider immer wieder festzustellen. Im letzten Jahrhundert wurde durch die Politik des ‚Großen Sprungs nach vorn' in den Jahren 1959 und 1961 die wahrscheinlich größte Hungersnot in der Geschichte der Menschheit ausgelöst. Die Zahl der Hungertoten schwankt zwischen 15 und 45 Millionen. Hungersnot herrscht besonders in Ländern Afrikas, und man sucht durch Lebensmittellieferungen und – spenden der Not Herr zu werden. Die Gründe für Hungersnöte sind vielfältig: Klimaschwankungen einschließlich Dürren, verfehlte Landwirtschaftspolitik, aber auch Profitgier sind nur einige der Ursachen. Auch im Deutschland des 20. Jahrhunderts gab es Hungerzeiten. Die Zeit des Ersten Weltkriegs war durch Nahrungsmangel gekennzeichnet. Gegen Ende des 2.Weltkriegs stimmten die damaligen deutschen Machthaber die Bevölkerung auf eine extreme Mangelsituation ein. Robert Jütten referiert über die „Richtlinien für das Leben unter einfachsten Verhältnissen": „In dieser Broschüre finden sich detaillierte Hinweise zur Verwertung von Baumrinde, Wurzeln, Flechten und Sägemehl sowie zur Nutzung von Kastanien, Bucheckern und Eicheln bis hin zum Fang von Fröschen, deren Schenkel in Friedenszeiten höchstens eine kleine Elite von frankophilen Feinschmeckern hatte begeistern können." (S. 272). Da gab es keine Hoffnung auf Wohlgeschmack, sondern nur auf Überleben.

4.2   Askese: Heuschrecken

Nicht die schiere Not, sondern der ganz verschieden motivierte Verzicht auf Nahrung generell oder die drastische Reduktion der Nahrungsaufnahme kann als
asketisch bezeichnet werden.
    Die biblische Figur Johannes der Täufer wird als hagerer Mann dargestellt; er
gilt als Muster eines Asketen. Nicht jedem Gaumen wäre die ihm zugesprochene
Nahrung erwünscht und zuträglich, nämlich „Heuschrecken und wilder Honig"
(Mt 3.4). Askesis wird mit Verzicht oder Übung übersetzt (Askese). Der Asket, eine
in vielen Religionen vorbildliche Figur, erträgt den Mangel an Nahrungsmitteln
oder den Rückgriff auf normalerweise nicht übliche Lebensmittel aus Gründen,
die im Transzendenten verwurzelt sind.
    Asketische Züge trägt auch das Fasten, der zeitlich begrenzte Verzicht auf
Nahrung. Er war lange Zeit religiös fundiert. Im Christentum war er wichtiger Teil
kirchlicher Regulierungen (Setzwein, S.178ff.). Ein ganzer Zeitraum im Jahreskreis,
die Fastenzeit, war nach dieser Übung benannt. Sie war aber vor allem durch den
Verzicht auf Fleisch gekennzeichnet, nur zu den so genannten „strengen" Fasttagen
(zum Beispiel Aschermittwoch und Karfreitag) wurden Einschränkungen von
Mahlzeiten gefordert. Mit der zunehmenden Bedeutung des Islam in Einwande-
rungsgesellschaften ist der Fastenmonat Ramadan allgemein in das Bewusstsein
gelangt. Und der Bevölkerungsteil, der bewusst seine Körperlichkeit lebt und
beobachtet, schätzt Fastentage als Korrektiv nach übermäßigem Genuss.

4.3   Diätetik: Nur Pflanzliches

Aus profaner Sicht kann ein bewusst maßvoller Genuss von Lebensmitteln einfach
aus der Einsicht herrühren, dass eine solche Einstellung körperliches Wohlbefinden
hervorbringt, sozusagen die Voraussetzung für Gesundheit darstellt. In der Antike
wurde eine derartige Haltung als Diätetik bezeichnet. Wichtige Protagonisten waren
Epikur und Pythagoras, der übrigens den Vegetarismus propagierte. Das Konzept
der Diätethik war umfassender als der Bezug auf Lebensmittel und reichte bis in
die Staatsphilosophie hinein (Barlösius, S. 50ff.). Im Antiquarium, einer Sammlung antiker Relikte in der Münchener Residenz fand ich folgende Sinnsprüche
zu temperantia: „Mäßigung ist die Hüterin des menschlichen Lebens", aber auch
„Mäßigung fördert die Größe des Geistes" (Heym, S.44)

4.4 Völlerei: Rebhühner und Fasane; der Gourmet

Unmäßiger Genuss von Nahrungsmitteln war für die meisten Menschen früher nur möglich, wenn in bestimmten Zeiten des Jahres Überfluss eines Produkts vorhanden war, das vielleicht im Falle des Nichtverzehrs verdorben wäre. Ansonsten war in vielen Kulturen schrankenloser Konsum, außer vielleicht zu Festzeiten, auf bestimmte, wenige Zugehörige umfassende Schichten beschränkt. Sie hatten durch den Besitz von Jagd- und Fischereirechten Zugang zu größeren Mengen von Fleisch oder Fisch. Die Tafel eines Feudalherrn wurde vor allem durch die Abgabe einer festgesetzten Menge von Naturalgütern, insbesondere Fleisch, bereichert. Unvorstellbar reichhaltig war das Menü von Ludwig XIV, von dem uns Lieselotte von der Pfalz berichtet: „Vier Teller mit dicken Suppen verschiedener Art, einen ganzen Fasan, ein ganzes Rebhuhn, eine große Schüssel mit Salat, ein Hammelgericht mit Knoblauch und Sauce, zwei dicke Scheiben Schinken, danach einen Teller mit Gebäck, Früchten und Konfitüre" (Hahn, S. 423). Entsprechend muss man sich den Leibesumfang des Monarchen vorstellen.

Von dem der Völlerei Ergebenen muss der Gourmet unterschieden werden, für den die geschmacklichen Genüsse den Rang eines Kunstwerks einnehmen, das er genießt.

Alois Hahn, der dem Gourmet einen ausführlichen Essay gewidmet hat, beugt dieser Verwechselung schon dadurch vor, dass er einen Abschnitt mit „Der Gourmet als Hungerkünstler" (S. 419) beginnen lässt. Der Gourmet ist ein Genießer und Kenner des gastronomischen Szene; es geht ihm nicht um die Menge des zu Verzehrenden, sondern um deren Qualität, die nicht hoch genug sein kann.

5 Ein erster Blick in die Geschichte

Ähnliches wie in Versailles wird an anderen Höfen praktiziert worden sein, denn nach Barlösius ist die „kulinarische Hierarchie ist ein Abbild der sozialen", „gleichgültig, ob es sich um eine nach Ständen, Klassen, Schichten oder Milieus gegliederte Gesellschaft handelt." (S. 142) Als das Bürgertum an Einfluss gewann, spiegelte sich das im vermehrten und etwas reichhaltigerem Nahrungsmittelkonsum wider. Ein gewisser Bauchsatz kennzeichnete die bürgerliche Statur. Auch die Arbeiterschaft nahm an dieser Entwicklung teil, vor allem wenn schwere körperliche Arbeit zu verrichten war. Da genügend Lebensmittel vorhanden waren, konnte man es ‚sich schmecken lassen'. Frauen dagegen sollten eher schlank sein. Der arbeitende Mann, der draußen arbeitete, war wettergebräunt, das weibliche Schönheitsideal war eine blasse und zerbrechliche Erscheinung. Die weibliche Schlankheit kann bis zum Exzess getrieben und zur Krankheit (Bulimie) werden. Weibliches Übergewicht wird auf mangelnde Selbstdisziplin zurückgeführt und auf Defizite in Bezug auf die Arbeitsbereitschaft und Ehrgeiz ausgeweitet und kann so zu Diskriminierungen führen. Letzteres war die Auffassung einer Frau, die im Juni 2014 in einem Rechtsstreit unterlag, weil sie annahm, dass eine Bewerbung nicht zum Erfolg führte, weil sie zu dick war. Adipositas und ihre gesundheitlichen Auswirkungen gelten etwa seit 1950 als Probleme für Männer wie für Frauen (Barlösius, S.63). Sie sind aber insofern klassenspezifisch, als sie in den unteren Schichten häufiger festgestellt werden als in den höheren.

6   Geschmacksqualitäten

Aus biologischer Warte wird grundsätzlich festgestellt: „Im Laufe der Evolution hat der Geschmackssinn eine wesentliche Funktion übernommen: Er ist die letzte Prüfstelle für das Material, das wir unserem Magen-Darm-Trakt zuführen. Blitzschnell muss der Geschmackssinn entscheiden, ob wir etwas Verträgliches oder etwas Giftiges im Mund haben. Und ebenso schnell muss eine entsprechende Reaktion ausgelöst werden: Schlucken oder Spucken." (Frings und Müller, S.78)

Die traditionellen Geschmacksqualitäten sind süß, sauer, bitter und salzig. Dazu kommt umami, das japanische Wort für „wohlschmeckend", Frings und Müller übersetzen, wahrscheinlich sachgerecht, „nach Fleisch schmecken" (S.78). Dieser Geschmack wurde 1907 von dem Japaner Kikunae Ikeda entdeckt, als er mit Kombu-Algen arbeitete. In den 90er Jahren des vorigen Jahrhunderts wurden für umami spezifische Geschmackszellen festgestellt. Umami kommt in Gemüsen, Käse und Fleisch, besonders prägnant in der Muttermilch vor. Träger des Geschmacks sind Aminosäuren, vor allem Glutamat, das als Geschmacksverstärker genutzt wird. 2005 wurde mit „fettig" von französischen und amerikanischen Wissenschaftlern eine weitere Geschmacksqualität festgestellt. Zu „metallisch", „alkalisch/basisch" und „wässrig" wird geforscht (www. lebensmittellexikon.de vom 30.6.2014).

Die für den menschlichen Verzehr problematischen Geschmacksrichtungen sind sauer – hier warnt der Körper: es könnte sich um „unreife Früchte handeln oder um verdorbene Speisen" (Hombach, S.136) handeln – vor allem aber bitter und salzig, wobei Letzteres nur in Maßen irritiert, weil der Körper eine überschaubare Menge dieses Minerals benötigt. Der Bittergeschmack wird auch deshalb spontan abgelehnt, weil viele bittere Stoffe toxisch sind. Schon Säuglinge reagieren auf diese problematischen Geschmäcker mit einem Verziehen des Gesichts, Spucken oder Schreien.

Mit diesen Grundqualitäten sind Wertungen verbunden, die über die körperliche Wahrnehmung hinausgehen. Ein Baby oder eine bestimmte Art von Kleidung gelten als süß. Wenn wir die Warnungen vor Diabetes außer Acht lassen, sind die Wertungen für Süßes durchgehend positiv. Verhaltensforscher nehmen an, dass unsere Präferenz für Süßes genetisch mitbestimmt ist. Wenn allgemein verstanden wird, was eine sauere Miene meint, dann zeigen sich als unangenehm empfundene Züge, die mit dem Sauren verbunden werden. Noch stärker negativ besetzt ist das Bittere, wenn es mit dem Los eines Menschen in Verbindung gebracht wird, und ein verbitterter Mensch hat sich aller positiven Perspektiven beraubt.

Die moderne Lebensmittelindustrie hat es verstanden, alle Grundgeschmacksarten für den modernen Menschen in eine anziehende Form zu bringen. Schokoriegel, Gewürzgurken, Bittergetränke, Burger und gesalzene Kartoffelchips sind jeweils eines der vielen möglichen Beispiele für jeden der fünf Grundgeschmäcker.

In Frage des Geschmacks sind wir alle Experten, denn wir schmecken täglich viele Male, und wir fühlen uns in der Lage, aus unseren Erfahrungen weitere Varianten hinzuzufügen. Eine davon ist der Gegensatz von fade und scharf. Doch die Forscher Frings und Müller belehren uns, dass der Scharfgeschmack (von Chili, Pfeffer und so weiter) eigentlich eine Schmerzreaktion sei, „Geschmackszellen sind dabei in keinem Fall beteiligt" (S. 90).

Im richtigen Maße verwendet, sind Lebensmittel, die wir als scharf bezeichnen, aber unverzichtbare Anteile an Speisen. Sie kennzeichnen oft die Eigenart von Küchen, deren Vielfalt fast unermesslich ist. Diese Vielfalt ist auch bei anderen wichtigen Kulturgütern wie Schmuck oder Kleidung zu beobachten. Mit anderen Kulturgütern teilt Nahrung auch die Tatsache, dass mit ihrer Wahrnehmung normalerweise eine Bewertung verbunden wird. Im Falle des Essens lautet sie: „das schmeckt mir" oder „das schmeckt mir nicht". Unbekannte oder noch nicht eingeführte Kulturgüter werden zunächst mit Vorsicht erprobt. Dass sie nicht grundlegend schaden, sieht man ja an den Mitmenschen, im Falle des Essens am Verzehr des Unbekannten. Auf diese Weise kommt es zu Übernahmen zum Beispiel aus Migrantenküchen. So sind bei uns Pizza und Döner, Taco und gebratene Nudeln heimisch geworden.

7   Sozialforschung

Es ist eine grobe Übersicht (5), die oben zur Entwicklung des Essens im abendländischen Raum gegeben wurde. Dieser Grobstruktur sollen Angaben zur Feinstrukturen folgen. Ein Ansatzpunkt soll die bahnbrechende Untersuchung von Pierre Bourdieu mit dem Titel „Die feinen Unterschiede" sein, deren französische Version 1979 erschien. Bourdieu ermittelte solche feinen Unterschiede in vielen Feldern der Kultur wie Malerei, Bildung, politische Orientierung, aber auch Nahrung. Er stützt sich dabei auf eigene Befragungen und sonstiges frei verfügbares Material, wie Statistiken von wichtigen Institutionen. Ordnungsfaktor sind dabei primär Berufsgruppen, das Geschlecht spielt nur eine untergeordnete Rolle, etwa wenn er bemerkt: „Diesem Eindruck von Fülle und Überfluss, der bei außergewöhnlichen Anlässen die Regel ist, für Männer jedoch im Rahmen des Möglichen immer gilt, insofern man ihnen zweimal auftut (für den Knaben ein für die Erlangung des Männerstatus markierendes Privileg) steht häufig die Kehrseite im Alltag die Selbstbeschränkung der Frauen gegenüber, die sich zu zweit ein Stück teilen oder die Reste vom Vortag essen" (S. 313). Bourdieu wird sehr konkret, wenn er die Konsumgewohnheiten beschreibt. Dabei geht er davon aus, dass die ökonomisch bedingten Einschränkungen an Bedeutung verloren haben (S.300). Aber die Unterschiede bleiben erhalten: „dass mit steigender sozialer Stufenleiter die Ausgaben für Lebensmittel generell sinken oder der Anteil schwer verdaulicher, fetthaltiger und dick machender, zugleich aber auch billigerer Lebensmittel – Nudeln, Kartoffel, Bohnen, Speck, Schweinefleisch … sowie für Wein zurückgeht, während die Ausgaben für magere, leichte (leicht zu verdauende) und nicht dick machende Kost prozentual steigen (Rinder- Kalb-, Hammel- und Lammfleisch sowie Obst und Frischgemüse etc.)" (S. 288f). Er unterscheidet, entsprechend dieser Alternative zwischen aus Notwendigkeit und dem aus Luxus geborenen Geschmack (S. 289). Er sieht in der Gegenwart auch zwei Arten von Esskultur, die er wieder mit Berufsgruppen in Verbindung bringt: „Der neuen Verhaltensmaxime der Mäßigung um der Schlankheit willen … setzt der Bauer und nicht zuletzt der Arbeiter seine Moral des guten Lebens gegenüber. Einer, der gut zu leben vermag; das ist nicht nur: wer gut essen und trinken vermag." (S. 292, im Original zum Teil kursiv) Es geht auch um einen ungezwungenen, familiären Umgang miteinander. Das Streben findet nach Schlankheit findet er vor allem bei Frauen und in der jüngeren Generation (S. 293).

Bourdieus Untersuchung wurde in Frankreich durchgeführt, und die Ergebnisse gelten für Frankreich. Aber: „Strukturell ähnliche Konsummuster …aber bezüglich des Zeichencharakters ‚mager – verfeinert – exquisit' contra ‚fett – schwer – kräftig-nahrhaft' lassen sich für viele europäische Staaten finden" (Barlösius, S. 114). Auch Schlankheit scheint ein weithin angestrebtes körperliches Merkmal zu sein. Aus deutschen Befragungsergebnissen geht hervor, dass Frauen mehr auf ihre „Linie" achten als Männer. Nur ein Viertel von ihnen verzehrt das, „„was mir schmeckt"" (Setzwein, S. 27), also achtet nicht die Zunahme des Körpergewichts, bei den Männern sind es fast die Hälfte. Adipositas und ihre gesundheitlichen Auswirkungen gelten etwa seit 1950 als Probleme für Männer wie für Frauen (Barlösius, S.63). Sie sind aber insofern klassenspezifisch, als sie in den unteren Schichten häufiger festgestellt werden als in den höheren.

8 Essverbote

Nahrung in fester und flüssiger Form ist eine der Voraussetzungen für das Leben der Menschen. Das meint der Begriff „Lebensmittel". Der Gesetzgeber nennt als Zweck der Lebensmittel „Ernährung" und „Genuss" (nach: Setzwein, S. 43). Das Schmecken richtet sich stärker nach der Alternative „Genuss".

Herrscht Mangel an Lebensmitteln oder liegt gar ein Totalausfall, wie sie in Hungersnöten und Durstperioden vorkommen, so werden in diesen Situationen aus den ersehnten, aber nicht vorhandenen Lebensmitteln Überlebensmittel, Chancen der Weiterexistenz. Gerade aus Mangelsituationen erwachsen Reflexionen über das nicht Selbstverständliche des Zugangs zur Nahrung. So kann eine nicht verschuldete Mangelsituation auf übermächtige Instanzen von außen verschoben werden, die dem Bedürftigen ihre Gunst entzogen haben oder ihn für Ungehorsam bestrafen. Ein Beispiel par excellence sind die im biblischen Buch Exodus geschilderten Episoden in der Extremsituation des Wüstenzuges. Das Mannah und der Wandel des Bitterwassers in Trinkwasser für Menschen und Tiere werden Jawhe zugerechnet, der immer wieder Gehorsam von seinem Volk einfordert. Hier sind wir eindeutig auf das kulturelle Feld der Religion geraten, die viel Einfluss darauf hat, was unserem Gaumen angemessen ist und, vor allem, was er zu meiden hat. Monika Setzwein hat ihre Schrift ganz solchen Beschränkungen des zu Verzehrenden gewidmet. Der Untertitel lautet, in der Reihenfolge ihrer Sanktionierung: „Tabu, Verbot, Meidung", vom streng geschützten Tabu bis zur gewohnheitsmäßigen Meidung. Häufig spielt der Genuss von Fleisch eine Rolle, das als besonders schmackhaft gilt. Wenn in den Volksmärchen das Wohlleben charakterisiert werden soll, heißt es, dass es jeden Tag „Gebratenes und Gesottenes" gab. Setzwein bietet viel ethnologisches Material. Aber nicht nur in Stammeskulturen, sondern auch in Weltreligionen unterliegt aus dem Fleisch bestimmter Tiere zubereitete Nahrung einem strikten Verbot. Juden wie Muslimen ist der Genuss von Schweinefleisch untersagt, Hindus gar alle Fleischgerichte. Muslime dürfen keinen Alkohol zu sich nehmen. Die jüdischen Speisegebote

sind angesichts des modernen vielfältigen Angebots für den Strenggläubigen oft so
verwirrend, dass er vor der Entscheidung für ein bestimmtes Gericht oder Getränk
einen Fachmann zu Rate ziehen muss. All diese Gebote dienen der Abgrenzung
von den Anderen, die nicht im Besitz des Richtigen sind (was immer das sein mag)
und der Verbundenheit mit der Eigengruppe.

9   Schmecken als individuelles und soziales Phänomen

Der Geschmackssinn ist ein „Nahsinn" (Barlösius, S. 84), der bei dem Wahrnehmenden positive Gefühle auslöst. Barlösius vergleicht das Schmecken mit dem Tastsinn:
„Beide evozieren nur bei unmittelbaren körperlichem Kontakt sinnliche Empfindungen. Während die Hand wieder weggenommen und so der Kontakt zeitlich
begrenzt werden kann, muss man sich das, was man schmecken will, einverleiben.
Der Geschmack erfordert eine bewusste Zuwendung, weshalb im Allgemeinen nur
begehrenswerte Objekte in den Mund gelangen… Er bildet die letzte Instanz bei
der Entscheidung, ob man sich das, was man gerne sieht, riecht und befühlt, was
einem Wohlgefallen bereitet, tatsächlich aneignen möchte" (ebd, S.84f.).
   Natürlich ist das Schmecken zunächst ein individuelles Erlebnis. Niemand
wird das gleiche Geschmackserlebnis empfinden und das Verkosten von Wein ist
ein gutes Beispiel: Alle Teilnehmer der Verkostung erhalten Wein aus der gleichen
Flasche und haben oft einen unterschiedlichen Eindruck von dem Geschmack
des Verkosteten. Hahn (S. 425) berichtet von einer öffentlichen, im Fernsehen
übertragenen Weinprobe, in der den Teilnehmern, alles ausgewiesene Fachleute,
keine treffende Zuordnung gelang. Oft wird der interessierten Öffentlichkeit oder
den Käufern ein Hinweis darauf gegeben, was sie schmecken sollen. Ansonsten
spielt der Vergleich mit zuvor schon einmal Genossenem oder der Abgleich der
Meinungen mit Anderen eine Rolle bei Geschmackserlebnissen.
   Beim Abgleich der Meinungen ist der Übergang vom individuellen zum sozialen
Erlebnis erreicht. Der gemeinsame Genuss von Speisen wird als Mahl bezeichnet.
Oben wurde darauf hingewiesen, dass Georg Simmel, der große Kultursoziologe
um die Wende vom 19. zum 20. Jahrhundert, Schmecken in der Soziologie der Sinne
kaum berücksichtigt hat, aber er hat einen Essay zur „Soziologie der Mahlzeit"
verfasst, in dem er das Essen in den Gegensatz von Individuum und Gemeinschaft
stellt. Es ist für ihn einerseits „das Egoistischste, am unbedingtesten und unmit-
telbarsten auf das Individuum Beschränkte … was der einzelne isst, kann unter
keinen Umständen ein anderer essen… Indem aber dieses primitiv Physiologische
ein absolut allgemein Menschliches ist, wird es gerade zum Inhalt gemeinsamer

Aktionen, das soziologische Gebilde der Mahlzeit entsteht... Personen, die keinerlei spezielles Interesse teilen, können sich bei dem gemeinsamen Mahle finden – in dieser Möglichkeit, angeknüpft an die Primitivität und deshalb Durchgängigkeit des stofflichen Interesses, liegt die unermessliche soziologische Bedeutung der Mahlzeit" (nach: Hahn, S.409f.). Der fundamentale Sachverhalt „Mahlzeit" wird mit der Zeit durch zahlreiche andere kulturelle Züge komplettiert. Dies sind unter anderem die verschiedenen Speisen und ihr Arrangement, die Details der vorgeschriebenen Kleidung und die Verhaltensweisen der am Mahl Beteiligten. Zum letzten Punkt, dem Verhaltensaspekt, ist eine klassische Darstellung die Zivilisationstheorie von Norbert Elias. Er beschreibt unter Heranziehung vieler Details, vor allem so genannten Manierenschriften, wie sich im Laufe der abendländischen Geschichte bestimmte Tischmanieren herausgebildet haben, die zunächst in feudalen Kreisen auftraten und dann von bürgerlichen Kreisen übernommen wurden.

Inzwischen sind kollektive Festmähler, wie sie im Mittelalter häufig vorkamen, selten geworden. Barlösius verweist auf Krönungsmähler. Die Königskrönung „stellte im 10. und 11. Jahrhundert ... das größte und feierlichste Fest außerhalb der Kirche dar, bei dem das ganze Volk symbolisch bewirtet wurde". (S. 205) Ähnlichen Charakter hatten Friedens- und Vertragsmahlzeiten. Sie hatten „rechtsrituellen Charakter (ebd.) und sollten garantieren, dass sich die Parteien an die Abmachungen hielten. Ein Anklang an diese kollektiven Mahlzeiten ist zu verspüren, wenn in den Bischofsstädten Speyer und Würzburg zu festlichen Anlässen für alle Anwesenden aus einem Brunnen Wein ausgeschenkt wird. Festmähler im kleinen Kreis werden anlässlich besonders herausragender Ereignisse im Lebenslauf des Einzelnen wie einer Kultur abgehalten. In vielen Kulturen wird die Hochzeit, eine Verbindung von zwei Familiengruppen, mit großem Aufwand begangen, wobei Menge und Qualität der Speisen eine große Rolle spielen. Solche Feste bestätigen die Zugehörigkeit zu den beteiligten Gruppen. Ähnliches gilt, etwa in Deutschland, für das „Kulturfest" Weihnachten, wo oft familienspezifische (von den Eingeladenen „traditionell" genannte) Menüs mit Weihnachtsgans oder Karpfen verzehrt werden. Und es ist sicher ein Indiz für die Bedeutung der Ökonomie, wenn so genannte Arbeitsessen organisiert werden, in denen nicht der kulinarische Genuss, sondern die Geschäfte oder gemeinsam zu erledigenden Aufgaben im Vordergrund stehen (Hahn, S. 414f.).

Viel Kulturkritik ist mit dem Rückgang des gemeinsamen Essens im Alltag verbunden. Es wird darauf verwiesen, dass immer mehr Menschen allein leben oder dass der individuelle Terminkalender keine Fixierungen auf bestimmte Uhrzeiten für gemeinsame Mahlzeiten zulässt. Zwar essen weniger als zehn Prozent der Deutschen gemeinsam drei Mahlzeiten am Tag (Barlösius, S.193). Aber Barlösius berichtet auch von Strategien, um das Kommunikative am Tisch zu erhalten. So stellte sie fest, dass auch Personen, die ihre Mahlzeiten beendet hatten, sich zu den setzten, die noch essen mussten. „Die Gemeinsamkeit der Mahlzeit besteht in diesen Fällen in der zusammen verbrachten Zeit, insbesondere dem Tischgespräch, und nicht in dem Teilen der Nahrung wie in der ursprünglichen Hausgemeinschaft." (S. 193) Da Futterneid heute nicht mehr zu den häufigen Untugenden gehört, dürfte das gemeinsame Gespräch den Genuss am Verzehrten eher vergrößern.

Wir wollen uns dem Phänomen „Mahl" noch aus anderer Warte nähern, wobei davon ausgegangen wird, dass dem Leser von heute wenigstens noch grundlegende Sachverhalte der religiösen Tradition zuhanden sind. Das Mahl, wobei ein Ereignis mit vielen Gästen gemeint ist, kommt besonders in den Evangelien des Neuen Testaments vor. Zahlreiche Aspekte werden thematisiert: Einladungen und Ausladungen, Verweigerungen, der Einladung zu folgen, Rangfolge der Gäste (Gastgeber ist meist ein König), Fragen der Tischordnung und Pannen (wenn etwa der Wein ausgeht). Und wenn der Zielpunkt christlicher Existenz benannt werden soll, wird das Bild des (himmlischen) Hochzeitsmahls herangezogen.

Nahrungsmittel sind in fast allen Kulturen ein wichtiger Bestandteil der Religion. Sie können als von der Gottheit gewährt betrachtet werden, aber als Opfer rückerstattet werden. Im zweiten Fall wird darauf geachtet, dass die Opfergaben nicht Defekte aufweisen, sie müssen ,makellos' oder ,unbefleckt' sein. Das wird selbst dem Brot zugeschrieben, das im Mittelpunkt der christlichen Liturgie steht. Und dieses Nahrungsmittel wird in katholischer Tradition das Allerheiligste genannt.

10   Ein zweiter Blick auf die Geschichte des Geschmacks und ein Ausblick

Robert Jütte behandelt „Geschichte der Sinne" eingehend die Ernährungssituation in Deutschland nach dem 2. Weltkrieg, wobei er auch auf Schmecken und Geschmack eingeht. Die Befürchtungen, die hinter den oben (4.1) wiedergegebenen „Richtlinien für das Leben unter einfachsten Verhältnissen" standen, bewahrheiteten sich nicht, obwohl ich als Kind zum Bucheckersammeln herangezogen wurde, um dadurch Öl zu gewinnen. Aber wahr ist auch, dass in den ersten Jahren nach Kriegsende sehr viel Hunger gab, besonders bei der Bevölkerung in den Großstädten. Sich einmal richtig satt essen können, war der unerfüllbare Traum vieler Menschen. Als die schlimmste Zeit vorbei war – im Westen spätesten seit der Währungsreform – hatte man sich auf „auf neue, bis dahin weitgehend unbekannte Geschmäcker" (Jütte, S. 273) eingestellt. Jütte weist auf den Pfefferminzgeschmack der Kaugummis hin und auf Dosenmais hin, dessen Geschmack noch unbekannt war. Auch der Zigarettengeschmack wandelte sich hin zu leichten Sorten. Die so genannte Fresswelle bezog sich vor allem auf den Genuss des bis dahin knappen Fleisches, aber auch auf exotische Früchte wie Orangen. Gleichzeitig lief die Werbung für Lebensmittel an, bei der oft die geschmackliche Qualität im Vordergrund steht. Mit wachsendem Massenwohlstand nahm der Restaurantbesuch zu. Jütte beruft sich auf einen Beitrag in der Frankfurter Allgemeinen Zeitung vom 16. März 1999, danach isst „jeder Deutsche 3,2 mal pro Woche außer Haus" (S. 276). Mit dem Anstieg der Restaurantbesuche ist das Interesse an der Zubereitung der Speisen gestiegen. Auch an das Selbstgekochte werden höhere Ansprüche gestellt. In diversen Kochsendungen werden Anregungen für schmackhafte Gerichte gegeben. Dort kann der Zuschauer noch passiv bleiben und es beim Anschauen bewenden lassen. Der Erfolg so genannter Kochstudios, in denen gemeinsam unter Anleitung gekocht und das Resultat der Zubereitung danach verzehrt wird, zeigt, dass das Interesse am Kochen auch praktisch werden kann. Der Kulturhistoriker Stephen Mennell vertrat die Auffassung, dass die Kontraste zwischen den Schichten in Bezug auf das Essverhalten geringer geworden seien, gleichzeitig vermehrte sich die Vielfalt der angebotenen Speisen, was vor allem auf die Zunahme der Restaurants mit so genannten Migrantenküchen zurückzuführen ist. Die dort angebotenen Speisen sind nicht selten deutschen Eßgewohnheiten angepasst. „Spitzenreiter" bei den von Ausländern geführten Restaurants sind Italiener (die auch die ersten „Gastarbeiter" stellten), es folgen Griechen und Chinesen. Dass die ausländischen Gastronomen wirtschaftlich erfolgreich waren, zeigt, dass die deutsche Zunge sich neuen Geschmäckern anpassen kann und diese gegenüber im Einzelfall favorisiert. Barlösius macht auf integrative Effekte des Enthusiasmus für fremde Küchen aufmerksam, wenn sie schreibt: „Die Übernahme von Küchengebräuchen und deren Einordnung in die höheren Ränge der nationalen kulinarischen Stufenleiter bedeutet somit die Anerkennung kultureller Ebenbürtigkeit und teilweise auch von Überlegenheit." (S. 163) Dies mag für die italienische und französische Küche gelten, für andere ethnische Küchen eindeutig nicht.

Dieser zunehmenden Vielfalt steht die Monotonie der für schnelles Essen gedachte Fastfood- Kultur gegenüber. Die Internationalität dieses Sektors besteht nicht mehr in der Unterschiedlichkeit der Küchen, sondern darin, dass der Burger in Hamburg, Paris und New York gleich aussieht und schmeckt. Jütte demonstriert diesen Effekt am Beispiel von Coca-Cola.

Gegenwärtig haben wir in Deutschland, was die Möglichkeiten der Ernährung betrifft, paradiesische Zustände, wenn wir an die immer noch zahlreichen Hungergebiete auf dieser Erde denken. Aber dieses Paradies hat doch einige Schattenseiten, die teils in uns, teils in der Nahrungserzeugung liegen. Zum ersten: Durch den Überfluss an ansprechenden Nahrungsmitteln, die für nahezu alle erschwinglich sind, kommt es zu Schäden für die Gesundheit des Einzelnen und zu finanziellen

Belastungen für die sozialen Sicherungssysteme. „Zu süß, zu fett, zu viel Salz" so lauten die Klagen der Gesundheitsexperten. Zum zweiten: Die Nahrungsmittelindustrie verwendet viele künstliche Aromastoffe, die natürliches Aroma vortäuschen, aber vom natürlichen Vorkommen weit entfernt sind. Jütte führt ein Beispiel für die Zusatzstoffe auf: „ Das am meisten verkaufte heißt Ethylvanillin und schmeckt viermal stärker nach Vanille als das natürliches Vanillin" (S. 281). Exakt um Vanille geht um einen noch nicht entschiedenen Rechtsstreit zwischen Verbraucherschützern und einer Firma, die Aromen vertreibt. Streitpunkt war die Frage, ob in der Rezeptur für eine renommierte Schokolade natürliche oder synthetisch hergestellte Rohstoffe verwendet wurden.

Zuletzt geht Jütte auf das Food Design ein, Kreationen auf der Basis Mais, Kartoffeln oder Getreide; man denke als Beispiel an Knabbergebäck, das in den USA als „Snacks" bezeichnet wird. Auch hier spielen Aromastoffe, Emulgatoren, Stabilisatoren und so weiter eine wichtige Rolle, die ein so genannter Flavourist, eine wichtige Position in der Lebensmittelindustrie, auswählt. In einer kritischen Analyse mit dem Titel „Food Design: Panschen erlaubt" – das Umschlagphoto dieses Buches zeigt je einen halb hellbraun und halb tiefblau gebackenen Muffin – wird von 7500 Zusatzstoffen ausgegangen. Da hat die Chemie endgültig über die Natur den Sieg davon getragen. Der in Anlehnung an einen Begriff des Anthropologen Helmuth Plessner formulierte Ausdruck der „natürlichen Künstlichkeit des Essens" ist erhellend und belegt die „Unspezifität und Beweglichkeit", den „Omnivore-Charakter" (Barlösius, S.39) des Menschen wie auch die oft zweifelhafte Art, Neues in das Kulturgut „Speise" zu integrieren.

Literatur

Askese. Stichwort, in: Karl Rahner und Herbert Vorgrimler, Kleines Theologisches Wörterbuch, 12. völl. neu bearb. Auflage, Freiburg-Basel-Wien: Herder 1980, S. 36f.
Barlösius, Eva: Soziologie des Essens. 2. völl. überarb. und erw. Auflage, München und Weinheim: Juventa 2011
Bourdieu, Pierre, Die feinen Unterschiede. 22. Auflage, Frankfurt am Main: Suhrkamp 1982
Elias, Norbert, Über den Prozeß der Zivilisation. Erster Band. 6. Auflage, Frankfurt: Suhrkamp 1978
Fischer Bernd und Christiane Fischer: So wird man hundert. Freiburg: Kreuz 2013
Frings, Stephan und Frank Müller, Biologie der Sinne. Heidelberg: Springer 2014
Gavron, Assaf: Auf fremdem Land. München: Luchterhand 2013.
Geschmack. Stichwort, in: dtv Lexikon, Band 6, München 1982, S. 317.

Hahn, Alois: Das Glück des Gourmets, in: Alfred Bellebaum und Robert Hettlage (Hgg.): Das Glück hat viele Gesichter, Wiesbaden: VS Verlag, 2010, S. 407-426

Heym, Sabine: Das Antiquarium der Residenz München, München: Bayerische Schlösser-verwaltung 2007

Hombach, Marion: Das Geheimnis des guten Geschmacks. In: GEOkompakt, Nr. 36, S.134-137.

Kehse, Ute: Wie Kinder ihre Sinne schulen. In: GEOkompakt, Nr. 36, S. 36-47

Jütte, Robert: Geschichte der Sinne, München: Beck 2000

Schmecken. In: GEOkompakt, Nr. 36, S. 14

Tepl, Johannes von: Der Ackermann. Stuttgart: reclam 2000

Zunge. Stichwort, in dtv Lexikon, Band 20, München 1992, S. 308f.

Der Tastsinn –
Konstanten und Veränderungen

Arnold Zingerle

Zur Einleitung: Sinnesmetaphern und der Tastsinn

In der Entwicklung der Kultur haben alle Sinne den Weg genommen von Empfindungen, von Eindrücken der Außenwelt des Menschenlebens hinein in sein Inneres, zum Gefühlten und Gedachten. Die Übertragung von Bildern aus dem einen Bereich in den anderen, die Metaphorik, leistet dabei unentbehrliche Dienste. Die Basis alles geordneten Denken, die es erst möglich macht, dass es, mitgeteilt, auch verstanden, festgehalten und über Situationen, Räume und Zeiten hinweg weitergegeben werden kann, ist der Begriff. Und an den Ursprung des Wortes „Begriff" scheint unsere Sprache, folgt man der Auskunft gängiger Lexika, den Tastsinn gestellt zu haben. Diese ziehen dafür die alte Unterscheidung von „haptisch" und „optisch" heran und erklären – so Generationen umspannende Auflagen der Duden-Wörterbücher – *Haptik* als „Lehre vom Tastsinn". Wenn aber „haptisch" auf dem griechischen Wort für „greifbar" fußt – ähnlich wie die lateinische Wurzel eines Äquivalents für „Begriff", *Konzeption,* auf dem Lateinischen „conceptus" („Fassen, Ergreifen") – so drängt sich die Frage auf, ob es nicht gilt, einen Unterschied zu machen zwischen einerseits der Bewegung der Hand, die den Gegenstand erfasst, ergreift, um ihn festzuhalten (wobei durchaus gleichzeitig auch bestimmte Eigenschaften erfühlt werden können), und andererseits dem gezielten Befühlen des Gegenstandes, dessen „Abtasten" mit Handfläche und Fingern, dessen „Betasten" besonders mit den Fingerkuppen. Wie dem auch sei – der Tastsinn ist innerhalb der Reihe der Begriffe, mit denen wir mentale Vorgänge bildhaft bezeichnen, an zentraler Stelle und mit eigenem Gewicht vertreten.

Wie steht es im Vergleich dazu mit der metaphorischen Funktion der übrigen vier Sinne? Wenn wir den Erkenntnisbereich verlassen, so entdecken wir schnell, dass unsere Sprache breit gestreut und in großer Zahl Metaphern aus dem Seh-, Hör-, Geschmacks- und Geruchssinn enthält: wir „sehen" etwas nicht nur innerhalb vollkommen abstrakter Zusammenhänge, sondern beschließen damit auch oft eine emotionale Auseinandersetzung („wie du siehst: es ist genau gekommen, wie ich es dir vorhergesagt habe!"); wir vermissen „Zwischentöne" in einem Text; wir stellen fest, einen Menschen „nicht riechen" statt: „nicht ausstehen" zu können (gerade bei rein „charakterlichen" Problemen, die mit olfaktorisch Realem nicht das Geringste zu tun haben); wir bemerken zu einer Aussage eines Menschen über einen anderen oder über eine Sache, sie hätte einen „schlechten Beigeschmack" – womöglich einigen wir uns daraufhin im Kreis betretener Freunde darüber, die gemeinte Sache doch lieber auf sich beruhen zu lassen, sie nicht weiter „anzurühren", um Schlimmeres zu vermeiden. Vergleicht man den Anteil, den die fünf Sinne an derlei Übertragungen vom Sinnlichen ins *Geistige* haben, so ist das Übergewicht des Sehsinns „augenfällig". Ähnliches kann der Tastsinn für das *Psychische*, insofern es hauptsächlich die Welt des „Gefühlten" – wie sie von der Alltagssprache benannt wird – umfasst, nicht leisten. Die begrenzte Variation von Empfindungen, die er ins Innere übermittelt, reicht an die potenzielle Unbegrenztheit *optisch* erfasster „Welt"-Eindrücke – worin diese nur vergleichbar sind mit den akustischen – niemals heran; die Metaphorik des Tasten knüpft an bei dem, was in unserer nächsten Reichweite, eben „zur Hand" ist.

Verglichen mit dem Tastsinn teilen Sehsinn und Hörsinn einen Vorteil, der schwer wiegt. Ihre Übertragung in Metaphern kann bei klar umgrenzten Organen – Auge und Ohr – mit eindeutig definierten neurophysiologischen Leistungen anknüpfen. Das Organ des Tastens hingegen, die Haut, reicht dagegen weit über die Hand, den Körperteil, mit dem wir tasten, hinaus; es „umspannt" im Sinne des Wortes unseren gesamten Körper, und dieser kann höchst verschiedenartige – und dementsprechend auf sehr unterschiedliche Weise in Metaphern übertragbare – Empfindungen vermitteln. Es sei nur an den häufigen Ausdruck der Alltagssprache erinnert: „Ich fühle mich nicht wohl *in meiner Haut*", oder an den metaphorischen Niederschlag der wohl wichtigsten unter den rein physiologischen Funktionen der Haut, des Temperaturausgleichs zwischen Körper und Außenwelt (so kann mich die psychische Atmosphäre, die in einem gut beheizten Raum herrscht, innerlich frösteln lassen). Zur Multifunktionalität der Haut, an der der Tastsinn teilnimmt, gehört auch die stark kulturell mitbestimmte Funktion der Selbstdarstellung (wobei in manchen Fällen freilich die kommunikative Seite des Tastsinns, die z. B. bei Gesten zum Tragen kommt[1], völlig ausfallen kann – so etwa im Fall von Tätowierungen).

---

1   Zur Veranschaulichung lohnt sich ein Blick auf das an Gesten reiche Italien anhand des kleinen, von Bruno Munari hrsg., mehrsprachigen *dizionario dei gesti italiani* (Munari 1994).

Im Gegensatz zum Organ des Tastsinns eignen sich die Organe des Seh- und des Hörsinns in keiner Weise als Träger von Zeichen gegenüber der Außenwelt. Ein weiterer Unterschied führt hinein in die Theorie des Handelns. Auge und Ohr empfangen grundsätzlich passiv die für sie organisch definierten Eindrücke; der Körper, der sie einschließt, kann dabei vollständig inaktiv sein. Zum Teil auch hierauf mag die Fähigkeit des Menschen zur inneren Distanzierung von der Umwelt, zu Meditation und "Betrachtung", gründen. Unsere naturgegebene organische Ausstattung erlaubt uns auf direktem Wege kein aktiv, d. h. durch Handlungen gesteigertes Sehen oder Hören. Wir können „aktiv" sehen und hören nur vermittels zusätzlicher körperlicher Aktivitäten (Neigen oder Heben des Kopfes, Sich-Recken, näher Herangehen usw.) oder durch aktiven Gebrauch technischer Sinnesstützen (Brille, Hörgerät, Lautsprecher, Vergrößerungs- und Fernglas, Mikroskop usw.). Dagegen kann das Tastfeld der Handhaut im Akt des Tastens selbst sowohl passiv Empfindungen nach „innen" sowie aktiv nach „außen" vermitteln. Die Vermittlung nach außen hin – an eine dingliche oder personale Umwelt – ist zunächst schon mit einem Minimum an körperlicher Aktivität gegeben; doch ist diese steigerungs- und differenzierungsfähig nach verschiedensten Seiten hin.

Nun unterscheidet das Einbezogensein in Handlungsabläufe als solches das Tasten noch nicht vom Sehen und Hören: an jedem komplexeren Handeln im Dreieck Kopf (rationale und emotionale Steuerung) – Sinne (Quelle orientierender Rückkopplung) – (ausführende) Hand sind diese beiden Sinne wie auch die drei anderen grundsätzlich beteiligt. Die traditionelle Unterscheidung von „höheren" und „niederen" Sinnen hat gewiss ihre Berechtigung in der stärkeren Körpernähe von Schmecken, Riechen und Tasten. Jedoch kommt dem Tastsinn eine Sonderstellung zu: nicht nur wegen der erläuterten Fähigkeit, die Sinneserfahrung des Taktilen nach zwei Richtungen hin zu kommunizieren, sondern weil er auf andere Weise als die übrigen Sinne direkt in das Umweltverhältnis des Menschen „hineinragt", mit ihm verflochten ist, es mitgestaltet. Das körperliche Medium des Tastens, die Hand, ist zugleich der Körperteil, der den Handlungsanschluss unmittelbar umsetzt (so kann z. B. das Schleifen einer Holz-, Metall- oder Steinoberfläche unmittelbar nach dem Betasten der Oberflächenbeschaffenheit der Materialien einsetzen). Von den organischen Grundlagen des Handelns her betrachtet, steht somit der Tastsinn dem Handeln näher als die anderen vier Sinne.

Die aufgeworfene Frage nach der Eignung der Sinne für Metaphern kann schließlich nicht über die Eigengesetzlichkeiten der Kultursprachen selbst hinwegsehen. Ein kurzer Hinweis auf eine Differenz zwischen dem Deutschen und dem Italienischen, die für den Tastsinn relevant ist, mag genügen, um zu zeigen, wie sehr sich das von den Kultursprachen vorgegebene „Material" der Metaphernbildung sperrt gegenüber schematischen Verallgemeinerungen in Bezug auf das Verhältnis von „äußerem" und „innerem" Sinn. So haben, um nur ein Beispiel zu nennen, die Italiener in ihrer allgemeinen, d. h. Alltagssprache für „hören" dasselbe Wort wie für „fühlen": *sentire* [2]. Zu fragen ist: wie stark kulturspezifisch konnotiert sind unsere Sinneserfahrungen schon von dem Augenblick an, in dem wir sie bewusst registrieren und damit zugleich auch sprachlich erfassen? Dieser Frage, so spannend sie ist, kann hier allgemein und in Bezug auf den Tastsinn nicht weiter nachgegangen werden – festzustellen ist aber auf jeden Fall, dass das neurophysiologisch Spezifische des Tastsinns: jene Verfeinerungsfähigkeit, die er nur an den Fingern und Fingerkuppen hat, der „äußere" Anknüpfungspunkt ist für die in vielen Sprachen vorkommenden Abstraktionen und Übertragungen auf psychische und geistige Qualitäten der Kommunikation und des zwischenmenschlichen Verhaltens, wie sie in den Wörtern „Fingerspitzengefühl", „Sensibilität" zum Ausdruck kommen[3].

Betritt man als Zielort der metaphorischen Übertagung Regionen des Geistes, die von derartigen Lebensrealitäten – emotionalen zumal – weiter entfernt sind, in denen somit abstraktere, eher rationale Operationen dominieren, mit anderen Worten: die Domänen der Wissenschaften, so wird man verständlicherweise auf entsprechend weniger Spuren des Tastsinns stoßen. Typisch für ihn ist, dass seine Metaphorik innerhalb dieser Domänen vor allem dort zu finden ist, wo in Bezug auf Erkenntnisvorgänge heuristische Bewegungen beschrieben werden: beispielsweise beim nicht-linear sich bewegendem Suchen, unabhängig davon, ob dessen Ziele bereits gesetzt sind oder sich erst im Verlauf des Erkenntnisprozesses klären. Es ist ein Suchen, das auf Widerstände stößt und deshalb eine Bezeichnung wie „Sich-Herantasten" nahelegt.

So ist es weiter nicht erstaunlich, dass die europäische Tradition des Nachdenkens über die menschlichen Sinne seit Aristoteles den Tastsinn eher als Nebensache behandelte. Im Mittelpunkt standen zu Recht der Seh- und der Hörsinn – wegen ihrer fundamentalen Bezüge zur geistigen Verarbeitung von Wahrnehmung und der damit gegebenen besseren Übertragbarkeit in Metaphern für bestimmte Qualitäten von Sprache und Intellekt, und wegen ihrer Bedeutung für die Reflexion von „Welt" und ihrer konstitutiven Leistung für die menschliche Kommunikation. Demgegenüber musste der Tastsinn in eine untergeordnete Stellung geraten – man pflegte ihn, wie bereits angedeutet, ebenso wie den Geruchs- und Geschmackssinn

---

2   Das Äquivalent *udire* wird in spezielleren (z. B. juristischen, medizinischen) und sozial–kulturell exklusiveren, darunter poetischen Zusammenhängen verwendet.

3   Nicht zufällig kommt im normativ-ethischen Schlüsselwort der deutschen Sprache für die soziale Dimension jener Qualitäten – „Takt" – die sozusagen taktile Etymologie des Wortes zum Ausdruck, die auf das lateinische *tactus* zurückgeht: hängt doch dieses seinerseits mit *tangere*, „berühren", zusammen.

in den „niederen", sich den Tieren annähernden Erscheinungsformen des Lebens zu verorten; er schien deshalb nur schwer in dessen „höhere", geistige Dimensionen hinein übersetzbar zu sein[4]. Diese Hierarchisierung der Sinne hat sich in Grundzügen bis zum heutigen Tage erhalten. Freilich ist zu präzisieren, dass seit der ersten Hälfte des vergangenen Jahrhunderts mit der Rezeption der empirischen Wissenschaften ein neues Bild vom Menschen entstand – in Deutschland insbesondere dank der Philosophischen Anthropologie (insbesondere Schelers, Plessners und Gehlens), die ein vollständigeres, wenngleich komplexeres Menschenbild erarbeitete, innerhalb dessen die Sinne insgesamt ein größeres Gewicht erhielten[5].

Die folgenden Bemerkungen zum Tastsinn knüpfen allerdings nicht bei der Theorie- und Geistesgeschichte der Sinne an. Sie gehen insbesondere nicht auf die Erkenntnislage in Neurobiologie, Psychologie und Ethnologie ein, so sehr auch heute eine gründlichere Bearbeitung der Fragen, die der Tastsinn aufwirft, darauf nicht verzichten kann. Gleiches gilt für den gegenwärtig in verschiedenen kulturwissenschaftlichen Fächern registrierbaren Trend, der Körperlichkeit bzw. „Materialität" menschlichen Tuns mehr und auf neue Weise Beachtung zu schenken. Das im Folgenden Ausgeführte klammert also Theoriediskurse aus, auch wenn es unentbehrlich ist, an der einen oder anderen Stelle fragmentarisch-selektiv Theorieelemente heranzuziehen. Es handelt sich um den Versuch einer unmittelbaren Annäherung an das Phänomen. Er setzt voraus, dass es sich lohnt, den Tastsinn *im Kontext der Zeit*, in der wir leben, einmal näher anzusehen. Er orientiert sich vor allem an der Frage: auf welche Weise ist der Tastsinn verwoben mit den sich verändernden Lebensumständen unserer Epoche? Inwieweit ist sein Gebrauch unabhängig von diesen Umständen, oder anders gesagt: bleibt das Tasten trotz dieser Umstände nach wie vor als Universalie menschlichen Verhaltens erkennbar – und inwieweit geht der Gebrauch des Tastsinns zurück, verbindet sich bis zur Unkenntlichkeit mit Handlungsweisen, die sich zwangsläufig mit den Veränderungen der Epoche ergeben, ja oft erst durch sie geschaffen werden?

---

4   Noch Georg Simmel unterschied in den unter dem Titel „Exkurs über die Sinne" dem Kap. IX seiner „Soziologie" v. J. 1908 („Der Raum und die räumlichen Ordnungen der Gesellschaft") eingefügten ästhesiologischen Betrachtungen die „höheren" Sinne des Sehens und Hörens von den übrigen als den „niederen". Unter diesen jedoch misst er – merkwürdig genug – nur dem Geruchssinn soziologische Bedeutung bei (s. Simmel 1992: 733ff.).

5   Vgl. dazu Fischer (2008).

Elementares, Universalien

Das dem Menschen – im Unterschied zum Tier – eigene Tasten oszilliert zwischen Bewegungen ausschließlich der Fingerkuppen und solchen der ganzen Hand, genauer: der Handinnenfläche. Rückgekoppelt mit inneren (geistigen, psychischen, emotionalen) Bereitschaften und Impulsen zum Handeln in oder gegenüber der Umwelt begleiten sie – in *orientierender* und *kognitiver* Funktion – fast ohne Unterbrechung und in unübersehbarer Variation den größten Teil unseres im Wachzustand gelebten Alltags, aber auch Übergänge zum Schlaf und aus diesem heraus. Die meisten dieser Bewegungen laufen unbewusst ab: das Bewusstsein würde den Ablauf von Alltagsroutinen (beim An- und Ablegen von Kleidung, beim Essen, beim Bedienen eines PKWs, einer Gerätetastatur) nur stören. Das ist beim Alltagsgebrauch der übrigen Sinne grundsätzlich nicht anders, auch wenn dabei der Anteil des bewussten, gezielt-absichtsvollen Sehens, Hörens, Schmeckens und Riechens erheblich größer ist und es hier häufiger Ansatzpunkte, Anlässe für Reflexion gibt. Unübersehbar sind allerdings spezifische Routinen des Tastens gerade dort, wo komplexere Routinen ausfallen – jedermann kennt den bewussten Einsatz des Tastens beim Stromausfall, wenn Taschenlampen oder Stirnleuchten nicht zur Hand sind. Das Sich-durch-Räume-Tasten, das Sich-Herantasten an ein Objekt besteht dann oft in eingeübten Bewegungen, die gesteuert sind vom Vorwissen über die Beschaffenheit dieser Räume oder Objekte. Nur in extremen Ausnahmefällen, in denen die psycho-physischen und kognitiven Ausstattungen des „ganzen Menschen", in die Tastroutinen normalerweise eingebettet sind, ausfallen: wenn man sich also einer *terra incognita* im wörtlichen Sinn ausgesetzt sieht, kommt die orientierende, die Bewegung fortlaufend justierende Grundleistung des Tastens *voll* zum Tragen[6].

Neben den beiden zuerst genannten Grundfunktion des Tastsinns – Erwerb des Wissens über die Beschaffenheit der räumlich-dinglichen Welt, die uns umgibt, und Orientierung innerhalb dieser Welt „anhand" ertasteter physischer Oberflächen – fällt eine dritte ins Gewicht, die sich nicht in erster Linie im Verhältnis zur dinglichen, sondern zur sozialen und kulturellen Umwelt des Menschen auswirkt: die *emotionale*, die auf der Fähigkeit des Menschen beruht, Gefühle über den Tastsinn „nach außen" zu vermitteln und umgekehrt solche über ihn zu empfinden, die von „äußeren" Gegebenheiten veranlasst sind. Die dingliche Welt ist aus diesen Gegebenheiten nicht ausgeschlossen, denn solche Anlässe können z. B. Begegnungen mit

---

6   Die Lebensbedingungen der Blinden machen mit dem Verlust des Sehsinns den schwerwiegendsten dieser Ausnahmefälle zur Regel. Darauf kann im Einzelnen an dieser Stelle nicht eingegangen werden.

symbolisch besetzten Gegenständen sein, ein Erinnerungsstück eines Verstorbenen etwa, das, zärtlich berührt, inneres Berührtsein hervorruft. Doch das Hauptfeld dieser bedeutsamen funktionellen Seite des Tastsinns ist das Kommunizieren und Miteinander-Handeln von Menschen, vor allem im intimen, privaten Raum und in persönlich definierten Begegnungen und Situationen außerhalb dieses Raums („vor allem", weil emotionale Beanspruchungen des Tastsinns auch im öffentlichen Raum vorkommen – man denke an Berührungen bei Massenveranstaltungen, bei „Events" in bestimmten Bereichen von Politik, Religion, Sport, Popmusik).

Insofern die (professionsbedingt) einseitig rationale Optik der modernen Wissenschaften vom Menschen allgemein zur Marginalisierung der nur schwer in Kalkülen und Modellen unterzubringenden Gefühlswelt des Menschen tendiert, besteht auch die Gefahr, die emotionale Grundfunktion des Tastsinns zu unterschätzen. Vielleicht liegt dies auch daran, dass der Tastsinn im Vergleich zur übrigen sensorischen Ausstattung des Menschen auf unauffälligere Weise an solchen Realitäten des Lebens beteiligt ist, die wegen ihrer Regelhaftigkeit oder Typik eher im Vordergrund wissenschaftlicher Betrachtung zu stehen pflegen. Es fällt jedoch auf, dass die emotionale Aktivierung des Tastsinns in wechselnder Intensität und mit vielen Unterbrechungen jene stete Begleitung des Alltags durch das Tasten in raumorientierender Funktion gleichsam umspielt – und zwar in Situationen und Handlungszusammenhängen, die oft folgenreich verknüpft sind mit so bedeutsamen Dimensionen des Lebens wie Partnerschaft, Elternschaft, Freundschaft. Dies sei verdeutlicht mit den beiden fundamentalen Grenzsituationen, die keinem Menschen erspart bleiben, dem Geborenwerden und Sterben, und ihren Begleiterscheinungen im Bereich des Taktilen, sowie mit der besonderen Rolle der emotionalen Taktilität im Bereich des sexuellen Verhaltens.

Man ist sich darüber einig, dass die emotionale Bindung zwischen Mutter und Kind bereits in der vorgeburtlichen Phase aufgebaut wird, und es ist wahrscheinlich, dass dazu der schon ab dem sechsten Monat sich entwickelnde Hörsinn keinen geringen Beitrag dazu leistet[7]. Unmittelbar auf die Geburt folgend wird nun – in Bezug auf das davor bereits Angelegte geradezu explosionsartig – die sensomotorische Entwicklung des ersten Lebensjahres in Gang gesetzt. Gleichzeitig werden die Sinne gestuft, jedoch in relativ rascher Folge ins Spiel gebracht: der Geschmacks- und Geruchssinn mit der Aufnahme der Muttermilch zuerst, bald darauf aber auch schon, früher als der Sehsinn, der bereits durch den ersten nachgeburtlichen Hautkontakt mit der Mutter vorbereitete Tastsinn. Er entfaltet sich spätestens ab dem Zeitpunkt, an dem der Säugling beginnt, einen ihm gereichten Finger mit seiner Hand fest zu umschließen. Es ist für die hier akzentuierte emotionale Funk-

---

7 Im 7. Monat erkennt der Fötus die Stimme seiner Mutter.

tion des Tastsinns wesentlich, dass ihre Entwicklung von Geburt an integriert ist
in eine soziale Beziehung besonderer Art – eine Beziehung, die nicht erst einsetzt
mit dem ersten, das nährende und pflegende Verhalten der Mutter begleitenden, in
Worten und Handlungen zärtliche „Ansprechen" des Kindes. Sie ist eine zunächst
völlig asymmetrisch, später mehr und mehr bipolar strukturierte Beziehung des
„Gegenüber", die in der Regel getragen ist von den bejahenden Gefühlen der Mutter,
die das Gefühl intensiver Verbundenheit mit dem Kind weiter intensivieren, das
bereits während der Schwangerschaft entstanden ist. Erst im Verlauf der ersten
Lebensmonate entwickelt sie sich zu einer gegenseitigen Beziehung in dem Sinne,
dass das Kind lernt, sich mit strukturierten, gerichteten Bewegungen und Lauten
an die Mutter zu wenden. Und im Rahmen dieses Prozesses sind denn auch erste
strukturierte „Einsätze" des Tastsinns beim Kind zu beobachten. Ungefähr parallel
zum ersten Austausch von Blickkontakten beginnt das Kind, Körperteile seines
Gegenüber, bevorzugt das Gesicht und daraus wiederum den Mund, mit seiner Hand
zu berühren und zu betasten. Es ist diese Stelle, an der offensichtlich innerhalb der
Entwicklungsgeschichte jedes Menschen als kommunikations- und interaktions-
fähige Person auch seine persönliche Lerngeschichte des Tastsinns einsetzt – eine
Geschichte emotionaler *Kontaktfähigkeit* im ursprünglichen Sinne des Wortes[8].

Ähnlich wie sie mit Entwicklungsschüben zur Tastbefähigung hin beginnt,
so endet diese Geschichte auf der anderen Seite des Lebensbogens in gestufter
Reduktion, selten jedoch, wie bei den anderen Sinnen in dieser Phase, mit dem
Totalausfall. Die Kunst des in manchen Berufen mit speziellen Bewegungsmus-
tern – die, wie in der Medizin, den Eigenschaften von Körperpartien angemessen
waren, in bestimmten Handwerken oder einer Kunstsparte wie der Bildhauerei
der Oberfläche des bearbeiteten oder, wie im Fall bestimmter Musikinstrumente,
den Gesetzlichkeiten des tongebenden Materials – erlernten Tastens, oft ein Leben
lang verfeinert, mag zwar am Ende buchstäblich abhanden gekommen sein; was
in der Regel bleibt, sind jedoch die Grundfunktionen des im Raum Orientierung
gebende Tastens und die Empfindung der Hand, der eine andere Hand emotionales
Wohlbefinden verschafft – so wie sie dies auch umgekehrt, auch bei geschwächten
Körperkräften, immer noch vermag. Können Sterbende oft nichts mehr schmecken
und riechen können, mag sie auch ihr „Augenlicht", ihre Fähigkeit, zu hören voll
und ganz verlassen haben – sie sind dann oft genug noch imstande, die Gegenstände,
die sie umgeben, zu ertasten und vor allem, eine Hand, die die ihre umschließt,
zu fühlen oder einen geliebten Gegenstand – der vielleicht im Verlauf ihres Le-

---

8   Im lateinischen Ursprung des Wortes „Kontakt" steckt das Element des Taktilen, wie
    es heute noch im italienischen Wort für „Tastsinn" zum Ausdruck kommt: „senso del
    tatto".

bens auch zu einem Symbol der eigenen Identität geworden ist – mit ihrer Hand zu umschließen[9]. Einem verbreiteten Ratgeber für Sterbe- und Trauerbegleitung ist der Erfahrungssatz zu entnehmen: "Im Wesentlichen kreisen die psychischen Bedürfnisse sterbender Patienten um einen großen Themenbereich: *Berührung, Zuwendung, Nähe, Kontakt*", und unter den bewährten Mitteln, diesen Bedürfnissen zu entsprechen, nennt das Buch an zweiter Stelle nach dem Gespräch die „Nonverbale Kommunikation: ‚Berührungsgespräche', wie sie beispielsweise zwischen einander berührenden Händen möglich sind, zwischen Blicken und Gesten" (Specht-Tomann/Tropper 2000:59). Symptomatisch ist in Deutschland die wachsende Verbreitung eines kleinen Bronzeengels, der von der Hand umschlossen werden kann, bei Sterbenden oder Menschen, die tödlichen Gefahren ausgesetzt sind, bei Trauernden oder bei professionellen Helfern in Extremsituationen[10].

Keine Grenzsituation, sondern gleichsam „Standardsituation" emotional bestimmten Tastens (überwiegend) bei gesunden Erwachsenen, die gleichwohl aus dem Alltag des Tastens herausfällt, und für die der Tastsinn eine konstitutive Rolle spielt, ist die Interaktion zwischen Sexualpartnern. Von „Interaktion" ist hier die Rede, weil diese Universalie des Tastsinns in diesem Zusammenhang bewusst in der Beschränkung auf ihren Normalfall, also als *wechselseitiges* Verhalten zweier Personen betrachtet wird – nicht, um die Beteiligung des Tastsinns an Sexualpraktiken außerhalb dieses Falles zu verneinen, sondern um das spezifisch Menschliche und zugleich die soziale Dimension des Tastsinns gerade an diesem Punkt besser hervorheben zu können. Das spezifisch Menschliche: der Gebrauch der Hand, zeigt besonders hier die oben angedeutete Doppelgerichtetheit des Tastens, die es von den anderen vier Sinnen, aber auch vom Sexualverhalten der Tiere[11] unterscheidet: es empfängt die Sinneseindrücke und vermittelt sie zugleich dem Partner in einer Verkettung von Verhaltenselementen und in einer zeitlichen Ausdehnung, die

---

9   Ich danke an dieser Stelle Margret Zingerle, meiner Frau, die mich anlässlich von Kursen über Sterbebegleitung, die sie im Auftrag des Hospizvereins Bayreuth hielt, in das prozesshaft-gestufte Wegfallen der Sinne einführte und meine Aufmerksamkeit auf die besondere Rolle lenkte, die dabei der Tastsinn als oft einziger, der von den fünf Sinnen bis zuletzt noch aktivierbar bleibt, spielt.

10 Bereits über 40.000 Exemplare dieses Bronzeengels hat der evangelische Verlag „Andere Zeiten" (Hamburg) verkauft. Ein Buch mit Berichten über seine Verwendung belegt, dass er in erster Linie in der Sterbebegleitung, u. a. in der Krankenhausseelsorge, eine Rolle spielt, aber auch bei der Militärseelsorge und bei Notfalleinrichtungen wie dem Roten Kreuz (vgl. Andere Zeiten 2012).

11 Auf notwendige Differenzierungen im Vergleich des Verhaltens beim Menschen mit dem seiner „nächsten Verwandten" unter den Tieren, den Primaten, muss hier verzichtet werden.

weit über jenes Punktuelle hinausgeht, das im Wort „Geschlechtsakt" zum Ausdruck kommt[12]. Das Soziale: die umfassende „Leistung" des Tastsinns realisiert
sich besonders im Sexualverhalten, da (und wenn) zumindest zwei seiner drei
Grundfunktionen gleichzeitig und wechselseitig zwischen den Partnern zur Wirkung kommen – also die gegenseitige Orientierung von (bzw. durch) Hand- und
Fingerkuppenbewegung und *zugleich* der Austausch von Gefühlen (nur nebenbei
sei bemerkt: erfahrene Therapiepraktiker begründen dieses zweite Erfordernis
immer wieder mit der über bloße Akzeptanz hinausgehenden Wertschätzung
der Person, die hier wortlos vermittelt wird). Nicht immer ist sexuelle Kommunikation wortlos, aber auch als wortlose Kommunikation ist das Tasten (und mit
ihm verbunden: die streichelnde Handbewegung) hier so gestaltet, dass es nicht
übertrieben ist, festzustellen: die sexuelle Interaktion im oben definierten Sinne
sei *taktile Kommunikation* par excellence. Gewiss, man kann die „Leistung" des
Tastsinns in diesem Bereich – in funktionalistischer Vereinseitigung – auf das
Ziel, den „Zweck" des Verhaltens[13] hin deuten. Aber es wäre eine Missdeutung
menschlicher Sexualität, hierbei stehen zu bleiben. Für diese Kommunikationsform
ist wesentlich, den Tastsinn zweckenthoben „spielen" zu lassen, was die Sprache mit
dem Wort „Vorspiel" gut zum Ausdruck bringt. Auch außerhalb des Sexualverhal-
tens steckt im Tastsinn ein spielerisches Potenzial in einem bestimmten Sinne des
Wortes „Spiel": es gibt ein versuchendes, probierendes Tasten, bis die Hand ans
Ziel gelangt – es ist identisch mit der Komponente jedes interaktiven Spiels, das
in der Buytendijk-Gadamerschen Spieltheorie als „Bewegung des Hin und Her"
bezeichnet wurde[14]. Das bedeutet für die Eigenart der taktilen Kommunikation
der Sexualität vor allem Entschleunigung bei Aufrechterhaltung der Spannung,
libidinöse Steigerung durch und in Verzögerung.

Eine Reihe anthropologischer Universalien des Tastsinns sind somit auf Anhieb
schon benennbar, im Umfeld so bedeutsamer Ereignisse wie Geburt und Tod und
bei einem so grundlegenden Bereich des Lebens wie der Sexualität. Sie zeigen den

---

12 Ein anderer sprachlicher Missgriff in diesem Zusammenhang ist der Reduktionismus des
    Ausdrucks „Reproduktionsverhalten" (jahrzehntelang in Teilen der sozialwissenschaft-
    lichen Literatur des 20. Jahrhunderts zu finden, wo man glaubte, sich an ideologische
    Prämissen des Marxismus anpassen zu müssen).

13 Nicht zufällig kommen die Tastrezeptoren, mit denen die unbehaarte Haut des Men-
    schen ausgestattet ist, in besonders hoher Dichte in denjenigen Hautpartien vor, die am
    Sexualverhalten bevorzugt beteiligt sind.

14 Vgl. Buytendijk (1973). Die interessanten kulturhistorischen Bemerkungen über den
    Zusammenhang von Erotik und Spiel, die Jan Huizingas berühmte Schrift „Homo Lu-
    dens" enthält, übersehen die zentrale Rolle der Taktilität für das „Vorspiel" – er gesteht
    „Liebkosungen an sich ... gerade zur Not" Spielcharakter zu (Huizinga 1956:49).

Tastsinn in relativ freier, ungeformter Entfaltung. Wir wenden uns nun Wegen seiner Entfaltung zu, in der die Art seiner *Formung* entscheidend ist. Dies soll entlang der Fragerichtung geschehen: durch welche gesellschaftliche und kulturelle Sachverhalte werden „Spezialisierungen" des Tastsinns vordisponiert, sodass seine „Einsätze" jedes Mal in Formen erfolgen können, die dadurch verstetigt werden, dass sie als Norm für eindeutige Situationen „abrufbar" und damit erlernbar, „berechenbar" werden? Die Tatsache der Vordisposition selbst sowie die Lebensbereiche, die eigene Formungen hervorrufen – vor allem in den Auffächerungen und Entwicklungen von körperbezogenen Verhaltensnormen und Techniken, von Kulturtechniken, von Kult und Ritual, von Produktion und Konsum solcher Güter, die jeweils zur zivilisatorischen Ausstattung gehören – können als universell angesehen werden, nicht jedoch das spezifisch *Wie* der Tastsinn-Formung: hier kann nur – theoretisch – ein sehr komplexer Ansatz, der angesichts der Fülle des historischen Materials am Ende vielleicht auch zu prägnanten typologischen Ausarbeitungen des Themas gelangen könnte, weiterhelfen. Die für den vorliegenden Aufsatz gebotene Beschränkung nimmt folgenden Weg. Zunächst wird der Blick auf beinahe vollständig aus dem Leben moderner Gesellschaften verschwundene Typen rituell geformter Berührungen im Bereich traditionaler Herrschaft gelenkt, um in einem nächsten Schritt, ausgehend von einer Schnittfläche zwischen diesen und Berührungsformen in kirchlich definiertem Kontext, auf Kontinuitäten hinzuweisen, die bis in unsere Gegenwart reichen. Danach konzentrieren sich die Ausführungen ganz auf die Gegenwart, um das Verhältnis von Permanenz und Wandel anhand der Frage zu erörtern, auf welche Weise und in welchem Ausmaß die veränderten Lebensverhältnissen unserer Zeit auch die Dispositionen für die Formung des taktilen Verhaltens verändern.

Geformte Berührungen

Das Handeln von Menschen des sogen. Mittelalters war in Europa überall dort, wo sie gegenüber, innerhalb oder durch „öffentliche" Institutionen handelten, in einem Maß, welches sich die Europäer unserer Zeit schwer vorstellen können, mit rituell definierten Anforderungen konfrontiert, die auch eine Vielzahl von Vorschriften für taktile Kommunikation enthielten. Schlaglichtartig wird dies deutlich in Illustrationen zum „Sachsenspiegel" (1.Drittel des 13.Jh.) – der berühmten Sammlung sächsischen Rechts aus der Feder des Eike von Repgow –, die der „Heidelberger Bilderhandschrift", dem *Codex Palatinus Germanicus* (um 1330), zu entnehmen sind. Mündliche Abmachungen, mit Schwurgesten getroffen, oft auch unter Zeugen, kennzeichnen die rechtlich relevanten Handlungen der Akteure im Lehenssystem vor dem Entstehen schriftlicher Fixierungen durch Notare, auf die sich erst später die neue Profession geschulter Anwälte berufen konnte. Der dispositive Faktor für den geformten Einsatz des Tastsinns ist in diesem Fall der Bedarf von sichtbaren, bezeugbaren Handlungen, die Verlässlichkeit, Verbindlichkeit, Glaubwürdigkeit mündlicher Vereinbarungen in einer unsicheren gesellschaftlichen Umwelt verbürgen sollten. Während zwischen Bauern zur Vereinbarung von Schadensersatz ein einfacher Handschlag reichte (116:117)[15], gab es bei den Adligen neben der einfachen „Handreichung" immer wieder die zusammengesetzte Geste nach dem Modell des „Kommendations"-(Belehnungs-)Ritus: der Belehnte legte seine Hände gefaltet in die des Lehensherrn, vor dem er kniete (40:10). Der so sinnenfällig durch den Herrn in das Lehensverhältnis Eingefügte musste dieses seinerseits mit der Doppelgeste des „Huldeschwurs" bekräftigen: dabei hatte er, wiederum in kniender Stellung, eine Hand mit ausgestrecktem Schwurfinger hochzuhalten und zugleich mit der anderen, und zwar mit zwei Fingern, den Deckel eines Reliquienschreins zu berühren (40:12). Ein weiteres Bild (110:117) beeindruckt durch die gleichzeitige Darstellung zweier aufeinander folgender taktiler Riten, die erforderlich waren, wenn ein Lehensnehmer bei einer Gutsübernahme „ohne Vorbehalt" die gleichen Rechte erhielt, die bisher dem Herrn zugestanden hatten. Dieser Fall hat den Maler der Illustrationen in den Zwang versetzt, den Lehensnehmer mit drei Händen darzustellen: zwei für die oben geschilderte Handeinlegungsgeste, und eine für die symbolische Besitzergreifung durch Berührung der Haustür. Unter dem Aspekt der rituellen Berührungen ist interessant, dass die Situationen des Schwörens vor Gericht nicht nur eine, sondern in vielen Fällen mehrere Personen einbezog – so, wenn ein Geächteter („Verfesteter") verklagt wurde, die „Acht" zu leugnen und nun „gesetzt" vor den Richter gebracht wurde. Die Erklärung des Bildes dazu lautet (72:60):"Der Kläger leistet seinen Eid nach feststehendem Ritus; er legt dazu zwei Finger auf den Kopf des Gesetzten. Nach ihm sollen seine Eideshelfer schwören. Sie stehen deshalb im Bild hinter ihm und berühren – gleichfalls in Übereinstimmung mit dem tatsächlichen Rechtsbrauch – mit ihren Schwurfingern den Arm des Klägers, um zu bezeugen, dass der Eid rein ist".

Die Moderne hat allgemein mit ihrer Verschriftlichung und mit dem amtlichen – d. h. rationalisierten, bürokratisierten – Beurkundungswesen vor allem im Privatrecht eine Entritualisierung der Rechtshandlungen mit sich gebracht; gleichwohl haben sich überall da, wo Aussagen mit dem Eid bekräftigt werden,

---

15 Bei den Nachweisen aus Koschorreck (1976) steht die erste Zahl für die Seite, gegenüber der das Bild zu finden ist, die zweite für die durchlaufende Nummer, unter der es beschrieben wird.

rituelle Elemente aus der Vorgeschichte erhalten, besonders im Strafrecht und im Gerichtswesen. Aber es fällt auf, dass sie sich in den meisten Fällen auf das geformte Wort beschränken, also im Vergleich zu ihren historischen Vorläufer-Formen nur noch entkörperlicht fortgesetzt werden.

Unter anderem wohl auch wegen der medialen Inszenierungsfähigkeit gibt es allerdings im öffentlichen Rechtsbrauch der Gegenwart immer noch Eidzeremonien, in denen sich zwei mittelalterliche Elemente erhalten haben: das körperlich-taktile der Handgeste, und das sakrale eines heiligen Objekts, „auf das" mit dieser Geste durch Berührung geschworen wird – so im Eid auf die Verfassung, den in Deutschland Minister bei der Amtsübernahme leisten, so im Fahneneid moderner Heere, bei denen allerdings in nicht wenigen Fällen die Berührung der Fahne (ein auffälliges Element insbesondere bei der Machtinszenierung moderner Diktaturen, z. B. den „Blutfahnen"-Inszenierungen der Nationalsozialisten) zurückgenommen ist[16].

Am Sachsenspiegel verdient das sakrale Objekt, das dort so oft rituelle Berührungen auf sich zieht, auch deshalb Beachtung, weil sich die entsprechende rituelle Szene nicht nur vor dem Richter, sondern oft genug vor einer Person abspielt, die anders als der Richter von einer sakralen Aura umgeben ist: dem (an der Krone erkennbaren) König als oberstem Lehensherrn. Er repräsentiert die Spitze eines sakralen Herrschaftssystems, das trotz partieller Säkularisierung und Demokratisierung bis ins 20. Jahrhundert hinein seine religiös abgeleitete Legitimierungsidee (als „Gottesgnadentum", wie es von den Staatstheoretikern der Wilhelminischen Epoche, darunter Max Weber, genannt wurde) und seine kirchlich-rituelle Weihe (im Krönungsritual) bewahrt hat, und das deshalb auch zu Recht von der neueren Mediävistik mit dem Typusbegriff „sakrales Königtum" belegt wird[17]. Dessen Charakter ist für die Geschichte rituell geformter Taktilität von Interesse. In einigen bedeutenden Königtümern Europas (z. B. in Frankreich und England) wurden die Könige in einer symbolgeladenen Weiheform in ihre Würde eingesetzt, der

---

16 Unabhängig von formal gebundenen Relikten derartiger Riten sind heute im politischen Raum wiederholt auch frei – nicht selten wohl auch spontan – erdachte und inszenierte Berührungsrituale wiederholt zu beobachten. Ein Beispiel aus jüngster Zeit gab (im Juni 2014) Ursula von der Leyen anlässlich eines Besuchs bei ihrem Ministerkollegen in Washington. In den Medien wurde verbreitet, sie habe ihre Reise in die USA nicht in Washington begonnen, „sondern an jenem Ort, der die letzten 13 Jahre des Sicherheitsdenkens des Westens geprägt hat", nämlich am Mahnmal und dem Museum des *Ground Zero* in New York (FAZ.NET vom 17.6.2014). Ein Pressefoto zeigt die Ministerin, wie sie eine Hand auf die Steinplatte legt, in die die Namen der Opfer des 11. September eingraviert sind. Bewusst oder unbewusst lehnt sich van der Leyen damit an ein religiöses Vorbild an (s. weiter unten).

17 Siehe z. B. Franz-Reiner Erkens (2006).

Salbung. Dem Vorbild des AT folgend, wo sie als Zeichen Gottes für eine Sendung aufgefasst wird, verweist sie auf die göttliche Quelle der Würde und damit zugleich auf eine Quelle außergewöhnlicher Kräfte, darunter insbesondere der Gabe, zu heilen. Nicht immer wurde letztere auch in ritualisierte Handlungen übersetzt; am deutlichsten und in jahrhundertelanger Tradition geschah dies bekanntlich in Gestalt der „thaumaturgischen" (Heiler-)Rolle der französischen Könige, die an bestimmten Tagen des Jahreskreislaufs an Skrofeln Erkrankten die Hand auflegten. Von den beiden Überformungen des Tastsinns in den traditionellen westeuropäischen Königsritualen der Salbung und Heilung überlebte nur das Salbungsritual der englischen Krönungszeremonie die Modernisierungswellen des 18. und 19. Jahrhunderts. Zuletzt salbte am 3. Juni 1953 der Erzbischof von Canterbury mit geweihtem Öl „die junge Elisabeth, die auf König Eduards Thron saß, an Händen, Brust und Haupt, und sprach, nachdem die Königin sich niedergekniet hatte, den Segen über sie"[18].

So aufschlussreich das Geschilderte für die Phänomenologie des in rituellen Formen eingefassten Tastsinns auch sein mag: seine historische und kulturelle Relevanz bleibt – zumal es ganz überwiegend schon „Geschichte geworden" ist – sehr beschränkt im Vergleich zu einer anderen Ausgestaltung dieser Formen, der man geradezu weltgeschichtlichen Rang zusprechen kann, und deren Vitalität zwar wohl in Europa, jedoch keineswegs weltweit im Abnehmen begriffen ist. Die Rede ist von den Salbungen als Bestandteil der Kernriten des Christentums, dessen Name aus einem Beinamen des Stifters Jesus abgeleitet wird, den dieser schon bald nach seinem Tod von seinen Jüngern erhielt: „Christus" („Gesalbter"). Die oben erwähnte, auf das AT zurückgreifende Begründung für die Königssalbung ist die für die feudale Herrscherelite sozusagen maßgeschneiderte Adaptation einer für alle Anhänger des Christentums geltenden theologischen Grundidee, die bereits in der Antike formuliert wurde: *jeder Mensch*, der sich durch die Taufe zu Jesus bekennt, habe „Anteil" hat an dessen „Christus"-Würde. Er wird deshalb symbolisch-zeichenhaft ebenfalls gesalbt – in den östlichen Riten des Christentums wie in der Antike unmittelbar nach der Wassertaufe und vor der durch den Bischof gleichzeitig durch Handauflegung vermittelten Gabe des Heiligen Geistes, im westlichen („römischen") Christentum mit dem getrennt von der Taufe gespendeten Sakrament der Firmung („Festigung" durch Salbung und Handauflegung)[19]. Ein katholischer Theologe aus

---

18 Erkens (2006:25).

19 Der byzantinische Ritus unterscheidet sich vom westlichen, der sich auf den Kopf beschränkt, durch die taktile Einbeziehung fast des ganzen Körpers: gesalbt wird mit dem Chrisam in Kreuzesform „an Stirn, Augen, Nase, Mund, Ohren, Brust und Füßen": s. Adam (1985:131).

unserer Zeit erklärt das „Teilhabe"-Prinzip des Firmungssakraments wie folgt: „Die Salbung mit dem wohlriechenden Olivenöl symbolisiert die Würde der Teilhabe an der Sendung Jesu, wie sie im Rückbezug auf Hoffnungen im Alten Testament beim Evangelisten Lukas gekennzeichnet wird: ‚der Geist des Herrn ruht auf mir; denn der Herr hat mich gesalbt. Er hat mich gesandt, damit ich den Armen eine gute Nachricht bringe, damit ich den Gefangenen die Entlassung verkündige und den Blinden das Augenlicht; damit ich die Zerschlagenen in Freiheit setze und ein Gnadenjahr des Herrn ausrufe' (Lukas 4, 18f., nach Jesaja 61, 1f.)."[20]

Bisher wurde die Berührungsform der „Handauflegung" nur als rituelle Geste für die Übermittlung der Geistesgaben genannt. Sie sollte aber auch in den Blick genommen werden als Ausdruck und Attribut des (auch im obigen Zitat angedeuteten) Charismas Christi als Heiler oder, wie es die neutestamentlichen Erzählungen und ihre gängigen Deutungen nahelegen, als „Wunderheiler"[21]. Dass es nicht nur eine Nachfolge Christi in der Vermittlung von Seelenheil geben sollte, sondern ebenso eine, die in Wunderheilungen bestand, war den rationalistischen Tendenzen der Kirchenoberen (gleich, ob es sich um die der „altkirchlichen" römischen handelte oder die der humanistisch beeinflussten Reformatoren der Neuzeit) stets ein Stein des Anstoßes – man kann dieses Problem in der Perspektive von Max Webers Religionssoziologie auch als Gegensatz zwischen dem (auf seinem Monopol der Gnadenspendung beharrenden) Amtscharisma der Kirche und den frei wirkenden Heilercharismen von Personen interpretieren, die außerhalb der Kirche Anhänger um sich scharten[22]. So hat dieser Teil des christlichen Sendungsglaubens die Disposition zu einer überaus formenreichen Beanspruchung des Tastsinns hervorgebracht. Durch die gesamte Christentumsgeschichte hindurch zieht sich ein Parallelismus von einerseits rituell geformten, in die Institution Kirche geordnet „eingebauten" Berührungen, die primär auf das seelische Heil, und andererseits (relativ) ungeformten, relativ wenig durch Regeln festgelegten, aus der Institution heraus- oder an den Rand der Kirche abgedrängten Berührungen, die primär auf die körperliche Heilung abzielten[23]. Gegenwärtig lassen sich in dieser Hinsicht Verflüssigungen alter

---

20 Meyer-Blanck/Fürst (2003:117).

21 Dabei waren bei den Berührungen beide Seiten aktiv – sie gingen auch von den Heilungsbedürftigen aus. So heißt es bei Lukas (6,19): „und die ganze Menge wollte ihn berühren, denn Kraft strömte aus ihm und heilte alle".

22 Siehe dazu insbesondere Webers Ausführungen im Manuskript „Politische und Hierokratische Herrschaft", das vor der Neuorganisation des Werkes in der Max Weber Gesamtausgabe als 3. Abschnitt von Kap. IX von „Wirtschaft und Gesellschaft", Teil II, Kap. IX („Herrschaftssoziologie") erschienen war (Weber 1976:688ff.).

23 Die Akzentsetzung „primär" verweist darauf, dass es am Ursprung des Christentums, wie er von der Bibel erzählt wird, keine Aufspaltung in „körperlich" und „seelisch" gibt;

Konfrontationslinien beobachten, die aus jenem Parallelismus entstanden waren: durch die allgemein wachsende Akzeptanz von esoterischen Heilverfahren werden auch am Rand kirchlicher Seelsorge die früher abgedrängten „Wunderheiler" eher toleriert[24], und es löst sich an dieser Stelle manches auf, was ehedem als konfessionsbedingt unzulässig galt – so gibt es seit einiger Zeit „Salbungsgottesdienste" mit Heilungsintentionen gerade auch in reformierten Gemeinden, die sich damit von der früheren Leib- und Gestenferne dieser protestantischen Richtung distanzieren. Beides steigert allgemein das Interesse an taktilen Praktiken und Erfahrungen.

Im Hinblick auf den katholischen und orthodoxen Umgang mit religiös bedingtem taktilen Verhalten sollte nicht übersehen werden, dass es auch außerhalb der sakramentalen und liturgischen Riten (zu denen übrigens auch ein konfessionsspezifisches Repertoire von Selbst- und Fremdberührungen und Berührungen sakraler Objekte, z. B. die Bekreuzigungen und der Friedensgruß mit Handschlag im katholischen Gottesdienst[25] oder die Ikonenverehrung bei den Orthodoxen zählt) Szenerien religiös bestimmter, aber rituell wenig – jedenfalls von der Amtskirche kaum regulierter – geformter Berührungen gibt, die von den religiösen Individuen nach eigenen Bedürfnissen und an selbst gewählten kultischen Orten ausgeführt werden : die Szenerien der Pilgerstätten. Wie andere Weltreligionen, so hat auch das Christentum in den Varianten seiner „Volksfrömmigkeit" eine Vielfalt solcher Stätten und eine Vielfalt von Formen der Verehrung hervorgebracht, aus denen neben dem Kuss die Berührung kultischer Objekte herausragt. Stellvertretend für die taktile Variante sei für den katholischen Bereich das Beispiel des Pilgerverhaltens in der Kathedrale des Heiligen Antonius (*Il Santo*) zu Padua genannt, wo inmitten eines nicht abreißenden Stroms von Menschen, die am Grabmal des Heiligen vorüberziehen, Gläubige nicht selten minutenlang mit einer Handfläche den Sarkophag berühren. Für die orthodoxe Pilgerfrömmigkeit ist charakteris-

---

s. dazu Berger (2005).

24   Viele religionswissenschaftliche Beobachtungen und Beurteilungen in dem von H. Ritter und B. Wolf (2005) zum Thema „Heilung-Energie-Geist" herausgegebenen Sammelband weisen in diese Richtung.

25   Die Berührungsform „Bekreuzigung" gibt es hierbei in zwei festgelegten Formen: dem „großen" (aus dem lateinischen Mittelalter stammenden) Kreuzzeichen, das mit der Handfläche über Stirn, Brust und der Vorderseite der Schultern am Beginn des Gottesdienstes und an seinem Ende, den Segen des Zelebranten begleitend, geschlagen wird; sowie dem „kleinen" (aus dem frühchristlichen Rom stammenden), bei dem vor der Lesung des Evangeliums der Daumen jeweils Stirn, Lippen und Brust mit einem kleinen Kreuz bezeichnet. Eine von mehreren symbolischen Bedeutungen der kleinen Geste besagt: der Christ erklärt sich bereit, mit seinen Gedanken, seinen Worten und seinem „Herzen" (d. h. seiner von liebenden Gefühlen getragenen Gesinnung) die Botschaft des Evangeliums weiterzutragen.

tisch, was in der Grabeskirche von Jerusalem bei Nacht[26] zu beobachten ist. Die Pilger knien nicht nur betend auf dem Boden, unter dem sich gläubiger Tradition zufolge das Grab Christi befand; sie verehren dieses besonders, indem sie sich auf dem Boden kniend fortbewegen und ihn zugleich mit frommen Gesten betasten. Die Einbindung des Tastsinns in die geschilderten religiösen Verhaltensweisen von Menschen, die in unserer Zeit leben, seine fortdauernde Überformung durch jahrtausendealte Riten und Institutionen einer Religion, die heute in aller Welt hunderte von Millionen Anhänger um sich schart, scheint unberührt von den tiefgreifenden Wandlungen, denen die Lebensverhältnisse insbesondere des „Westens" seit zwei Jahrhunderten unterworfen waren und nach wie vor sind. Demgegenüber gibt es selbstverständlich Formen des Taktilen und Erfahrungen des Tastens, die nur im Zusammenhang mit diesen Lebensverhältnissen entstanden sind und so Teil ihrer Charakteristik sind. Mit ihnen befassen sich die folgenden Bemerkungen.

Die epochale Veränderungen: ausgewählte Aspekte

Wie jede menschheitsgeschichtliche Epoche, so hat auch das Zeitalter, welches wir als „Moderne" zu bezeichnen pflegen, als wissenschaftlich-technische Zivilisation eine Vielzahl spezifischer, an den Tastsinn gerichtete Appelle hervorgebracht, die für ihn neuartige Reize, neue Lern- und Nutzungsfelder zur Folge haben. Es fallen zunächst besondere Kopplungen des Tastsinns mit den seit dem Beginn des Industrialisierungsprozesses fortschreitend geschaffenen neuen *technischen* Umwelten auf. Das gilt zunächst für die Umwelten des Wohnens. Wenn wir aus unserer Nachtruhe in den wachen, an Handlungszielen entlang strukturierten Alltag wechseln, so tasten wir uns buchstäblich in ihn hinein, indem wir „*Tastaturen*" bedienen – eine erste Standardabfolge könnte etwa sein: Wecker, Lichtschalter, Rasierapparat, Radio, Kaffeemaschine, Handy, Spülmaschine – bis hin zum elektronischen Öffnen des PKW, der Standardhandlung am Übergang zwischen Wohn- und Verkehrs- bzw. Berufsumwelt. Zu beachten ist freilich, dass unser taktiler „Einstieg" in den Alltag nicht allein technisch, durch Verknüpfung mit elektrisch funktionierenden Anlagen und Geräten, bedingt ist. Viel massiver – mit mehr Hauteinsatz der Hand, mit größerem Zeitaufwand sowie hohem Verbrauch von Naturressourcen und industriell hergestellten Substanzen – wird der Tastsinn in dieser Phase des Alltags

---

26 Bei Tage ist dies wegen der Überfüllung der Kirche mit Besuchergruppen verschiedenster Konfession und Nation nicht möglich.

gesteuert durch die Bedürfnisse, Gewohnheiten und Praktiken, die den eigenen Körper zum Objekt haben. Wir werden weiter unten noch darauf zurückkommen.

Auf dem Weg zwischen Wohn- und Arbeitsumwelten wird ferner der Tastsinn voll und ganz durch die technisierte Verkehrsumwelt und ihre typischen Routinen beansprucht – bei privaten Fahrzeugen durch das Lenken, Schalten, Bremsen und detaillierte Bedienen von Tastaturen, bei öffentlichen Verkehrsmitteln durch Kassenautomaten und beim häufigen Fehlen von Sitzplätzen den Zwang, sich festhalten zu müssen. Trotz der Vielgestaltigkeit der Verkehrsmittel bleibt das hier erforderliche Greifen und Drücken der Hand und der Finger relativ einförmig. In dieser Hinsicht ist die Verkehrssphäre nur mit dem Alltag in der – gemessen an der Zahl der Beschäftigten – umfangreichsten der Arbeitsumwelten vergleichbar: mit dem Dienstleistungssektor, der technisch voll und ganz von stationärem wie mobilem Computergebrauch beherrscht wird. Ganz anderes ist dagegen von den Arbeitsumwelten der Industriebetriebe und den von ihnen abhängigen kleineren technischen Betrieben zu sagen. Hier gibt es neben allgemeinen Computerstandards, die – besonders in Verwaltung, Beschaffung und Vertrieb – über relativ lange Zeitperioden hinweg gültig bleiben, in den Produktionsabläufen unentwegt Anpassungen des taktilen Verhaltens an elektronische und andere Neuentwicklungen. Nicht zu übersehen sind aber auch eine Vielzahl originärer, *nicht* von einer festgelegten technischen Umwelt vorgeformter Leistungen des Tastsinns an einer Schlüsselstelle industrieller Produktion: bei dem in Labors und mechanischen Werkstätten stattfindenden Experimentieren mit neuen Verfahren und Materialien, aus dem neue Produkte oder partielle Neuerungen bei Produkten hervorgehen (können)[27].

Für die Fragestellung nach den konditionierenden Umwelten ist die von der elektronischen Industrie ausgegangene *Digitalisierung* der Informationstechnik entscheidend. Innerhalb weniger Jahrzehnte hat sie, ausgehend von Neuerungen bei sich selbst, bekanntlich die gesamte übrige Industrie und zugleich alle Lebensbereiche des Menschen, für die Informationen und deren Beschaffung, Vermittlung, Anwendung wesentlich sind (Wissenschaft, Technik, Medizin, Handel, Verwaltung, Medien der Information und der Unterhaltung usw.) von Grund auf revolutioniert – in einem unausgesetzten Strom von Neuerungen, dessen Ende nicht abzusehen ist. Am Begriff des „Digitalen" ist sprachlich-semantisch bemerkenswert (was wohl den meisten Menschen, die das Wort in den Mund nehmen, nicht bewusst

---

27 Verwandt mit diesen originären taktilen Leistungen, aber nicht mit ihnen zu verwechseln sind diejenigen, die bei den in automatisierter Produktion nicht seltenen Reparaturarbeiten nötig werden. Diese unterscheiden sich trotz eines Wesensmerkmals, das sie mit dem Laborexperiment teilen – des Reagierens auf unerwartete Ereignisse – von letzterem grundsätzlich dadurch, dass sie an vorgegebene Schemata gebunden sind.

ist), dass sich unter seiner geläufigen Bedeutung eines elementaren Codes aus Zeichen sein lateinisches Etymon *digitus*, „Finger", verbirgt. Der neuere italienische Sprachgebrauch „*digitare*" aktualisiert beide Bedeutungen zugleich, wenn er damit die Bewegung des Fingers bezeichnet, mit der in die Tastatur eines elektronischen Gerätes Ziffern oder andere Zeichen eingegeben werden[28]. Er steht somit symbolisch-stellvertretend für die gegenwärtig weltweit stattfindende Fokussierung des menschlichen Tastsinns auf den Gerätetypus „Handy" bzw. „Smartphone". Von größerer Bedeutung aber ist die Tatsache, dass keine Nutzung von Datenbanken in Wissenschaft, Technik, Medizin, kein Datenfluss zwischen Marktteilnehmern, keiner zwischen CAD-Entwürfen und Geräte herstellenden Automaten oder zwischen Verlagsredaktion und digitalem Buchdruck funktionieren würde, wenn nicht die jeweils beteiligten Datensysteme „bedienbar" (lesbar, kontrollierbar, mit Programmen und Befehlen beschickbar, korrigierbar usw.) wären; und dies ist nicht möglich ohne einen ganzen Strauß entsprechender Kompetenzen, von denen *eine* zweifellos die computerbezogene „Fingerfertigkeit" ist. Diese beschränkt sich seit den neueren Entwicklungen der Informationstechnik keineswegs nur mehr auf Tastaturen: *Touch Screens* breiten sich zur Zeit, von den Computern ausgehend, auf eine Vielzahl elektronisch gesteuerter Geräte aus, z. B. auf Elektroherde – mit differenzierenden Wirkungen auf das aktiv-taktile Sensorium derer, die sie nutzen. Sie erfordern neuartige, oft komplexe Bewegungen der Fingerkuppen und sind wohl, im Ergebnis, geeignet, das taktile Potenzial des Menschen zu steigern.

Im Hinblick auf die Folgen für den Bereich des Taktilen ist an der industriellen Entwicklung ein Aspekt nicht zu übersehen, den es während des ersten Jahrhunderts seit dem Einsetzen der Industrialisierung nur in zaghaften, randseitigen Ansätzen gab: die bewusste Einbeziehung ästhetischer Qualitäten durch „industrielles Design". Dieses wird zunehmend auch auf eine Art und Weise kultiviert, die den Tastsinn neben dem optischen immer wieder und mit wachsender Verfeinerung einbezieht. Ein herausragendes Beispiel ist die Tastatur des Computers, auf dem gerade dieser Aufsatz geschrieben wird. Im Vergleich zu den lärmenden, weil nur mit kräftigem Klopfen der Tasten zu bedienenden mechanischen Schreibmaschinen von einst ist das fast lautlose Gleiten der Finger auf der Fläche dieser Tastatur, aus der die Tasten nicht höher als 2,5 mm herausragen, ein taktiler Genuss; ein solches Gleiten war bei den mechanischen Maschinen älteren Typs schon deshalb nicht möglich, weil die Finger nur von oben herab auf die Tastenflächen (mit einer Katzenkrallen

---

28 „Digitare" ist ein italienischer Neologismus des digitalen Zeitalters. Dies wird durch die Tatsache belegt, dass das Verb in umfangreichen und repräsentativen Wörterbüchern der vordigitalen Epoche fehlt: so im „Dizionario Garzanti della Lingua Italiana" v. J. 1965 oder in Langenscheidts „Großwörterbuch Italienisch" v. J. 1983.

vergleichbaren Krümmung der Finger) gesetzt werden konnten, womit bezweckt wurde, dass die Fingerkuppen nicht behindert werden konnten durch den erhabenen Rand der Metalleinfassung, die jede Taste umgab, und der ein seitliches Abgleiten der Finger von der glatten Tastenoberfläche ausschließen sollte.

Phänomene wie die bisher genannten ergeben, zusammengefasst, ein brauchbares Kriterium für die Differenzierung unterschiedlicher Bedingungen des veränderten taktilen Verhaltens: es handelt sich jeweils um solche Veränderungen, die sich ausschließlich aus der technologischen Entwicklung ergeben. Das bisher Erwähnte erschöpft innerhalb dieser Kategorie natürlich bei weitem nicht die Vielfalt des tatsächlich Existierenden; es beschränkt sich auf die Rolle elektronisch funktionierender Geräte, bei denen mithin die Bildung einer Unterkategorie technisch bedingter Disposition des Tastsinns anknüpfen kann. Eine weitere Unterteilung, die sich ebenfalls aus der Kausalkette zwischen technologischer Entwicklung, industrieller Herstellung und kommerzieller Massenverbreitung ergibt, ist innerhalb heutiger Lebenswelten von nicht geringem Gewicht: es sind Dispositionen des taktilen Verhaltens, die verknüpft sind mit Produkten der chemisch-pharmazeutischen Industrie für medizinische Anwendungen am Körper, für Pflegezwecke und für solche der modeabhängigen Körperästhetik („Schönheits"-Produkte). Mit der Anwendung all dieser Produkte wird ein bestimmter, nur mit der Handfläche auszuführbarer Umgang mit der Haut vorprogrammiert. Wir haben oben bereits einen darauf bezogenen, unübersehbaren Teil des Alltagsverhaltens angedeutet: es ist dasjenige, das sich tagtäglich in Badezimmern abspielt. Hier wirkt sich eine völlig irrationale Seite des „rein ökonomisch" so rational erscheinenden Prinzips der freien Märkte aus. Die „westliche" Zivilisation ist charakterisiert durch einen noch nie dagewesenen Wasserverbrauch, der irrationalen (von der Werbung in den Medien als „notwendig" suggerierten) Bedürfnissen der „Körperpflege" entspricht, und an dem tägliches Duschen – meistens schon am Morgen – einen hohen Anteil hat[29]. Zwangsläufig folgt daraus, dass die dadurch ausgewaschenen, natürlichen Schutzstoffe der Haut durch künstliche ersetzt werden müssen; und für die dafür erforderlichen Pflegepraktiken kommt eben allein das nicht-technisierbare Mittel

---

29 Nach einer ins Internet gestellten Statistik des Bundesverbandes der Energie- und Wasserwirtschaft e.V. über die Durchschnittswerte der „Wasserabgabe an Haushalte und Kleingewerbe" wurden in Deutschland i.J. 2012 insgesamt 121 Liter Trinkwasser pro Einwohner und Tag verbraucht. Davon entfällt der größte Anteil (36 %) auf den Bereich „Baden/Duschen/Körperpflege". Von Interesse ist im globalen Vergleich die Tatsache, dass aufgrund von Daten der UN am Beginn des 21.Jh. Die Europäer achtmal so viel Süßwasser konsumierten wie ihre Großeltern, nämlich zwischen 100 und 200 Liter täglich. "In einigen Entwicklungsländern dagegen liegt der durchschnittliche Tagesverbrauch bei wenigen Litern", kommentiert der „Atlas der Globalisierung (2006:14).

der Hand in Frage, mit der die Produkte eines ebenso irrationalen, aufgeblähten Kosmetika-Markts aufgetragen werden[30]. Der Ort solchen Tuns mutiert, bezieht man Bedürfnisse architektonisch-ästhetischer Gestaltung und der Selbstinszenierung ein, zum privaten Tempel eines hedonistischen Kults säkularer „Salbung"[31]. Von solch grotesker Verzerrung eines nur irgendwie als „natürlich" bewertbaren Verhältnisses des Menschen zu sich selbst ist der Ernst einer zweiten, massenhaft in den westlichen Gesellschaften auftretenden Verknüpfung des Tastsinns mit dem Handlungstyp „Pflege" meilenweit entfernt: der Versorgung kranker und alter Menschen.

Blickt man freilich auf das Ganze der gegenwärtigen „westlichen" Zivilisation und auf die Richtung, in der sich ihre innovations- und marktgetriebene Weiterentwicklung bewegt, so ist die Vermutung nicht übertrieben, dass immer mehr „alte", über Jahrtausende der Menschheitsentwicklung herausgebildete Aktionsfelder des Tastsinns wegbrechen. Das gilt besonders für alle Lebensbereiche, in denen es problemlosen, ja besseren Ersatz für das Tasten in Form technischer Apparaturen gibt (nicht zufällig handelt es sich dort, wo Ergebnisse industrieller Herstellung überprüft werden, um Geräte, in deren Namen – „Sensoren" – der Kollektivbegriff für die Sinne steckt). Es ist jedoch lohnend, die Grenzen dieses Prozesses, durch den menschliches Tasten überflüssig wird oder sich auf Nischen zurückzieht, nachzuzeichnen und damit, umgekehrt, zugleich auch Handlungsfelder zu umreißen, auf denen sich der Tastsinn nach wie vor bewährt, auf denen er nach wie vor Unentbehrliches leistet. Ein solches Vorgehen könnte damit beginnen, „Lücken" zu identifizieren, die der fortschreitende Technisierungs- und Rationalisierungsprozess trotz seiner Tendenzen, „flächendeckend" neue, ihm vollkommen angepasste Verhaltensweisen zu schaffen, für den Einsatz der Sinne (nicht nur des Tastsinns) übrig lässt. Diese Vorgehensweise der Lückenidentifikation sei zunächst anhand von zwei Sportarten illustriert, die individuell (nicht als Aktion einer Gruppe, also

---

30 Zum Phänomen dieser Art des Umgangs mit dem eigenen Körper und zu ihrer Einbettung in „systemische", gesamtgesellschaftliche Zusammenhänge s. Hettlage (2014: besonders 44-48).

31 Auf einen anderen, grotesken Kult kann hier nicht näher eingegangen werden: den um das Automobil. Passend zum allgemeinen Hedonismus der Zeit übertragen seine Designer in dem Maße, in dem es vom bloßen Nutzfahrzeug zum Attribut „feinerer" Lebensart hochgesteigert wird, taktil-gefällige Wohnzimmerqualitäten wie genarbtes Leder in den Verkehrsraum und deuten so eine neue, mobile Grenzen zwischen Privatheit und Öffentlichkeit an. Taktil besonders reizvoll ist unter diesen Attributen das lederbezogene Lenkrad: das Bewegen eines solchen Rades ist schon deswegen, weil man dabei ständig die an der Handfläche entlanggleitende Ledernaht spürt, der billigen Version mit ihrer kalten Hartplastikoberfläche haushoch überlegen.

als Gruppen- oder „Mannschaftssport") realisiert werden und die stark technisch ausgestaltet sind: dem (technisch-kommerziell kreierten) Mountainbiking und dem (mit wenig Technik entstandenen, aber sich unter starkem Technisierungsdruck entwickelnden) Klettersteigsport.

Die „Lücke" zeigt sich hier im wörtlichen Sinn: an dem, was die textile Standard-Handbekleidung der Biker und Kletterer freilässt. Beim Biker erfüllt der Spezialhandschuh mindestens drei Aufgaben: den Griff der Hände an der Lenkstange zu festigen, insbesondere bei unerwarteten Erschütterungen während der Fahrt; eventuelle Friktionen zwischen dem Griff an der Lenkstange und der Haut sowie das Erkalten der Hände durch den Fahrtwind zu vermeiden. Doch fällt auf, dass die Bedeckung der Hände oft die beiden letzten Fingerglieder freilässt und so einen präziseren Zugriff auf die Schaltungselemente ermöglicht, die an der Lenkstange befestigt sind. Eine analoge Lücke zeigt der Handschuh des Kletterers. Sie lässt, sollte dies am Klettersteig nötig sein (bei Selbstsicherung abseits der Klettersteige ist es die Regel), Griffe im Fels besser ertasten und dabei deren Festigkeit prüfen; außerdem hilft sie, die am Stahlseil an einem Karabiner mitlaufende Zusatzsicherung durch zielgenaues Aufdrücken des Karabinerverschlusses schneller an den Stellen umzusetzen, an denen das Stahlseil in regelmäßigen Abständen im Fels befestigt ist. Wie im Fall des Bikers, so schützt auch hier der Handschuh gegen niedrige Temperaturen, besonders aber gegen die Klettersteigen eigene Gefahr, dass defekte Stellen am Stahlseil die Haut der Handinnenfläche aufreißen. – Beispiele wie diese können wegen ihrer Einfachheit und materiellen Plastizität Evidenz liefern; es käme aber für eine empirisch gut abgestützte Erkundung der Restbestände „alter" Betätigungsfelder des Tastsinns in unserer Zeit selbstverständlich darauf an, Funktionsfelder der Gegenwartsgesellschaft, die für diese zentraler sind als der Sport, genauer daraufhin zu beleuchten, wie und unter Beteiligung welcher Faktoren der „Rückzug" insbesondere solcher taktiler Kompetenzen erfolgte, die – wie etwa im Fall des medizinisch-diagnostischen Tastens schmerzhafter Körperteile – bereits ihre eigene, moderne Geschichte als Bestandteil einer spezialisierten, wissenschaftlich geformten Profession hinter sich hatten, als sie durch technische Innovationen (in der Medizin vor allem durch die seit einigen Jahrzehnten eingeführten apparativen Verfahren der „bildgebenden Diagnostik") grundlegend in Frage gestellt wurden.

Doch wäre es verfehlt, die gegenwärtig (noch) existierenden Realisationsformen des Tastsinns lediglich negativ, von ihrer Begrenzung durch epochale Mächte wie die elektronikgeleitete Technik her zu erfassen. Dagegen sprechen allein schon die anthropologischen Konstanten, die im zweiten Abschnitt dieses Aufsatzes erläutert wurden; dagegen spricht aber auch die in der Geschichte wie in der Gegenwart sich zeigende, außerordentliche Beständigkeit kulturell überformter Tasthandlungen (von denen oben – im dritten Abschnitt – nur der relativ schmale Ausschnitte ritueller Praktiken aus der Rechtsgeschichte und der Religionsphänomenologie thematisiert wurden), ebenso die Fortdauer kulturell geformter, dinglicher Artefakte (z. B. des Buches in seiner Vielgestaltigkeit), durch die auf je spezifische Weise an den Tastsinn gerichtete Appelle verstetigt werden. Es gibt darüber hinaus eine Reihe anderer Spielarten des Tastens, die geprägt sind von regionalen und „nationalen" Kulturen, aber auch von auch transnationalen Kulturströmungen, die eine differenzierte kultursoziologische Durchleuchtung erforderten und den Rahmen dieses Aufsatzes sprengen würden. Ein herausragendes Beispiel ist die Kultur der Speisen und des Essens, die vor allem im vor- und zubereitenden Handeln (vom Einkauf bis zum Kochen) ohne den Tastsinn nicht auskommt[32]. Nicht zuletzt müsste eine kultursoziologische Vertiefung des Themas Untersuchungen über die gegenüber epochalem Wandel immunen Formungen des Tastens in den Künsten einbeziehen, und zwar nicht nur in dem besonders naheliegenden Bereich der Bildhauerei und anderer Formen plastisch-künstlerischer Gestaltung fester Materialien. So ist daran zu erinnern, dass in der Musik – besonders in ihren modernen, doch schon auch in ihren jahrhundertealten Schöpfungen – immer schon und in breiter Variation Handbewegungen zum Einsatz kommen (Zupfen, Streichen, Klopfen, Trommeln usw.), deren taktile Dimension unübersehbar ist[33].

---

32 So gehört zur kulinarischen Kultur der Mittelmeerländer – anders als in mittel- und nordeuropäischen Ländern – die sorgfältige Vorarbeit auf Gemüse-, Obst- und Fischmärkten, wo neben dem Seh-, Geruchs- und Geschmackssinn auch der Tastsinn zum Einsatz kommt, um Frische und Reife der Waren zu prüfen. Seit vielen Jahren sind deshalb z. B. in italienischen Supermärkten aus hygienischen Gründen ausgelegte Plastikhandschuhe obligatorisch, während sie in Deutschland erst in neuester Zeit auftauchen. Die Ansprüche scheinen sich hier allerdings langsam zu heben. Am 21.10.2014 konzentrierte sich eine beliebte Fernsehsendung (nach den ARD-Nachrichten von 20 Uhr ausgestrahlt), in der die Warenwelt kritischen Tests unterzogen wird, u. a. auf Qualitätsprobleme beim Fischeinkauf in Deutschland. Dabei wurden den Käufern – im Geiste von *Slow Food* und herausfordernd gegenüber Gewohnheiten deutscher Märkte – folgende vier Erkennungskriterien für frischen Fisch empfohlen: er sei 1. geruchlos, habe 2. klare (nicht glasige Augen), er sei 3. noch umhüllt von Schleim und 4. dürfe *ein Fingerdruck* ins Fleisch des Fisches keine Vertiefung zurücklassen.

33 Bemerkenswert ist, dass der spanische Ausdruck für „musizieren", *tocar*, identisch ist mit dem Wort für „berühren, betasten" (vgl. den besonders bei Bach gestalteten Kompositionstypus für Tasteninstrumente, „Tokkata", dessen italienischer Vorläufer, die *toccata*, aus dem 16.Jh. stammt, einer Epoche, die stark von der spanischen Kultur beeinflusst war). Die Vermutung liegt nahe, dass auch dieser Ausdruck von dorther übernommen wurde. Vielleicht steht hinter der semantischen Doppeldeutigkeit von *tocar* das als charakteristischer Grundzug spanischer Musik geltende, rhythmische Betasten bzw. Beklopfen von Streich- und Zupfinstrumenten.

Literatur

Adam, Adolf (1985): Grundriß Liturgie, Freiburg/Basel/Wien.
Berger, Klaus (2005): Biblisches Christentum als Heilungsreligion, in: Ritter, Werner H./ Bernhard Wolf (Hrsg.): Heilung – Energie – Geist. Heilung zwischen Wissenschaft, Religion und Geschäft, Göttingen, S.226-246.
Buytendijk, F.J.J. (1973): Das menschliche Spielen, in: Gadamer, Hans-Georg, und Paul Vogler (Hrsg.): Neue Anthropologie. Bd.4: Kulturanthropologie, Stuttgart, S.88-122.
Erkens, Franz Reiner (2006): Herrschersakralität im Mittelalter. Von den Anfängen bis zum Investiturstreit, Stuttgart.
Fischer, Joachim (2008): Philosophische Anthropologie. Eine Denkrichtung des 20. Jahrhunderts, Freiburg/München.
Hettlage, Robert (2014): ‚Morgenstund'... – Wie man mit sich und der Welt Kontakt aufnimmt, in: Bellebaum, Alfred/Robert Hettlage (Hrsg.): Unser Alltag ist voll von Gesellschaft. Sozialwissenschaftliche Beiträge, Wiesbaden, S.35-64.
Huizinga, Jan (1956): Homo Ludens. Vom Ursprung der Kultur im Spiel (Orig. Haarlem 1938), Reinbek bei Hamburg.
Simmel, Georg (1992): Soziologie. Untersuchungen über die Formen der Vergesellschaftung (1908). Georg Simmel Gesamtausgabe 11, hrsg. von Otthein Rammstedt, Frankfurt am Main.
Weber, Max (1976): Wirtschaft und Gesellschaft. Grundriß der verstehenden Soziologie, 5., revid. Auflage, Tübingen.

Andere Quellen

Andere Zeiten (Hrsg.) (2012): Ich geb' dir einen Engel mit... Erfahrungen mit einem Symbol, 7. Auflage, Hamburg.
Atlas der Globalisierung (2006), hrsg. von „Le Monde diplomatique", Paris (dt. Ausgabe Berlin).
Koschorreck, Walter (1976): Der Sachsenspiegel in Bildern. Aus der Heidelberger Bilderhandschrift ausgewählt und erläutert, Frankfurt am Main.
Meyer-Blanck, Michael/Walter Fürst (Hrsg.) (2003): Typisch katholisch – typisch evangelisch. Ein Leitfaden für die Ökumene im Alltag, Rheinbach.
Munari, Bruno (1994): Il dizionario dei gesti italiani (Das Wörterbuch der italienischen Gesten. Italienisch, englisch, französisch, deutsch und japanisch), Bergamo.
Specht-Tomann, Monika/Doris Tropper (2000): Zeit des Abschieds. Sterbe- und Trauerbegleitung, 3. Auflage, Düsseldorf.

Teil C
Der Sinn der Sinne

Die Welt der Sinne und der Geist der Synästhesie
Zur Medizin- und Kulturgeschichte der Körpererfahrung

Dietrich v. Engelhardt

I Kontext

Sinne und Synästhesie stellen in medizin- und kulturhistorischer Sicht vor allem drei Fragen: was sind Natur und spezifische Funktionen der physischen Sinne, worin bestehen ihre wechselseitigen Verbindungen und wie ist ihr Zusammenhang mit Sinn oder transphysischen oder sozialkulturellen Bereichen?

Physische Sinne und ihr geistiger Sinn werden beeinflusst von Alter und Geschlecht, hängen von der biologischen Evolution und dem Wandel der Geschichte ab, zeigen Veränderungen in Gesundheit und Krankheit, sind entscheidend für das Leben des Menschen, für seine Beziehungen zu anderen Menschen, seinen Alltag, seinen Beruf, seine Freizeit, sein Selbst- und Weltverständnis.

Sinne sind Schnittstellen zwischen Natur und Kultur, einseitige Biologisierungen widersprechen ebenso der Realität wie einseitige Spiritualisierungen. Der Leib-Seele Dualismus ist aufgehoben in den umgreifenden Dualismus von Natur und Kultur: die allgemeine Objektivität = Natur konkretisiert sich in der individuellen Objektivität = Leib, die individuelle Subjektivität = Seele erweitert sich in die allgemeine Subjektivität = Kultur.

Neben der Phänomenologie und Pathophänomenologie der Sinne, ihrer Darstellung und Deutung in Kunst und Literatur, Philosophie und Theologie verdienen ihre Funktionen in der medizinischen Diagnostik und Therapie, ihre Entwicklung und Kultivierung in der Erziehung oder ganzheitlichen Bildung des Menschen besondere Beachtung.

Zahlreiche Studien über die Sinne wurden bislang in der Medizin und Psychiatrie, der Psychologie, Philosophie, Theologie und verschiedenen empirischen Wissenschaften veröffentlicht, meist konzentriert auf einen einzelnen Sinn, weniger häufig in ihrer Verbindung oder Integration. Den übergreifenden Beiträgen *Die Einheit der Sinne. Grundlinien einer Anaesthesiologie des Geistes* (1923) des

Philosophen und Soziologen Helmuth Plessner (1892-1985), *Der Sinn der Sinne* (1934) des Literaturwissenschaftlers Albert Wesselski (1871-1939) und *Vom Sinn der Sinne* (1936, ²1956) des Psychiaters Erwin Straus (1891-1975) aus der 1. Hälfte des 20. Jahrhunderts können eine Reihe neuerer Studien zur Seite gestellt werden, die ihrerseits alle Sinne berücksichtigen.[1]

II   Sinne in physischer Hinsicht

Die physischen Sinne sind Forschungsthemen der Anatomie, Physiologie, Pathologie und Therapie, der Biologie wie ebenfalls verschiedener Geisteswissenschaften. Mit der zunehmenden Trennung der Natur- und Geisteswissenschaften seit der Renaissance und vor allem dem 19. Jahrhundert werden Synopsis und Synästhesie weitgehend vernachlässigt.

Spezifisch ist das Entwicklungsschema der Sinne in der Phylogenese und Ontogenese. Mit dem Geschmackssinn, Tastsinn und Lichtsinn beginnt bei den Amöben die Evolution der Tiere; charakteristische Unterschiede zeigen sich bei den verschiedenen Tierarten im Kampf ums Dasein, bei der Nahrungssuche, Partnerwahl und Fortpflanzung. In der humanen Embryonalphase werden alle Sinne angelegt und entwickeln sich unterschiedlich schnell, bei der Geburt ist der Tastsinn am weitesten, Hören und Sehen sind dagegen geringer ausgebildet.

Das Interesse der Forschung haben im Unterschied zu den Nahsinnen Fühlen, Riechen und Schmecken in besonderem Maße die Fernsinne Sehen und Hören gefunden und werden auch in diesem Band in entsprechenden Kapiteln für sich und im Detail behandelt.

Für das Medium von Kunst und Literatur sind die Fernsinne Sehen und Hören ausschlaggebend. Bilder werden betrachtet, Musik wird gehört, Literatur wird gelesen, nicht aber gerochen, geschmeckt oder gefühlt, auch wenn verschiedentlich Versuche unternommen wurden, die Nahsinne in den Künsten als Darstellungsmedium aufzugreifen. In der Logik der Fernsinne, das heißt in Wort, Bild und

---

1   Francesca Bacci u. David Melcher, Hg.: Art and the senses, Oxford 2011; Friedrich G. Barth: Vom der Sinne, Stuttgart 1989, Natthalie Blancari, Hg.: I cinque sensi, Firenze 2002; Dietrich v, Engelhardt: Krankheit, Schmerz und Lebenskunst. Eine Kulturgeschichte der Körpererfahrung, München 1999; Robert Jütte: Geschichte der Sinne. Von der Antike bis zum Cyberspace, München 2000; Waltraud Naumann-Beyer: Anatomie der Sinne. Im Spiegel von Philosophie, Ästhetik, Literatur, Köln 2003; Michel Serres: Die fünf Sinne, a. d. Franz. (1985), Frankfurt a. M. 1933; Mark M. Smith: Sensory history, Oxford 2007.

Ton, aber nicht in ihrer unmittelbaren Eigenart, wurden diese Sinne wiederholt vorgestellt, beschrieben und interpretiert. Die physischen Sinne finden seit der Antike deskriptive und stets auch normative Beachtung. Sehen und Hören erklärt Plato (428/427-348/347 v. Chr.) zu den höchsten Sinnen, sie seien „Organe der Seele", „Geschenk der Götter".[2] Aristoteles (384-322 v. Chr.) gliedert die Sinne in zwei obere und drei untere Sinne – mit einer jeweils spezifischen Funktion und damit wertenden Einschätzung ihrer Bedeutung für Lebenserhalt, Wissenserwerb und Erkenntnisgewinn.[3] Die Sinne sind autonom, stehen für sich und zugleich in Wechselbeziehungen, können sich gegenseitig im Übermaß stören und sind in ihrer gemeinsamen Orientierung auf die sinnliche Wahrnehmung der Realität (koine aisthesis) in den Dimensionen von Bewegung, Stillstand, Form, Zahl und Größe miteinander verbunden.[4]

Für die Mediziner Hippokrates (um 460 – um 377 v. Chr.) und Galen (um 129- um 199 n. Chr.) haben die Sinne in Gesundheit und Krankheit eine kosmologische und anthropologische Bedeutung, hängen vom Zusammenspiel der vier Elemente, vier Säfte und vier Qualitäten in der Natur als Makrokosmos und im Menschen als Mikrokosmos ab sowie der Diätetik als Umgang mit den sechs Bereichen Licht und Luft (aer), Bewegung und Ruhe (motus et quies), Schlafen und Wachen (somnus et vigilia), Essen und Trinken (cibus et potus), Ausscheidungen (secreta et excreta) und Affekten (affectus animi). Gesundheit ist Harmonie, Krankheit Disharmonie der Elemente, Säfte und Qualitäten, die von der Therapie wieder in Harmonie zurückgeführt werden oder in einem Gleichgewicht der Neutralität zwischen totaler Gesundheit und totaler Krankheit gehalten werden muss. Medizin wird als Wissenschaft und Kunst der Gesundheit, Krankheit und Neutralität („scientia corporum sanorum, aegrorum et neutrorum"[5]). verstanden. Sinnesstörungen sind Störungen der Physis und Diaita, der Biologie und Lebensweise als Umgang mit dem Körper und der Natur.

Zu einer Fülle unterschiedlicher, weitwirkender und auch kontroverser Gliederungen und Bewertungen kommt es während der folgenden Jahrhunderte bis in die Gegenwart. An den fünf Sinnen wird im allgemeinen festgehalten; verschiedentlich werden auch neue Sinne eingeführt.

---

2   Plato: Timaios, 47b, in: Werke, Bd. 7, Darmstadt [4]2005, S.81.

3   Aristoteles: Über die Seele, 434b, in: Aristoteles: Philosophische Schriften, Bd.6, Hamburg 1995, S.86-90.

4   Aristoteles: Über die Seele, 425a, in: Aristoteles: Philosophische Schriften, Bd.6, Hamburg 1995, S.62-65.

5   Galen: Ars medica, in: Opera omnia, Bd.1, Leipzig 1821, S.307.

Im Mittelalter wird der Zahl 5 eine geistig-religiöse Bedeutung verliehen, die auch für die physischen Sinne Geltung besitzen soll. Sinne werden auf Elemente, Säfte, Qualitäten, Pflanzen und Tiere bezogen, Sinne öffnen für das Wort Gottes, aber auch die Verlockungen der Sünde. Albertus Magnus (um 1200-1280) verknüpft die Sinne mit fundamentalen Leistungen für den Alltag des Menschen: Tasten macht das Leben grundsätzlich möglich, Schmecken dient seiner Erhaltung, Riechen leitet die Nahrungsaufnahme, Hören und Sehen orientieren die Bewegung im Raum.[6] Allen physischen Sinnen wird von dem Kirchenvater Spiritualität („esse spirituale") zugeschrieben; naturale Immanenz wird mit geistiger Transzendenz verbunden.

Für die Naturforscherin, Ärztin und Äbtissin Hildegard von Bingen (1098-1179) haben sich mit der Vertreibung aus dem Paradies tiefgreifende Veränderungen der Sinne auf den Ebenen der Physiologie, Psychologie, Ethik und Religion ergeben. „Ehe Adam das göttliche Gebot übertreten hatte, leuchtete das, was heute die Galle im Menschen ist, hell wie ein Kristall in ihm und hatte den Geschmack der guten Werke in sich. Das, was heute Schwarzgalle im Menschen ist, strahlte damals in ihm wie die Morgenröte und barg das Bewußtsein und die Vollendung der guten Werke in sich. Als aber Adam das Gebot übertreten hatte, wurde der Glanz der Unschuld in ihm verdunkelt, seine Augen, die vorher das Himmlische sahen, wurden ausgelöscht, die Galle in Bitterkeit verkehrt, die Schwarzgalle in die Finsternis der Gottlosigkeit und er selbst völlig in eine andere Art umgewandelt. Da befiel Traurigkeit seine Seele, und diese suchte bald nach einer Entschuldigung dafür im Zorn. Denn aus der Traurigkeit wird der Zorn geboren, woher auch die Menschen von ihrem Stammvater her die Traurigkeit, den Zorn und was ihnen sonst noch Schaden bringt, übernommen haben."[7]

Zahlreiche Ansätze werden in den Natur- wie Geisteswissenschaften im Verlaufe der Neuzeit vorgetragen. Die Repräsentationen in den Künsten und der Literatur sind abhängig wie ebenfalls unabhängig vom wissenschaftlichen Fortschritt, stellen ganzheitliche Ergänzungen oder anthropologische Korrektive der zunehmend fachspezifischen Spezialisierungen dar, sind nicht selten Antizipationen kommender Entwicklungen, Anregungen für die Medizin in Diagnostik und Therapie, in den Konzepten des Arztes, des Kranken, ihrer Beziehung und Kommunikation.

Die diätetischen Ratschläge des Renaissancephilosophen Marsilio Ficino (1433-1499) für den alten Menschen in seiner Schrift *Über das Leben* (1489) beachten äußere und innere Sinne: nicht zu viel Speise und Trank, Zurückhaltung in der Sexualität, keine Arbeit während der Nacht, keinen Schlaf am Tage, Erfrischungen

---

6   Albertus Magnus: Summa de homine, quaestio 32, in: Opera, Bd.19, Leiden 1651, S.167.

7   Hildegard von Bingen: Heilkunde. Das Buch von dem Grund und Wesen der Heilung, Salzburg [6] 1992, S.222.

aller Sinne, Ausflüge mit Wagen oder zu Pferd, edle Düfte, wohlklingende Musik, rote und grüne Farben, Blicke auf glitzerndes Wasser, Umgang mit sympathischen Menschen, anregende Gespräche.[8] René Descartes (1596-1650) versteht auf der Basis der bereits zu seiner Zeit umstrittenen Leib-Seele Trennung die fünf Sinne als rein körperliche Funktionen, stellt ihnen zwei innere Sinne (Triebe und Emotionen) gegenüber und entwirft eine physiologische Theorie der Schmerzempfindung (Efferenz-Afferenz).[9]

Albrecht von Haller (1708-1777) löst mit der Unterscheidung von Sensibilität (Nerven) und Irritabilität (Muskeln) wichtige Impulse in der Medizin, Psychologie und Philosophie aus.[10] Der Mediziner Ernst Platner (1744-1818) ist von der Einheit und zugleich Trennung von Leib und Seele überzeugt mit entsprechenden Konsequenzen für die Praxis sowie die Kooperation zwischen Medizin und Philosophie: „Der Mensch ist weder Körper noch Seele allein; er ist die Harmonie von beyden, und der Arzt darf sich ebenso wenig auf jene beschränken, als der Moralist auf diese."[11]

Kant (1724-1804) koordiniert äußere und innere Sinne, integriert zugleich die äußeren in das Gesamt der inneren Sinne und unterscheidet zwischen einem Vitalsinn, der den ganzen Organismus umgreift, und den einzelnen Organsinnen, die einerseits eher objektiv (Sehen, Hören, Tasten) und andererseits eher subjektiv (Schmecken, Riechen) sind. Die Verbindung der Sinne wie ihre bewusste Entwicklung oder Steigerung unterscheiden sich. Geschmack und Geruch seien einander besonders nahe verwandt: „Wem der Geruch mangelt, der hat jederzeit nur einen stumpfen Geschmack."[12] Der Geruch lasse sich kaum kultivieren oder verfeinern, „denn es gibt mehr Gegenstände des Ekels (vornehmlich in volkreichen Örtern) als der Annehmlichkeit, die er verschaffen soll, und der Genuß durch diesen Sinn kann immer auch nur flüchtig und vorübergehend sein, wenn er vergnügen soll."[13] Im übrigen schränke eine zu große Intensität die Wirkung der Sinne ein oder hebe

---

8   Marsilio Ficino: Drei Bücher über das Leben, a.d. Lat. (1489), München 2012.

9   René Descartes: Über den Menschen, a.d. Lat. (posthum 1662), Heidelberg 1969.

10   Albrecht von Haller: De partibus corporis humani sensilibus et irritabilibus. 1752, dt. Von den empfindlichen und reizbaren Theilen des menschlichen Körpers, Leipzig 1756.

11   Ernst Platner: Anthropologie für Aerzte und Weltweise, Leipzig 1772, S. IV.

12   Immanuel Kant: Anthropologie in pragmatischer Hinsicht, 1798, in: Werke, Bd.12, Frankfurt a.M. 1964, § 18, S.451.

13   Immanuel Kant: Anthropologie in pragmatischer Hinsicht, 1798, in: Werke, Bd.12, Frankfurt a.M. 1964, § 20, S.453.

sie auf: „Im stärksten Licht *sieht* (unterscheidet) man nichts, und eine stentorisch angestrengte Stimme *betäubt* (unterdrückt das Denken)."[14]

Über die Hierarchie der Sinne herrschen keineswegs übereinstimmende Vorstellungen. Bei Johann Gottfried Herder (1744-1803) erfährt der Tastsinn – auch in ethischer Hinsicht – eine höhere als die verbreitete Einstufung; er ist „der erste, profondste und fast einzige Sinn der Menschen: die Quelle der meisten unsrer Begriffe und Empfindungen: das wahre, und erste Organum der Seele Vorstellungen von außen zu sammlen: der Sinn, der die Seele gleichsam ganz umgibt, und die andren Sinne als Arten, Theile oder Verkürzungen in sich enthält: die Maße unsrer Sinnlichkeit: der wahre Ursprung des Wahren, Guten, Schönen!"[15]

Eine natur- und geistphilosophische Begründung der Anzahl der Sinne, ihrer Unterscheidung in Fern- und Nahsinne sowie ihrer Zuordnung zu bestimmten Körperregionen gibt Hegel (1770-1831). Die fünf Sinne lassen sich begrifflich auf drei Klassen verteilen: „Die *erste* wird von den Sinnen der physischen *Idealität, –* die *zweite* von denen der *realen Differenz* gebildet; in die *dritte* fällt der Sinn der *irdischen Totalität*."[16] Als noch abstrakte Totalität erscheint die erste Klasse in den zwei Sinnen des Sehens und Hörens, die zweite Klasse der Differenz in den beiden Sinnen des Geruchs und Geschmacks, die dritte Klasse als konkrete Totalität im Gefühl oder mit dem Sitz in den Fingern im Tastsinn. „Das Gefühl ist der concreteste aller Sinne."[17] Einer noch nicht existierenden „psychischen Physiologie" stellt der Philosoph die Aufgabe, die spezifischen Verbindungen der Affekte mit den Körperorganen und damit den Sinnen zu untersuchen. Vorstellungen über Zusammenhänge von Mut und Herz oder Denken und Gehirn seien allgemein verbreitet, aber noch zu wenig wissenschaftlich erforscht und empirisch nachgewiesen. Insgesamt eröffne sich in dieser Perspektive ein neues Verständnis der Sinne: „Die Eingeweide und Organe werden in der Physiologie als Momente nur des animalischen Organismus betrachtet, aber sie bilden zugleich ein System der Verleiblichung des Geistigen, und erhalten hierdurch noch eine ganz andere Deutung."[18]

---

14 Immanuel Kant: Anthropologie in pragmatischer Hinsicht, 1798, in: Werke, Bd.12, Frankfurt a. M. 1964, §19, S.452.

15 Johann Gottfried Herder: Philosophie des Wahren, Guten und Schönen aus dem Sinne des Gefühls. Studien und Entwürfe zur Plastik, in: Sämtliche Werke, Bd.8, S.104.

16 Georg Wilhelm Friedrich Hegel: System der Philosophie. Dritter Teil. Die Philosophie des Geistes, 1830, in: Sämtliche Werke, Bd.10, ⁴1965, § 401, Zusatz, S.129.

17 Georg Wilhelm Friedrich Hegel: System der Philosophie. Dritter Teil. Die Philosophie des Geistes, 1830, in: Sämtliche Werke, Bd.10, ⁴1965, § 401, Zusatz, S.133.

18 Georg Wilhelm Friedrich Hegel: System der Philosophie. Dritter Teil. Die Philosophie des Geistes, 1830, in: Sämtliche Werke, Bd.10, ⁴1965, § 401, S.128.

Der romantische Naturforscher, Mediziner und Philosoph Lorenz Oken (1779-1851) deduziert aus den mathematischen Prinzipien von drei Potenzen und drei Momenten sechs Sinne: „Das Thier greift in alle Momente der Natur ein – ihm kommen daher s e c h s Sinne zu, nach welchen alle Thiereintheilung bestimmt werden mus, da sie das Wesen der Thierheit ausmachen. Die gesamte Thierwelt ist als Ein Thier zu betrachten, in dem sich die Sinne stufenweise entwikeln, bis alle mit gleicher Energie geschaffen sind."[19] Die Sinne sind in den Stufen von Identität, Antität und Totalität im einzelnen: Zeugungssinn als erster Identitätssinn, Lichtwärmesinn als erster Antitätssinn, Schwerkraftsinn oder Tastsinn als erster Totalitätssinn, Hörsinn als zweiter Identitätssinn, Geruchssinn als zweiter Antitätssinn, Schmecksinn als zweiter Totalitätssinn. Die Entwicklung der Sinn in der Reihe der Tierarten findet ihren krönenden oder integrierenden Abschluss im Menschen, dem Tier aller Tiere: „Der Mensch ist im Besize aller Sinne, und es kann keinen geben, von dem er sich keinen Begrif machen könnte – was die andern Thiere nur einzeln besizen, vereinigt er allein in sich, und daher ist er gleich der Allheit der Thierheit."[20]

Von dem Physiologen Johannes Müller (1801-1858) stammt das sogenannte ‚Gesetz der spezifischen Sinnesenergie', nach dem jeder Sinn unabhängig von der Art des Reizes in der für ihn charakteristischen Energie reagiert. „Der Sinnesnerve auf jedweden Reiz, was immer einer Art, reagirend, hat die ihm immanente Energie; Druck, Friction, Galvanismus und innere organische Reizung, alle diese Dinge bewirken in dem Lichtnerven, was sein ist, Lichtempfindung, in dem Hörnerven, was dessen ist, Tonempfindung, Gefühl in dem Gefühlsnerven"[21]. Bereits Herder spricht in dieser Perspektive von einer „Lex sensationis": „Jeder Sinn eignet sich aus dem Gegebnen das Eigne seiner Art an."[22]

Auf der Grundlage dieser Voraussetzungen und neuer Untersuchungen kommt es in der Folgezeit in den verschiedenen Wissenschaften zu unterschiedlichen Konzepten und Beschreibungen der Sinne mit spezifischen Folgen für die Praxis. Eindrucksvolle Fortschritte werden in der Diagnostik und Therapie der Erkran-

---

19 Lorenz Oken: Uebersicht des Grundrisses des Sistems der Naturfilosofie und der damit entstehenden Theorie der Sine, 1802, in: Thomas Bach, Olaf Breidbach u. Dietrich von Engelhardt, Hg.: Oken: Gesammelte Werke, Bd.1, Weimar 2007, S.10.

20 Lorenz Oken: Uebersicht des Grundrisses des Sistems der Naturfilosofie und der damit entstehenden Theorie der Sine, 1802, in: Thomas Bach, Olaf Breidbach u. Dietrich von Engelhardt, Hg.: Oken: Gesammelte Werke, Bd.1, Weimar 2007, S.13.

21 Johannes Müller: Über die phantastischen Gesichtserscheinungen, Koblenz 1826, S.6.

22 Johann Gottfried Herder: Eine Metakritik zur Kritik der reinen Vernunft, in: Werke, Bd.8, Frankfurt a. M. 1998, S.484.

kungen der Sinne erzielt, ihrerseits reich ist die Welt der Literatur und Künste mit Darstellungen und Deutungen.

III   Sinne in Verbindung mit Sinn

Sinn besitzt in vielen Sprachen eine sowohl physische als auch geistige Bedeutung, verbindet Leib und Seele, Natur und Kultur. Der doppelte Bezug von Sinn und Sinn gilt auch für die Wechselbeziehungen zwischen den Sinnen, ihre sich im Verlauf der Geschichte verändernden Gliederungen und Hierarchisierungen. In vielen Redewendungen des Alltags findet diese Sinnebene der Sinne einen Ausdruck, wird an Zusammenhänge mit sozialen und ethischen Dimensionen erinnert.

Der Tastsinn wird der Hand und auch dem Fuß zugeordnet, darüber hinaus der Haut als dem größten Organ, das den menschlichen Körper abschließt und ihn zugleich den Einflüssen der Umwelt aussetzt. Der Mund ist das Organ des Geschmacks, der Nahrungsaufnahme und seelisch-geistiges Ausdrucksmittel. Von besonderer Feinheit und Sensibilität ist der Geruch, gebunden an Nase und Mund, aber auch andere Körperregionen. Das Auge ist ebenso rezeptiv wie produktiv, nimmt wahr, ist Signalen ausgesetzt, kann sich verschließen, bedrängen, taktlos sein, aggressiv wirken im Gegensatz zur Passivität des Ohrs, einem Medium der Zuwendung und Aufmerksamkeit, aber ebenso der Gleichgültigkeit, Ablehnung, Indiskretion.

Normabweichungen und krankhafte Veränderungen der Sinne bieten Möglichkeiten medizinischer und psychologischer Therapie. Sinnesstörungen lassen sich auch über Sinne behandeln, unangenehme Hörgeräusche (Tinnitus) können mit Rauschgeräten (Noiser) im Ohr verringert werden. Physische Therapie – diätetisch, medikamentös, chirurgisch – kann durch Psychotherapie und Kunsttherapie unterstützt werden. Die Ontologie der Ursache legt die Ontologie der Behandlung nicht notwendig fest. Körperliche Krankheiten können auch psychisch, seelische Krankheiten ebenfalls medikamentös therapiert werden.

Von angeborenem oder erworbenem Verlust der Sinne wird mehrfach aus der Geschichte berichtet. Homer (8. Jhdt. v. Chr.) soll blind gewesen sein, als Ursache werden Krankheit oder Zorn der Götter angeführt. Der Schriftsteller John Milton (1608-1674) erblindet zunehmend seit 1752 bis zum vollkommen Verlust des Sehvermögens, dichtet aber weiter und verfasst in dieser Zeit das Poem *On his blindness*. Die Maler William Turner (1775-1851), John Dalton (1766-1844), Claude Monet (1840-1926), Henry Matisse (1872-1944) sind angeboren oder erworben, dauerhaft oder vorübergehend farbenblind.

Der Mediciherrscher Lorenzo Magnifico (1449-1492) besitzt keinen Geruchssinn. Beethoven (1770-1827) verliert seit 1795 bis zur völligen Taubheit im Jahre
1819 das Gehör und denkt in seiner Verzweiflung an Selbstmord, wie er an seine
Brüder schreibt: „solche Ereignisse brachten mich nahe an Verzweiflung, es fehlte
wenig, und ich endigte selbst mein Leben – nur sie die Kunst, sie hielt mich zurück, ach es dünkte mir unmöglich, die Welt eher zu verlassen, bis ich das alles
hervorgebracht, wozu ich mich aufgelegt fühlte."[23] Helen Keller (1880-1968) ist das
beeindruckende Beispiel – unterstützt von der Familie und vor allem einer Lehre-
rin – eines gelingenden Umganges mit dem Verlust des Seh- und Gehörssinnes in
ihrem zweiten Lebensjahr.[24]

Haut verbindet und trennt, ist Gefühlssinn und Instrument der Seele. Redewendungen belegen die vielfältigen Zusammenhänge dieses Sinnes mit Sinn: man ist
nur noch Haut und Knochen; einem ist nicht wohl in seiner Haut; man kann aus
der Haut fahren, eine ehrliche Haut sein, eine dicke Haut haben, nicht in seiner
Haut stecken wollen, seine Haut zu Markte tragen; etwas kann einem unter die
Haut gehen; man kann sich auch mit Haut und Haaren einer Sache verschreiben.

Die Haut wird gepflegt und geschmückt, kann aber auch vernachlässigt, bewusst verletzt und zerstört werden. Selbstverletzer sind Appelle an die Umwelt
und stellen Herausforderungen an Chirurgie, Psychotherapie und Ethik. Zentral
ist der Schmerz, dessen Sinnebene sich in sieben Dimensionen gliedern lässt:
Empfindung, Ausdruck, Bewertung, Verhalten, Behandlung, soziale Reaktion,
kultureller Kontext. In ihrer Vielfalt entspricht bereits die Sprache des Schmerzes
diesen Dimensionen. Besonders reich ist die arabische Sprache; in den europäischen
Sprachen sind mit den unterschiedlichen Ausdrücken abweichende Akzente verknüpft: Neuralgie, Analgetikum (griech. algein = Schmerz empfinden) heben die
subjektive, Schmerz (lat. mordeo = ich beiße) die objektive und pain (lat. poena =
Strafe) die ethische Seite hervor.

Schmerzen sind nicht nur negativ, sondern haben auch positive Seiten, sind
lebensnotwendig, weisen auf mögliche Erkrankungen hin. Der Antike gilt der
Schmerz als „bellender Wachhund der Gesundheit" und wird neben Rötung (rubor),
Wärme (calor), Schwellung (tumor) und Funktionsverlust (functio laesa) zu den
Kardinalsymptomen der Entzündung gerechnet. Die Verbindung von Schmerz
und Sexualität, Sünde und Solidarität ist ein Leitthema des Mittelalters; mit „ab-

---

23 Ludwig van Beethoven: Heiligenstädter Testament, 1802, Briefwechsel Gesamtausgabe,
    Bd.1, München 1996, S.122.
24 Helen Keller: Die Geschichte meines Lebens, a. d. Engl. (1905) Stuttgart 1905, auch
    Berlin 1977.

soluter Entzweiung" und „Schmerz"[25] beginnt nach Hegel die christliche Religion. Von den Schmerzen seiner aus sexueller Verfehlung entstandenen Wunde kann Anfortas bei Wolfram von Eschenbach (um 1160-nach 1220) allein durch Parcivals Mitleidsfrage erlöst werden: „Oheim, was quält dich (oeheim, waz wirret dier)?"[26] Physische Schmerzmittel kommen in jener Epoche auf bescheidenem Niveau zur Anwendung, insbesondere wird von seelisch-geistigen Mitteln Hilfe und Trost erwartet. Thomas von Aquin (1225-1274) erwartet im Sinne einer spirituellen Anästhesie eine Verringerung, nicht Aufhebung des körperlichen Schmerzes (dolor) und seelischen Leidens (tristitia) durch die Einsicht in die Größe Gottes „Deshalb lindert die Wahrheitsbetrachtung die Betrübnis oder den Schmerz."[27]

Der Umgang mit dem Schmerz manifestiert Stärke und Schwäche des Menschen, auch Macht und Ohnmacht der Medizin, ist nicht frei von Gefahren der Simulation und Dissimulation. Individuelle, soziale und ethnische Unterschiede sind offensichtlich. Alter kann sich auch positiv auswirken; Rückenschmerzen – anders als Knie– oder Hüftschmerzen – werden wegen der partiellen Verknöcherung der Wirbelsäule geringer.

Von Kant wird der Zusammenhang von körperlichen Gefühlen und seelischen Empfindungen hervorgehoben und auf den anthropologischen Sinn des Schmerzes hingewiesen: „Der Schmerz ist der Stachel der Tätigkeit und in dieser fühlen wir allererst unser Leben; ohne diesen würde Leblosigkeit eintreten."[28] Goethe (1749-1832) erinnert an individuelle und soziale Dimensionen im Schmerzempfinden: „Unglück bildet den Menschen und zwingt ihn sich selber zu kennen, Leiden gibt dem Gemüt doppeltes Streben und Kraft. Uns lehrt eigener Schmerz, der andern Schmerzen zu teilen."[29] Zu schmerzhaften Operationen soll niemand, auch wenn sie zur Lebenserhaltung notwendig sind, heißt es im Geist der Aufklärung im *Allgemeinem Handwörterbuch der philosophischen Wissenschaften* (1828), gezwungen werden: „Wer also lieber sterben als sich verstümmeln oder aufschneiden lassen

25 Georg Wilhelm Friedrich Hegel: Vorlesungen über die Philosophie der Religion, Bd.1, 1840, in: Sämtliche Werke, Bd.15, Stuttgart-Bad Cannstatt ⁴1965, S.34.

26 Wolfram von Eschenbach: Parcival, Bd.2, Frankfurt a.M. 1994, 795, S.356f.

27 Thomas von Aquin: Summe der Theologie, a. d. Lat. (1266-73), Bd.2, Stuttgart ³1985, S.267.

28 Immanuel Kant: Anthropologie in pragmatischer Hinsicht, 1798, in: Kant: Werke, Bd. 12, Frankfurt a.M. 1974, § 57, S.531.

29 Johann Wolfgang von Goethe: In das Stammbuch von Fritz von Stein, 17.3.1785, in: Sämtliche Werke, Bd.2,1, München 1987, S.102.

will, dem steht es frei, so lang' er sich nur in der Lage befindet, einen freien Willen äußern zu können."[30]

Das Spektrum des Schmerzes zwischen Natur und Kultur, Leib und Seele, Phänomen und Wissen, Leiden und Hoffnung umspannen die literarischen Texte: *Im Land der Schmerzen* (posthum 1930) von Alphonse de Daudet (1840-1897), *Über den Schmerz* (1934) von Ernst Jünger (1895–1998), *Die Erkenntnis des Schmerzes* (1963) von Carlo E. Gadda (1893–1973), *Den Schmerz der Welt in Hoffnung verwandeln* (1954) von Pablo Neruda (1904–1973).

Mit der physischen Anästhesie im 19. Jahrhundert beginnt ein wahrhaft neues Zeitalter für den Umgang mit körperlichen Schmerzen; Operationen verlangen von den Kranken nun nicht mehr nahezu übermenschliche Kräfte der Selbstbeherrschung, die Geschwindigkeit des Chirurgen verliert ebenfalls an Gewicht. Auch von Naturwissenschaftlern und Medizinern kann aber die Ambivalenz des Fortschrittes mit der Gefahr naturalistischer Verkürzungen empfunden werden. Der Physiologe François Magendie (1783-1865), der zum wissenschaftlichen Verständnis des Schmerzes entscheidend beigetragen hat, lehnt die Anwendung der Anästhesie für sich selbst aus ethischen Gründen entschieden ab: „Schmerz ist eine Hauptantriebskraft des Lebens. Ich für meinen Teil würde niemals erlauben, daß einem Chirurgen mein Körper in einem solchen widerstandslosen Zustand übergeben wird."[31]

Von Philosophen und Vertretern der anthropologischen Medizin und philosophischen Psychiatrie werden im 20. Jahrhundert den physiologischen Analysen des Schmerzes psychologische und geistige Deutungen zur Seite gestellt. Der Mediziner Viktor von Weizsäcker (1886-1957) untersucht die „Schmerzsprache" und will am „Ariadnefaden der Schmerzen" das „Gefüge der Lebensordnungen" demonstrieren.[32] Nach Max Scheler (1874-1928) verführt ein Leben ohne Schmerz zu „metaphysischem Leichtsinn."[33] Erwin Straus ordnet den Schmerz in das Spektrum der Sinne zwischen verbaler und nonverbaler Sprache ein: „Am einen Ende der Skala findet sich das gemeinsame Mitteilbare und die Mitteilung im geformten Wortlaut und

---

30 Wilhelm Traugott Krug: Allgemeines Handwörterbuch der philosophischen Wissenschaften, Bd. 3, Leipzig 1828, S. 627

31 François Magendie: Remarques, in: Comptes Rendus de l'Académie des Sciences de Paris 24(1847)S.136 (dt. v .E.)

32 Viktor von Weizsäcker: Die Schmerzen, 1926, in: Gesammelte Schriften, Bd.5, Frankfurt a. M. 1987, S.27-47.

33 Max Scheler: Sinn des Leides, 1916, in: Schriften zur Soziologie und Weltanschauung. Gesammelte Schriften, Bd.6, Bern ²1963, S.71.

Schrift, am anderen Ende die Einsamkeit des Schmerzes, der sich zuletzt nur noch im ungeformten Klagelaut und Schrei äußern kann.[34] In den Naturwissenschaften und der Medizin werden bis in die Gegenwart bedeutende Fortschritte in der Theorie wie in der Praxis der Schmerzbekämpfung erzielt, auch wenn es weiterhin Grenzen gibt. Spezifitätstheorien, Impulstheorien, Intensitätstheorien und Mustertheorien stehen sich gegenüber oder werden in integrativen Ansätzen verbunden – wie etwa von Ronald Melzack (geb. 1929) und Patrick David Wall (1925-2001) mit ihrer auch für die Therapie bedeutsamen „Gate-Control-Theorie" (1978), nach der „ein Nervenmechanismus in den Hinterhörnern des Rückenmarks wie ein ‚Tor‘ funktioniert, das den Strom der Nervenimpulse von den peripheren Fasern zum Zentralnervensystem entweder verstärken oder abschwächen kann."[35] Chemie und Biochemie (Encephaline, Endorphine, körpereigene Opioide) lassen es möglich werden, dass die Schmerzempfindung aufgehoben wird und das Bewusstsein zugleich erhalten bleibt.

Eingriffe in die Haut unterliegen dem Wandel der Kulturen und Diktat der Moden, werden ästhetisch, sozial, ethisch wie religiös im Laufe der Zeit abweichend bewertet. Färben des Körpers und Schminken des Gesichts können im Mittelalter als Werke des Teufels verurteilt werden; was Gott gebildet hat, soll der Mensch nicht umbilden. Das Jahrhundert der Aufklärung setzt sich für Toleranz und Differenzierung ein; Pudern der Haare wird weniger verurteilt als Schminken des Gesichts, Schönheit soll „ungezwungene Reinlichkeit", „mit anständiger Freundlichkeit vermischtes, sittsames Wesen" und Begabung zur „Wirthschaftlichkeit"[36] manifestieren. Weitgespannt ist der Kosmos der Tätowierung als sichtbarer und bleibender Selbst- und Fremdausdruck. Aus unterschiedlichsten Motivationen werden Motive auf die Haut geritzt; kulturelle, soziale, geschlechtliche, professionelle wie individuelle Hintergründe spielen eine Rolle.

Mit dem Altern des Menschen altert auch die Haut. Eindrucksvolle Beispiele aus der Malerei in ihrer Integration physischer, sozialer und geistiger Dimensionen bieten die Maler Ghirlandaio (1449-1494), Hans Baldung (1484-1545), Peter Paul Rubens (1577-1640), Rembrandt (1605-1669). Im *Rosenkavalier* (1911) von Richard Strauß (1864-1949) verleiht die Marschallin dieser Veränderung einen musikalisch bewegenden Ausdruck: „Die Zeit, die ist ein sonderbar Ding. Wenn man so hinlebt, ist sie rein gar nichts. Aber dann auf einmal, da spürt man nichts als sie. Sie ist um uns herum, sie ist auch in uns drinnen. In den Gesichtern rieselt sie, im Spiegel,

---

34 Erwin Straus: Vom Sinn der Sinne, 1936, Heidelberg ²1956, S.403.
35 Ronald Melzack: Das Rätsel Schmerz, a.d.Engl. (1973), Stuttgart 1978, S.151f.
36 Nützliche Sammlungen (1757), 11. St., Sp. 173.

da rieselt sie, in meinen Schläfen fließt sie. Und zwischen mir und dir, da fließt sie wieder, lautlos, wie eine Sanduhr."

Schriftsteller stehen den Malern und Musikern nicht nach. Honoré de Balzac (1799-1850) spricht im Roman *Die Frau von dreißig Jahren* (1842) dem Altern der Haut einen positiven Sinn zu, der unserer Zeit mit ihrer Verherrlichung der Jugend, Schönheit und Gesundheit weitgehend fremd geworden ist: „Das Gesicht einer jungen Frau hat die Ruhe, die Glätte, die Kühle der Oberfläche eines Sees. Erst mit dreißig Jahren fängt das Gesicht einer Frau an, ausdrucksvoll zu werden. Bis zu diesem Alter findet der Maler in Frauengesichtern nur rosa und weiße Töne, Lächeln und Formen des Ausdrucks, die ein und denselben Gedanken wiederholen, den Gedanken an Jugend und Liebe, einen einförmigen Gedanken ohne Tiefe; im Alter dagegen hat alles bei der Frau gesprochen, die Leidenschaften haben sich ihrem Gesicht tief eingeprägt; sie ist Geliebte, Gattin und Mutter gewesen; die heftigsten Ausdrücke der Freude und des Schmerzes haben ihre Züge schließlich alt geschminkt und dadurch verzerrt, daß sie sich dort in tausend Falten einprägt haben, die sämtlich eine Sprache besitzen; und alsdann wird ein Frauenkopf erhaben in seinem Erschreckenden, schön in seiner Schwermut oder prächtig durch seine Ruhe; wenn es erlaubt ist, dies seltsame Gleichnis weiter auszuspinnen: der ausgetrocknete See läßt dann die Spuren aller Wildwasser sehen, die ihn gebildet haben."[37]

Hauterkrankungen sind nie nur physische Erscheinungen, haben stets psychische und soziale Folgen, wecken Verständnis und Unterstützung, können aber ebenso auf Ablehnung stoßen, zur Entlassung aus bestimmten Berufen führen und Verzweiflung auslösen, die bis zum Selbstmord gehen kann. Die Lepraerkrankung im Versepos *Der arme Heinrich* (1195) von Hartmann von Aue (12.-13. Jhdt.) steht für eine gefleckte Seele oder moralische Unvollkommenheit; mit dem Verzicht auf das Opfer eines jungen Mädchens, das ihm zu seiner Rettung ihr Herz und damit ihr Leben hingeben will, gewinnt der kranke Ritter seine Sittlichkeit und damit auch die reine Haut zurück. Hiobs Glaubensprüfung im *Alten Testament* vollzieht sich auch in der Hauterkrankung mit Auswirkungen auf alle Bereiche des Lebens. „Ich gehe schwarz einher, doch nicht von der Sonne; ich stehe auf in der Gemeinde und schreie. Ich bin ein Bruder der Schakale geworden und ein Geselle der Strauße. Meine Haut ist schwarz geworden und löst sich ab von mir, und meine Beine sind verdorrt vor hitzigem Fieber. Mein Harfenspiel ist zur Klage geworden und mein Flötenspiel zum Trauerlied." (*Hiob* 30, 21f) Die Reaktion der Frau von Hiob fällt

---

37 Honoré de Balzac: Die Frau von dreißig Jahren, a. d. Franz. (1842), in: Die Menschliche Komödie, Bd.3, München 1971, S.265.

menschlich oder ethisch-religiös enttäuschend aus: „Da sagte seine Frau zu ihm: ‚Hältst du noch fest an deiner Vollkommenheit? Fluche Gott und stirb!'„ (Hiob 30, 21f) Aus den diagnostisch-therapeutischen Möglichkeiten der Dermatologie und Plastischen Chirurgie ergeben sich stets ökonomische, juristische, ethische und sozialkulturelle Fragen. Drei Indikationen – medizinisch, ästhetisch, kosmetisch – sind generell zu unterscheiden: Was ist medizinisch gerechtfertigt, was psychologisch bedingte Ästhetik, was übertriebene Kosmetik? Was wird von den Kassen oder der Gemeinschaft übernommen? Wozu sind Menschen selbst zu zahlen bereit? Welchen Druck üben Schönheitsideale aus? Wie kann der einzelne Mensch auf seine eigene innere Stimme hören und äußerliche sichtbare Abweichungen von etablierten Normen als Zeichen seiner Individualität und seines Schicksals akzeptieren und bejahen?

Vielfältig sind ihrerseits die Zusammenhänge des Geschmack- und Geruchssinnes mit der psychisch-geistigen Sinnebene. Stimulierende Beispiele und Anregungen bieten auch hier Redewendungen, Sprüche, Aphorismen und Werke der Kunst und Literatur. Liebe geht durch den Magen; es gibt Kummerspeck; man kann jemandem zum Fressen gern haben; über Geschmack soll sich nicht streiten lassen; man kann auf den Geschmack kommen; Worte und Handlungen können geschmacklos sein; man kann Personen nicht riechen; man kann Lunte oder den Braten riechen und sich eine goldene Nase verdienen oder anderen etwas auf die Nase binden; Eigenlob soll stinken, zugleich kann etwas auch zum Himmel stinken.

Sapere bedeutet in der lateinischen Sprache nicht nur schmecken, sondern ebenso wissen; Kants Wahlspruch der Aufklärung „wage zu wissen" wird von ihm auch mit der lateinischen Wendung „sapere aude" ausgedrückt. Sapientia meint Weisheit und bezieht sich auf den Umgang mit dem eigenen Körper und seinen Sinnen, auf das Verhalten gegenüber den Mitmenschen, in der Medizin auf Erwartungen und Hoffnungen an Ärzte und ihre Therapie; ein Recht auf Gesundheit gibt es nicht, Grenzen müssen hingenommen werden.

Maßvoll soll der Mensch mit Essen und Trinken umgehen. Fasten gilt seit Jahrhunderten als wichtiges Mittel der Lebenskunst und das keineswegs in nur physiologischer oder medizinischer Hinsicht. In der Antike wird vor Gastmählern (= convivia) gewarnt, die zu Beerdigungen (= funeralia) werden könnten. Der Mediziner Paracelsus (1493-1541) stellt mit der Mahnung: „Darumb so esse und trink ein iedlicher, daß er wisse am jüngsten tag seine völe zu verantworten"[38] das Physische in einen Zusammenhang mit Transzendenz. Bei William Shakespeare (1564-1616) warnt Cäsar vor Menschen, die an Essen und Trinken keine Freude haben und unter Schlafstörungen leiden: „Laßt mich Männer haben um mich, die

---

38 Paracelsus: Sämtliche Werke, Hildesheim 1971, S.167.

fett sind, glattköpfige Männer, solche, die nachts gut schlafen. Der Cassius dort, sieht hager aus und hungrig; er denkt zuviel, die Menschen sind gefährlich."[39] Essen und Trinken durchziehen, wie der französische Schriftsteller J. A. Brillat-Savarin (1755-1826) in der *Physiologie des Geschmacks* (1826) ausführt, das Leben von der Geburt bis in den Tod: „Die Gastronomie beherrscht das ganze Leben, denn die Tränen des Neugeborenen verlangen die Brust seiner Amme und der Sterbende schlürft noch hoffnungsvoll den letzten Trank, den er, ach! nicht mehr verdauen soll." Für Anselm Feuerbach (1804-1872) verrät sich der Mensch im Essen: „Der Mensch ißt, was er ist."[40] Theodor Fontane (1819-1898) bringt Flügel und Brust des Geflügels in eine jeweils spezifische Verbindung zum irdischen und himmlischen Leben: „es gibt nichts Diesseitigeres als Brust und es gibt nichts Jenseitigeres als Flügel."[41]

Abnorme Verhaltensweisen und entsprechende Körperbilder sind häufig zu beobachten und machen medizinische und psychologische Behandlungen notwendig. Anorexie und Bulimie belegen den Einfluss historischer und sozialer Bedingungen, kommen zunehmend auch bei männlichen Jugendlichen vor. Ungewöhnliche Essgelüste von schwangeren Frauen sind aus der Realität bekannt und werden auch in der Literatur beschrieben. Die Gräfin Renée de l'Estorade in Honoré de Balzacs *Memoiren zweier Jungvermählter* (1841/42) genießt in ihrer Schwangerschaft schlechte, fast faulige Orangen: „ihr bläulicher oder grünlicher Schimmel schimmert für meine Augen wie Diamanten: ich erblicke darin Blumen, ich bin mir ihres Kadavergeruchs nicht bewusst und finde ihren Saft aufreizend; er ist von einer weinigen Wärme, ein köstlicher Geschmack." Die verdorbenen Früchte scheinen ihr aus dem Paradies zu stammen, sie fühlt sich an eine abgründige Formulierung aus dem Roman *Oberman* (1804) von Étienne Sénancour (1770-1846) erinnert: „Die Wurzeln trinken aus stinkendem Wasser [les racines s'abreuvent dans une eau fétide]"[42], ist zugleich von dem tieferen Sinn ihrer Empfindungen überzeugt, da sie ein Ergebnis der Natur seien und von vielen Frauen geteilt würden. Schwangerschaft verweist auf die Schöpfung aus dem Nichts und ebenso auf das ins Anorganische wieder vergehende Leben.

39 William Shakespeare: Julius Caesar, a. d. Engl. (1599), Berlin 1989, S.326.

40 Anselm Feuerbach: Das Geheimnis des Opfers, 1866, in: Gesammelte Werke, Bd.11, Berlin 1927, S.78f.

41 Theodor Fontane: Stechlin, 1897, Berlin 1977, S.101.

42 Honoré de Balzac: Memoiren zweier Jungvermählter, a. d. Franz. (1841/42), in: Die Menschliche Komödie, Bd.1, München 1971, S.438; Étienne Sénancour: Oberman, 1804, Bd.2, Brüssel 1837, S.193.

Weitreichend Erkenntnisfortschritte werden in der Physiologie, Pathologie und Therapie des Essens und Trinkens im 19. und 20. Jahrhundert erzielt. Zugleich kommt es mit der Spezialisierung der Wissenschaften auch hier zu anthropologischen Reduktionen. Vor der Biologisierung des Geschmackssinn und damit aller Sinne warnt eindrücklich Viktor von Weizsäcker: „Aber nicht nur der religionshafte, säkulare und rituale Charakter von Essen, Trinken, Schlaf und Beischlaf geht dabei verloren; auch die Naturseite selbst wird dabei eingeengt und schließlich verfälscht dargestellt."[43]

Der wissenschaftlich weniger beachtete Geruchssinn ist für sinnliche Genüsse, für das Zusammenleben der Menschen, für die intimen Beziehungen von der Geburt bis zum Tod besonders wichtig und findet sich immer wieder in Werken der Künste und Literatur in seiner physiologischen, pathologischen Phänomenologie und geistigen Bedeutung.

Neuere Forschungen haben eine ungleich größere Differenziertheit nachgewiesen, als bislang angenommen wurde; vom Menschen sollen mehr als eine Trillion unterschiedliche Gerüche gegenüber mehreren Millionen Farben und einer halben Million Tönen wahrgenommen und unterschieden werden können.[44]

Sexuelle Anziehung und Partnerwahl werden vom Geruch beeinflusst. Mittel zur Schwangerschaftsvermeidung können störende Folgen haben, insofern bei Absetzung der Pille der bislang attraktive Partner als unangenehm empfunden werden kann. Unterschiede im Geruch und Geruchsvermögen kennzeichnen die verschiedenen Rassen. Verlust des Geruchssinns (Anosmie) hat verschiedene Ursachen (Virusinfektion, Entzündungen der Riechschleimhaut, Alzheimer- und Parkinson-Krankheit); Hyperosmie als gesteigerter Geruchssinn sensibilisiert nicht selten gerade für unangenehme Gerüche, während Kakosmie schöne Gerüche als ekelhafte wahrnehmen lässt.

Literarische Texte bieten stimulierende Beispiele. Der hypersensible Des Esseintes im Roman *Gegen den Strich* (1884) von Joris-Karl Huysmans (1848-1907) erfindet eine Geruchsorgel zur Erhöhung dieses Sinnes. „Schon seit Jahren war er in der Wissenschaft der ‚feinen Nase' [science du flair] geübt; er war der Meinung, daß der Geruch die gleichen Genüsse verschaffen könne wie das Gehör und das Gesicht, indem jeder Sinn durch natürliche Begabung und sorgsame Übung empfindlich genug

---

43 Viktor von Weizsäcker: Pathosophie, Göttingen 1956, ²1967, S. 94.
44 Caroline Bushdid, Marcelo O. Magnasco, Leslie. Birgit Vosshall u. Andreas Keller: Humans can discriminate more than 1 trillion olfactory stimuli, in: Science 343(2014) S.1370-1372; vgl. a.. Jakob von Engelhardt, Dragos Joan Inta u. Hannah Monyer: Im Dschungel der Düfte. Geruchssinn und Gehirn, in: Manfred Spitzer u. Wulf Bertram, Hg.: Braintertainment. Expeditionen in die Welt von Geist & Gehirn, Frankfurt a. M. 2007, S.144-155.

wäre, neue Eindrücke aufzunehmen, sie zu verzehnfachen, zu koordinieren und die Gesamtheit daraus zu bilden, die ein Werk ausmacht."[45] Von dem Jesuitenpater Luis Bertrand Castel (1688-1757) stammt die parallele Idee eines Augenklaviers, bei dem jeder Tastenanschlag die Erleuchtung eines Farbfensters auslöst, um damit Menschen ohne Gehörsinn einen Eindruck von Musik geben zu können. Alle Sinne können politisch aufgegriffen werden. Neben anderen Sinnen wird der Geruchssinn als Instrument der Diktatur in Aldous Huxleys (1894-1963) *Brave New World* (1932) genutzt; eine Geruchsorgel kommt ebenfalls zum Einsatz. In Patrick Süskinds *Das Parfum* (1985) ist Jean-Baptiste Grenouille geruchlos und wächst bei einer Frau auf, die bei einem Unfall ihr Geruchsvermögen und damit alle Empfindungen verloren hat. Grenouille verfügt selbst über ein phänomenales Geruchsvermögen, das ihn zu einem Parfümeur und Mörder werden lässt. Der Hinrichtung entgeht er zwar, wird jedoch wegen des vom ihm kreierten unwiderstehlichen Parfüms von einer Meute hysterischer Menschen zerrissen und verschlungen.

Soziale und religiöse Folgen des Verwesungsgeruchs werden im Roman *Die Brüder Karamasow* (1879/80) des russischen Schriftstellers F. M. Dostojewskij (1821-1881) beschrieben. Ein Spektrum unterschiedlicher Gefühle und Gedanken löst bei Laien und Mönchen der bereits nach wenigen Stunden und damit verstörend frühzeitig auftretende Geruch des Leichnams des Heiligen Sossima aus. Der Verwesungsgeruch wird mit sittlichem Verfall gleichgesetzt, er verunsichert die Menschen in ihrem Glauben, läßt das Verhältnis von Immanenz und Transzendenz fraglich werden. Verwesung erscheint zugleich als das Wesen des Lebens, Tod gehört zum Leben.

Die in den Naturwissenschaften und der Medizin besonders intensiv erforschten Fernsinne Sehen und Hören stehen auf mannigfache Weise mit Sinn in einem Zusammenhang, der ebenfalls in zahlreichen Redewendungen und Sprichwörtern seinen Ausdruck gefunden hat. Man verschafft sich Gehör, verlangt Gehorsam, kann über beide Ohren verliebt sein oder auch einem Menschen hörig werden; manche Worte gehen zum einen Ohr herein und zum anderen wieder heraus; wer nicht hören will, muss fühlen; man sieht – oder sieht nicht – über den eigenen Tellerrand hinaus; man kann seine Felle davon schwimmen sehen und auch der Gefahr ins Auge blicken; der Wald wird oft vor lauter Bäumen nicht gesehen; man sieht auf jemanden herab, kann aber nicht in sein Herz sehen; man ist ganz Ohr und Auge oder traut seinen Augen und Ohren nicht; Worten sollen Taten folgen, es gibt das beredte Schweigen. Entsprechend umfassend und vielfältig sind die Beschreibungen und Interpretationen in den Künsten und der Literatur.

Farben sind nicht nur physikalische Phänomene, sondern haben vielfältige Konsequenzen für das Leben des Menschen. Goethe (1749-1832) weist mit zahlrei-

---

45 Joris-Karl Huysmans: Gegen den Strich, a.d. Franz. (1884), Zürich 1965, S.212.

chen konkreten Beispielen den Farben neben ihrer naturwissenschaftlichen eine
sinnlich-sittliche Bedeutung zu. Jede Farbe offenbare ihr Wesen dem Auge wie
dem Gemüt, woraus unmittelbar folge, „daß die Farbe sich zu gewissen sinnlichen,
sittlichen und ästhetischen Zwecken anwenden lasse."[46] Von der Natur der Farben
leite sich ihre symbolische (Purpur = Majestät), von der zufälligen oder willkürlichen
Anwendung ihre konventionelle (grün = Hoffnung) und von dem Urverhältnis
zur Natur und dem Menschen ihre mystische Seite ab (Übergänge der Farben =
himmlisch-irdische „Ausgeburten"). Auf diese transphysischen Zusammenhänge
müsse auch der Künstler achten. „Aus der sinnlichen und sittlichen Wirkung der
Farben, sowohl einzeln als in Zusammenstellung, wie wir sie bisher vorgetragen
haben, wird nun für den Künstler die ästhetische Wirkung abgeleitet."[47]

Sinnesstörungen von Geisteskranken können sich auf alle Sinne beziehen;
Halluzinationen zeigen sich quantitativ vor allem in optischer und akustischer
Form. Manische Psychosen intensivieren Sinneswahrnehmungen und machen
die Krankheit für den Betroffenen zu einem besonderen Ereignis. Über ihre
Wahrnehmungen in der Manie berichtet eine Patientin: „Sie wisse jetzt erst, was
Farben, Gerüche, Tastempfinden, aber auch, was Musik wirklich an berauschenden
Gefühlseindrücken bedeuten könnten. Der Farbzusammenklang auf einem Bild
von Renoir, das im Krankenzimmer hing, der Duft eines Nelkenstraußes, der Saft
eines frischen Apfels oder die Wonne eines edlen Gewebes für die Fingerspitzen
könne kaum in Worte gefaßt werden. Die Erlebnisfähigkeit des Alltags sei dagegen
von einer jämmerlichen Stumpfheit und Langeweile, über allem liege eine zähe
graue Decke. Wer nicht manisch gewesen sei, sei arm und könne sich höchstens
damit trösten, daß er ja nicht wisse, welche Erlebnisfülle das Dasein bereithalte,
wenn die Krankheit den Blick dafür öffne."[48] Mit der Therapie, auf die wegen der
Selbst- und Fremdgefährdung nicht verzichtet werden kann, werden Intensität und
Reichtum der Sinneswahrnehmungen verringert oder aufgehoben.

Die physischen Sinne des Menschen hängen auf vielfältige Weise miteinander
zusammen und sind auch in diesen Wechselbeziehungen zugleich immer wieder
auf seelisch-geistige oder sozialkulturelle Sinnebenen bezogen. Während wiederholt von Malern die einzelnen Sinne für sich dargestellt werden, gibt Herman
van Aldewereld (1628-1669) in der *Allegorie der Sinne* (1651) alle Sinne wieder, die
Fern- und Nahsinne getrennt voneinander auf der linken und rechten Bildhälfte

46 Johann Wolfgang von Goethe: Zur Farbenlehre, 1810, in: Werke, Bd.13, Hamburg ⁴1962,
    S.520.
47 Johann Wolfgang von Goethe: Zur Farbenlehre, 1810, in: Werke, Bd.13, ⁴1962, S.509.
48 Hans Jörg Weitbrecht: Depressive und manische Psychosen, in: Psychiatrie der Gegen-
    wart, Bd.2, T.1, Berlin 1972, S.103.

und zwar nicht in traditionell geschlechtsspezifischer Unterscheidung; die Sinne der Nähe und Ferne werden Frauen und Männern gleichermaßen zugeordnet, auch wenn traditionell Frauen eher für den Intimbereich und Männer für den Fernbereich zuständig sein sollen.

Vor allem Essen und Trinken können mit allen Sinnen und zugleich dem geistigen Sinn in einen Zusammenhang gebracht werden. Ein die Zeiten überdauerndes Beispiel ist das antike Konzept der Diätetik mit seinen sechs Dimensionen, das im 19. Jahrhundert mit der naturwissenschaftlichen Grundlegung der Medizin auf Diät reduziert wird. Diese Dimensionen werden als nicht-natürlich (lat. non-naturales) bezeichnet, weil sie sich nicht von selbst verstehen, sondern vom Menschen in die Hand genommen, stilisiert werden müssen, in seine eigene Verantwortung fallen, Momente der Natur und Kultur sind.

Das Abendmahl stellt nicht nur Essen und Trinken, sondern alle Sinne in den sozialen Zusammenhang und vor allem in die Perspektive der religiösen Transzendenz, verleiht Liebe und Verrat einen eschatologischen Sinn; ohne Judas keine christliche Heilsgeschichte. „Und während sie aßen, sprach er: Wahrlich, ich sage euch: Einer von euch wird mich verraten." (*Matth.* 26,20) Friedrich Hölderlin (1770-1843) verbindet im Genuss von Brot und Wein Immanenz und Transzendenz, bringt den griechischen Gott Dionysus in eine Nähe zu Christus: „Brod ist der Erde Frucht, doch ists vom Lichte gesegnet, und vom donnernden Gott kommet die Freude des Weins."[49]

Hochzeitsmahl, Leichenschmaus, Henkersmahl sind besondere Situationen des Essens und Trinkens, die in allen Kulturen vorkommen und in Kunst und Literatur wiederholt beachtet werden. Kreon gibt der zum Tode verurteilten Antigone Essen ins entlegene Grab: „Da draußen, wo sich keines Menschen Spur mehr zeigt, verberg' ich lebend sie in einem Felsengrab mit soviel Nahrung nur, daß keine Schuld uns trifft."[50] Der Geist von Hamlets Vater beklagt sich, „ohn' Beichte, Abendmahl und letzte Ölung"[51] sterben gemusst zu haben. Hinrichtungen werden in Europa und den USA meist vor Mitternacht oder am frühen Morgen durchgeführt und bringen die Henkersmahlzeit damit in einen inneren Bezug zum Abendmahl; die tiefere Bedeutung liegt in der Versöhnung der Lebenden mit dem Toten im Essen und Trinken.

Sinne und ihr Sinn sind interkulturelle Phänomene und auch nicht an eine bestimmte Religion geknüpft. Im Islam sind Essen und Trinken sozial und sakral, zugleich soll auch hier im kosmologisch-anthropologische Sinn der Antike auf

---

49 Friedrich Hölderlin: Brod und Wein, in Sämtliche Werke, Bd.2, Stuttgart 1951, S.94.

50 Sophokles: Antigone, in: Tragödien und Fragmente, München 1966, S.287.

51 William Shakespeare: Hamlet, a.d.Engl. (um 1600/1601), Berlin 1989, S.395.

Jahreszeiten, Tageszeiten und Lebensphasen wie Bewegung und Ruhe, Ausscheidungen und Affekte geachtet werden. Von Mohammed (570-622) ist seine Vorliebe
für Lamm, Milch, Datteln und Honig wie seine Ablehnung von Zwiebeln und
Knoblauch überliefert. Der Prophet soll regelmäßige Fastenzeiten eingehalten und
sich nie satt gegessen haben. „Ich faste und ich esse, ich wache und ich schlafe, ich
lebe in der Ehe." Notwendig ist das rechte Maß, Übertreibungen sollen vermieden
werden, vita contemplativa und vita activa müssen – eine Herausforderung für den
Umgang mit allen Sinnen – in einen vernünftigen Ausgleich gebracht werden. Gott
gibt „dem, der arbeitet und nicht dem, der nur betet und fastet."[52]
    Der Tastsinn steht in seiner Verbindung mit anderen Sinnen ebenfalls zugleich
mit dem Sinn von Seele und Geist in Zusammenhang. Berührung erscheint im
Neuen Testament als Vergewisserung wie auch Verbot und relativiert übliche
Hierarchisierungen der Unterordnung; niedere Sinne werden zu höchsten Sinnen.
Jesus fordert den Jünger Thomas auf, ihn zu berühren, um sich seiner Existenz zu
vergewissern. „Reiche deinen Finger her und sieh meine Hände und reiche deine
Hand her und lege sie in meine Seite, und sei nicht ungläubig, sondern gläubig!"
(*Joh.* 20,27) Maria Magdalena wird dagegen – ebenfalls ein Zeichen der Hoch-
schätzung dieses Sinnes – von Jesus mit dem Wort „noli me tangere" von jedem
körperlichen Kontakt mit ihm abgehalten. „Rühre mich nicht an! denn ich bin
noch nicht aufgefahren zum Vater" (*Joh.* 20,17).
    Sinne können sich gegenseitig bereichern und steigern, aber auch stören und
paralysieren. Ungewohnte Kombinationen der Sinne können Ablehnung und Ekel
auslösen, worauf Herder ausdrücklich hinweist: „Wir schauern zusammen bei einem
äußerst disharmonischen Schalle: unsere Zunge widert bei übelm Geschmack, wie
der Geruch bei widrigem Dufte."[53] Der Verzehr eines blauen Schweinesteaks oder
das Trinken des eigenen Speichels wird bei den meisten Menschen zu Unbehagen
oder Widerwillen führen. Von den Sinnen kann Reflexion oder geistiger Sinn zum
Erliegen gebracht werden. Die Philosophin Edith Landmann (1877-1951) ist von
einer konfliktreiche Spannung zwischen der Vertiefung in die Sinne und dem Re-
alitätsbewusstsein überzeugt: „Je mehr wir uns den Sinnen hingeben, desto mehr
schwindet das Bewusstsein von Realität, wir sind wie in einem Traum befangen."[54]
Bekannt und oft zu beobachten ist die Methode, die Intensität bei der Aufnahme
von Musik durch Verschließen der Augen zu steigern. Der Maler Fernand Khnopff
(1858-1921) hält 1883 eine entsprechende Szene auf dem Bild *Schumanns Werken*

---

52 Tor Andreae: Mohammed. Sein Leben und sein Glaube, Göttingen 1932, Nachdruck
    Hildesheim 1977, S.148.
53 Johann Gottfried Herder. Vom Erkennen, in: Werke, Bd.4, Frankfurt a.M. 1994, S.346.
54 Edith Landmann: Metaphysik der Erkenntnis, Berlin 1923.

zuhörend fest. Über das Mitlesen der Partitur beim Hören können einzelne Instrumente klarer hervortreten, wahrgenommen und ins Bewusstsein gelangen.
Der Ausfall des Sehsinnes in der Blindheit kann durch andere Sinne kompensiert werden, seine Rückgewinnung kann zu Irritationen auf der Ebene der Sinne wie des Sinnes führen. Nach Denis Diderot (1713-1784) verstärkt Blindheit den Tastsinn (*Brief über die Blinden zum Gebrauch für die Sehenden*, 1749). Der Bericht des englischen Anatomen und Chirurgen William Cheselden (1688-1752) über die spezifischen und abnormen Wahrnehmungen und Empfindungen nach der operativen Heilung eines blinden Jungen im Alter von 13-14 Jahren, der sein Augenlicht bereits vor der Geburt oder so kurz danach verloren hat, daß ihm keine Erinnerung geblieben war[55], stößt auf das Interesse der Zeitgenossen und bietet eine reale Erfahrung zu einem entsprechenden Gedankenexperiment des Philosophen John Locke (1632-1704) in seinem *Versuch über den menschlichen Verstand* (1690).

Synästhesie meint krankhafte Mitempfindung von Sinnen – zum Beispiel Wahrnehmung von Farben und Zahlen als Töne oder Temperatur oder menschliche Eigenschaften, grün etwa als warm, fünf als blau, sieben als freundlich. Synästhesie heißt aber auch die keineswegs krankhafte Verbindung der verschiedenen äußeren Sinne mit dem inneren Sinn, mit Denken und Verhalten.

Das vom Autor dieses Beitrages entwickelte Konzept des synästhetischen Essens entspricht der geistig-körperlichen, kulturell-natürlichen Ganzheitlichkeit und kann in der Medizin, der schulischen Erziehung, beruflichen Ausbildung, im normalen Leben aufgegriffen werde. Die einzelnen Gänge werden beim synästhetischen Essen jeweils unter ein besonderes Thema gestellt; Speisen, Getränke, Geschirr und Tischdecke, Bilder, Musik und vor allem Gespräche werden in dieser Perspektive aufeinander abgestimmt und lassen eine kommunikative Gemeinsamkeit unter den Teilnehmern entstehen, die heute keineswegs immer, wie die Erfahrung lehrt, im privaten und öffentlichen Leben mehr gegeben ist.

Medizin ist Wissenschaft und Kunst, Kunst und Literatur haben therapeutische Kräfte. In der Kunsttherapie werden alle Sinne genutzt – als Unterstützung oder Ergänzung der Behandlung körperlicher oder psychischer Störungen und Krankheiten – in einer Tradition, die bis in die Antike zurückreicht.[56] Vom Besuch von

---

55 William Cheselden: An account of some observations made by a young Gentleman, who was born blind, or lost his Sight so early, that he had no remembrance of ever having seen, in: Philosophical Transactions 35(1727)S. 447-450.

56 Walther Zifreund, Hg.: Therapien im Zusammenspiel der Künste, Tübingen 1996; Dietrich v. Engelhardt, Hg.: Bibliotherapie. Arbeitsgespräch der Robert Bosch Stiftung 1985 in Stuttgart, Gerlingen 1987; Morris R. Morrison, Hg.: Poetry as Therapy, New York 1987; Hilarion Petzold u. Ilse Orth, Hg.: Poesie und Therapie. Übe die Heilkraft der Sprache. Poesietherapie, Bibliotherapie, Literarische Werkstätten, Paderborn 1985.

Tragödien erwartet Aristoteles eine kathartische Wirkung, eine Reinigung der Affekte Mitleid (éleos) und Furcht (phóbos).[57] David steht Saul in den Zeiten seiner Schwermut mit der Harfe bei: „So oft nun der böse Geist von Gott über Saul kam, nahm David die Harfe und spielte darauf mit seiner Hand. So wurde es Saul leichter, und es ward besser mit ihm, und der böse Geist wich von ihm" (*1. Samuel* 16, 23). Das Schreiben von Briefen soll nach antiker wie mittelalterlicher Auffassung nicht nur dem Empfänger, sondern auch dem Schreiber eine Hilfe sein können.

Bücher lindern Lavinias Schmerz und Kummer über ihre Entehrung und die Amputation von Hände und Zunge, d.h. den Verlust ihres Tast- und Sprachvermögens in Shakespeares *Titus Andronicus* (um 1592). In Molières (1622-1673) Komödie *Monsieur de Pourceaugnac* (1669) wird für die Anwendung aller Sinne in der Therapie plädiert. Gespräche, Musik, Gesang und Tänze, selbst Farben des Krankenzimmers sollen die Behandlung psychosomatisch unterstützen können. In Samuel Warrens (1807-1877) Erzählung *Cancer* (1831) fühlt sich eine Frau in den furchtbaren Schmerzen bei der Brustamputation – wirkliche Anästhetika standen zu jener Zeit noch nicht zur Verfügung – durch die Lektüre der Liebesbriefe ihres Mannes erleichtert: „Ihre Augen blieben unausgesetzt mit einem Hinblick glühender Zärtlichkeit auf die treuen Schriftzüge ihres Gatten geheftet; sie bewegte während der ganzen schmerzhaften, sich lange hinzögernden Operation kein Glied, und nur eine leises Seufzen wurde zuweilen von ihr vernommen."[58] Zu Bildern der Gesundheit im Krankenhaus wird in André Gides Roman *Paludes* (1895) geraten: „Man heilt den Kranken nicht, indem man ihm seine Krankheit zeigt, sondern indem man ihm das Schauspiel der Gesundheit vorführt. Man müßte einen normalen Menschen über jedes Spitalbett malen und die Korridore mit farnesinischen Herkulessen vollstopfen."[59] Der krebskranke Apotheker Malone in Carson McCullers (1917-1967) Roman *Uhr ohne Zeiger* (1961) gewinnt Trost und Kraft aus der Lektüre von Sören Kierkegaards (1813-1855) *Krankheit zum Tode* (1849) und vor allem aus der Warnung, dass die größte Gefahr im Leben im Verlust des Ichs liege, weil dieser sich unbemerkt und still vollziehe, während andere Verluste wie der des Ehepartners, einer beruflichen Stelle oder eines Autos sofort bemerkt werde. „Wenn Malone nicht eine unheilbare Krankheit gehabt hätte, wären diese Worte einfach Worte geblieben, ja er hätte die Hand überhaupt nicht nach dem Buch ausgestreckt"[60]

---

57 Aristoteles: Poetik, a.d.Griech. (um 335 v. Chr.), Berlin 2008, S. 9.

58 Samuel Warren: Cancer, in: Affecting scenes, being passages from the diary of a physician, New York 1831, (dt. v.E.)

59 André Gide: Paludes, a.d.Franz. (1895), Frankfurt a.M. 1962, S.69.

60 Carson McCullers: Uhr ohne Zeiger, a.d.Engl. (1961), Zürich 1974, S.138.

Kunsttherapie als Zusammenwirken von Gespräch und Musik sowie von Aktivität und Passivität, Produktion und Rezeption unter der leitenden Aufsicht des Arztes wird in Goethes *Wilhelm Meisters Wanderjahre* (1821/29) entworfen. Flavio empfindet in der Phase seiner beginnenden Genesung das Bedürfnis, Gedichte zu schreiben und wird dabei von Hilarie auf dem Klavier verständnisvoll und unterstützend begleitet: „Hier nun konnte die edle Dichtkunst abermals ihre heilenden Kräfte erweisen. Innig verschmolzen mit Musik, heilt sie alle Seelenleiden aus dem Grunde, indem sie solche gewaltig anregt, hervorruft und in auslösenden Schmerzen verflüchtigt."[61]

Entsprechend der Logik oder Seinsart von Kunst und Literatur stehen die Sinne Sehen und Hören im Vordergrund der kunsttherapeutischen Interventionen als Bibliotherapie und Musiktherapie; der Tastsinn wird in der Mal- und Werktherapie aber ebenfalls eingesetzt, auch der Geruchssinn kommt zur Anwendung. Tanztherapie lebt ohnehin vom Zusammenspiel mehrerer Sinne. Naturgemäß üben die unterschiedlichen Krankheiten einen jeweils spezifischen Einfluss auf die Möglichkeiten und Grenzen der Kunsttherapie aus. Entscheidend sind weniger medizinische Ätiologie und Pathophänomenologie als die Anthropologie der jeweiligen Krankheit mit ihren besonderen Auswirkungen auf die Leib-, Raum- und Zeitbeziehung, den sozialen Kontakt, das Welt- und Selbstbild des kranken Menschen, auf die von der Kunst heilend eingewirkt werden soll.

Jede Kunst besitzt ihre spezifischen Möglichkeiten – in der Produktion wie in der Rezeption, in den Interessen und der Begabung des Kranken, in den verschiedenen Krankheiten und therapeutischen Situationen, in der Phantasie und Empathie des Therapeuten, in der Vermittlung des Kunstwerkes. Eine komparative Studie der verschiedenen kunsttherapeutischen Richtungen steht – bei zahlreichen wichtigen Einzelstudien – noch aus. Insbesondere ist die Entwicklung einer integrierten Kunsttherapie in der Ausbildung und Praxis eine Zukunftsaufgabe. Kunst und Medizin unterscheiden sich aber auch, sind nicht identisch. Franz Kafka (1883-1924) verspricht sich von der Literatur eine Wirkung auf nahezu alle Sinne und ihren Sinn, die weit über jede medizinische Therapie hinausgeht. Die Lektüre von Büchern müsse „die Axt sein für das gefrorene Meer in uns."[62]

---

61 Johann Wolfgang von Goethe: Wilhelm Meisters Wanderjahre, 1821/29, in: Werke, Bd. 5, Hamburg 1950, S. 206f.

62 Franz Kafka an Oskar Pollak, 1904, in: Kafka: Briefe 1902–1924, Frankfurt a. M. 1958, S. 28.

IV   Perspektiven

Die physischen Sinne besitzen biologische und stets auch anthropologische, soziale und kulturelle Dimensionen, können nicht auf die naturwissenschaftlich-medizinische Ebene reduziert werden. Von den Sinnen hängt die Beziehung des Menschen zu Raum und Zeit, zu Bewegung und Ruhe, zum eigenen und fremden Körper, zur Nahrungsaufnahme, zur Sexualität und Fortpflanzung, zu den Mitmenschen wie auch zum eigenen Selbst- und Weltbild ab.

Die individualpsychologische und sozialkulturelle Bedeutung fällt für die verschiedenen physischen Sinne unterschiedlich aus. Stets spielen ethische oder moralische Gesichtspunkte eine Rolle. Die Sinne können mit den sozialen Aufgaben und geistigen Aktivitäten in einem ausgewogenen Zusammenhang stehen, ebenso möglich sind aber auch einseitige und destruktive Akzentuierungen mit negativen Folgen. Alter und Krankheit bringen Veränderungen und Verluste mit sich, die nach medizinischem Beistand, aber auch Verständnis und Zuwendung der Familie und Gesellschaft verlangen.

Die Sinne sind dem Menschen nicht nur gegeben, sie können auch verkümmern und verflachen, müssen geübt, entwickelt und verfeinert werden. Familie und Schule, bereits der Kindergarten, berufliche Ausbildung, Politik und Medien sind gefordert. Mit Recht erkennt der Theologe und Philosoph Johann Georg Sulzer (1720-1799) im Jahrhundert der Aufklärung: „Von dem Geschmacke kann man mit völliger Wahrheit sagen, er lasse dem Menschen nichts von seiner natürlichen Rohigkeit, und mache ihn für alles Gute empfindsam."[63] Vom Arzt und seiner Therapie werden sinnliche Sensibilität und Wahrnehmung erwartet. Für die spätere erfolgreiche und überzeugende ärztliche Tätigkeit hält der Mediziner Rudolf Virchow (1821-1902) eine „Erziehung der Sinne" im Medizinstudium für unbedingt notwendig. „Aber die eigentliche Schulung sollte in der Erziehung der Sinne, vorzugsweise des Gesichts und des Gefühls, bestehen." Diese Schulung besitze für den Mediziner „den grössten Werth, da nicht selten die Diagnosen der wichtigsten Zustände davon abhängen."[64] Auch der Kranke kann, unterstützt durch Kunsttherapie, seine Sinneswahrnehmung steigern und damit zur Heilung oder Bewältigung eines chronischen Leidens beitragen.

---

63   Johann Georg Sulzer: Geschmack, in: Allgemeine Theorie der schönen Künste, Bd.2, Leipzig ² 1792, Nachdruck Hildesheim 1967, S.376.

64   Rudolf Virchow: Lernen und Forschung. Rede beim Antritt des Rectorats an der Friedrich-Wilhelms-Universität zu Berlin, gehalten am 15. October 1892, Berlin 1892, S.23f.

Körperkultur, Lebenskunst und soziales Zusammenleben sind auf die Entwicklung der Sinne und ihre Synästhesie angewiesen – ein Ziel, das nie endgültig erreicht werden kann, sondern stets von neuem eine faszinierende Herausforderung darstellt. Der Reichtum der Künste und Literatur bietet Anregungen und Hilfe. Geruch, Geschmack und Gehör führen in Marcel Prousts (1871-1922) Roman *Auf der Suche nach der verlorenen Zeit* (1913/27) zur Wesenserkenntnis, zur Aufhebung von Raum und Zeit, zur wahren Ich- und Weltidentität: „Sobald aber ein bereits gehörtes Geräusch, ein schon vormals eingeatmeter Duft von neuem wahrgenommen wird, und zwar als ein gleichzeitig Gegenwärtiges und Vergangenes, ein Wirkliches, das gleichwohl nicht dem Augenblick angehört, ein Ideelles, das deswegen dennoch nichts Abstraktes bleibt, wird auf der Stelle die ständig vorhandene, aber gewöhnlich verborgene Wesenssubstanz aller Dinge frei, und unser wahres Ich, das manchmal seit langem tot schien, aber es doch nicht völlig war, erwacht und gewinnt neues Leben aus der göttlichen Speise, die ihm zugeführt wird."[65]

---

65 Marcel Proust: Auf der Suche nach der verlorenen Zeit, a. d. Franz. (1913-27), Bd.7, Frankfurt a. M. 2011, S.267.

Sinn der Sinne
Ästhesiologie und Soziologie bei Simmel und Plessner

Joachim Fischer

Einleitung

1 Soziologie der Sinne

Ausgangspunkt jeder Soziologie der Sinne muss Simmels ,Exkurs über die Soziologie der Sinne' sein – und zwar nicht aus Pietät vor einem klassischen Text, auch nicht wegen der Anregungsfülle, sondern in Anerkennung der verborgenen Systematik dieses Textes, die Leitfaden jeder „Soziologie der Sinne" sein sollte. Diese Tiefenstruktur aufzudecken, ist Ziel des Beitrages.

Man findet den ,Exkurs' in Simmels ,Soziologie' von 1908, die die ,Formen der Vergesellschaftung' behandelt, im IX. Kapitel ,Der Raum und die räumlichen Ordnungen der Gesellschaft', eingeschoben im Abschnitt D, der das Phänomen sinnlicher Nähe beziehungsweise Distanz zwischen Individuen erörtert.[1] Trotz seiner Verstecktheit und scheinbaren Beiläufigkeit ist dieser Text Simmels als eine soziologische ,Perle' natürlich längst entdeckt und oft zitiert. Einen Schritt weiter könnte man allerdings diesen kleinen, kompakten Exkurs als Zentraltext aller Projekte einer Soziologie der Sinne oder allgemein sogar einer ,Soziologie des Körpers' ansehen. Und zwar deshalb, weil auffällig ist, dass Simmels Essay über die *„Soziologie der Sinne"* voller *nicht-soziologischer* Sätze über die Sinne steckt, die er mit *soziologischen* Sätzen kombiniert; und die letzteren weisen wiederum – worauf analytisch alles ankommt – eine doppelte Gerichtetheit auf, je nach dem nämlich, ob die Sinne die soziale „Wechselwirkung" (oder ,Interaktion') überhaupt erst stiften *oder* ob die sozialen Wechselwirkungen konkreter Gesellschaften die sinnliche Ausstattung der Menschen jeweils modifizieren oder regulieren. Bei allen

---

1 Georg Simmel, Exkurs über die Soziologie der Sinne, in: Ders., Soziologie. Untersuchungen über die Formen der Vergesellschaftung (1908), Berlin, 5. Auflage 1968, S. 483-493.

möglichen inhaltlichen Bedenken im Einzelnen und ergänzenden Beobachtungen könnte Simmels Text vorbildlich darin bleiben: Wie macht man das eigentlich – eine Soziologie der Sinne oder des Körpers?

Nun ist Simmels Text – für ihn typisch – ein Essay, der plastische Phänomenbeschreibungen mit aktuellen und historischen Anspielungen mischt und anreichert und alles mit tief- und scharfsinnigen Reflexionen durchsetzt. Die systematische Wucht des Textes erschließt sich aber erst, wenn man den Text mit den Augen der Ästhesiologen liest – allen voran Helmuth Plessners, der in seiner „Ästhesiologie des Geistes" (1923) eine systematische Theorie der Differenz der Sinne und ihrer jeweiligen Erschließungskraft vorgelegt hat.[2] Aus dem genannten methodischen Interesse – wie macht man eigentlich eine Soziologie der Sinne – stellen sich die nachfolgenden Überlegungen die eingeschränkte Aufgabe, Simmels ‚Exkurs über die Soziologie der Sinne' mit Hilfe von Plessners Ästhesiologie des Geistes zu re-systematisieren, das heißt, den Text zu tranchieren in verschiedene Arten von Aussagen: ästhesiologische von soziologischen abzuheben, und innerhalb der letzteren noch einmal sozial-konstitutive von sozial-regulativen abzusetzen. Erst dann wird Simmels ‚Soziologie der Sinne' als paradigmatisch für eine anthropologische Soziologie kenntlich.

2   Ästhesiologie der Sinne

Die Rekonstruktion setzt mit dem Grundgedanken ein, dass Simmel, wenn er von der „soziologischen Bedeutung des Auges"[3], des Gehörs oder allgemein der Sinne spricht, immer schon mit nicht-soziologischen Prämissen über die Sinne selbst operiert. Man könnte sagen, er operiert soziologisch auf der Basis von *ästhesiologischen* Sätzen, wobei Ästhesiologie (als Lehre von den Sinnen/als Logos der Aisthesis) nicht deckungsgleich ist mit Ästhetik (als Lehre der schönen Künste, die sich im sinnlichen Material gestalten und entfalten).[4] Eine solche Ästhesiologie kann man dann als Teil einer philosophischen Anthropologie verstehen, die systematisch das Verhältnis des Menschen *zu* seinem Körper rekonstruiert, das er *in* und *aus* seinem Körper heraus lebt, wohlgemerkt als ein Teil – denn ein anderer – komplementärer

---

2   Helmuth Plessner, Einheit der Sinne. Grundlinien einer Ästhesiologie des Geistes (1923), in: Ders., Gesammelte Schriften, hg. v. G. Dux, O. Marquard, E. Ströker, Bd. III, Frankfurt a. M. 1980, S. 7-315.

3   Simmel, Soziologie der Sinne, S. 485.

4   Der Terminus der ‚Ästhesiologie' wird offenbar erst in den 20er Jahren von Helmuth Plessner und später von Erwin Straus in die neuere Wissenschaftssprache eingeführt.

– Teil dieser Anthropologie wäre z. B. notwendig eine Lehre des Ausdrucks, ein Logos der Expressivität.

Diese nun teils expliziten, teils impliziten *ästhesiologischen* von *soziologischen* Aussagen in Simmels Text abzuheben, ist entscheidend: Denn die ästhesiologischen Aussagen sind den soziologischen Aussagen gegenüber relativ autonom, insofern erstere nicht nur in ihrer ,soziologischen Bedeutung', sondern auch in ihrer psychologischen oder in ihrer kulturellen Bedeutung ausgewertet werden könnten. Versteht man z. B. die Sinne in erster Linie als Medium des Bei-sich-selbst-Seins, des Selbst-Verhältnisses, würde man die Sinne in ihrer ,psychologischen Bedeutung' auswerten – wie es vor allem Plessners Zeitgenosse Erwin Straus[5] unternommen hat. Versteht man hingegen die Sinne als Medium des In-der-Welt-Seins, des Im-Kosmos-Seins, also des Welt-Verhältnisses, lassen sich die Sinne in ihrer ästhetischen oder wissenschaftstheoretischen Bedeutung untersuchen – so hat es vor allem Plessner in dem erwähnten Werk vorgeführt. Wenn Simmel hingegen die „soziologische Bedeutung der Sinne" ins Auge fasst, reflektiert er die Sinne als Medium des Beim-Anderen-Seins, des Sozial-Verhältnisses, wobei er aber eben bereits ästhesiologische Aussagen über die Sinne selbst voraussetzt. So gesehen geht eine implizite oder explizite ,Ästhesiologie der Sinne' einer ,Soziologie der Sinne' systematisch vor – oder, anders gesagt: eine ,Soziologie der Sinne' impliziert notwendig eine ,Ästhesiologie'.

Die nachfolgenden Überlegungen versammeln und sichten also zunächst die ästhesiologischen Aussagen Simmels über die Sinne; dann wendet die Reflexion sich seinen soziologischen Aussagen zu – und trennt hier scharf zwischen Aussagen über die *Sozialkonstitution durch die Sinne* und über die *Sozialregulation der Sinne durch die jeweilige Gesellschaft*. Nur um Winke zu geben, wie man entlang dieser Systematik einer Soziologie der Sinne weiterarbeiten kann, werden dort, wo es um der Sache willen opportun erscheint, jeweils Simmels Aussagen durch einschlägige Erläuterungen anderer Autoren ergänzt.

I   Ästhesiologische Aussagen über die Sinne

Indem Simmel in der ,Soziologie der Sinne' den Menschen als perzipierendes Wesen voraussetzt, ist sein Text durchsetzt mit ästhesiologischen Aussagen über die Struktur und Funktion der Sinne überhaupt. Diese ästhesiologischen Sätze beruhen

---

5   Erwin Straus, Vom Sinn der Sinne. Ein Beitrag zur Grundlegung der Psychologie (1935), 2. vermehrte Aufl. Berlin 1956.

weder auf einer Biologie der Sinne noch auf einer spekulativen Philosophie der Sinne. Genaugenommen arbeitet der geschulte Philosoph Simmel zunächst immer implizit als ein ‚Phänomenologe der Sinne' (auch wenn er diesen Terminus nicht hat) – erst Plessner und Straus treten explizit als Phänomenologen der Sinne auf. Man kann in seinem Exkurs vier Arten von ästhesiologischen Aussagen unterscheiden:

1. *Abstraktion/Sinnlichkeit*: Die zentrale anthropologische Prämisse, die Simmel teilt, ist, dass der Mensch zur Abstraktion von seiner Sinnlichkeit beziehungsweise „sinnlichen Nähe" fähig ist. Simmel spricht auch von der „Streckfähigkeit des Geistes".[6] Damit ist sowohl die Abstraktionsmöglichkeit gemeint, räumlich Getrenntes oder Abwesendes in seiner Zusammengehörigkeit zu erfassen, als auch räumlich-sinnliche Nähe zu vergleichgültigen, das heißt sich durch Streckung kognitiv und emotional aus der sinnlichen Situation mit ihren gegenständlichen Anmutungen, ihren „Erregungen, Reibungen, Attraktionen und Repulsionen"[7] herauszuziehen. Es ist klar, dass Simmel mit dieser These von der Distanzleistung und Abstraktion gegenüber dem Sichtbaren, Greifbaren und Hörbaren die gleichsam klassische erkenntnistheoretische und metaphysische Aussage von der Trennung des mundus intelligibilis von dem mundus sensibilis aufruft, mit der seit Plotin bis zu Kant die strikte Abtrennbarkeit einer Welt des Denkbaren von der Welt sinnlicher Erfahrung reflektiert wird – und diese dualistische und die Ratio privilegierende These ästhesiologisch modifiziert: Für die Kantkritiker seit Herder gilt nämlich nicht mehr der paradigmatische Vorrang der Verstandeswelt vor der Sinnenwelt, wobei letztere nur Exempel zu den autonomen Strukturen der ersteren liefert; die Verstandeswelt wird vielmehr nunmehr als eine Distanzleistung, als eine immer erneute Abstraktionsleistung aus der Sinneswelt rekonstruiert (zum Beispiel in Gestalt der metaphorndurchwirkten Begriffssprache), wobei die Sinneswelt eben dem Erschließungspotential des Geistes durchaus eigene Figuren vorbahnt.

2. *Zweiseitigkeit des Sinneseindrucks*: Weiterhin arbeitet Simmel in seinem Exkurs mit einer vor-soziologischen konstitutiven Doppelgerichtetheit aller Sinneseindrücke, gleich ob gesehen, gehört, geschmeckt oder gerochen: „sie führen in das Subjekt hinein als dessen Stimmung und Gefühl, und zu dem Objekt hinaus, als Erkenntnis seiner"[8]. Jeder Sinneseindruck hat also die Tendenz, mit seinem Gefühlswert das Subjekt gleichsam zu unterlaufen, zu affizieren (oder ‚anzumachen') und die Tendenz, zum Gegebenen als Objekt hinüberzugreifen,

---

6   Simmel, Soziologie der Sinne, S.481.
7   Simmel, Soziologie der Sinne, S. 482.
8   Simmel, Soziologie der Sinne, S. 484.

den Sinneseindruck für die Bestimmbarkeit des Gegebenen auszuwerten. Dieses Theorem von der Zweiseitigkeit des Sinneseindruckes innerhalb der Welt der Sinnlichkeit selbst, dass Simmel hier ins Spiel bringt, ist natürlich prominent seit Baumgartens ‚Ästhetik' im 18. Jahrhundert, insofern dieser mit der Erfindung einer neuen Disziplin in der Philosophie den Aufmerksamkeitsschwerpunkt von der objektiven Dimension des Sinneseindrucks im Hinblick auf Erkenntnisauswertung auf die subjektive Dimension der affektiv-sinnlichen Wertung, der Lust-/Unlust-Erfahrung im sinnlich affizierten Wahrnehmungssubjekt verschob: Offensichtlich – so die Ästhetiker – erheben die im sinnlichen Material gestaltenden schönen Künste – wie die Malerei, die Architektur, die Musik, die Dichtkunst – ebenso Wahrheitsansprüche wie die Wissenschaft – aber im Modus der sinnlichen ‚Erregbarkeit der ganzen Seele', im durch die schönen Effekte hervorgerufenen Affekte.

3. *Differenz der Sinne*: Simmel spricht weiterhin im Exkurs von der „Bedeutung der einzelnen Sinne"[9], durch die Individuen hindurch einander wahrnehmen. Dass gerade Simmel für die Differenz der Sinne, vor allem des Gehörs und des Auges, und damit für Kernfragen der Ästhesiologie sensibilisiert war, ist aus dem Hintergrund seiner frühen musikwissenschaftlichen *und* bildkünstlerischen Reflexionen klar (z. B. der Dissertationsversuch 1880 ‚Psychologisch-ethnologische Studien über die Anfänge der Musik'). Simmel hebt also selbstverständlich – vor jeder psychologischen, kulturellen oder „soziologischen Bedeutung" – *unterschiedliche* Verhältnisse des Sehens, Hörens und Riechens zum je Gegebenen hervor, wenn er am Modus des Sehens die Erfassbarkeit des „Seins", am Modus des Hörens die Vernehmbarkeit des „Werdens" und am Modus des Riechens die Tiefeninvolviertheit des sinnlichen Subjekts ästhesiologisch akzentuiert. „Indem wir etwas riechen, ziehen wir diesen Eindruck oder dieses ausstrahlende Objekt so tief in uns ein, in unser Zentrum, assimilieren es sozusagen durch den vitalen Prozess des Atmens so eng mit uns, wie es durch keinen anderen Sinn einem Objekt gegenüber möglich ist – es sei denn, dass wir es essen."[10] Die Differenz der Sinne ist auch bei Plessner und Straus ein Hauptthema, ja sie ist ein Hauptmotiv ästhesiologischer Untersuchungen der 20er Jahre: Immer geht es um darum, dass die Sinne nicht pauschal Sinnesqualitäten erschließen und insofern dem Verstand bloßes Material für seine Operationen liefern, sondern dass sie entlang ihrer je *verschiedenen Sinnesmodalitäten* je verschiedene Arten von Sinnesqualitäten und damit geistig je verschiedene Zugangsweisen zum Gegenüber erschließen: Eine Phänomenologie der Sinne – als „Ästhesiologie

---

9   Simmel, Soziologie der Sinne, S. 483.
10 Simmel, Soziologie der Sinne, S. 490.

des Geistes" verstanden – kann dann aufweisen, dass Farben in ihrer an dem
Blickstrahl gegenüber liegenden Gegenstand haftenden Qualität eine grundsätzlich anderes Gegebenheitsformat und Animationspotential mit sich führen
als die im Raum um den Wahrnehmenden schwebenden, phänomenal in ihn
eindringenden Töne. Wie die Ausdifferenzierung der Sinne im menschlichen
Leibkörper genau zu fassen ist, ist selbst immer wieder umstritten – aber offensichtlich ist es von den verschiedenen Sinnesqualitäten her sinnvoll folgende
Sinneskreise in ihrer maßgebenden Funktion zu unterscheiden: Neben der
visuellen Wahrnehmung mit den Augen und den auditiven Wahrnehmungen
mit den Ohren die olfaktorische Wahrnehmung mit der Nase, die gustatorische
Wahrnehmung mit der Zunge, die taktile Wahrnehmung mit Haut und Hand,
die propiozeptive Wahrnehmung einschließlich der Schmerzwahrnehmung,
die Temperaturwahrnehmung und die vestibuläre Wahrnehmung von Gleich-
gewichts- oder Schwindelerlebnissen.

4. *Zusammenspiel der Sinne*: Simmels Ausführungen enthalten schließlich auch
ein implizites ästhesiologisches Modell der Einheit der Sinne in ihrer Differenz.
Enthält zwar bereits jeder der von ihm traktierten Sinne den Aspekt der Sein-
serfassung, des Zeit-Vernehmens und der provozierten Gefühlsstellungnahme,
so bildet sich doch erst in der Differenz der Sinne eine Arbeitsteilung (Auge/
Sein; Hören/Werden; Geruch/Stellungnahme), deren Zusammenspiel die komplexe Situierung des Menschen im Selbst-, im Welt- und im Sozialverhältnis
ermöglicht. Dieses ästhesiologische Theorem einer „Einheit der Sinne" in ihrer
Verschiedenheit, den klassischen Topos des „sensus communis" spielt Simmel
z. B. in seinem zur ‚Soziologie der Sinne' sachlich gehörendem Essay zur „Soziologie der Mahlzeit" an, in der neben dem Sinn des Schmeckens (Essen und
Trinken) die Sinne des Geruchs, des Sehens (der Speisen, des Tisches) und des
Hörens (der Unterhaltung) die Situation sozial kompex konstituieren und der
sozialen Regulation bedürfen.[11]

II   Soziologische Aussagen über die Sinne

Auf der Basis seiner expliziten oder angespielten ästhesiologischen Aussagen, die
man mit Plessner nachträglich systematisieren kann, kann Simmel nun zu einer
Soziologie der Sinne, zu soziologischen Aussagen kommen. Diese sind sachlich

---

11   Georg Simmel: Soziologie der Mahlzeit. In: ders.: Brücke und Tor. Stuttgart 1957, S.
     243-250.

umso gewichtiger und wegweisender, weil zum Beispiel Plessner selbst als Phänomenologe der Sinne nur wenige explizit ‚soziologische' Konsequenzen aus seiner
„Anthropologie der Sinne" gezogen hat.[12] Nur muss man auch hier Simmels Aussagen systematisieren, will man sie für eine „Soziologie der Sinne" nachhaltig werden
lassen. Wenn Simmel also von der „fundamentalen soziologischen Bedeutung"[13]
der Sinne spricht, zeigt sich bei genauerer Prüfung, dass er zwei verschiedene Ebenen soziologischer Bedeutung verfolgt. „Soziologische Bedeutung" meint erstens
soziologische Tragweite der Sinne, das heißt, die Sinne sind in ihrer Eigenordnung
und Differenz selbst von sich her von Gewicht beim Aufbau und Konstitution der
sozialen Welt. Zweitens meint „soziologische Bedeutung" so etwas wie soziologische Auslegung: dann sind die Sinne und Sinnlichkeit des Menschen durch die
jeweiligen Sozial-Verhältnisse kulturell gedeutet, modelliert, reguliert, konstruiert.

II.1   Sozial-konstitutive Aussagen über die Sinne

Im ersten Verständnis von „soziologischer Bedeutung" spricht Simmel von den
„soziologischen Leistungen der Sinne"[14] und davon, „dass von dieser Struktur
unserer Sinne und ihrer Objekte, soweit der Mitmensch ihnen solche bietet, die
ganze Art des menschlichen Verkehrs getragen wird." Anders gesagt, hätten wir
nicht jene Leistungsart und „Leistungsdifferenz der Sinne" – „so würde unser in-
terindividuelles Leben auf einer absolut andern Basis steh[e]n."[15] Sozial-konstitutiv
sind die Sinne für Simmel in mindestens fünffacher Hinsicht.

1. *Vorbegrifflicher Kontakt*: Die sinnliche Vermittlung stiftet für Simmel ein
   vor-begriffliches, vor-prädikatives Wissen des Sozialen, noch vor jedem Hand-
   lungsverstehen. Das ist vor allem „die soziologische Bedeutung des Auges" im
   Zusammenhang mit der „Ausdrucksbedeutung des Antlitzes". „Das Gesicht
   bewirkt, dass der Mensch schon aus seinem Anblick, nicht erst aus seinem
   Handeln verstanden wird. Das Gesicht, als Ausdrucksorgan betrachtet, [...]
   handelt nicht, wie die Hand, wie der Fuß, wie der ganze Körper; es trägt nicht
   das innerliche oder praktische Verhalten des Menschen, sondern es *erzählt*

---

12 Unter diesem Titel hat Plessner 1970 eine gekürzte, modifizierte Fassung seiner
    Ästhesiologie gegeben: Helmuth Plessner, Anthropologie der Sinne, in: Ders., Gesammelte
    Schriften, Bd. III, Frankfurt a. M. 1986, S. 317-393.
13 Simmel, Soziologie der Sinne, 483.
14 Simmel, Soziologie der Sinne, S. 484.
15 Simmel, Soziologie der Sinne, S. 486.

nur von ihm. Die besondere, soziologisch folgenreiche Art des ‚Kennens‘, die das Auge vermittelt, wird dadurch bestimmt, dass das Antlitz das wesentliche Objekt des interindividuellen Sehens ist. Dieses Kennen ist noch etwas anderes als Erkennen."[16]

2. *Emotionale und kognitive Dimension jeder Sozialität*: Die Sinne stiften wegen ihrer grundsätzlichen ästhesiologischen Zweiseitigkeit (ins Subjekt hinein, zum Objekt hinaus) die Beziehung zum Nebenmenschen grundsätzlich immer doppelmotiviert, als Gefühlswert und als Kenntniswert zugleich. Aufgrund der sinnlichen Konstitution der Sozialität enthält jede soziale Beziehung gleichzeitig eine emotional geladene und eine kognitiv erfassende Dimension: „In das Subjekt hineinwirkend, löst der Sinneseindruck eines Menschen Gefühle von Lust und Unlust in uns aus, von eigner Gesteigertheit oder Herabgesetztheit, von Erregung oder Beruhigung durch seinen Anblick oder den Ton seiner Stimme, durch seine bloße sinnliche Gegenwart in demselben Raume. [...] Nach der entgegengesetzten Dimension streckt sich die Entwicklung eines Sinneseindrucks, sobald er zum Mittel der Erkenntnis des Andern wird: was ich von ihm sehe, höre, fühle, ist jetzt nur die Brücke, über die ich zu ihm als zu meinem Objekt gelange. Der Sprachlaut und seine Bedeutung bilden vielleicht das deutlichste Beispiel."

3. *Sinnliche Stiftung der „Wechselwirkung"*: Die konstitutive Kraft der Sinne, die die Ästhesiologie herausarbeitet, ermöglicht hinsichtlich zwischen dem einen und dem anderen Subjekt überhaupt „Wechselwirkung" als Basis jeder Sozialität, sie stiftet per se „lebendige Wechselwirkung"[17]. Simmel exemplifiziert das am Urphänomen des Blicks: „dass der auf den Andern gerichtete, ihn wahrnehmende Blick selbst ausdrucksvoll ist, und zwar gerade durch die Art, wie man den Andern ansieht. In dem Blick, der den andern in sich aufnimmt, offenbart man sich selbst; mit demselben Akt, in dem das Subjekt sein Objekt zu erkennen sucht, gibt es sich hier dem Objekte preis. Man kann nicht durch das Auge nehmen, ohne zugleich zu geben. Das Auge entschleiert dem Andern die Seele, die ihn zu entschleiern sucht. Indem dies ersichtlich nur bei unmittelbarem Blick von Auge in Auge stattfindet, ist hier die vollkommenste Gegenseitigkeit im ganzen Bereich menschlicher Beziehungen hergestellt."[18] Ist dieses „gegenseitige Sich-Anblicken" für Simmel die „unmittelbarste und reinste Wechselbeziehung"[19], so stiftet das Gehör, beziehungsweise genauer

16 Simmel, Soziologie der Sinne, S. 485.
17 Simmel, Soziologie der Sinne, S. 484.
18 Simmel, Soziologie der Sinne, S. 484f.
19 Simmel, Soziologie der Sinne, S. 484.

der Stimme-Gehör-Kreislauf das basale Geben und Nehmen als alternierende Wechselwirkung der Verlautung. So gesehen erweist sich auch Meads symbolische Wechselwirkungs- oder Interaktionstheorie im Kern als eine „Soziologie der Sinne", insofern hier die Stiftung der spezifisch menschlichen „Wechselwirkung" speziell über die Lautgeste nachgezeichnet wird.[20]

4. *Differenz der Sinne und komplexe Sozialität*: Die ästhesiologisch hervorgehobenen *unterschiedlichen* Verhältnisse von Auge und Ohr zu ihren Gegenständen stiften soziologisch das Verhältnis zwischen den Individuen von vornherein differenziert und komplex, weil das beobachtende Auge das Gesicht des Anderen anders auswertet als das Gehör dessen vernommene Stimme. „Es ist der äußerste soziologische Gegensatz zwischen Auge und Ohr: dass dieses uns nur die in die Zeitform gebannte Offenbarung des Menschen bietet, jenes aber auch das Dauernde seines Wesens, den Niederschlag seiner Vergangenheit in der substantiellen Form seiner Züge, so dass wir sozusagen das Nacheinander seines Lebens in einem Zugleich vor uns sehn. Denn die erwähnte Augenblicksstimmung, wie freilich auch das Gesicht sie dokumentiert, entnehmen wir so wesentlich dem Gesprochenen, dass in der tatsächlichen Wirkung des Gesichtssinnes der *Dauer*-Charakter der durch ihn erkannten Person weit überwiegt."[21]

5. *Stiftung basaler sozialer Komplexität*: Die Verschiedenheit der Sinne stiftet die Sozialität in einer zunächst basalen Komplexität, insofern nach Simmel der Gesichtssinn eher die generalisierende Assoziation zwischen den Beteiligten, der Gehörssinn die eher individualisierende Assoziation bahnt, während man den Geruchssinn mit seinen radikalen Abstoßungen und Anziehungen als „den dissozierenden Sinn" bezeichnen könnte.[22]

II.2   Sozial-regulative Aussagen über die Sinne

Verfolgt man die Durchordnung der Simmelschen Aussagen zur ‚Soziologie der Sinne‘ konsequent weiter, dann meint „soziologische Bedeutung" der Sinne für ihn nun – in Richtung einer soziologischen bzw. historischen Anthropologie – zweifellos auch, dass die Sinne und die Sinnlichkeit des Menschen soziologisch „be-deutet" werden, dass heißt von den jeweils historischen Sozialitäten ausgelegt bzw. diskursiv konstruiert werden. Menschen in verschiedenen Gesellschaften gehen verschieden

---

20 Georg H. Mead, Geist, Identität und Gesellschaft aus der Sicht des Sozialbehaviourismus, Frankfurt a. M. 1968.

21 Simmel, Soziologie der Sinne, S. 486.

22 Simmel, Soziologie der Sinne, S. 490.

mit ihren Sinnen um. Hier lassen sich wiederum vier Arten von Aussagen über die gesellschaftliche Regulierung der Sinne vornehmen.

1. *Soziale Regulation von Nähe und Ferne*: Gesellschaften regulieren nach Simmel das Verhältnis von sinnlicher Nähe und Sinnenferne bzw. sinnenferner Distanz. Durch Förderung von Abstraktion ermöglichen sie Entlastung, Ausstieg aus sinnlicher Sozialzumutung, durch Konkretion steigern sie sinnliche Sozialpräsenz für bestimmte Funktionen der Gesellschaft.

2. *Sozialevolutive Aussagen*: Gesellschaften selektieren das sinnliche Potential durch akzentuierte Anlehnung ihrer Sozialformen an Aspekte der Sinnlichkeit. Simmel trifft hier typisch sozialevolutive Aussagen über den Umgang mit den Sinnen, etwa wenn er kognitive Abstraktionssteigerung in der sinnlichen Nähe mit einer soziokulturellen Präferenz des Auges verknüpft oder wenn er für die Moderne ein Sinken der allgemeinen Wahrnehmungsschärfe aller Sinne bei gleichzeitiger Steigerung ihrer Lust- und Unlustbetonung beobachtet: „Im allgemeinen wird mit steigender Kultur die Fernwirkung der Sinne schwächer, ihre Nahwirkung stärker, wir werden nicht nur kurzsichtig, sondern überhaupt kurzsinnig; aber auf diese kürzeren Distanzen hin werden wir umso sensibler."[23] Im Anschluss an Simmel lassen sich eine Reihe von Sozialregulationen beobachten, in denen Gesellschaften den Bestand an *verschiedenen* Sinnen zur Ordnung der Gesellschaft ausschöpfen. Von einer „Soziologie der Sinne" lässt sich so auch Luhmanns sozialevolutive Theorie der Moderne – die Ausdifferenzierung je eigener funktionaler sozialer Systeme wie Recht, Politik, Wissenschaft, Ökonomie – in letzter Hinsicht als eine je systemspezifische Ausdifferenzierung von Sinnespotentialen erkennen – jedenfalls, wenn man sein Theorem der „symbiotischen Mechanismen" ernst nimmt: Letztere stellen nämlich nach Luhmann die jeweilige Verbindung sozialer Systeme – wie Politik, Wissenschaft, Wirtschaft, Intimsystem etc. – zum Organischen her, sie bilden die strukturelle Kopplung der jeweilig kommunikativ spezialisierten Sinnsysteme zu den sinnlichen Körpern der Beteiligten – mit ihrem Schmerzempfinden, dem auf Kontrollierbarkeit disponierten Sehsinn, dem nach Konsum verlangenden Geschmackssinn, der zur ekstatischen Erfahrung tendierenden Sexualität. In der Ausdifferenzierung der sozialen Sinnsysteme mit je einer gesamtgesellschaftlichen Funktion wird sozusagen die Einheit des sinnlichen Körperleibes zerstückelt, partikularisiert: Das politische und juristische System beglaubigt seine Letztentscheidungen im symbiotischen Mechanismus der physischen Gewalt – also in der Androhung von Schmerz; das ökonomische System garantiert seine über Geld gesteuerten

---

23 Simmel, Soziologie der Sinne, S. 490.

Tauschpräferenzen in letzter Hinsicht über die Befriedigung des Konsums, ergo des Geschmacksinns; das Wissenschaftssystem beglaubigt seine Wahrheit punktuell in der optisch nachprüfbaren Wahrnehmung des Experiments; das Intimsystem die idiosynkratische Kommunikation zwischen ego und alter ego im Geschlechtssinn.[24]

3. *Künstliche „Stilisierung" der Sinneseindrücke*: Alle diese sozialen Formen künstlicher Regulierung der Sinnlichkeit steigern sich in der von Simmel prägnant herausgearbeiteten gesellschaftlichen „Stilisierung" sinnlicher Qualitäten in der Sozialdimension. Er beschreibt diesen Stilisierungsmechanismen für den Geruchs- wie parallel für den Gesichtssinn: „Das Parfüm leistet ebendasselbe durch Vermittlung der Nase, was der sonstige Schmuck durch die des Auges. Es fügt der Persönlichkeit etwas völlig Unpersönliches, von außen Bezogenes hinzu, das nun aber doch so mit ihm zusammengeht, dass es von ihr auszugehen scheint. Es vergrößert die Sphäre der Personen, wie die Strahlen des Goldes und des Diamanten, der in der Nähe befindliche taucht darein ein und ist gewissermaßen so in der Sphäre der Persönlichkeit gefangen. Wie die Kleidung verdeckt es die Persönlichkeit mit etwas, was doch zugleich als deren eigene Ausstrahlung wirken soll. Insofern ist es eine typische Stilisierungserscheinung, eine Auflösung der Persönlichkeit in ein Allgemeines, das doch die Persönlichkeit ihrem Reize nach zu eindringlicherem, geformterem Ausdruck bringt als ihre unmittelbare Wirklichkeit es könnte."[25] Gesellschaften arbeiten also ständig an der sinnhaften Kultivierung von Sinneseindrücken im sozialen Verkehr, indem sie sie raffinieren und damit den Effekt ihres ästhesiologischen Potentials steigern.

4. *Verbot und Unterbrechung der Sinnlichkeit*: Die extremste Form der Sozialregulation der Sinne ist nach Simmel das absolute Verbot als normative Unterbrechung des sinnlichen Kontinuums. Er exemplifiziert das an dem „Verbot der Verwandtenehe" unter den Voraussetzungen des „Geschlechtssinns in seiner Beziehung zum Raume". Ist sinnliche Wahrnehmbarkeit ästhesiologisch immer schon mit „Erregungen, Reibungen, Attraktionen und Repulsionen" durchwirkt, so setzen an die geschlechtlich sinnliche Wahrnehmung „mit so großer Unmittelbarkeit Begehrungen und Aktivitäten an, dass diese selbst sprachgebräuchlich mit als Sinnlichkeit bezeichnet werden." Auch wenn Simmel das Inzest-Verbot als eine zentrale soziale Norm für vielfach motiviert hält (die kommunikative Funktion der freundschaftlichen und Bündnis-Beziehungen zu fremden Stämmen, die feindseligen des Frauenraubes, die Anthropotechnik der ‚Züchtung' („Instinkt

---

24 Niklas Luhmann, Symbiotische Mechanismen, in: Otthein Rammstedt (Hg.): Gewaltverhältnisse und die Ohnmacht der Kritik, Frankfurt a. M. 1974, S. 107-131.

25 Simmel, Soziologie der Sinne, S. 490.

der Rassenverbesserung") und der Patriachats-Wunsch des Mannes, seine Frau
unabhängig von ihrer Familie zu kontrollieren), so ist für ihn „vielleicht aber
das Wesentlichste [...] dies: dass die Aufrechterhaltung von Zucht und Ordnung
innerhalb desselben Hauses die Ausschließung des Geschlechtsverkehrs zwischen
Geschwistern, Eltern und Kindern und all den verwandten Paaren überhaupt
fordert, die in früheren Zeiten eine räumlich eng geschlossenen Einheit bildeten.
Die räumliche Nähe, in der das Haus seine männlichen und weiblichen Mitglieder hält, würde die sexuellen Impulse in grenzenlose Debauchen ausarten
lassen, wenn nicht die furchtbarsten Strafen darauf gesetzt wären, wenn nicht
durch unnachsichtigste Strenge sozialer Verbote ein Instinkt gezüchtet würde,
der jede Vermischung innerhalb der Hausgruppe ausschließt."[26] Dass Simmel
bei selbstverständlicher Anerkennung der vergesellschaftungssteigernden, kommunikativen Funktion des Inzuchtverbots dieses aus der sinnlichen Dramatik
„lokaler Berührung", dem Kontrektationstrieb, dem sinnlichen Berührungsver-
langen hervorgehen lässt, zeigt deutlich den lebensphilosophischen ‚bias' seines
Ansatzes. Nimmt man das erotische Haschen, sexuelle Betasten und sinnliche
Grapschen als die eine Dauergefährdung stabiler Sozialität, die Aggression und
Gewalt als sinnliche Schmerzzufügung als die andere, dann erscheinen hier
natürlich die Theorien des „Zivilisationsprozesses" als große sozialregulative
Prozesstheorien ästhesiologischer Potentiale.[27] Und in diesem Kontext einer
Soziologie des Kontrektationssinns, des sinnlichen Annäherungsverlangens,
werden noch ganz andere, nichteuropäische Formen des Zivilisationsprozesses
– mit der sozialregulativen Verhüllung des weiblichen Geschlechtskörpers – aus
einer „Soziologie der Sinne" aufklärbar.

Fazit

Eine Revitalisierung der ‚Soziologie der Sinne' im Besonderen und einer Soziologie
des Körpers im Allgemeinen versteht sich offensichtlich seit längerem als Korrektiv
des linguistic turn, der die Kultur- und Sozialwissenschaften im 20. Jahrhundert mit
dominiert hat. Zieht man Simmels „Exkurs über die Soziologie der Sinne" als einen

---

26 Simmel, Soziologie der Sinne, S. 491.
27 Norbert Elias, Über den Prozeß der Zivilisation. Soziogenetische und psychogenetische
    Untersuchungen. Band 1: Wandlungen des Verhaltens in den weltlichen Oberschichten
    des Abendlandes (LXXXI, 333 S.) / Band 2: Wandlungen der Gesellschaft: Entwurf zu
    einer Theorie der Zivilisation, Frankfurt a.Main 1976.

einschlägigen, ja klassischen Text heran, sieht man – vor jeder Re-systematisierung der Methodik – allein schon inhaltlich, dass sein Ernstnehmen der Differenz der Sinne nicht nur einen „iconic turn", die Wiederkehr der Bildlichkeit, stützt, sondern auch einen ‚acoustic turn', die Persistenz von Stimme und Musik gegenüber der Schrift, in soziologischer Bedeutung nahelegt. Zieht man diese turns zusammen mit dem ‚emotional turn' und Simmels lebensphilosophischer Tendenz zusammen, hat man in seinem Text zur Ästhesiologie und Soziologie der Sinne einen veritablen „vital turn" vorliegen, der den „Sinn der Sinne" offenlegt: Die im Leben veranker-ten Sinne bahnen selbst von sich aus bereits Sinnstrukturen – im Verhältnis der menschlichen Lebewesen zu sich selbst, zur Welt – und zum Anderen. Damit sind die Sinne selbst am „sinnhaften Aufbau der sozialen Welt" (Schütz) beteiligt, wie umgekehrt die Sinne und ihre Sinnlichkeit von einer je sinnhaft strukturierten Gesellschaft ausgelegt und reguliert werden.

Was unabhängig von jeder inhaltlichen Korrigierbarkeit und Erweiterbarkeit von Simmels Überlegungen (vor allem durch eine Soziologie der Medien) methodisch vorbildlich bleiben könnte, ist sein Ansatz einer ‚Soziologie der Sinne' – wenn man der inneren, für einen philosophischen Kopf wie Simmel selbstverständlichen Hin-tergrundsystematik seines Essays nachgeht. Wenn man Soziologie der Sinne oder Soziologie des Körpers aussichtsreich betreibt, arbeitet man produktiv immer schon mit vor-soziologischen Prämissen über die Sinne (ihre Struktur und Funktionen, ihre Differenz), also mit einer mehr oder weniger durchdachten Ästhesiologie oder Anthropologie der Sinne. Erst im Anschluss daran bedeutet eine Soziologie *der* Sinne zweierlei: Die Sinne selbst treiben die Konturen und Figuren des Sozialen hervor (sie sind sozial-konstitutiv), und umgekehrt arbeitet die Sozialität diskur-siv und medial an den Sinnen, reguliert und konstruiert sie. So wird an Simmels kleinem Exkurs die Möglichkeit einer anthropologischen Soziologie kenntlich, die zwischen den Extremen einer biologischen Soziologie und einer rein historischen oder soziologischen Anthropologie ansetzt.

Zur Anthropologie der Sinne am Leitfaden der Selbstbezüglichkeit des Lebens

Erwin Hufnagel

1 Die Heraufkunft des Sensualismus

Die den Wissenschaften eigentümlichen Kategorien und sich in Perspektiven ausformenden Annäherungen an die künstliche Wirklichkeit ihrer jeweiligen Welt dünken sich mehr oder weniger zeitlos und tragen doch die Geschichtlichkeit in sich. Biologie, Psychologie und Soziologie haben sich im 19. Jahrhundert als Interpretationswelten formiert, die sich von der Philosophie methodisch lösen wollten. So wurde ein Emanzipationsversprechen der Aufklärung – mit der leitenden Intention der Beherrschbarkeit – gehalten. Geläuterte Rückbesinnungen auf die Philosophie konkurrierten mit strikt einzelwissenschaftlichen Positionen – manchmal bei demselben Denker (Dilthey[1]). Der unsichere Horizont der Vieldeutigkeit und Willkürlichkeit umfing jedes eigenständige Denken. Ideologische Totalanschauungen schaffen Scheinsicherheiten.

Die Leiblichkeit des Menschen wurde in Fortsetzung des Sensualismus (Helvétius[2]) des 18. Jahrhunderts naturalistisch verkürzt. Der Mensch interpretierte sich mit den erfolgreichen naturwissenschaftlichen Erklärungen. Er sah sich als ein Stück Natur. Hemmungslose Vergleichgültigung war die Folge. Seine Würde konnte nicht mehr begründet werden. Das hatte fatale Folgen. Mit dem Verlust der Selbstachtung entschwand auch die Achtung und Integrität des Anderen. Hinter der naturwissenschaftlichen Vergegenständlichung, in der die Menschen sich als

---

1 Wilhelm Dilthey, „Über die Möglichkeit einer allgemeingültigen pädagogischen Wissenschaft (1888)"; in: W. D., *GS*, Bd. 6, 5., unveränderte Aufl., hg. v. Georg Misch, Stuttgart / Göttingen 1968, S. 56–82.
Ders., „Der Aufbau der geschichtlichen Welt in den Geisteswissenschaften", in: W. D., *GS*, Bd. 7, 6., unveränderte Aufl., Stuttgart / Göttingen 1973, S. 77–188.

2 Claude-Adrien Helvétius, *De l'esprit*, hg. v. Jacques Moutaux, Paris 1988.

einsichtiges Wesen feiern und ihre Daseinsnot zum Teil mindern, vollzieht sich die schmerzende, nicht eingestandene Selbstverachtung des Menschen. In der Zerstörung gewinnt sie den Schein bestätigender, sinnerzeugender Aktivität. Die naturalistische Wissenschaft schleppte das Bewusstsein uneingestandener Sinnlosigkeit des Menschen mit sich und drückte allen Formen seiner Selbsterzeugung den Stempel traurig-verzweifelter Selbstpreisgabe auf. Revolutionen und immer größere Kriege sind Folge dieser mentalen Situation. Um des Lebens willen darf diese heimliche tödliche Einsicht nicht das Denken des Menschen beherrschen. Der Wille zur wissenschaftlichen Kultur und jeder Form ideengeleiteter Selbsterzeugung würde erlahmen. Wahrheit, Tugend und Schönheit verkommen zum Gerede, in dem noch die fraglosen Sinnstrukturen vergangener Äonen als Umgarnungen nachwirken und eine glaubwürdige Einheit des Bewusstseins vortäuschen.

Das radikale, universalisierte naturwissenschaftliche Paradigma verdrängt letztendlich alle Formen des Sinns und verabschiedet den Menschen aus allen Ordnungswelten mit den ihnen eigenen Nischen des Glücks. Diese wissenschaftliche Kultur scheint ersonnen um der Selbstvernichtung des Menschen willen. In Freiheitsphantasien schwelgende, moribunder Personalität nachtrauernde Romane und hektische Eskalation von Vergnügungen begleiten die freudlos-verbissene Progression der sensualistischen Selbstzugriffe des Menschen, in denen sich Autoaggressivität maskiert.

Der Narrationsmodus des Romans verliert im wissenschaftlichen Sensualismus des 18. Jahrhunderts den Beigeschmack des ästhetisch Minderwertigen. Jetzt werden die großen ideologischen Gespinste als Wahrer der Hoffnung in der Götterdämmerung des Geschichte erzeugenden und verantwortenden Menschen ersehnt und produziert. Der Niedergang der Metaphysik mündete in Sensualismus ein. Das Welt- und Selbstgefühl wandelte sich tiefgreifend. Nur als Paradoxon könnte dieses Gefühl ephemere Geschichtlichkeit gewinnen. Das verlorene Paradies[3] des Sinns war beim Gang in die sinnfreie Faktizität des Sinnlichen kontrapunktisch gegenwärtig. Aus der besonderen Konstellation diverser Geschichtlichkeiten ergeben sich grosso modo typisierbare Welthaltungen und Stile der kulturellen Gestaltung. Immer lebt der Mensch aus und in diversen Geschichtlichkeiten.

Locke glaubte noch an die teleologische Kontextualisierung hypothetisch-erfahrungswissenschaftlicher Regionalwelten, an das Bündnis von Glaube und Verstand und eine sinnvoll-würdige Gestaltung des Lebens und eine transzendierende Wer-

---

3   John Milton, *Paradise Lost*, introd. by Philip Pullman, Oxford 2008.

tigkeit des Todes.[4] Sein geistiger Erbe Diderot und die *„philosophes"*[5] feierten mit eigentümlichem Humor die Verabschiedung des Sinnes und die Karikaturen seiner Restauration im religiösen, künstlerischen und politischen Konservatismus. Jean Paul schloss sich im Frühwerk der englischen satirischen Tradition (Swift, Stern)[6] an und gebar eine einzigartige, erschütternd tiefe Philosophie des Humors[7] – eigene Zerrissenheiten bedenkend – als Rechtfertigung seiner tragisch-liebevollen Zuwendung zum Kleinen und Kleinsten im Angesicht des Großen und Größten.

Kants verdeckte Wendung zur unheilbar unvernünftigen Vernunft, die sich mit Swifts[8] kunstvoller Resignation philosophisch verbindet, spiegelt den vermeintlich durch Locke projizierten Tod der Metaphysik im Physiologismus, den er zur Zeit der *Kritik der reinen Vernunft* durch eine bisher nicht versuchte „aufgeklärte" Metaphysik der Metaphysik noch für abwendbar hielt.[9]

Aber die grundstürzenden Wirkungen der naturalistischen Perspektivität ließen sich nicht durch eine neue Metaphysik eindämmen. Die Wissenschaften und das korrespondierende alltägliche Bewusstsein folgen ihren eigenen Logiken. Die Vergewisserungen des Kritizismus flüchteten sich in rare denkphilosophische Expertenkulturen, die durch lebensphilosophische Konkurrenz zunehmend geschichtlich marginalisiert wurden. Kants gigantische Hoffnung auf eine Absolutheit erweisende und Würde bewirkende kritische Metaphysik blieb unerfüllt. Kant ahnte auf den ersten Seiten der *Kritik der reinen Vernunft* die epochale Herausforderung, die der zum Empirismus abgeglittenen Vergegenständlichung der Natur innewohnt. Metaphysik als Philosophie der Erfahrung sollte die philosophischen und einzelwissenschaftlichen Formierungen des Denkens versöhnen. Wenn dies nicht gelänge, bräche tumultuöses Chaos in allen Regionen des Denkens und Han-

4   John Locke, *Über den menschlichen Verstand*, 2., unveränderte Aufl., Berlin 1968, II, 4.
     Buch, S. 392–404 (4.18.1–11).
     Rainer Specht, *John Locke*, 2., überarbeitete Aufl., München 2007.
     Udo Thiel, *John Locke, mit Selbstzeugnissen und Bilddokumenten*, Reinbek bei Hamburg
     1990.

5   Das gilt für Grimm, Holbach und Condillac, nicht aber für Rousseau und Voltaire.

6   Vgl. Helmut Pfotenhauer, *Jean Paul. Das Leben als Schreiben. Biographie*, München
     2013.

7   Jean Paul, *Vorschule der Ästhetik*, hg. v. Wolfhart Henckmann, Hamburg 1990.

8   Immanuel Kant, „Versuch über die Krankheiten des Kopfes", *AA*, Bd. 2, Berlin 1968, S.
     257–271.

9   Immanuel Kant, *Kritik der reinen Vernunft, AA*, Bd. 4, S. 8.
     Erwin Hufnagel, „Weltschmerz – Krankheit und Tod der Vernunft"; in: Alfred Belle-
     baum / Robert Hettlage (Hg.), *Missvergnügen. Zur kulturellen Bedeutung von Betrübnis,
     Verdruss und schlechter Laune*, Wiesbaden 2012, S. 161 –204.

delns aus. Das sagt er in beschwörender, geradezu dramatisierender Sprache, in der existentielle Betroffenheit und ein Bewusstsein seiner unerhörten philosophischen Aufgabe nachhallen.

Eine „Anthropologie der Sinne" widersetzt sich einer Physiologie der Sinne, also dem regionalen Objektivierungsschematismus, dem die neuzeitliche Naturwissenschaft fraglos gefolgt ist. Durch Descartes waren die Innenwelt (*res cogitans*) und die Außenwelt (*res extensa*) als fundamentale Vorgaben der Philosophie gesetzt, die sich zur Erkenntnislehre entwickelte. Locke und Kant verblieben in der Welt des Bewusstseins und Selbstbewusstseins und der Möglichkeiten der Erkenntnis. Eine „Philosophie der Sinne" muss die kategorialen Vorgaben und normativen Setzungen der Erkenntniskritik abstreifen und alle Möglichkeiten der Auskunft, wissenschaftliche und lebensweltliche, berücksichtigen. Befreiung von kategorialen Vorgaben ist schwierig und droht in Verständnislosigkeit zu versinken.

2   Plessners Ästhesiologie

Helmuth Plessner lässt sich in seiner Philosophie der Sinne (Ästhesiologie) nicht von der entdeckenden Angst vor irritierend Neuem abschrecken.[10] Der Bruch mit der Tradition gehört zum methodologischen Imperativ der Phänomenologie, die dadurch das reine Wie beschreibend vergegenwärtigen will. Resistente Reduktionismen müssen durchschaut und außer Kraft gesetzt werden. Entlastung von disziplinären Gewohnheiten fordert Mut. Freiheiten verkommen zu Beliebigkeiten. Plessner setzt das Urdatum ihnen gegenüber: der Mensch als Lebewesen mit urtümlichem Weltverhalten und Interessiertheiten. Er muss beschrieben und beobachtet werden.

Das Konzept einer Philosophie der Sinne sprengt die cartesianische Tradition, die sich bis in die heutige philosophische Problemkonstellation unbedacht fortsetzt. Wenn der philosophische Diskurs für die Delegation der Sinnesproblematik an die Physiologie (und naturwissenschaftliche Psychologie) votiert, folgt er cartesianischen Bahnen. Methodisch markiert werden sie durch kausalanalytische Verfahren, die von einem mechanistischen Modell umfasst sind. So kann die Philosophie als Theorie des Selbstbewusstseins sich weithin interpretieren und die Sinne in einer kritischen Erkenntnislehre behandeln. Des konstruktiven Reduktionismus kann sie auf solcher Basis nicht ansichtig werden. Wie gebannt starrt sie auf die Wirklichkeit, die sich im Denken zugleich enthüllt und verbirgt. Reflexivität durchzieht

---

10 Helmuth Plessner, „Anthropologie der Sinne (1970)"; in: *Anthropologie der Sinne, GS* 3, hg. v. Günter Dux [u. a.], Frankfurt a. M. 2003, S. 317–393 (im Folgenden: *Anthropologie*).

alle diese Bestimmungen der Sinnlichkeit. Wie wahr präsentiert sich die sinnliche Wirklichkeit? – das ist ihre monomanische Frage. Reflexivität, Personalität und Leiblichkeit werden als Einheit gesehen. Für Plessner ist diese Sicht nicht falsch, aber zu eng. Über die Sinne des Menschen erfahren wir wenig. Biologie und Verhaltensforschung weiten die Sicht des Menschen. Es ist an der Zeit, diese relativ neuen Wissenschaften für die philosophische Bestimmung des Menschen zu nutzen. Nicht vom Bewusstsein und seiner reflexiven Modalität sollen wir ausgehen, sondern von dem Urdatum des Lebewesens[11]. In der diltheyschen Lebensphilosophie ist diese Wende als Befreiung vom Kantianismus vollzogen. Plessners fundamentaltheoretische Position wahrt Diltheys neuen Typus des philosophischen Denkens, der die Biologie integrierte, ohne biologistischen Fehlformen zu verfallen.

Der Organismus als anatomisch-strukturelle Einheit von Funktionen und eigentümliche Verschränkung von Innensicht und Außensicht zur Umwelt bildet das Urmodell des Leibes, das die Wirklichkeit des Tieres und Menschen durchwirkt. Anatomischer Ort, motorisch-sensorische Funktion und provozierendes, präreflexives Gegenüber bilden eine „abgestimmte" Einheit.[12] Wir haben ein elementares vorreflexives Wissen um die beglückende, bedrohende Lebenseinheit. Es ist ein leibliches „interessiertes" Wissen, das zu Aktivitäten treibt, die im Rahmen der anatomisch präformierten Umwelt möglich sind. Mit den Sinnen wird die Gegenwart des Anderen für ein lebendes Wesen zugänglich. Die Sinne sind die Tore zur jeweiligen, als jeweilig nicht gewussten Wirklichkeit. Das große mannigfaltige „Inter", das alle Formen des Lebens beherrscht. Von der Ankunft des Menschen weiß es noch nichts.

Das Wort „Inter" gebraucht Plessner nicht, aber er skizziert Bezüglichkeiten, die alle Formen des Lebens konstituieren und noch nicht der Reflexionskultur entstammen. Er gibt dem Begriff des Lebens eine triadische Gestalt; Horizont (Umwelt), Organ und Funktion in wechselseitiger Verbindung. Die Gesamtgestalt (Umwelt) bewirkt die Gestaltungen der Subsysteme (Sinne, Sinnesorgane) und erhält sich und wandelt sich in ihnen. In diesem systemischen Denken wird der cartesianische Körper zum Perspektiven vereinenden Leib.

Es bereitet Mühe, seine vorsprachlichen Gefügtheiten in der Sprachlichkeit zu fassen. Innerlichkeit, Ichhaftigkeit und Gegenwärtigkeit des Anderen im Denken sind unangemessene Bestimmungen der Leiblichkeit, auf die wir doch nicht gänzlich verzichten können. Die originäre Reflexivität der Sprache ermöglicht auch ein hypothetisches Absehen von ihren Reflexions-Symbolwelten. Und damit ein Ahnen

---

11 *Anthropologie*, S. 325.
12 *Anthropologie*, S. 326.

ihrer unergründlichen Geschichte und des menschlichen Denkens. Die bewusste
Reflexion gründet in solchen Ahnungs-Bezüglichkeiten. Dort herrschen andere
Richtungsgesetze als die Wahrheit resp. der Status der Erkenntnis. Bedrohung und
Überleben durchwalten diese symbiotische Welt.

Plessner vermeidet Analogisierungen mit den Gliederungshinsichten der reflexiven Welt. Aber er zeigt, dass wir uns in aller Offenheit und Unangemes-
senheit über diese Vor-Welt verständigen können und interessegeleitetes Ahnen
und Reflexionsdenken evolutiv aneinanderbinden müssen. So wird das Bündnis
von Biologie und Philosophie zur Selbsterkenntnis des Menschen unerlässlich.
Im Begriff der Ästhesiologie und der Anthropologie werden die beiden Welten
zu Forschungsperspektiven integriert. Seine in Biologie und Phänomenologie
zentrierte Bildungsgeschichte begünstigte eine solche Zusammenschau, die auf
metaphysische Willkürlichkeiten verzichtet und dennoch nicht positivistischem
Sensualismus verfällt.

Plessners „phänomenale" Sichtweise setzt Leben, Gestalt und Gestaltung, Bezüglichkeit von Innen- und Außenwirklichkeit, von Anderem umfassend und auf
Anderes interessierend-wollend gerichtet als systemische Grunddata voraus. Der
Gang des Lebens ins Erleben ist präformiert. Der Mensch fällt nicht vom Himmel,
sondern ist eine Selbstgestaltung des Lebens, von der wir nur sehr begrenzte Einsicht
haben. Unsere Erfahrungen mit unserer eigenen Leiblichkeit – Plessner spricht
von *participant observation*[13] – vergegenwärtigen selbstverständlich-gedankenlos
dieses systemische Urphänomen aus dem „Reich der Mütter"[14]. Kausalanalytische
Partikularisierungen von Wirklichkeiten sind demgegenüber höchst artifiziell
verkürzte, leblos gestaltete Wirklichkeiten, die zur Sichtung der Sinne untauglich
sind. Entstehung und qualitative Ausgestaltung der Sinne fordern eine nicht-me-
chanistische Betrachtungsweise, in der ein regulatives System von mannigfaltigen,
nur teilweise entdeckten Systemen aufscheint. Nur so vermögen wir die Sinne in
ihrer Eigentümlichkeit und wechselseitigen Bezogenheit zu verstehen.

Nur über eine Theorie des *Leibes*, der auf fundamentale Distanzierungen
verweisenden *Leiblichkeit* und der andere, leibnähere Akzente setzenden *Leibhaf-
tigkeit* vermögen wir uns der Wirklichkeit der Sinne zu nähern. Physiologische
Annäherungen folgen unerkannten reduktionistischen Vorgaben. Der Ausgang
von Urgegebenheit, in latentem Wissen gegenwärtiger Wirklichkeit des Leibes
als System der Erfahrungen impliziert eine neue kategoriale Welt, die nicht dem
sprachlichen Muster in Subjekt und Objekt als apophantischen Letztheiten folgt,

---

13   Ebd.
14   Johann Wolfgang Goethe, *Faust. Der Tragödie erster und zweiter Teil / Urfaust*, hg. und
     kommentiert v. Erich Trunz, München 1991, S. 190–194, 196–201.

sondern deren Genese aus vorsprachlichen Erlebenserfahrungen zu rekonstruieren vermag. Die als-Struktur der Reflexion ist derivat. Unausschöpfbares latentes Wissen in Lebenszusammenhängen muss in diesem kategorialen Neubeginn erfasst werden. Der Konnex elementarer leibgebundener Erfahrungen muss vorurteilslos, also nicht im unkritischen Rückgriff auf geschichtlich gewordene Kategorialität (Aristoteles, Descartes) funktionell beschrieben werden. Die gängige Subjekt-Objekt-Begrifflichkeit reicht nicht in diese Leib-Welt hinein.

Wie kann man über sie reden? Indem man sich der eigenen originären Erfahrungen erinnert, die in unterschiedlicher Nähe mit dem possessiven System des Organismus erinnert und eine Kultur des uneigentlichen Sprechens beachtet. Plessner umgeht mit diesem methodischen Ansatz die willkürlichen Konstruktionen der Metaphysik und des positivistischen Sensualismus. In originärem Wissen, das nicht mit der Reflexion identisch ist, ist mir die Welt in der unaufgeklärten, nicht bedachten Symbiose mit meinem Leib gegeben. Ich weiß, was Leben und Wirklichkeit ist, bevor ich das Ordnungsgefüge der Sprache entwickle resp. erlerne und mich reflexiv von meinem Leib und Erleben distanziere.

Possessivität (Selbstbesitz und Selbstbezug), Leiblichkeit und fraglos präsente Wirklichkeit bilden die Urgestalt des Menschen. Im Not bekundenden Schrei, im noch nicht lokalisierten und noch nicht benannten Schmerz des Säuglings konkretisiert sie sich zeit-örtlich. Dieses Gefüge fundamentalen Wissens, das auf Reflexion verweist und ihre Gliederungen antizipiert, aber noch nicht reflexive Bestimmtheit aktualisiert, umkreist Plessners phänomenale Anthropologie der Sinne.

Phänomenal ist das fraglose Bündnis von Leib und vorreflexivem Erleben, von Selbstbezug und Aufscheinen von Wirklichkeit als universaler Horizont, der unausdrücklich bleibt. Von dieser Phänomenalität müssen wir ausgehen, nicht von den sprachlichen Künstlichkeiten von Subjekt und Objekt, in denen interessierte Welthaltung geschichtlichen Ausdruck findet. Wir müssen eine Genese des Denkens als Selbst- und Welterfahrung beachten, die Reflexion und das stoffliche Gegebensein als geschichtlich-lebensgeschichtliche Modalitäten begreift. „Stoff" (Hyle) als der Formung zugeordnete Urmaterie wird in diesem Horizont als Vorkommen, als isolierbares Datum gedeutet.

Der phänomenale Ursprung bleibt dabei vergessen und der Status der kausalanalytischen Faktizität verkannt. Ihr Bezug zu Deutungsaktivitäten und Gestaltungszusammenhängen wird ausgeblendet. Das Urpositivum aller sinnlichen Gegebenheiten ist Gestaltung, die letztlich auf den Organismus und auf das sich in ihm vollziehende Erleben verweist. Ein Faktum brutum ist eine gedankenlose Schimäre. Reize sind Konstrukte atomaren, nicht gestalteten, nicht systemischen, dinghaften An-sich-Seins – Zauberschatten aus der metaphysischen Walpurgisnacht.

Reiz und Empfindung geistern im sensualistischen Positivismus denkfaul umher. Nicht-Verbindbares wird mechanisch aneinandergekettet. In diesen Begriffen sind ungeklärte Voraussetzungen in Analogie zur dinglichen Welt in eine räumliche Relation gebracht. Nicht Dinge, sondern Systeme müssen die Ursprungsdimension des Denkens und der – ein Seitenhieb auf den Kantianismus – Erkenntniskritik bilden. Plessners Anthropologie der Sinne geht nicht vom mechanistischen Paradigma der mathematisierten neuzeitlichen Naturwissenschaft aus, das vollgestopft ist mit erschlichenen isolierten Letztheiten (Kategorien, Anschauungsformen, Grundsätze), die sich insgeheim als Selbstverständlichkeit monopolisieren, sondern von dem unvordenklichen leibgebundenen, originär vereinheitlichten, zentrierten, mir gehörendem Leib-Wissen, das von Wissenschaften in ihrer geschichtlichen Typik noch nichts weiß.

Zur Kennzeichnung dieses Wissens nutzt Plessner metaphysikfreie teleologische Denkfiguren, die er der Biologie (und auch der Gestaltpsychologie) zuschreibt und der eigenen Lebens-Erfahrung entlehnt. Fundamental ist das in den eigenen Leib integrierte Wissen-um, nicht aber das distanzierende apophantische Wissen-als, das sich in der instrumentalen Rationalität gliedert. Vom Pragmatismus darf die denkphilosophische Grundlehre nicht ausgehen. Unausdrückliches, nicht berichtendes Wissen muss in seiner Grundartikulation und als Vorgabe für kategoriale Filiationen aufscheinen. Coenästhetische Systeme des Gewärtigens von „Welt", deren Sinne Nähe, Mitte und Ferne eigentümlich gewährleisten, der Expression von „Kraft" als Wirklichkeit und Möglichkeit im unthematischen Horizont der Jemeinigkeit bilden diese Ursprungssphäre der Denk-Sinnlichkeit, in der Subjekt und Gegenstand mitsamt der fügend-distanzierenden Reflexion noch verpuppt dahindämmern. Das Zauberwort ihres Auftritts ist noch nicht gefallen.[15]

Die teleologische Keimzelle des plessnerschen Konzeptes ist die Monade der leibnizschen Vereinheitlichungsphilosophie, die metaphysische mit empirischen Momenten verwebt. Leibnizens Kampf mit Descartes und Lockes Begründung des Sensualismus schien durch Kants Kritizismus als eine obsolete Episode der Philosophiegeschichte zu verdämmern.[16] Biologie und leibnizsche Monadologie können sich zu einer neuen lebens- und erkenntnisphilosophischen Systematik

---

15 *Anthropologie*, S. 325 f.
    Das Theorem der coenästhetischen Wahrnehmung wird von Plessner als Terminus nicht erwähnt, weil die kindliche Genese der Wahrnehmung sich nicht mit den fundamentalphilosophischen Bestimmungen deckt, die er im Auge hat. Ein kritischer Blick auf dieses Theorem wäre wünschenswert.

16 Vgl. Gottfried Wilhelm Leibniz, *Neue Abhandlungen über den menschlichen Verstand*, französisch / deutsch, hg. und übersetzt v. Wolf v. Engelhardt und Hans Heinz Holz, 2. Aufl., Frankfurt a. M. 2000.

fügen, die metaphysische Verstiegenheiten und abgründige Pfade meidet. Über Leben und Erleben als Grundgegebenheiten soll nicht hinausgegangen werden. Qualitative Sprünge werden wundernd beschrieben, aber nicht der Hoffnungslosigkeit des Erklärens übergeben.

Eine phänomenologische Theorie des Erlebens und die Biologie als Meta-Physik und Meta-Mechanik werden gegen den kantianischen Reduktionismus – auch in der wissenschaftstheoretischen Gestalt des Kritischen Rationalismus – in Stellung gebracht. Phänomenologische Schulabhängigkeiten zählen nicht. Alle Erfahrungen der polaren Welt-Ich-Explikation gilt es zu berücksichtigen. Nur so können die Sinne in ihrer Einheit und Eigentümlichkeit, ihrer Wirklichkeit öffnenden und zentrischen Relationalität beschrieben werden. Das Zentrum und die Welt, die ihm gegeben ist, wandeln sich. Plessner projiziert eine systemische Genealogie, die ihren revolutionären Status in einfachen Grundannahmen, von jedem nachvollziehbaren Erfahrungen mit der rätselhaft-simplen Wirklichkeit des Lebens verbirgt.

Die Ur-Einsicht in die Monas als Einheit in der Vielfalt, die mit dem Begriff des Subjekts und seinem bewusstseinstheoretischen kategorialen Gefolge szientistisch verdrängt wurde, muss in einer Philosophie des Denkens in ihren elementaren Facetten ausgespielt werden. Das leibnizsche Totum von Perzeption und Apperzeption muss in der Selbsterkenntnis des Menschen, auf der sich die schillernde Semantik der Anthropologie bezieht, als nicht zu leugnende Erfahrung aller Menschen zugrunde gelegt werden. Wie diese Ur-Erfahrung des Humanum in geschichtlich-kulturellen Systemen schöpferisch eingeholt wird, steht auf einem anderen Blatt.

Anfängliche Unterscheidung von perzeptiver und apperzeptiver Sichtbarkeit von Welt, die in der Sprache zu einem distanzierten Ich kommt, ist uns allen gegeben. Grade der Bewusstheit haben wir gedankenlos erfahren. Wir sind geborene Empiriker, ohne zu wissen, was das wirklich ist. Die tierische Signal-Welt qua habitualisierte Entdeckung und angepasstes Verhalten ist in unserem Erleben von Kindheit an archiviert. Von einer isolierten Reizwelt wissen wir nichts. Offensichtlich ist der von Konstellationen unabhängige Reiz eine willkürliche Setzung mit ideologischen Voraussetzungen.[17] Originär gegeben sind teleologische Horizonte, in denen sich bedrohende und lockende Wirklichkeiten präsentieren. Wir leben als Verschränkungszusammenhang und gleiten ins Erleben hinein. Unmerklich geschehen Übergänge von Leben in Lebensspiegelungen. Sie tragen die sich selbst bewusste Reflexion, zu der das Lebewesen Mensch unerklärlicherweise gelangt.

---

17 *Anthropologie*, 326 f.

3   Lebenswelten: Verwandtschaft und Besonderheit

Wenn man Plessners Darstellung der tierischen Lebenswelt sorgsam bedenkt, dann wird der vorreflexive Spiegelungscharakter der Signalwelt erkennbar. Vom menschlichen Deuten ausgehend, werden Signale und Informationen unterschieden, in denen eine spezifische Umwelt einem tierischen Organismus als Bedrohung, Erhaltung und Förderung präsent ist. Die „Umwelt" ist ein typischer Konnex von Attraktionen und Rejektionen, in denen sich die besondere Gefügtheit des Organismus bekundet. Signale und Informationen überhöhen Physisches ins Sinnhafte. Plessner geht von einer Hermeneutik des tierischen Lebens in elementaren Spiegelungen aus. Diese Spiegelungen können vom Tier nicht überschritten werden. Durch das Überschreiten wäre ihre organismische Existenz wesenhaft gefährdet. Dem Menschen fällt der bedrohlich-beglückende Zwang zur reflexiven Vergegenwärtigung seiner Spiegelungswelten zu. Er verlässt die organismische Umwelt zur distanzierten, beobachtbaren, beschreibbaren Welt.

Analogisierende Darstellung der Tier-Umwelt ist unvermeidlich. Dennoch bleibt Plessner nicht in anthropomorphistischer Naivität gefangen. Mehr als eine hermeneutisch-hypothetische Entgrenzung des Menschen in die Dimension der sinnhaften Vorreflexivität beansprucht er nicht. „Wir dürfen annehmen, daß"[18] – lautet sein schlichtes Credo. Über hermeneutische Gefügtheiten als erlebbar Letztes können wir nur in Erleben eliminierender Konstruktion hinausdenken. Im Begriff des Reizes schaffen wir uns einen imaginären Überstieg in diese Künstlichkeit der Erlebnisferne. Als Ding-an-sich hatte Kant sie bezeichnet. Aber die Hermeneutische Welt I – die vorreflexive Welt der Signale und Informationen – vermochte er nicht in ihrer epistemologischen Bedeutsamkeit zu entdecken. Nach Plessner folgte er dem cartesisch-physikalistischen Vorurteil, das dem Dualismus von Subjekt und Objekt, Spontaneität und Rezeptivität huldigt. Durch die Hermeneutische Welt I will Plessner diesen Dualismus aus den Angeln heben – durchaus vergleichbar mit ähnlichen Intentionen und Begründungen Arnold Gehlens.[19]

Die Sinne werden im Kontext dieser Signal- und Informationswelt von Plessner behandelt. Als organische Besonderheiten werden sie als Leibregionen des habituellen und situativen Deutens und im Verbund aller anderen deutenden Leibregionen behandelt. Isolierte Vergegenständlichung eines Sinnes verfehlt die Eigentümlich-

---

18 Ebd., S. 326.

19 Arnold Gehlen, *Der Mensch. Seine Natur und seine Stellung in der Welt*, GA, Bd. 3, hg. v Karl-Siegbert Rehberg, Frankfurt a. M. 1993. (1. Aufl. 1940)
    Ders., *Anthropologische und sozialpsychologische Untersuchungen*, Reinbek bei Hamburg 1986.

keit des Sinnes, die aus der Deutungsgemeinschaft von Sinnen hervorgeht. Der Mensch ist eine zentrierte Deutungseinheit von Sinnen, die ihre Zentriertheit zu bedenken vermag. Das Tier existiert in einer jeweiligen Deutungswelt, ohne sie denkend verlassen zu können. Mensch und Tier teilen die Hermeneutische Welt I. Aus dieser Gemeinsamkeit des Erlebens ergeben sich die Verständnismöglichkeiten von Mensch und Tier. In der reflexiven Hermeneutischen Welt II wird sich die präreflexive Hermeneutische Welt I als Entwicklungsstufe bewusst.

Plessner schreibt in Grundzügen eine *Geschichte* der Wahrnehmung und Erfahrung innerhalb seiner Anthropologie der Sinne, die als Korrektur der *Kritik der reinen Vernunft* und der sensualistischen Tradition gelesen werden muss. Kants erkenntnistheoretisches Opus maximum, die *Kritik der Urteilskraft*, die teleologische Systeme biologisch und kulturell als regulative Antizipationen begreift[20] und der *Kritik der reinen Vernunft* den eigenen Ort anweist, wird nicht gewürdigt. Auch die späte, selbstkritische *Anthropologie in pragmatischer Hinsicht* weist Affinitäten zum zentrisch-dezentrischen Paradigma und zu genetischen Sichtweisen des Denkens auf, die Plessner unbeachtet lässt. Nicht der isoliert gedachte Reiz, sondern Bilder als vorbewusst gestaltete Ganzheiten werden als originäre Wirklichkeitserfahrungen positioniert. Die vorbewussten kontextualisierten Leistungen der Imagination erkennt Kant in seiner Theorie der Wahrnehmen und Wirklichkeit verschwisternden Einbildungskraft.

Nach Plessner ist der Mensch in einer Signal- und Informationswelt als Lebewesen erfahren und kundig geworden und hat dann sich diese Welt vergegenständlicht. Er wurde der Natur, seiner Sinnlichkeit und seiner Natürlichkeit ansichtig. Ein unerklärlicher Wandel nach einer langen – unvergessenen – Geschichte der paradiesischen Einheit. Jetzt erzeugt der Mensch selbst seine Geschichte. Von der Signalwelt nimmt er die Seinsgewissheit mit. Seine Sinne verweisen auf von ihnen Unabhängiges. Punctum. Metaphysische Spekulationen verkennen diese Ur-Erfahrung. Schon in der präreflexiven Existenz indizierten die Signale dieses An-sich als Verlockung und Bedrohung. Sie informierten lebensgebunden über Sachverhalte, die vom Zusammenhang des Lebens geschieden werden. Schon im Kontext des Lebens (Hermeneutische Welt I) provozierte das Andere motorische Reaktionen um des urtümlich-possessiven Überlebens willen. Das Leben durchwalten nach Plessners tiefer Einsicht Strukturen und Funktionen des Er-Lebens. Präfigurationen der Hermeneutischen Welt II werden sichtbar. Das menschliche Erleben hebt die

---

20 Bruno Bauch, *Immanuel Kant*, 3., um einen Nachtrag vermehrte Aufl., Berlin / Leipzig 1923. (1. Aufl. 1911)
    Ders., *Wahrheit, Wert und Wirklichkeit*, Leipzig 1923.
    Ernst Cassirer, *Kants Leben und Lehre*, Darmstadt 1972.

Hermeneutische Welt I in seiner Welt II auf. Der Mensch lebt aus und in verschiedenen Geschichten. Dies meint Plessner, wenn er fordert, den Menschen, „soweit es geht, als Lebewesen begreifen [zu] lernen".[21]

Man könnte den von uns gewählten Ausdruck Hermeneutische Welt I als organismische Tiefenhermeneutik bezeichnen. Assoziationen mit der Tiefenpsychologie sind – zumindest vorerst – fernzuhalten. Plessner beschränkt sich bei der Charakterisierung dieser Mensch und Tier gemeinsamen primordialen Welt auf minimale Kategorien von fundamentaler Bedeutung. Signal, Information und Organismus erschöpfen diesen systemischen Ansatz. Was diesen Perspektiven entspricht, verstehen wir. Sie bleiben auch in der Hermeneutischen Welt II, der Reflexionshermeneutik, bedeutsam. Allerdings vermögen wir in der Reflexionswelt gänzlich lebensjenseitige Symbolsysteme zu entwerfen. Wir sind frei zum Spiel mit Begriffen, Clichés, Bildern und Überzeugungen. Jede Form der Kultur gründet in solcher Freiheit. Ein geheimes Wissen von den verabschiedeten Lebensbedingungen ist diesem Freiheitsbewusstsein mitgegeben.

Spezifische Erschließung von Wirklichkeiten leistet die eigentümliche sensuelle Ausstattung der Lebewesen. Sie verbleiben in ihrer Welt. Unendlichkeiten bleiben verdeckt. Welt schrumpft für Tiere zur Umwelt, die ihrer Schranken nicht bewusst werden.[22] Nur der Mensch vermag sich zu entgrenzen, d. h. in einem sensuellen System zu verbleiben und dennoch dieses System als eigentümliches zu erkennen. Dieser (hegelsche[23]) Gedanke fasziniert Plessner. Unsere Sinne sind von dieser prinzipiellen Entgrenzung beherrscht. Wir sehen unser Sehen. Selbst im vermeintlich reflexionslosen Hinstarren bemerken wir den Modus des Sehens und empfinden ihn als töricht, hilflos oder verzweifelt. Es eröffnen sich andere Modi des Sehens. Wir sehen auch, wie andere uns sehen und zugleich sehen möchten. Mit den Augen des realen oder imaginativen Anderen betrachten wir unsere Sichtung der Welt,

---

21 *Anthropologie*, S. 325.

22 Plessner übernimmt – wie auch Cassirer und Husserl – von Jakob Johann v. Uexkülls das Konzept eigentümlicher teleologischer und semiotischer Lebenswelten (Umwelten), das höchst folgenreich für die Kulturwissenschaften wurde. Diltheys fundamentalphilosophische Vorgaben sind bei Cassirer, Plessner und Heidegger zu erkennen. Im Begriff der Lebenswelt finden sie ihr großes Thema und ihre jeweiligen interpretativen Spielräume. Regionalisierung und Subjektivierung ergänzt Plessner anthropologisch durch eine Theorie der Weltoffenheit und konstitutionellen Selbsttranszendierung, deren fichtische und schelersche Einflüsse unverkennbar sind. Die dialektisch begriffene Absolutheit des Denkens und als Exzentrizität gedeutete Geistigkeit werden von Plessner mit konkret-naturalen und geschichtlich-kulturelle Faktizitäten einfallsreich und mit dem entdeckenden Blick für das Ephemere und gedankenlos Übersehene zur Einheit verbunden.

23 Vgl. G.W.F. Hegel, *Phänomenologie des Geistes*, TWA, Bd. 3, Frankfurt a. M. 1970.

die variabel, also freiheitsoffen in Widerspruch und Anpassung sich hält. Im Sehen versichern wir uns der widersprüchlichen Einheit und Dynamik unserer selbst. Durch die Sinne, in denen sich der Organismus funktionell und regional gliedert, ist uns eine spezifische Welt und die Eigenwelt unseres Ich gegeben, die sich von dieser Eigentümlichkeit von Ich und Welt zu distanzieren vermag. Es ist eine Naivität, Sinne als reflexionsfreie naturale Prozessualität zu denken. In den Sinnen eröffnet sich meine Welt. Sie begründen Possessivität; sie künden von mir und dem ganz Anderen als Ur-Erlebnis des Denkens. Sie sind korrelativ und implizieren Reflexivität. Sie sind Medium. Sie sagen mir, dass ich eine Welt habe und eine identifizierbare Welt bin und dass mein Sehen mit meiner Stellung und Sicherung in der Unsicherheiten bergenden Welt des Raumes zusammenhängt. Ich balanciere mich in der Welt des Raumes durch Haltung, Ruhe und Flucht. Ich sehe meine Möglichkeiten der Bewegung. Sie werden in der informativ-signalisierenden Raumerfahrung sichtbar. Ich erfahre mich als Leib, der seine Körperteile risikoreich in der Dimension des Nahen und Fernen bewegen kann. In der räumlichen Abschätzung taxiere ich zugleich die Zeitlichkeit meiner Bewegungsmöglichkeiten. Zeit und Raum erschließen sich gleichzeitig. Sie bilden einen Verweisungszusammenhang.

Dem Menschen wird die Sicht grundsätzlich zur Sichtung; ihr sind verschiedene Grade von Reflexivität eigen. Auch das latente Wissen-um bewegt sich im Horizont der Selbst- und Weltbezüglichkeit des Denkens. Es ist nicht mit der tierischen Signal-Umwelt identisch. Latentes, habitualisiertes, selbstverständliches Wissen lebt im Horizont der Reflexivität, ohne aktuelle Reflexion zu sein. Von der phänomenologischen Tradition hat Plessner seine Philosophie des latenten Wissens übernommen.[24] Erst im 18. Jahrhundert gewannen die „unteren Seelenvermögen" in Anthropologie, Ethik und Kunsttheorie zentrale Beachtung.[25] Leibniz' Monadologie fand einzelwissenschaftliche Transformation. Mit dem simplen dualistischen

---

24 Vgl. Eugen Fink, *Grundfragen der systematischen Pädagogik*, hg. v. Egon Schütz und Franz-Anton Schwarz Freiburg 1978.

25 Rousseau setzte emphatisch gegen die abkünftig-begrenzte begriffliche Rationalität die gestufte Vernünftigkeit des Gefühls, von leibnahen Stellungnahmen bis zur totalisierenden Wirklichkeit und Wirksamkeit von Ideen.
Vgl. Jean-Jacques Rousseau, *Émile ou de l'éducation*, OC, Bd. 4, hg. v. Bernard Gagnebin und Marcel Raymond, Paris 1959. Besonders wichtig ist die *„Profession de foi du vicaire savoyard»*, S. 565–635. Es geht darin nicht nur um die *religion naturelle*, sondern um die Zurückweisung der heraufziehenden naturalistische Anthropologie, die Rousseau in Helvétius glanzvoll-elenden *esprit*-Philosophie als existentielle Herausforderung erlebte.
Jean Paul, „Über die natürliche Magie der Einbildungskraft"; in: J.P., *Leben des Quintus Fixlein, aus funfzehn Zettelkästen gezogen; nebst einem Mußteil und einigen Jus de tablette, Sämtliche Werke*, Bd. 4, hg. v. Norbert Miller, Darmstadt 2000, S. 195–205.

Schema „bewusst–unbewusst" konnte die komplexe Erfahrungswirklichkeit des
Menschen nicht mehr abgebildet werden. In der Phänomenologie des 20. Jahr-
hunderts wird dieses Wissen schöpferisch geborgen. Plessners Anthropologie der
Sinne steht in diesem Kontext.

Reflexivität gehört zur Bestimmtheit aller Sinne des Menschen. Eine Theorie
der Sinne muss die eigentümliche Verfasstheit des Menschen berücksichtigen.
Er steht schicksalhaft in dem naturalen Nexus und überschreitet ihn dennoch in
unendliche Möglichkeiten des Denkens. Er ist ein Wesen des alles durchwirkenden
Bruchs, der zugewiesenen Teilhabe und bedenkenden Teilnahme. Physiologische
Gegebenheiten müssen im Kontext dieser umgreifenden Vorgaben verstanden wer-
den. Das Auge sieht in der Selbstbezüglichkeit des Menschen, in seiner Zeitlichkeit,
Geschichtlichkeit und Veränderbarkeit. Es sieht umsichtig, einsichtig, vorsichtig,
Erfahrungen achtend und idealisch schönend und vermutend-ahnend.

Der Sinn entfaltet sich in der Vorwegnahme, Gegenwart und Vergangenheit
von Sinnwirklichkeiten. In der Dynamik des Überschreitens fügt er sich dem
Menschen ein, der im Denken sich prinzipiell übersteigt. Nur vom Sinnen her kann
die Bestimmtheit der Sinne adäquat erfasst werden. Mechanisch-sensualistische
Leitvorstellungen klammern die Sinnbestimmtheit der Sinne aus. Quantifizie-
rende Vergegenständlichungen unterstellen diesen Reduktionismus. Sie operie-
ren mit einem verkürzten Leistungsbegriff. Dem Denken ist es gegeben, solche
Verkürzungen methodisch kontrolliert und interessenorientiert zu produzieren.
Aber es muss solcher Ausformungen künstlicher Gebilde seiner *capacitas infinita*
eingedenk bleiben. Im Sensualismus begreift das Denken sich nicht als Prinzip
der Setzung von Wirklichkeiten, sondern verwechselt sich mit dem Prinzipiierten
der Fiktionen. Im Anti-Sensualismus Plessners wird der Sinn in den Kontext der
Sinngebungen zurückgeholt.

Dieser Rückgang erscheint bei Plessner als Folgerung einer schlichten Besinnung
auf das alltägliche Erleben mit den Sinnen. Es ist Wahrnehmung des anderen, der
Wirklichkeit in ihrer Ich-Unabhängigkeit, im Riechen, Tasten, Schmecken, Hören

---

Ders., *Levana oder Erziehlehre*, in: J.P., Sämtliche Werke, Bd. 5, S. 515–874; darin:
„Entwicklung des geistigen Bildungstriebes", S. 825–854.
Immanuel Kant, *Anthropologie in pragmatischer Hinsicht*, AA, Bd. 7, S. 167–190.
Kant, *Kritik der reinen Vernunft*, AA, Bd. 4, S. 77–95.
Rousseau bekannte in zahlreichen Hinweisen seine Beeinflussung durch Shaftesburys
Philosophie der Einbildungskraft, in der eine folgenreiche Korrektur der lockeschen
Anthropologie und Erkenntnislehre vorgenommen wurde. Als Ferment der Aufklä-
rungskritik wirkte diese Würdigung der originären Einbildungskraft in die europäische
Romantik hinein. Vergessene Traditionen einer Logik des Herzens (Pascal) wurden,
theologisch oder säkular, zu neuem Leben erweckt.

und Sehen und zugleich ein latentes durchgängiges Wissen um meine Beteiligung in resp. an dieser Zuwendung zu dem ganz anderen. Erst in dem koinzidierenden Gedanken des „unabhängig von mir" und des „bezogen auf mich" in eins mit dem „bezogen durch mich" ereignet sich eine Empfindung, die dadurch grundsätzlich in das Ganze anderer Empfindungen und Sinnmodalitäten eingebunden wird. Dieser fundamentale welterzeugende Gedanke wird zur Selbstverständlichkeit abgeschattet. Aber wir können ihn niemals ganz vergessen. Latente Präsenz impliziert immerwährende diffuse Präsenz, die jederzeit zur Bedenklichkeit der Reflexion sich ausfächern kann. Räumliche Assoziationen mit dem Verborgenen und Versteckten und zeitliche Verzögerungen zwischen Reiz und Reaktion, die das Wort Latenz suggeriert, führen in die Irre. Wir dürfen im Sinne Plessners von impliziter Präsenz sprechen. Aus Scheu vor metaphysischem Gespinst belässt er es bei der phänomenalen Erfahrung, dass jeder Mensch jederzeit um sich als ein sich selbst spiegelndes Wesen weiß und dieses allseits umfangene Wissen zur Reflexion verdichten kann.

Seine Sinne tragen diese Reflexivität in sich. Sie spiegeln die selbstbewusste Spiegelhaftigkeit des Menschen. Die verlockende und abweisende Signalwelt des Tieres spiegelt, ohne es zu wissen; es hat Informationen über seine Lebensumwelt, die es automatisch in Bewegungsmuster (auch der Ruhe, des Verharrens) umsetzt. Diese signalisierende Geschichte ist dem Menschen als evolutives Erbe mitgegeben. In der konstitutionellen Distanz zu sich selbst verändert sich die Qualität der Sinne. Sie erhalten Möglichkeiten der Variabilität, der Freiheit der Gestaltung und der sensuellen Verknüpfung. Die Sinne sind auf sich selbst bezogen und verkörpern die wesenhafte Selbstreferenzialität des Menschen.

Als Beispiel wählt Plessner den Tastsinn.[26] Er er-fasst mit dem Weltstück seine Unabhängigkeit von der Welt, konkrete Nähe und abstrakt-prinzipielle Ferne, im bedrückenden Hantieren die Freiheit des Rückzugs und der Gestaltung. Fühlen geschieht im ethisch-theoretisch-ästhetischen Verweisungszusammenhang des Ge-fühls. Leib und Vernunft verbinden sich im er-lebten taktilen Akt. Der Sinn des Fühlens wird im Zusammenhang des Erlebens, also der menschlichen Vernunft, zur sensuell-sinnhaften Einheit. Dies ist seine Gegenständlichkeit, um welche die Sprache in vielen Bekundungen weiß. Als naturalistisches Konstrukt ist diese komplexe Einheit dinglich zerstört. Plessner versucht einen methodischen Zugang für die Sinn-Sinneseinheit zu finden und gegen sensualistische Verformungen, die immer Zerstörungen sind, zu sichern. Weder Physiologie noch Psychologie werden dieser Einheit ansichtig.

---

26 *Anthropologie*, S. 327.

Der Sinn ist eine Dimension des sich ausformenden Lebens und menschlichen Erlebens. Wir kennen nicht alle Sinne und behelfen uns mit einigen zentral bemerkten Körperregionen. Das Sichtbare leitet uns auch in der Entdeckung der Sinne. Zu den Sinnen gehört ihre Intentionalität. Sie sind auf das An-sich der Wirklichkeit gerichtet, an das wir fundamental glauben. Der Leib weiß um das Andere. Er ist Verkörperung dieses Wissens. Zweifel an der Wirklichkeit bezeugen die artifizielle Distanz, die wir Menschen erlebend zu allem einnehmen können. Wir können Wirklichkeit – unseren Leib vergessend – als Willkürlichkeit durchspielen. Wir können uns vom Leben erlebend distanzieren. Dennoch bleiben wir dem Leben und unserem Leib verbunden. Die Freiheit wird vom Leben getragen, aber nicht durch das Leben bestimmt. Plessner vertritt eine Philosophie der Lebens-Wirklichkeit, die transzendentale Überlegungen zu Vergessenheitsphänomenen des Lebens erklärt.

Weder der naturalistische noch der transzendentalkritische idealistische Ansatz erweist sich als tragfähig. Sie entpuppen sich als fiktionale Spielformen, die ihre eigene Herkunft und Möglichkeit vergessen haben. Dasjenige, auf das sich die Sinne richten, wird als erlebnisunabhängiges bloßes sinnliches Datum verkannt. Sie sind gerichtet auf etwas, das unabhängig und zugleich eingebunden bleibt in den Horizont des Erlebens. Es bleibt im Erleben und übersteigt das Erleben. In der Liebe und Todesangst erzittern wir alle vor dieser Urerfahrung des Lebens. Nur im dialektischen Zugriff wird uns seine wahre Natur zugänglich. Der phänomenologische Imperativ „Zu den Sachen selbst", der Freiheit und Entlastung von verführerischen sterilen Verranntheiten durch deutungsunabhängige Positiva herbeiführen wollte, zerschellt an seiner Simplizität. Die deutungsfreie Wirklichkeit gibt es nur in Absetzung von der Deutungswirklichkeit des Erlebens. Sie ist ein Einheit begründendes Regulativ, welches das Denken sich setzt, um sich als Vollzug zu verwirklichen. Zur Dynamik des Denkens gehört das Nicht-Gedachte, das es andenkt, und alles Andenken als vorläufig in der Schwebe hält und vom willkürlichen Ausdenken abgrenzt. Die Wirklichkeit hält sich das Erleben gegenüber, um sich als Erleben zu realisieren. Aus dem Regulativ werden alle Positiva geboren. Nur in solcher Bezüglichkeit wissen wir um die Welt, das Leben und den Tod.

Unsere Sinne richten sich auf die Wirklichkeit als Ganzes und in ihrer Spezifikation. In der Wirklichkeits-Unterstellung des sich tendenziell überschreitenden Erlebens sondern sie ihre spezifische Wirklichkeit aus und sind sie alle miteinander verbunden. Allein vom Erlebniszentrum müssen sie als Botengänger in die regulative Welt des An-sich verstanden werden. Sie sind deren Befehlsempfänger – aber sie können diese dienende Funktion nur erfüllen, weil sie vom Zentrum als Kundschafter ausersehen wurden. Sie nehmen ihre „weltliche" Botschaft entgegen, weil sie von der Einheit des Erlebens dafür die Rahmenbedingungen erhalten haben. Korrelativität ist ihr Geschick.

Mit den herkömmlichen Einteilungen können wir dieser Komplexität nicht beikommen. Plessner sieht sich genötigt, Husserls Theorie des deutungsunabhängigen Datums – Husserls selbsterkannte Nähe zum Positivismus war nicht das letzte Wort –, die von einigen als Freibrief für den Positivismus interpretiert wurde, in den bewusstseinsphilosophischen Zusammenhang einzuordnen.[27] Eines Rückfalls in die solipsistische Bewusstseinsphilosophie macht er sich damit nicht schuldig. Bewusstseinsphilosophie im Sinne Plessners ist Erlebensphilosophie, die das Bewusstsein-Transzendente, die Welt-Wirklichkeit bedenkt. Husserls egologischer Idealismus, der mit Natorps Idealismus wesentliche Gemeinsamkeiten hatte, wird von Plessner geteilt. Positivismus, Realismus und Idealismus liegen diesseits seiner systemischen Versöhnung von Leben und Erleben, Mensch und Welt. Er geht in diltheyschen antikantischen Bahnen und trifft sich mit Theodor Litts dialektischer Philosophie des Denkens.[28]

Im Sinneseindruck bekunden sich Welt und mein Erleben. Er weist über sich hinaus und auf mich zurück. Er ist irreduzibel und zugleich zurückgeführt auf mein Erleben, in dem das Leben sich leidend, wünschend, wollend mannigfach erkennt. Anders als im fahlen Licht des Bewusstseins erscheint im Erleben die verletzende, heilende, schöpferische Signatur des Lebens. Plessner demaskiert die Bewusstseinsphilosophie als ein Ausweichen vor der fragilen, zufälligen und zerschmetternden Wirklichkeit des Lebens, als Verengung des Blicks und Verdrängung der *Conditio humana*. Konstruierte Künstlichkeiten verdecken die Ur-Erfahrung der Welt, die es nicht aufzuklären gilt. Erklärungen bewegen sich in der Welt, die uns unerklärlich gegeben ist. Welt ist eine Gabe, die mit dem Denken gegeben ist. Denken ist Welt und Welt ist Denken. Diese Gleichursprünglichkeit missachtet die dualistisch orientierte Bewusstseinsphilosophie, die mit Innerweltlichem hantiert.

Plessner würdigt den Sinneseindruck als Mysterium, das sich dem nicht-philosophischen Umgang und Fabrizieren als schlichte Selbstverständlichkeit präsentiert. An diesem Erbe kranken auch alle dualistischen Systeme. Der Deutungsfreiheit einfordernde Positivismus und Sensualismus begegnet in dieser Naivität dem Idealismus. Auch Kants Kritizismus wird durch diese Sicht demontiert. Die Deutungsjenseitigkeit (Welthaltigkeit) des Erlebens verbindet Plessner mit dessen personaler Bedingtheit. Er will der Dialektik des Erlebens mit allen Formen des Denkens nachspüren.

Was Leben und Erleben, was der Mensch ist, offenbart sich im „irreduziblen Sinneseindruck".[29] Das ekstatische Vernehmen von Welt geschieht zugleich als Sichtung

---

27 *Anthropologie*, S. 327 f.
28 Vgl. Theodor Litt, *Mensch und Welt*, Heidelberg 1948.
    Ders., *Denken und Sein*, Heidelberg 1948.
29 *Anthropologie*, S. 328.

meiner selbst. Welt und Person werden in einem Akt geboren. Das An-sich und die Erlebnisgebundenheit eröffnen sich gleichzeitig. Der Sinneseindruck erweist sich als Gliederung des Erlebens. An-sich ist eine Bestimmtheit des Erlebens, in der es gänzlich selbstlos-selbstvergessen von sich absieht. Am Anfang allen ängstlichen Besorgens steht die Sorgenlosigkeit der Welt. Im Hören und Sehen erschließt sich mir eine Welt und werde ich mir in meiner selbstlos-dezentrierenden Potenz, in meiner uranfänglichen Freiheit ansichtig. Jedes Wahrnehmen bezeugt und variiert meine Freiheit als Weltoffenheit. Der „irreduzible Sinneseindruck" erweist sich als Imperativ, als Forderung von Welt, als *intentio recta* – mithin als Gesinnung, An-sich-Bestimmtheit zu vernehmen.

Diese *intentio recta* gründet in einem selbstbezüglichen Zusammenhang des Erlebens, der niemals gänzlich verlorengeht. Im vermeintlich bloß partikularen Sinneseindruck sind personal-kulturelle Verweisungszusammenhänge und Selbstzuwendungen enthalten. Die *intentio obliqua* durchzieht alle Artikulationen des Erlebens. Mit dem bewusstseinsphilosophischen Terminus der Reflexion wird diese umfängliche Selbst-Gerichtetheit nicht adäquat erfasst. Aber auch die von Plessner gewählte Bezeichnung „präreflexiv" bleibt dem abgelehnten Dualismus verhaftet.

Naturale Bestimmtheit ist ein Abkömmling kultureller Gefügtheit. Im Fühlen weiß ich um das Andere, den Gegenstand, dasjenige, was ich nicht bin, kurzum: die Welt. Dieses Wissen kann leibnah, relativ diffus oder abgegrenzt und sich selbst wissendes sein. Einige Strukturen dieses Wissens hat die Entwicklungspsychologie mit Piaget und Kohlberg zutage gebracht. Plessner will diese Einsichten nutzen und in sein Konzept integrieren. Vor allem die philosophische Fundierung liegt ihm am Herzen. Nur die Philosophische Anthropologie liefert den Bezugshorizont für die kritische Interpretation der Psychologie und Physiologie. Plessner stellt sich gegen die wissenschaftsgeschichtliche Verselbständigung anderer Menschenwissenschaften, die seit der Aufklärung stattfand. Seine Kritik der Sinnlichkeit zielte auf den philosophisch naiven, im Grunde begriffslosen Sensualismus.

Das Gegebene, das *datum*, enthüllt sich als das als unabhängig Gedachte. Unter dieser Voraussetzung kann es sich als Neues, Überraschendes, Unergründliches und Forderndes darbieten. Die Welt wird entworfen, aber nicht erdacht. Der Mensch hat wesentlich die Möglichkeit des Entwurfs. Er lebt im Modus des Entwurfs, der die Darstellung des Anderen zulässt, ja begehrt. Wir leben im Modus des Anderen. Dieser Modus hat seine Geschichte. Piaget hat in der Phase der sensumotorischen Intelligenz – Denken wagt er sie noch nicht zu nennen – die Ankunft des Anderen in der Objektpermanenz gesehen und in philosophisch unzureichender Weise erläutert. In der Phase der formalen Operationen tritt das Andere als symbolisches System in Erscheinung (Philosophie, Mathematik), das die Selbstreflexion miteinbezieht. Das Andere und der Andere begegnen uns in unendlichen Formen vom Anfang bis zum Ende unseres Lebens. Im Horizont des Anderen konstituieren wir uns selbst. Der Mensch sagt: *Es biete sich dar*. Wir bedürfen keiner Metaphysik, sondern nur der Erfahrung mit uns selbst. Jede sinnliche Erfahrung untersteht dem *Es biete sich dar*, also der Selbsttranszendierung des Menschen. Sinnliche Erfahrung bedarf dieser geheimen intentionalen Vorgabe und des Glaubens an ihre Erfüllbarkeit. Dieses Voraussetzungsgefüge blendet das alltägliche Haben und Hantieren mit Wirklichkeiten aus. So entsteht der Schein eines erlebnisunabhängigen Gegenstandes. Man glaubt an die Welt als An-sich. Kants Ding-an-sich-Metaphysik spielt in Plessners Begriff der Wirklichkeit hinein. Um eine Philosophie der Konstitution kommt er nicht umhin. Aber er möchte auf keinen Fall idealistischen Fallstricken zum Opfer fallen. Nicolai Hartmanns kritischer Realismus bietet Plessner Möglichkeiten, Wahrheit und Wirklichkeit zu verbinden und sowohl bewusstseinsphilosophischen Restriktionen wie naturalistischen Denkfaulheiten zu entgehen.

Der Sinneseindruck resp. der „Gegenstand" ist irreduzibel als Gedanke, vom Erleben gedacht als das Jenseits des Erlebens. Das Erleben des Menschen hat grundsätzlich diesen Gedanken des Nicht-Erlebnishaften als Voraussetzung seines eigenen Vollzugs. Offensichtlich bestimmt Plessner im Rückgriff auf Fichtes[30] Dialektik des Denkens diese Selbstverständlichkeit der Verschränkung von Immanenz und Transzendenz. In Auseinandersetzung mit Husserls *Ideen*[31] und der darin explizierten Ich-Philosophie sieht er sich auf Fichtes egologische Spekulation verwiesen, die ihm als kritisch zu würdigende Verheißung erschien. Husserl, Kant und Fichte bildeten das Spektrum der plessnerschen Ur-Erfahrung gebrochener Egoität.[32] Als „transzendentale Gedanken"[33] wollte er diese Erfahrung philosophisch buchstabieren und Formen des cartesisch-dualistischen Transzendentalismus (Kant), die

---

30 Fichtes Bedeutung für die Verabschiedung dualistischer Grundlehren tritt bei Plessner deutlich hervor. Auch Natorps Spätphilosophie („Allgemeine Logik"; in: Werner Flach / Helmut Holzhey (Hrsg.), *Erkenntnistheorie und Logik im Neukantianismus*, Hildesheim 1980, S. 226–269) und Hartmanns Kritik am Marburger Neukantianismus verdanken sich der Fichte-Rezeption zu Beginn des 20. Jahrhunderts.

31 Edmund Husserl, *Ideen zu einer reinen Phänomenologie und phänomenologischen Philosophie*. Buch 1, *Allgemeine Einführung in die reine Phänomenologie*, Halle a. d. S. 1913.

32 Vgl. Helmuth Plessner, „Autobiographische Einführung"; in H.P.: *Mit anderen Augen. Aspekte einer philosophischen Anthropologie*, Stuttgart 1982 [u. ö.], S. 3–8.

33 Ebd., S. 4: Der „transzendentale Idealismus" sollte eine neue Gestalt erhalten. Husserls Bestimmung des Ichs sollte von der Kants (und dem Idealismus Paul Natorps, der nicht erwähnt wird) unterschieden werden. So wurde Plessners Transzendentalismus geboren und mit fichtischer Verschränkungskultur auf den dornigen Weg eines neuen Gedankens gebracht.

auch im Wissenschaftsverständnis des 19. und 20. Jahrhunderts sedimentierten, zurückweisen. Fichte und Hegel als Dialektiker faszinierten Plessner, weil er in ihren Werken Möglichkeiten eines angemessenen Verständnisses des menschlichen Erlebens in seiner Alltäglichkeit und in seinen kulturellen Aussonderungen vermutete. Schon dem jungen Helmuth Plessner war das Problem der Grenze, der Entgrenzung in der mental-emotionalen Rückbindung an das Verlassene das Leitmotiv seines Denkens und Handelns.

Das Irreduzible wird als das Wohin, als eingebunden in einen intentionalen Kontext begriffen. Das nicht eingebundene Irreduzible, das absolut Positive, die deutungsfreie Wirklichkeit erscheint in diesem Gedankenkreis als pure Fiktion eines nicht über sich selbst aufgeklärten Denkens. Im europäischen Aristotelismus lebt bis in die Moderne mit ihrem wissenschaftlichen Methodenideal diese Naivität fort. Descartes wollte der Anti-Aristoteles sein und den Spuk teleologischer Gewaltsamkeiten endgültig aus der Philosophie und Wissenschaft vertreiben, aber er fügte sich dem Form-Materie-Zusammenhang in seiner Kategorienlehre, die bis in die kantsche *Kritik der reinen Vernunft* maßgeblich blieb. Und wir gehorchen diesem Vorurteil ungebrochen in der Sichtung von uns selbst und allem anderen. Wir sind in der alltäglichen Wahrnehmung alle Aristoteliker. Die Leib-Seele-Lehre des Christentums hat diese universale Infizierung des europäischen Denkens theologisch sanktioniert. Plessners transzendentaler Gedanke markiert einen bis in die alles durchwirkende Tiefe des Denkens gehenden Einschnitt. In der Auseinandersetzung mit der Sinnlichkeit der Sinne, ihrer Erlebensverwiesenheit und regulativen Irreduzibilität, die in jeder Wahrnehmung konkresziert, wird ein neues Denken versucht, das dialektische Komplexität alltäglich, philosophisch und wissenschaftlich umkreist.

Es gibt dieses nicht-aristotelische Denken für Plessner als zunehmend verdunkelten Weg der Spekulation seit der Antike. Er will ihn neu begehen, indem er die alltägliche Erfahrung des Leibes als Grenze und omnipräsente Bezugsdimension, als (offene) Positionalität und Selbsttranszendierung deutet. Diese fundamentale Einsicht wird durch Arnold Gehlen im Anschluss an Plessner erneuert.[34]

Sinnliche Erfahrung bedeutet resp. bekundet Weltwirklichkeit im Modus der Erlebnisgebundenheit. Daraus ergeben sich Variationsmöglichkeiten des Gegebenseins. Aus dem Fühlen erwächst das Gefühl. Aus dem Kosten der wählerische

---

34 Arnold Gehlen, *Der Mensch. Seine Natur und seine Stellung in der Welt*, GA, Bd. 3, hg. v. Karl-Siegbert Rehberg, Frankfurt a. M. 1993.
Zu Plessners Kritik an Gehlens grundlagentheoretisch anfechtbarem Anthropologie-Konzept vgl. H. P., Trieb und Leidenschaft, in: *Conditio humana*, GS 8, hg. v. Günter Dux [u. a.], Frankfurt a. M. 2003, 369–371.

Geschmack, der im ablehnenden Ekel enden kann. Aus der Wirklichkeit der Sinne gehen Affekte hervor, die zur Ekstase und Selbstzerstörung reichen können.[35] In der sinnlichen Wahrnehmung stecken die Keime personaler Ausformung, die sich in der Lebensgeschichte verwandeln. In der scheinbar begrenzten Situation wirkt das Ganze einer Geschichte. Es bedarf besonderer Reduktionen, um diese Geschichte in der Fiktion einer wiederholbaren, quantitativ bestimmbaren Situation zu vergessen. Der Positivismus blüht nur als Symptom der Vergesslichkeit. Seiner eigenen Intentionalität wird er nicht ansichtig.

4   Das Leben in sich überschreitender Kontextualität

Dem Menschen ist es gegeben, Kontextualität in diversen Horizonten zuzulassen. Wir können um eine Erfahrung unterschiedliche konzentrische Kreise schlagen. Dadurch lassen wir uns zur Vorstellung vom Erlebnispunkt resp. von ich-unabhängigen sinnlichen Tatsachen verführen. Die Logizität der Sprache entlarvt die Tat-Sache als ein tätiges, in unterschiedlichen Handlungen synthetisiertes und begrenztes Gebilde, das auf ein personales Totum verweist. Dieses Totum strukturiert die Gegenständlichkeit der Tatsache als spezifischen Gedanken, nämlich der Denkunabhängigkeit. Erst in diesem Voraussetzungsgefüge präsentieren sich das vermeintlich schlichte Datum und die Terra incognita der Gegenstände, die wir aus Lebensnot oder in kontemplativer Freude zu erkunden versuchen. Ohne die Selbstvergessenheit des Denkens käme es nicht in Gang. Das Denken beginnt mit einer grandiosen Selbsttäuschung. Und aus dieser Fiktion des denkunabhängig Gegebenen erwächst das Ethos der Sachlichkeit und der mitmenschlichen Entsprechung, auf das wir nicht verzichten wollen, weil es unsere Menschlichkeit krönt.

Die Phänomenologie befreit uns von der reflexionistischen Verkürzung des Denkens. Aus dem geheimen Treiben wachsen die schönsten Blüten und die *Fleurs du mal*, denen der Mensch in seiner Reflexivität nachsteigt. Eine Welt von Wirklichkeit wird ihm geschenkt, ohne dass er es ahnt. Aus solcher Dunkelheit leuchten Wissenschaft und Religion mit ihren Kometenschweifen. Wer über Tatsachen redet, befindet sich im abgründigen Horizont des Denkens, dem Selbstvergessenheit und Selbstzuwendung gleichermaßen zugehören.

Es kennzeichnet den plessnerschen Ansatz, Denken und Wirklichkeit dialektisch zu verbinden und dualistische Simplizität zu vermeiden. Denken ist grundsätzlich Grenzüberschreitung; wir mögen darum wissen oder nicht. Bewusstseinstheore-

---

35 *Anthropologie*, S. 328.

tische Solipsismen verkennen die denkphilosophische Dialektik, der Plessner das Wort redet. Als Denkende sind wir nicht nur eine Welt, sondern wir haben auch eine Welt, zu der auch ein irreduzibler Sinneseindruck als Grunderwartung gehört. Mit der Schablone des Subjektiven und Objektiven dürfen wir nicht hantieren. Sie instrumentiert nur die bewusstseinstheoretische Verdinglichung des Gegenstandes. Für Plessner ist er eine Forderung des Denkens, das prozessual Selbstüberschreitung ist und sucht. Das Denken ist ein Auf-Bruch von Wirklichkeit, die ein Objekt werden kann, aber nicht darin besteht. An den Umgang mit Objekten haben wir uns gewöhnt, das Wunder des Auf-Bruchs ist zur universalen Selbstverständlichkeit verkommen. Seinsglaube umgibt uns. Auf ihm ruht die nicht-wahnhafte Abstraktion eines irreduziblen Sinneseindrucks und einer Forschung, die sie methodisch umsetzt und läutert.

Wir können das Wunder beschreiben, aber nicht erklären. Wir nehmen es staunend hin. Vergleichend zeichnen sich die Eigentümlichkeiten des Menschen ab. Jeder Sinneseindruck lebt von der intentionalen Macht des Denkens, das Undenkbare zu vergegenwärtigen. Er setzt Welt als unerklärliches Faktum und bestimmbare Idee voraus. Plessner entfaltet Herders Gedanken von der einzigartigen Naturbindung und Naturentbindung des Menschen. Er ist der „erste Freigelassene der Schöpfung".[36] Er besitzt als kontingentes, fragiles Lebewesen die Freiheit der Einsicht in seine Gefügtheit und den leibbezogenen Freiraum der Gestaltung bis in vermeintlich leibunbezogene Dimensionen. Seine Natur kann er handgreiflich fassen und sich im selben Akt als inkorporierte Person, als Leiblichkeit, erfassen.

Im Tasten wird die Präsenz des anderen, die für alles Erleben präfiguriert ist, eine Erfüllung, ein eingelöstes Versprechen. Die Empfindung beantwortet eine Frage, die noch der natürlichen Sprache entsagt. Strukturelle Sprachlichkeit beherrscht alles Erleben. Durch Tasten gesellen wir uns dem Spiel des Fragens und Antwortens zu. Die haptisch-sensuelle Antwort steht im Horizont der Frage, die in ihrer Fraglichkeit fortdauert und auf neue Antworten drängt. Nur als regulative Idee einer endgültigen Antwort fungiert die Vorstellung eines irreduziblen Sinneseindrucks, welcher der Naturalismus sich fraglos verschreibt.

Alles Wahrnehmen und Erfahren spielt in einem postulatorischen Zwischenreich, das markiert wird von Datum und Person. Welt und Person werden geglaubt. Nur in diesem Glaubenshorizont vollzieht der Mensch einen Sinneseindruck, der ihm als Gabe gegenübertritt. Vom weltbezogenen Tasten zum Beispiel führt ein gestufter Weg in die kulturelle Selbstgestaltung der Person. Das Tasten ist ein Er-tasten, ein quantitative und qualitative Hinsichten verschränkendes Ermessen.

---

36 Johann Gottfried Herder, *Ideen zur Philosophie der Geschichte der Menschheit*, hg. v. Martin Bollacher, Frankfurt a. M. 1989, S. 145 f.

Messende Naturwissenschaft übersieht ihre eigene implikative Ermessenheit. Ihre Dimensionierung ist anmaßend.[37] Die verweisende Bestimmtheit des Tastens wird verfehlt. Fühlen ist prinzipiell gegenwärtige Überhöhung des Tastens. Normativität wird in nuce sichtbar. Im Gefühl verwirklicht sich die dem Fühlen mitgegebene Selbstbezüglichkeit. Stellungnahmen durchziehen schon die Trias des Tastens, Fühlens und Gefühls. Das sensuelle Datum ist nur im Horizont elementarer Bewertungen gegeben, die Erkennen, Wollen und Fühlen umfassen. Zugleich eröffnet sich die Dimension der Zeit in der Urform des Rhythmus, in dem die Wiederholbarkeit des Sinneseindrucks eigentümlich gestaltet wird. Zeitlichkeit (Geschichtlichkeit), Normativität, Reflexivität und Räumlichkeit mit den leibzentrierten Differenzierungen der Nähe und Ferne, aus denen die abstrakte wissenschaftliche Räumlichkeit hervorgeht, sammeln sich im sensuellen Positivum als Urverweisungen. Sensuelle Gegenständigkeit kündet vom Denktotum der Person und ihrer Identität.

Gabe als Präsentation von ich-unabhängiger Wirklichkeit ist immer auch ich-bezogene Ge-gebenheit. Reflexivität durchdringt jede Sensualität. Wiederholungen bezeugen seit frühester Kindheit das bessere Begreifen- und Beherrschen-Wollen, ein aufregendes Spielen mit Bewegungsgestalten, die der wechselseitigen Bestimmtheit von Raum und Zeit experimentell nachgehen. Man könnte Plessners Theorie des fundamentalen Ordnens und Wiederholens mit Jean Piagets entwicklungspsychologischem Beitrag zur sensumotorischen Intelligenz in Beziehung setzen, um die Eigentümlichkeit der plessnerschen philosophischen Anthropologie bei mancher Übereinstimmung mit der piagetschen Deutung zu markieren.[38]

Es möge der Hinweis genügen, dass Plessner Grundfragen diskutiert, die Piaget in dem alltäglichen Denken für entschieden erklärt und so in seine Wissenschaft als Vorurteil übernimmt. Die Unterscheidung von Intelligenz und Denken gehört dazu. Plessner legt mikrokosmische Verweisungen frei. Piaget operiert mit schlichten Dualismen. Ohne innere Repräsentanz lässt er die Intelligenz auf ein beständiges Objekt gerichtet sein. Die kognitive Entwicklung wird ohne eine Philosophie des Leibes und die ihm gemäße Philosophie des Denkens dargestellt. Konkrete und formale Operationen werden als isolierbare Stufen behandelt, an deren Ende die Methodenreflexion steht. Selbstbezügliche Vorstufen der begrifflich-analytischen Reflexivität werden nicht bedacht und nicht gefunden. Außer der Leiblichkeit wird in der Fixierung auf interkulturelle Stufungsgesetzmäßigkeiten die Geschichtlich-

---

37 Vgl. Karl R, Popper, *Logik der Forschung*, 4., verbesserte Aufl., Tübingen 1971.
38 Vgl. Jean Piaget, *Weisheit und Illusionen der Philosophie*, Frankfurt a.M 1974. Ders., *Meine Theorie der geistigen Entwicklung*, hg. v. Reinhard Fatke, Weinheim / Basel 2003.

keit vergessen, die allen Formen des Denkens angehört. Es ist nach Plessner ein
Grundirrtum der Kognitionspsychologie, die strukturell-funktionale Gefügtheit
des Erlebens auszublenden. Jede psychologische Bestimmung des Erkennens bedarf
einer Kontextualisierung in einer Philosophie des Erlebens, die essentiell auf den
Leib und die vielgestaltigen Nuancierungen und Bezüglichkeiten des Denkens ausgerichtet ist. In seiner Phänomenologie sieht Plessner ebendiese Philosophie gegeben.
Deutlich spürt man die Abgrenzung von Husserls phänomenologischem Ansatz.
Naives, unbezweifelbares Weltbewusstsein ist in jedweder Zeit-Raum-Erfahrung
mitgegeben. Auch die schlichteste Sinnesempfindung setzt diesen Wirklichkeits-
entwurf voraus. Der Mensch müsste seinen Leib (Erfahrungsspeicher) verlassen,
um ernsthaft die Realität zu bezweifeln. Er bleibt an ihn schicksalhaft bis zum Tode
gebunden. Aber er vermag schöpferisch zu sein und neue artifizielle Wirklichkeiten
zu erspielen, in denen Distanzierung von seiner Leiblichkeit gelingt. Er ist gebunden
und frei. Im Sensualismus vergisst er die fundamentale Denkbestimmtheit und im
Solipsismus den leibgebundenen Weltglauben, der die vermeintlich selbstgenügsame
Vorstellungswelt umfängt. Eine zur Anthropologie ausgefächerte Philosophie des
Leibes verspricht Aufklärung über diese typischen Vergesslichkeiten.

Der Leib zentriert die Sinnesorgane als diverse Zugangsarten von Welt. Im Modus
des Sehens, Riechens, Hörens und Schmeckens sind sie uns sekundär gegenwärtig.
Primär werden Wirklichkeiten in Zuwendungen und Vereinnahmungen erschlos-
sen. Bedrohlich und bezaubernd treten sie in das sie suchende organbezogene
Denken ein. Erzitternde Wahrnehmung, die in die Tiefenschichten der Evolution
hinabreicht, geht dem neutralisierten Sehen voraus.[39] Wir wittern die flüchtigen
Signale der Bedrohung und riechen die diffuse Nähe der Gefahr. Unsere gesamte
Leiblichkeit ist von diesem Furor betroffen. Unsere Selbstkontrolle ist gefährdet
– und wir ahnen es. Der lebensdienlichen Speise nähern wir uns mit verdeckter
Zurückhaltung. Verzehrenwollen und Durchschauenwollen verschlingen sich im
Habitus des Kostens, der Erfahrungen des Begehrens und Erfüllens zur spezifischen
Weltwirklichkeit sedimentiert. Das Paradigma der Wunscherfüllung und Versa-
gung wird im balancierenden Kosten geboren und zu sublimsten Kulturleistungen
motivieren. Im Kosten ist die bedürftige menschliche Natur kulturell durchtränkt.
Sie hat sich vom Verschlingen und Töten distanziert. Das Andere tritt auf und
provoziert zur elementaren Erfahrung des Selbst.

Diese erste menschliche, in Distanzierungen gründende Welt fällt in Plessners
Anthropologie nicht mit der Reflexion zusammen. In der ekstatisch-intentionalen
Sinnlichkeit des Menschen bereitet sich die neutral-verständige Reflexion vor. Das
Aufbrechen der Welt hat sich bereits ereignet. Die tierische Umwelt, die strukturell

---

39 *Anthropologie*, S. 328.

gegenwärtig ist, wird überschritten. Die Sinnlichkeit des Menschen und des Tieres sind bei aller Verwandtschaft prinzipiell unterschiedlich. *Homo absconditus*. Im menschlichen Sinneseindruck bezeugt sich Freiheit in umfangenden Abhängigkeiten. Dialektische Verfasstheit tritt in Erscheinung. Alles Menschliche wird von ihr durchdrungen.

Es bereitet Schwierigkeiten, die eigentümliche humane Sensualität angemessen zu erfassen und zu bezeichnen. Dualistische Sonderungen führen in die Irre. Trotz aufklärerischer Profanisierung der erkenntnistheoretischen Instrumentarien schleppen wir jahrhundertealte Dichotomien im Denken und Sprechen mit uns. Der Antagonismus von Mensch und Tier gehört ebenso dazu wie der von Vernunft und Sinnlichkeit und der von Freiheit und Zwang. Innerhalb solcher Vorgaben lässt sich die menschliche Urverfassung nicht bestimmen. Erst eine dialektische Kultur gewinnt eine fundamentale Einsicht in Größe und Verhängnis des Menschen und die ihm zugewiesene Geschichtlichkeit.

Die humane Sinnlichkeit vereint Natur und Freiheit, Faktizität und Gestaltungsmöglichkeiten. Schon in ihrer vorsprachlichen und präreflexiven Modalität hat sie die Welt des bloß Naturalen überschritten, ohne sie gänzlich abzustreifen. Das menschlich Naturale äußert sich elementar in Bedürfnissen, die aus Triebbezogenheit und einem Jenseits des Triebes entstehen. Plessner versucht, Freuds Differenzierung von Trieb und Bedürfnis anthropologisch zu vertiefen.[40] Die Menschlichkeit des Menschen beginnt nicht erst mit der Reflexion, sondern mit der grundsätzlichen, noch nicht zu Grundsätzen formulierten intentionalen „Abständigkeit" zu absorbierenden Reizen. Seine Ekstasen gehen aus Intentionen hervor, die in ihnen wirksam bleiben.

Menschlichkeit bricht auf im rätselhaften diffusen Wissen um das Was, in der Gegenwart des Gegenstandes, die Voraussetzung allen Sprechens und kalkulierenden Verfügens ist. „Dass" und „Was" werden in ihrer Unterschiedlichkeit und Verbindung zugleich gewusst. Auf diesem fundamentalen Wissen kann sich instrumentelles Denken erheben. Die Diffusität kann sich im Bewusstsein gesonderter senseller Qualitäten verlieren. Die Zweck-Mittel-Relation und die Dimensionen des Sehens, Hörens, Riechens, Schmeckens und Tastens sind eine Entwicklungsstufe des Denkens, nicht aber dessen Grundverfassung. Plessner konzipiert eine epistemische Genealogie, die aus dem Zusammenwirken von Philosophie und Biologie resp. Verhaltensforschung entsteht.

---

40 Vgl. Sigmund Freud, *Jenseits des Lustprinzips*, hg. v. Lothar Bayer u. Hans-Martin Lohman, Ditzingen 2013.

5   Die Geschichtlichkeit der Vernunft

An die Stelle kategorialer Willkürlichkeiten, die sich als Letztrangigkeiten ausgeben, soll die Geschichtlichkeit der Vernunft analog zu Diltheys „Kritik der historischen Vernunft", die nicht nur eine Ergänzung der kantschen Erkenntniskritik, sondern deren Transformation bedeutete, paradigmatisch rekonstruiert werden. Ein neuer, zeitgemäßer Typus des Philosophierens funkelt auf. Er wurde jahrzehntelang nicht mit der Beachtung beschenkt, die ihm in der Radikalität seines Fragens und der integrativen Potenz seiner Antworten gebührt. Metaphysische Generalisierungen einer persönlichen Betroffenheit oder geschichtsloses Festhalten an zutiefst geschichtlich bedingten und begrenzten Kategorialitäten beherrschten die Szene.

Plessner insistiert auf der kritischen Sichtung aller kategorialen Elemente und Gefüge im lebensweltlichen und philosophisch-wissenschaftlichen Bereich. So allein können (vorläufige) Konstanten ans Licht gezogen werden. Europäische Historisierungsmodelle schimmern durch. Die deutsche Philosophie nahm von ihnen, wenn überhaupt, erst mit beträchtlicher Verzögerung Notiz. Sie glaubte Diltheys Lebensphilosophie methodologisch zu differenzieren und mit den Erfahrungen der Menschenwissenschaften zu amalgamieren. In Wirklichkeit hat sie seine Wendung ins Erleben geistphilosophisch verkürzt und verharmlost. Erst Plessner weiß den diltheyschen Schatz zu heben und mithin eine wissenschaftsbezogene Philosophie in dialektischer Komplexion zu entwickeln, die sich von den „Geisteswissenschaften" und dem (Neu-)Kantianismus absetzt und das fundamentalontologische Denken durch Erlebens-Vertiefungen relativiert.

Er-leben eignet nur dem Menschen, der mit allen Gestalten des Lebens strukturell verwandt ist. Im Erleben wird das Leben seiner ansichtig in Koinzidenz von Hinsicht, Rücksicht und Voraussicht. Die Wirklichkeit des Lebens erscheint in der rätselhaften Form der vielsichtigen Präsenz, die Mittelbarkeit und Unmittelbarkeit umschließt. Reine Unmittelbarkeit verweigert sich jeder Wirklichkeitserfahrung des Menschen. In seinen Träumen und Sehnsüchten spielt er erleichternd mit der Tragik der Unerfüllbarkeit. Dem distanzierenden Gedanken bleibt jedes Glück der Annäherung verhaftet.

Der Mensch ist ein Wesen abgründiger, unaufhebbarer Künstlichkeit. Wirklichkeit und Gedanklichkeit durchdringen sich. Schon im vorsprachlichen Erleben künden sich das andere und der andere als Gedanke der Selbsttranszendierung an. Der Mensch erlebt sich und die Welt im Horizont prinzipieller Selbstüberschreitung. Die Weisen der Selbstüberschreitung wandeln sich. Mit der Sprache figuriert sich das Ich mit der Verdeutlichung des Hier und Dort, das grundsätzlich schon in der elementaren Grenzerfahrung der Hautempfindung zugegen ist. Im Fühlen eröffnet sich für Plessner die antagonistisch strukturierte Welt des Menschen, die auf Gestaltung und Vereinheitlichung, Überschreitung und Verinnerlichung verweist. Jede menschliche Empfindung partizipiert an der schicksalhaften Freigabe des Denkens, in der alles andere erscheint. Die Mächtigkeit des anderen verdeckt im alltäglichen Erleben dessen Abhängigkeit von der Vorgabe des Denkens. Denken fällt nicht mit ausdrücklicher Reflexion in eins, sondern konstituiert sich im Horizont universaler Abstandgewinnung zu dem, was Menschen gegeben ist. In der Reflexion wird diese Gabe der Anständigkeit bedacht. In allem menschlichen Empfinden wird die Frei-Gabe ins Denken aktualisiert, in dem Wert und Wirklichkeit, Gegenständlichkeit und Anständigkeit unverbrüchlich verbunden sind. [41]

6   Das Erleben – Modi der Reflexivität

In den Wissenschaften der Physiologie und psychologischen Pathologie wird die Reflexivität anders eingelöst als in der Philosophie und Theologie. Anders in der lebensweltlichen Besinnung, die sich auf einem Fundament des Hantierens und Besorgens einen entlastenden Freiraum sucht. All diese Modi der Reflexivität schaffen Abstand in methodisch kontrollierter oder diskursiver Form. Es sind künstliche Inseln in den Wogen des Erlebens, die von fundamentaler Polarität und Bezüglichkeit künden. Erleben ist die Selbsterfahrung des Lebens, die sich zu verschiedenen Reflexionsformen zu steigern vermag und in diesen spezifischen Spiegelungen sein Glück der Vervollkommnung und seine „vitale" Beeinträchtigung finden kann. Die Reflexion spiegelt das Spiegeln, das in allem Erleben qua Denken präsent ist. [42]

Alles Menschliche hat Spiegelstruktur. In der platonischen Mikrokosmoslehre wurde die Grundeinsicht in die Gefügtheit des Menschen folgenreich für das europäische Philosophieren formuliert. Für Plessner stellt sich die Frage nach der Einheit (Erleben / Denken) und Differenz (Modi der Reflexion) des Spiegelns in und nach der Möglichkeit einer einzelwissenschaftlichen Übersetzung der Spiegelmetapher. Überdies problematisiert er die platonisch inaugurierte Wertung von

---

41 Vgl. *Anthropologie*, S. 329.

42 Plessner stellt sich in diese Tradition der Spiegelmetaphorik, die in Leibnizens Monadologie ebenso wirksam ist wie in Jean Pauls Deutung des Menschen in Genialität und Wahnsinn.
Johann Amos Comenius hat in seiner *Via lucis* (*Der Weg des Lichtes / Via lucis*, Hamburg 1997) und *Pansophia* (*Pansophische Schriften. Prima philosophia; Janua rerum sive Totius pansophiae seminarium; Pansophiae Christianae liber III*, lateinisch / deutsch, hg., übersetzt und kommentiert v. Matthias Scherbaum, Oberhaid 20008) die Spiegelungslehre für die christliche Interpretation des Menschen genutzt.

Spiegelungsdimensionen. Wissenschaft und Philosophie werden mit der Eigentümlichkeit der Kunst als Welterschließung konfrontiert. Diltheys Emanzipation aus (neu)kantianischen Vorgaben provozierte Plessner auch zu einer Philosophie der Kunst, deren systemtheoretische Würdigung noch aussteht.

Der Mensch weiß sich eingebunden in seine „Lebenswelt". Plessner hat in polemischer Abkehr diesen Begriff vom späten Husserl[43] übernommen und mit diltheyschen Komplementierungen versehen. So entstand eine faszinierende Philosophie des Leibes, die in Plessners Gesamtkonzept seiner Philosophischen Anthropologie eine fundamentale Erfahrungsdimension bildete. Merleau-Pontys Phänomenologie des Leibes wurde von Plessner schon hellsichtig berücksichtigt, als die deutsche Philosophie andere Reflexionsfelder für ihre Selbstrechtfertigung suchte. Dass Scheler die französische Phänomenologie seit den zwanziger Jahren des vorigen Jahrhunderts nachhaltig beeinflusste, unterschlägt Plessner in seiner Aufnahme phänomenologischer Korrekturen platonisch-aristotelischer Paradigmen. Die kritische Distanzierung von Heideggers Fundamentalontologie und Kants naturwissenschaftlicher Restriktion der Wissenschaftlichkeit, die mit einer geschichtlich in Erscheinung tretenden in epochalen Vorverständnissen wurzelnden Pluralität von Wissenschaftsidealen nichts anzufangen weiß, beherrscht Plessners polemischen Horizont, der im Begriff der Lebenswelt zentriert ist. Dabei bleibt Schelers subtile Philosophie der natürlichen Weltanschauung gänzlich ausgeklammert.[44]

Nicht vom Ich, nicht vom Bewusstsein oder Selbstbewusstsein darf die philosophische Grundlehre ihren Ausgang neben, sondern vom Leben in seiner Selbstbezüglichkeit. Das ist die Lebenswelt, die dem Menschen zufällt und zu der er sich verhält. Faktum und Freiheit bilden den Anblick der Welt in all ihren Manifestationen. Keine Empfindung entbehrt eines Spielraums der Gestaltung in der Anwesenheit des Seins in der Konkretheit des Seienden. Um das unabhängig Andere wissen wir in aller Selbstverständlichkeit. Glauben umfängt Wissen. Jede sensuelle Bestimmtheit lebt im Seinsglauben und aus dem Bezug auf sich selbst, der dem Leib (im Gegensatz zum schlichten, mechanisch determinierten Körper) eigen ist.

Während das Tier in seinem Leib lebt, distanziert sich der Mensch – ihn habend, ihn wahrnehmend – von seinem Leib, der er schicksalhaft ist. Das Telos-Gefüge weiß um sich und verhält sich zu sich in Stimmungen und Instrumentalität bis zur

---

43 Edmund Husserl, *Die Krisis der europäischen Wissenschaften und die transzendentale Phänomenologie. Eine Einleitung in die phänomenologische Philosophie, Husserliana / GW*, Bd. 6, hg. v. Walter Biemel, 2. Aufl., Haag 1969.

44 Erwin Hufnagel, *Der Logos des Konkreten. Philosophisch-pädagogische Annäherungen an Wilhelm Dilthey und Max Scheler*, Teil II: *Max Scheler – Phänomenologische Idolenlehre und Philosophie der natürlichen Weltsicht*, Remscheid 2012.

regulativen Fiktion reiner, wissenschaftlicher, daseinsunabhängiger Bestimmtheit. Nichts entgeht dem ehernen Gesetz der Exzentrizität, zugleich mein Fleisch und Blut zu sein und bedacht zu werden. Die Empfindung markiert einen Gedanken. Der Mensch ist Wirklichkeit in Gedanken gefasst. Als Wirklichkeit des Gedankens lebt der Mensch, noch vor aller Sprache und Reflexion, die seine Selbstbezüglichkeit überformen. Er ist ein Wesen des Bruchs, von dem alle seine kulturellen Tätigkeiten künden. Im Mythos der Vertreibung und der Verdoppelung der Welten wird er mit tragischem Grundbewusstsein aller Dichtung in die Wiege gelegt. Conditio humana: Du bist eine gestiftete Einheit unaufhörlicher Unterscheidung von dir selbst und allem anderen. Du kennst nur das widerständige Glück und das Leid der verlorenen Einheit, das Liebe in aller Schönheit scheitern lässt.

Der Mensch ist ein Lebewesen, das sich zu sich selbst verhält. Das trifft für den Erwachsenen wie für den Säugling zu. Die Weisen der Selbstbezüglichkeit sind vielfältig. Auch in der rational-reflexiven Zuwendung sind noch andere Formen der Selbstbezüglichkeit lebendig. Der sich selbst empfindende Leib durchwirkt die Reflexion. Im Lächeln des Kindes gestaltet sich „kündend" Distanzierung.[45] Es weiß nicht um sein Lächeln wie der besonnen-selbstbeherrschte Erwachsene, aber sein omnipräsenter Leib kündet von der Sphäre des Außen in aller menschlichen Innerlichkeit. Die Polarität von innen und außen wächst nicht am Baume der Reflexion, sondern erwächst aus jeder leiblichen Selbstgegebenheit. Sie ist der Urtypus der Dialektik. Die Philosophie muss der Psychologie zur Hilfe kommen, um diese originäre Verwiesenheit des Eigenen auf das Andere zu benennen und zu erkennen.

Die Selbstbezüglichkeit der Empfindung präfiguriert die selbstbewusste Ansicht des Selbst. Von den Philosophen wird dieser genetische Zusammenhang leicht vergessen. Idealistische Träume von einem absoluten Selbst, von uneingeschränkter Verfügung über sich und die anderen und transnaturaler Enthobenheit erfüllen primäre Wünsche nach Realität leugnender Überlegenheit und Unsterblichkeit. So sichert sich der entsicherte, dem Tod, der Ohnmacht und der neantierenden Gleichgültigkeit ausgelieferte Mensch. Metaphysik der Person will diesen kindlichen Traum begrifflich-schön weiterspinnen.

Plessner widersetzt sich dieser betörenden Lüge im Rückgriff auf die leibliche Erfahrung. Mensch und Tier leben in dem ausgezeichneten Hier des Leibes mit seiner Bezüglichkeit auf seine bedrohend-verlockende Wirklichkeit des Dort. Sie positionieren sich als Leib in der Gegenwärtigkeit des anderen. Beim Menschen geschieht sie in der Verschränkung von Distanz und Wirklichkeitserfahrung. So eröffnet sich die Welt des Menschen. Das Tier verharrt unverbrüchlich in dem koinzidierenden Gegeneinander und Miteinander seiner leibzentrierten Umwelt; es folgt

---

45 Helmuth Plessner, „Das Lächeln", in: H.P., *Mit anderen Augen*, S. 183–197.

der Logik implementierter Reaktionsweisen in den Sichtungen des Bedrohlichen und Förderlichen, die niemals den neutralisierenden Status der Gewichtung und des Ermessens erreichen. Bei aller strukturellen Verwandtschaft trennt sich der Mensch vom Tier durch die Glück und Verderben erzeugende Gabe der allgegenwärtigen Distanzierung. In der Sprache bekundet sie sich, aber sie ist in jeder Empfindung als Selbstbezüglichkeit und Welt-Erfahrung zugegen. Sie ist schon vorsprachlich gegeben und außersprachlich in allen Lebensaltern wirksam.

Jedes Sinnesorgan wird bei Plessner durch eine Modalanalyse zugänglich gemacht.[46] Eine bloß physiologische Vergegenständlichung zehrt von Vorurteilen und willkürlichen Reduktionen, wie man es am Begriff der modernen Wissenschaft in der Aufklärungsepoche ablesen kann. Jeder Empfindung ist eine phänomenale Erlebnisqualität zugehörend. Im Tasten erschließt sich Wirklichkeit primär als dinglich-mechanische Widerständigkeit. Aber sie kann auch in Temperatursenkungen in Erscheinung treten. Eine umschlossene Hand wird durch eine Temperatursenkung als Eigenständiges präsent, auch wenn der anfängliche Druck nicht mehr empfunden wird. Puccinis „Wie eiskalt ist dies Händchen!" bringt uns diese spannungsreiche Erfahrung [47] von Leben, Liebe und Tod in unser Gedächtnis zurück.

Plessner will in dieser Modalanalyse seine Suche nach anthropologischen Konstanten fortsetzen. Auch die phänomenalen Qualitäten weisen eine Ordnung der Variation auf. Als adäquate (Widerstand) und inadäquate (Temperatur) Reizqualitäten sind die Differenzierungen des Modalbezirks etwas verkürzend bezeichnet. Phänomenale Qualitäten sollen auf Reizqualitäten bezogen werden. Aber Plessners dialektische, den Dualismus von Denken und Sinnlichkeit zurückweisende Grundansicht konfligiert mit dieser schematischen Sonderung. Auch die Reizqualität ist in den Horizont einer phänomenalen Qualität eingebettet. Reizqualitäten verweisen auf das andere als unabhängige Wirklichkeit. Nur als solches regulatives Relatum sind sie gegeben. Alles ist im Logos geborgen, der vom anderen kündet. Leben und Tod und die flüchtige Bestimmtheit einer Empfindung verkörpern Gedanken. In ihnen haust der Mensch. Ihnen ist er im Kleinsten und im Größten unverbrüchlich zugesellt. Die Natur zeigt sich als sein Schicksal – und als sein Werk.

---

46 *Anthropologie*, S. 329.
47 Giacomo Puccini, *La Bohème*, Arie des Rodolfo „Che gelida manina" (1. Bild).

Die Autoren

Prof. Dr. rer.pol. Alfred Bellebaum
Studierte Wirtschaftswissenschaften und Soziologie an der Universität zu Köln, Diplom Volkswirt, Promotion daselbst bei Rene König mit einer Arbeit über Ferdinand Tönnies. Berufliche Tätigkeiten: Sozialabteilung der Vereinigten Seidenwebereien in Krefeld; Fachredakteur für Soziologie bei der 6.Auflage des Staatslexikons der Görresgesellschaft im Verlag Herder/Freiburg; Wissenschaftlicher Assistent für Soziologie im Seminar für Gesellschaftslehre der Universität Frankfurt bei Friedrich H.Tenbruck; Chefredakteur für Sozialwissenschaften im Lexikographischen Institut des Verlags Herder/Freiburg; o. Universitätsprofessor für Soziologie an der Universität Koblenz-Landau/Abtlg. Koblenz; zugleich Honorarprofessor für Soziologie an der Philosophischen Fakultät der Universität Bonn; mehrjähriges Mitglied des Vorstands der Deutschen Gesellschaft für Soziologie; einsemestrige Lehrstuhlvertretungen Universität Tübingen (Friedrich H. Tenbruck) und Köln (Rene König): Gründung und Leitung des Gemeinnützigen Instituts für Glücksforschung e.V.(geschlossen 2006)
11a/App.13o1, 56179 Vallendar – Mail glueck.bellebaum(et)t-online.de
Homepage: bellebaumglueck.de

Prof. Dr. phil. med. habil. Dietrich v. Engelhardt
1941 in Göttingen geboren, Promotion 1969 in Philosophie in Heidelberg, dann kriminologisch-kriminaltherapeutische Tätigkeit, 1976 medizinische Habilitation in Heidelberg, 1983-2007 Ordinarius für Geschichte der Medizin und Allgemeine Wissenschaftsgeschichte der Universität zu Lübeck, 1998-2002 Präsident der Akademie für Ethik in der Medizin, 1995 Aufnahme in die Deutsche Akademie der Naturforscher Leopoldina, seit 1998 Dozent an der Internationalen Hochschule für Kunsttherapie und Kreativpädagogik Hamburg, 2008-2011 Kommissarischer Direktor des Instituts für Geschichte und Ethik der Medizin der Technischen

Universität München (TUM), seit 2009 Dozent der Asklepios Medical School
Budapest/Hamburg.
Forschungsschwerpunkte: Geschichte der Medizinischen Ethik; Ethik im Medi-
zinstudium; Theorie der Medizin und Psychiatrie; Umgang des Kranken mit der
Krankheit (Coping); Medizin in der Literatur der Neuzeit; Naturwissenschaften
und Medizin in der Epoche des Idealismus und der Romantik; Biographien von
Naturwissenschaftlern und Medizinern; Pathographien der Vergangenheit (Schiller,
Goethe, Hölderlin etc.); Europäische Wissenschaftsbeziehungen im 18. und 19.
Jahrhundert.

Prof. Dr. habil. Joachim Fischer, Honorarprofessor für Soziologie an der TU
Dresden; Präsident der Helmuth Plessner Gesellschaft. Arbeitsgebiete: Soziologische
Theorie, Kultursoziologie, Philosophische Anthropologie.

Prof. em Dr. rer. pol. Dr. phil. Robert Hettlage, geb. 1943 in Königsberg/Ost-
preußen, Studien der Nationalökonomie, Philosophie und Soziologie in Fribourg/
Schweiz, Dr. rer.pol. 1969, Dr. phil. 1971, Projektleiter in einem Warenhaus-Konzern
in Zürich, 1972-1977 Wissenschaftlicher Assistent am Soziologischen Seminar
der Universität Basel, 1978 Habilitation im Fach Soziologie an der Universität
Basel, dort 1978-1981 Privatdozent, 1980 – 2008 Lehrstuhl für Soziologie an der
Universität Regensburg.
Arbeits-und Forschungsschwerpunkte im Bereich der Kultursoziologie, der Wirt-
schafts- und Entwicklungssoziologie, der Familiensoziologie, der Organisations-,
Genossenschafts- und Migrationsforschung, der Europäischen Integration und des
Grenzgebiets zwischen Sozialphilosophie und soziologischer Theorie.

Prof. Dr. Erwin Hufnagel, geb. 1940. Studium der Philosophie, Pädagogik und
Romanischen Philologie in Saarbrücken und Bonn. Promotion zum Dr. phil. In
Bonn, Wissenschaftlicher Assistent mit Lehrauftrag am Institut für Erziehungs-
wissenschaft (Lehrstuhl für Philosophie und Pädagogik) der Universität Bonn
(Prof. Dr. Wolfgang Ritzel), Lehrstuhl für Erziehungswissenschaft an der Johan-
nes Gutenberg-Universität Mainz (Bollnow/Ballauf-Lehrstuhl), Gastprofessor an
der Universität Zagreb (Kroatien), Leiter des Internationalen Philosophischen
Symposions *Verstehen und Auslegen* in Zadar (Kroatien), Leiter des IUC-Kurses
Hermeneutik und Phänomenologie in Dubrovnik (Kroatien); 2005 Emeritierung;
weiterhin Lehr- und Forschungstätigkeit an der Universität Mainz.

Prof. Dr. phil. Karl Lenz, Jahrgang 1955, Studium der Soziologie, Sozialpsychologie sowie Sozial- und Wirtschaftsgeschichte an der LMU München; 1981 bis 1992 wissenschaftlicher Mitarbeiter am Lehrstuhl für Soziologie I der Universität Regensburg (Prof. Hettlage),Promotion 1985; Habilitation 1992, seit 1993 Professor für Mikrosoziologie an der TU Dresden, seit 2004 Geschäftsführender Direktor des Sächsischen Kompetenzzentrums für Bildungs- und Hochschulplanung, 2006–2010 Prorektor für Bildung; seit 2010 Prorektor für Universitätsplanung; seit 2011 Geschäftsführender Direktor des neu gegründeten Zentrums für Qualitätsanalyse (ZQA). Forschungsschwerpunkte: Soziologie persönlicher Beziehungen; Soziologie der Geschlechter; Interaktion und Kommunikation sowie Hochschulforschung. Ausgewählte Publikationen: Zusammen mit Lothar Böhnisch: Soziologie und Pädagogik. Ein Studienbuch. Stuttgart 2014: UTB-Kiinkhardt; zusammen mit Sylka Scholz und Sabine Dreßler als Hg.: ln Liebe verbunden Zweierbeziehungen und Elternschaft in populären Ratgebern von den 1950ern bis heute. Sielefeld 2013; zusammen mit Wolfgang Schröer/Barbara Stauber/Andreas Walther und Lothar Böhnisch als Hg.: Handbuch Übergange. Weinheim 2013; zusammen mit Robert Hettlage: Projekt Deutschland. Zwischenbilanz nach zwei Jahrzehnten. München 2013; zusammen mit Marina Adler: Geschlechterverhältnisse. Einführung in die sozialwissenschaftliche Geschlechterforschung Bd. 1. Weinheim 2010 und Geschlechterbeziehungen. Einführung in die sozialwissenschaftliche Geschlechterforschung Bd. 2. Weinheim 2011; zusammen mit Frank Nestmann als Hg.: Handbuch persönlicher Beziehungen. Weinheim: 2009; Soziologie der Zweierbeziehung. Eine Einführung. 4. aktualisierte Aufl., Wiesbaden 2009; zusammen mit Dana Frohwieser, Mike Kühne und Andrä Wolter: Eine andere Bildungselite. Bad Heilbrunn 2009; zusammen mit Heide Funk als Hg: Sexualitäten. Handlungsmuster und Diskurse im Wandel. Weinheim 2005; zusammen mit Werner Schefold und Wolfgang Schröer, Entgrenzte Lebensbewältigung. Jugend, Geschlecht und Jugendhilfe. Weinheim 2004; als Hg.: Frauen und Männer. Zur Geschlechtstypik persönlicher Beziehungen. Weinheim 2003 Mailadresse: karl.lenz@tu-dresden.de;Internet: http://www.tu-dresden.de/phfis/lenz/

Prof. Dr. rer. soc. Jürgen Raab, Jg. 1964, Studium der Soziologie und Politikwissenschaft in Berlin und Konstanz. 1999 Promotion und 2007 Habilitation in Soziologie an der Universität Konstanz. Von 2006 bis 2011 Oberassistent am Soziologischen Seminar der Universität Luzern und von 2011 bis 2013 Professor für Allgemeine Soziologie mit Schwerpunkt Mikrosoziologie an der Otto-von-Guericke-Universität Magdeburg. Seit 2013 Professor für Soziologie an der Universität Koblenz-Landau und Mitglied im Vorstand der DGS-Sektion Wissenssoziologie. Forschungsschwerpunkte: Wissens- und Kultursoziologie, Visuelle Soziologie, Politische Soziologie, Qualitative Verfahren der Sozial- und Medienforschung.

Prof. Dr. phil. Gerhard Schmied, geb. 1940, Professor Dr. phil., war Akademischer Direktor am Institut für Soziologie der Johannes Gutenberg-Universität Mainz. Zahlreiche Veröffentlichungen zur Kultur-, insbesondere zur Religionssoziologie. Einschlägige Buchpublikationen: Pfarrgemeinderat und Kommunikation. Zur Soziologie einerneuen Institution (1974); Soziale Zeit. Umfang, „Geschwindigkeit" und Evolution (1985); Sterben und Trauern in der modernen Gesellschaft (1985, Taschenbuchausgabe 1988); Kirche oder Sekte? Entwicklungen und Perspektiven des Katholizismus in der westlichen Welt (1988); Religion – eine List der Gene? Soziobiologie contra Schöpfung (1989); Kanäle Gottes? Katholische Kirche in der Medienzange (1991); „Lieber Gott, gütigste Frau ... " – Eine empirische Untersuchung von Fürbittbüchern (1998); Schenken. Über eine Form sozialen Handeins (1996); Friedhofsgespräche. Untersuchungen zum Wohnort der Toten (2002); Rätsel Mensch – Antworten der Soziologie (2007).

Prof. Dr. Arnold Zingerle, geb. 1942 in Schönna (Südtirol). Studium an den Universitäten Wien, Münster und Bochum. 1970 Promotion in den Fächern Soziologie, chinesische Geschichte und Philosophie; 1979 Habilitation für Soziologie. 1982 Professur für „Soziologie unter besonderer Berücksichtigung der historisch-vergleichenden Kultursoziologie" an der Ruhr-Universität Bochum. 1985 Inhaber des Lehrstuhls für Allgemeine Soziologie an der Universität Bayreuth (emerit. 2007). Seit 1985 Ko-Direktor der dt.-ital. Zeitschrift Annali di Sociologia/ Soziologisches Jahrbuch. 1987 – 2003 Sprecher der Sektion für Soziologie in der Görres-Gesellschaft.

The manufacturer's authorised representative in the EU is Springer
Nature Customer Service Centre GmbH, Europaplatz 3, 69115 Heidelberg,
Germany. If you have any concerns regarding our products, please
contact ProductSafety@springernature.com

Printed and bound by CPI Group (UK) Ltd, Croydon, CR0 4YY
23/04/2026
02095588-0005